핀란드의 의회, 시민, 민주주의

| **열린, 포용적 의회 — 시민 관계를 향하여** |

핀란드의
의회, 시민, 민주주의

| 열린, 포용적 의회 − 시민 관계를 향하여 |

서현수 지음

Reaching out to the People
Parliament and Citizen Participation in Finland

민주주의는 과연 지속가능한 정치 질서인가? 민주주의의 세계적 확산과 공고화에 대한 낙관적 기대와 달리 현대 민주정치는 정치적 소외와 대표의 위기, 정부의 실패 등 여러 차원의 문제와 도전에 직면해 있다. 현대에 이르러 민주주의는 보편적인 정치적 이상으로서의 위상을 어느 정도 확보하게 되었지만, 그 이상을 실현하기 위한 제도와 관행, 정치 역량 등의 조건을 마련하고 유지하는 것은 여전히 어려운 과제이다. 요컨대 민주주의는 권위주의적 정치 질서에 비해 훨씬 더 많은 관심과 노력을 요구한다. 현대를 '민주적 실험의 시대the age of democratic experimentation'라고 특징짓는 이유는 정당성과 사회통합의 위기를 극복하기 위한 다양한 '민주적 혁신democratic innovations' 노력이 세계 곳곳에서 계속 진행되고 있기 때문이다. 이러한 혁신을 주도하고 있는 참여 및 토의 민주주의의 담론과 실험은 현대적 상황에서 민주주의의 지속가능성을 확보하기 위한 이론적·실천적 노력의 표현이다.

최근 한국의 정치 경험은 현대 민주주의의 문제점과 과제를 명료하게 보여준다. 투명성과 대표성을 무시하는 폐쇄적인 파당정치는 '부패'의 징후로서 정치적 소외감을 극대화하고 국민주권의 실질적 의미를 부정하는 사례이다. 정치권력의 사적 전유는 정당성과 사회통합의 위기를 한계치에 이르게 했고, 시민의 불만과 저항은 '광장의 정치'로 표출되어 대통령 탄핵과 정권교체를 견인했다. 즉, 제도와 절차를 통해 이해갈등을 조정하는 표층의 정치가 '대표의 위기'와 '정부의 실패'에 직면하여 시민의 열정과 저항에 의해 새롭게 재편되는 과정을 경험한 것이다. 정치적 열정과 공감은 시민의 정치참여에 동기를 부여하고, 공동선을 위한 희생과 정의를 추구하는 행동주의를 가능케 하는 정치의 원천이다. 그러나 '열정의 정치'가 '제도의 정치'를 대체할 수는 없다. 순환적인 민주정치 과정을 건전하게 유지하기 위해서는 개혁을 추동하는 긍정적인 정치적 열정을 제도의 정치와 어떻게 결합할 것인가에 대해 진지하게 고민해야 한다. 왜냐하면 '대표를 통한 자치representative self-government'가 바람직한 현실적 이상이기 때문이다.

서현수 박사의 저서는 한국의 당면한 정치개혁에 많은 시사점을 제공한다. 정치개혁의 방향이 기존 대의 민주주의의 한계를 시민참여의 확대를 통해 보완하고, 입법과 정책 결정의 정당성과 실효성을 강화하는 것이라면, 열린 의회-시민 관계 형성은 정치개혁의 핵심 과제이기 때문이다. 의회는 대의 민주주의의 중추기관으로서 입법 과정을 통해 정부와 시민을 연결하고, 국가차원의 공공포럼을 제공하는 등 민주정치 과정의 핵심적 역할을 수행한다. 의회는 시민사회와 정부를 매개하는 민주적 '제도의 정치'의 중심이다. 기존 대표기제에 대한 불만에 편승하는 선동적 포퓰리즘과 행동주의의 득세, 이에 따른 '의회의 쇠퇴'에 대한 논란에도 불구하고 의회민주주의는 여전히 현대 민주정치의 지속가능성을 담보하는 현실적 이상이다. 따라서 북유럽의 '일하는 의회working parliaments' 모델은 현대 정치의 위기에 대응하기 위해 필히 탐구해야 할 대상이다.

이 책의 문제의식은 매우 분명하고 시의적절하다. 현대 민주주의의 정당성 위기는 어떻게 극복 가능한가? 시민의 참여 요구를 기존의 대의 민주주의 시스템과 결합시킬 수 있는 방법은 무엇인가? 저자는 물음에 답하기 위해 그동안의 의회 연구에 공백으로 남아 있던 의회-시민 간의 관계를 본격적으로 탐구한다. 우선 변화하는 의회-시민 관계를 연구하기 위한 포괄적인 분석틀을 규범적 원칙과 경험 지표들을 결합해 구성하고, 그 분석틀을 북유럽 국가들 중 선진적으로 정치사회적 혁신을 시도하고 있는 핀란드의 사례에 적용한다. 의회-시민사회 관계의 긴장과 역동성을 제대로 파악하고, 그 속에서 민주주의의 진정성을 회복할 수 있는 방안을 모색하기 위해서는 추상적 논의를 벗어나 구체적인 현실 사례 속으로 들어가야 한다.

핀란드는 2000년 전면적인 헌법개혁을 통해 의회와 총리의 역할을 강화했고, 2012년 헌법개정과 〈시민발의법Citizens' Initiative Act〉 제정을 통해 시민이 입법적 의제설정 과정에 참여할 수 있는 길을 열었다. 핀란드 사례에 접근하며 저자가 제기하는 질문은 다음과 같다. 격동의 역사 속에서 형성된 핀란드 의회의 제도적 · 정치적 특징은 무엇인가? 핀란드 의회는 얼마나 열려 있고 접근가능한가? 핀란드 의회는 열린, 포용적 의회-시민 관계 정립을 위해 어떠한 혁신을 시도하고 있는가? 열린, 참여적 의회를 지향하는 개혁의 의제는 무엇인가? '일하는 의회'에서 중추적 역할을 담당하는 의회 위원회는 시민사회와 어떻게 소통하는가? 그리고 직접 민주주의적 입법 실험이자 획기적 개혁으로 평가되는 핀란드의 시민발의 제도는 어떠한 정치적 효과를 발휘하고 있는가? 이 질문들에 대한 저자의 탐구 과정은 매우 치밀하다. 법률 발의안, 위원회 보고서, 본회의 속기록 등 광범위한 의회 문서와 온라인 자료를 분석하고, 의회의 시민 관여 활동과 관련된 통계 자료를 수집 · 분석한다. 아울러 핀란드 의회의 운영과 활동을 다각도에서 파악하기 위해 의원과 사무처 직원, 공무원과 시민단체 대표들을 망라해 심층 인터뷰도 수행한다. 이러한 면밀한 경험적 분석 과정을 거쳐 저자가 결론에서 제시하는 열린, 포용적 의회를 향한 개혁 의제와 방안은 그만큼 설득력이 강하다. 미래지향적인 건전한 의회–시민사회 관계는 '열린, 포용적 관계'이어야 하고, 이를 위해 실효성 있는 혁신과 개혁의 노력이 지속되어야 한다. 저자가 경고하듯이, 권위주의적이거나 포퓰리즘적 의회–시민 관계가 자리 잡는다면, 현대 민주주의의 위기는 심화되고 그 지속가능성은 보장될 수 없을 것이다.

입법 절차에서 투명성과 접근가능성의 제고, 입법 과정에서 숙의 및 참여 민주주의 실험의 적극적 활용 등의 개혁 의제는 한국의 민주주의, 보다 구체적으로 의회–시민 관계의 새로운 정립에도 직접적으로 적용될 수 있다. 〈에필로그: 한국의 의회–시민 관계에 대한 성찰과 제언〉에서 저자는 현재 한국 민주정치가 안고 있는 문제를 진단하고, 정치개혁을 위한 구체적이고 실천적인 방안을 제시한다. 한국 민주주의의 역사적 전개 과정에 대한 성찰과 비교정치학적 통찰을 바탕으로 한 저자의 제언은 당면한 정치개혁의 주체로서 시민과 정치인들에게 각성과 더불어 신선한 방향감각을 제공할 것이다.

유홍림(서울대학교 정치외교학부 교수)

· 서문 ·

    이 책은 현대 의회 및 민주주의 연구에서 최근 중요한 주제로 부상한 '전환기의 의회–시민 관계'를 연구한다.* 고전적인 '의회의 쇠퇴Decline of Parliament' 테제에도 불구하고 의회는 근대 대의 민주주의의 중심 기관으로서 입법 과정에서 정부와 시민을 연결하고 국가적 수준의 공공포럼을 제공하는 등 여전히 핵심적 역할들을 수행하고 있다. 동시에 현대 의회들은 다양하고 새로운 의사소통 채널들을 통해 대중들과 적극적으로 관여하면서 더 열린, 민주적 기구로 거듭날 것을 요구하는 공공의 거센 압력에 직면해 있다. 그동안 의회 연구자들은 주로 의회 제도와 기구들의 공식적 기능들이나 입법부–행정부 관계 또는 의회 결정에 대한 정당의 영향 등을 주로 연구해왔다. 정당이나 선거 등 공식적 대표의 채널을 벗어나 다양한 수준과 방식으로 전개되는 의회와 시민 간의 관계는 오랫동안 제대로 연구되지 못했다. 거꾸로, 참여와 숙의 민주주의 이론의 발전을 배경으로 2000년대 이후 활발하게 전개되는 '민주적 혁신democratic innovations' 담론과 실험들은 현대 대의 민주주의의 중심 기관으로서 의회의 기능과 역할을 도외시한 채 미시적 포럼과 숙의 실험 등에 집중하는 경향이 있다. 이로 인해 이들 민주적 실험의 거시적 · 정치적 차원의 효과나 함의가 충분히 검증·확립되지 못하는 한계를 노정해왔다. 다행히 최근 이 '잊혀진' 의제에 대한 유럽 학자들의 관심이 증가하면서 중요한 연구들이 나타나기 시작했다. 대부분의 확립된 민주주의 국가들이 직면해 있는 전환기의 정치적 도전들이 학자들로 하여금 변화하는 의회-시민 관계에 대해 새로운 이론적 관점을 갖고 연구하도록 재촉했다. 그러나 의회적 대표parliamentary representation의 진화하는 성격, 그리고 기성의 대의 민주주의 시스템과 새로운 형태의 시민참여 사이에 나타나는 역동성 또는 긴장에 관한 개념적, 경험적 연구들이 더 많이 필요하다.

이 책은 이러한 학문적 간극을 메우기 위한 하나의 시도이다. 이 연구는 북유럽의 민주주의 선진국 핀란드의 사례를 중심으로 현대 입법부와 유권자 시민 간의 다층적 연결 고리와 상호작용에 대한 일련의 경험적 연구들을 제공한다. 핀란드는 특히 흥미롭고 중요한 사례를 제공한다. 스웨덴, 덴마크, 노르웨이 등 다른 북유럽 국가들과 마찬가지로 강한 정당 중심의 대의 민주주의 모델을 운영해온 핀란드는 현재 정치적·사회적 혁신의 프런티어가 되고 있다. 100년 전인 1919년 근대 민주공화정 헌법의 제정 이래 유럽에서 가장 오래된 준(準)대통령제semi-presidentialism를 운영해온 핀란드는 2000년 전면 헌법개혁을 통해 과거 비대했던 대통령의 권력을 줄이고 대신 의회인 '에두스꾼따Eduskunta'와 총리Pääministeri의 역할을 강화했다. 핀란드는 또한 2012년 헌법개정과 〈시민발의법kansalaisaloitelaki, Citizens' Initiative Act〉 제정을 통해 일반 유권자 시민들도 입법적 의제설정 과정에 참여할 수 있도록 허용했다. 더 투명하고, 접근가능하며, 참여적인 의사결정을 바라는 공중의 요구가 증가하는 가운데 핀란드 의회는 열린, 포용적 의회-시민 관계 정립을 위해 어떤 혁신 노력을 기울이고 있는가? 입법 과정 및 의회 활동 전반에서 시민참여 확대를 통해 어떤 정치적 다이내믹이 창출되고 있는가? 이 책은 무엇보다 이 질문들에 관한 연구 분석을 제공한다.

체계적 경험 연구를 수행하기 위해 필자는 일련의 새로운 분석틀을 도입한다. 첫째, 가시성visibility, 접근가능성accessibility, 투과성permeability**, 그리고 포용적 대표와 지속가능한 민주주의 등 현대의 민주적 의회를 위한 핵심 규범적 원칙들과 의회의 시민 관여 활동 평가를 위한 9개 영역의 경험 지표들을 결합해 의회–시민 관계의 포괄적 분석틀을 제시한다. 둘째, 의회 위원회들의 시민 관여 활동을 측정하기 위한 '위원회 협의 지표Committee Consulation Index'를 도입한다. 지표는 ① 표준적(전문가) 협의 ② 공동 협의co-consultation ③ 폭넓은 '아웃리치outreach' 활동과 프로그램 등 3단계의 방법과 수준으로 구성된다. 셋째, 시민발의 제도의 제도적 실행과 정치적 효과를 분석·평가하기 위해 다섯 차원을 포괄하는 입체적 지표를 제시한다. ① 정치적 맥락과 입법 의도 ② 제도적 디자인 ③ 시민사회로부터의 투입inputs by civil society ④ 입법 과정의 의회–시민 간 상호작용 ⑤ 정책적 효과와 시스템 수준의 정치적 영향.

경험적 연구에는 다양한 형태의 데이터 자료들이 활용되었다. 첫째, 법률 발의안, 위원회 보고서, 본회의 속기록 등 광범위한 핀란드 의회 문서들과 의회 웹사이트의 온라인 자료들을 분석했다. 둘째, 핀란드 의회의 시민 관여 활동을 보여주는 종단적이고 비교적인longitudinal and comparative 통계 자료들을 수집, 분석했다. 셋째, 핀란드 의회 의원, 사무처 직원들, 공무원, 그리고 관련 시민사회단체 대표들과 약 30회에 걸친 심층 인터뷰를 실시했다. 모든 인터뷰는 핀란드어로 진행했고, 현장에서 녹음한 뒤 추후 문서 파일로 작성, 관리하였다. 인터뷰는 실제로 핀란드 의회가 어떻게 운영되는지를 다양한 각도에서 자세히 들여다볼 수 있는 귀한 기회를 제공했고, 특히 의회 인사들과 시민사회 대표들 사이의 상이한 관점 차이를 뚜렷하게 드러내주었다.

앞에서 언급한 체계적 분석틀에 따라 이 책은 핀란드 의회의 시민 관여 활동과 프로그램에 관한 '입법 감사legislative audit' 스타일의 경험적 평가 보고서를 제출한다(4장). ① 공공장소로서의 의회 ② 정보의 공유 ③ 의원과의 접촉 ④ 미디어 및 디지털 참여 ⑤ 입법 절차의 투명성 ⑥ 입법적 의사결정에 대한 실제적 참여 ⑦ 시민교육과 아웃리치 ⑧ 미래 포럼으로서의 의회 ⑨ 전략과 리더십 등 9개 영역에 걸쳐 선거 사이의 시기에 의회가 벌여온 시민 관여 활동과 프로그램들을 체계적으로 확인, 평가한다. 이를 통해 시민정보센터, 자유로운 언론 취재 환경, 본회의 세션의 방송 중계, 청소년 의회 프로그램, 그리고 미래위원회Tulevaisuusvaliokunta, Committee for the Future의 독창적 역할 등 다양한 조치와 개혁들을 확인하고 평가한다. 동시에 우리는 실질적인 입법 심의 과정이 일어나는 의회 위원회 절차가 대체로 비공개 상태에서 진행되는 사실에 주목하고, 이에 대한 비판적 검토를 제시한다.

의회-시민 관계에 관한 포괄적 분석 평가를 제시한 뒤 이 책은 두 가지 구체적 의제에 관하여 심층적 분석을 제시한다. 첫째, 우리는 북유럽의 '일하는 의회working parliaments' 모델 속에서 중추적 역할을 맡고 있는 의회 위원회가 실제로 어떻게 활동하는지, 그리고 시민사회 행위자들과 어떻게 상호작용하는지를 중점 고찰한다(5장). 둘째, 핀란드에서 입법 과정의 시민참여를 증진하기 위한 최근 조치들 가운데 가장 획기적 개혁으로 평가되는 시민발의 제도의 실행 경험을 구체적으로 분석한다(6장). 먼저, 우리는 핀란드 의회 사회보건위원회Sosiaali- ja terveysvaliokunta의 2013년도 〈알코올법 정부개정안HE 70/2013 vp〉에 관한 입법 심의에 대한 사례 연구와 1998년부터 2014년까지 에두스꾼따 전체 위원회들의 입법 협의 활동에 대한 통계 분석을 실시한다. 연구 결과 핀란드 의회 위원회들은 주로 표준적 형태의 입법 협의, 곧 전문가 중심 협의 채널에 의존하고 있음이 밝혀진다. 비공개 상태에서 위원회 구성원들과 원내 정당 그룹들 간의 비밀 협상이 가지는 다양한 장점, 그리고 북유럽의 복지국가들에서 널리 발달한 네오-코포라티즘neo-corporatism적 결사체 민주주의에 기반한 광범위한 '기능적' 대표functional representation의 중요성에도 불구하고 위원회 투명성의 제약, 그리고 의회 차원의 온라인 플랫폼 (e-Parliament 등) 등 공공 협의 채널의 부재는 에두스꾼따의 향후 역할에 중요한 도전 과제가 될 전망이다.

나아가, 이 책은 제도 시행 이후 첫 의회 회기(2012.3~2015.4) 동안 핀란드 시민발의 제도가 어떤 결과를 낳았는지에 대해 경험적 분석과 평가를 제시한다. 흥미롭게도 이 참여 민주주의적 제도는 핀란드 정부가 대의 민주주의의 보완, 강화를 위해 도입한 '위로부터의top-down' 민주적 혁신 프로젝트였다. 핀란드 시민발의는 국민투표와의 연계가 없는 '의제형 발의agenda-initiative'라는 점에서 온건한 직접 민주주의 기제라 할 수 있다. 의회가 제출된 시민발의안을 부결할 경우 시민들에게 다른 수단이 존재하지 않는다는 점에서 기본적 한계가 있지만, 핀란드의 시민발의 제도는 정부 법안, 의원입법에 이은 제3의 입법 '의제설정' 채널로서 조기에 제도적 공고화를 달성한 것으로 평가된다. 나아가, 입법 과정에 시민사회로부터의 직접 입력을 허용함으로써 새로운 정치적 역동성이 발전하고 있는 것으로 관찰된다. 공식 의사결정 기구와 '결합된coupled' 민주적 혁신 기제의 잠재력을 과시하면서 핀란드의 실험은 확립된 대의 민주주의와 새로운 형태의 포스트-대의 민주주의post-representative democracy 간의 역동적이면서 양립 가능한 관계를 촉진하는 하나의 중요한 사례를 제공할 수 있을지 모른다. 그러나 기성 정당과 이익단체들의 적응력, 그리고 이 제도가 민주정치와 시민사회에 미치는 장기적 영향에 관해서는 2차 의회 회기(2015~2019)와 그 너머의 기간 동안 지속 관찰할 필요가 있다.

결론에서 우리는 경험적 연구 결과를 종합하고, 이를 스웨덴 등 다른 북유럽 국가들 및 영국, 스코틀랜드의 의회 등과 비교한다. 이를 통해 우리는 현대 의회, 특히 핀란드 의회인 에두스꾼따를 후기 근대적 민주주의 조건에 부응하는 열린, 포용적 의회로 개혁하기 위한 핵심 의제를 제시한다. 특히,

1990년대 이후 의회 개혁을 통해 위원회 공개 청문회를 활성화해온 스웨덴, 노르웨이 의회들의 경우처럼 에두스꾼따 위원회 시스템을 공중에 적극 개방하고, 숙의적 또는 참여적 민주주의 기제들을 적극 활용함으로써 시민들을 입법 결정의 핵심 과정에 연결시키려는 노력이 필요하다. 또, 최근 도입된 시민발의 제도의 역할을 촉진하기 위해 지속적인 제도 개선과 입법 문화의 혁신 노력이 요청된다. 나아가, 이 책은 정치적 대표 개념과 의회-시민 관계의 변화하는 성격을 포착하고, 새로운 대안적 형태의 시민참여 기제들과 이들이 현대 대의 민주주의 제도에 미치는 장기적 영향과 함의에 관해 꾸준히 천착할 것을 주장한다. 특히, 이 책에서 필자는 변화하는 의회-시민 관계 유형을 ① 권위주의적 의회-시민 관계 ② 포퓰리즘적 의회-시민 관계 ③ 열린, 포용적 의회-시민 관계 등 세 가지 미래 시나리오로 제시한다. 그리고 열린, 포용적 의회-시민 관계를 정립하기 위한 민주적 개혁과 혁신의 필요성을 강조한다. 아울러 필자는 핀란드를 비롯한 북유럽 민주주의의 역동적 성격을 온전히 이해하기 위해서는 형식주의적 대표 개념이나 코포라티즘적 합의 민주주의 중심의 관습적 접근을 넘어 새로운 이론적 관점을 정립해야 한다고 주장한다.

끝으로, 한국 독자들을 위한 〈에필로그〉를 추가해 한국의 의회-시민 관계의 특징과 문제점을 성찰하고 이를 개선하기 위한 국회 혁신 방안을 제언한다. 의회와 시민, 대의 민주주의와 직접 민주주의의 바람직한 관계 설정과 이를 위해 요청되는 제도개혁의 방안을 둘러싼 논쟁은 1987년 민주화 이후 한 세대 만에 다시 '촛불 시민 혁명'을 통해 부패와 자의적 권력 행사를 일삼은 최고 권력자를 탄핵하고 조기 대선을 통해 새로운 대통령과 정부를 출범시킨 한국 민주주의의 맥락에서도 본질적으로 중요한 논쟁 주제가 돼왔다. 특히, 문재인 대통령과 국회가 공히 헌법개혁의 필요성을 긍정하면서 권력 구조 개편과 헌법적 기본권 강화 방안, 시민발의와 국민투표 등 직접 민주주의 제도 도입 등 중요한 주제들이 의회 안팎에서 검토, 토론돼왔다. 핀란드는 헌법개혁을 포함한 한국의 민주적 개혁과 혁신 논의에 중요한 시사점을 제공한다. 앞서 언급했듯이, 핀란드는 1980년대 이래의 꾸준한 헌법개혁 과정을 통해 대통령의 권한을 줄이고 의회와 총리의 권한을 강화하는 등 의회 중심 민주주의로의 전환을 이루었다. 또, 온건한 형태의 직접 민주주의 기제인 의제형 시민발의 제도를 도입해 입법부의 의사결정 과정에 대한 시민참여를 확대하고 있다. 핀란드는 한국과 유사하게 동과 서 사이에 위치한 하나의 경계국가로서 20세기에 독립과 내전, 소련과의 연속적 전쟁, 냉전질서 아래 대내외 정책 제약 등을 경험했다. 이 과정에서 20세기 초, 중반 극심한 사회 분열과 진영 정치camp politics를 겪기도 했으나 탁월한 중립 평화 외교정책의 실현과 합의 민주주의의 실천을 통해 안팎의 어려움들을 극복하면서 또 하나의 북유럽 복지국가를 건설하는 데 성공했다. 핀란드 독립과 내전 이후 100년이 경과한 오늘날 핀란드는 투명성, 평등, 복지와 삶의 질, 행복도, 언론 자유, 민주주의와 거버넌스의 질, 지속가능 발전 등 다양한 사회지표의 국제비교 조사에서 최상위권에 올라 있는 상태이다.

이 책은 우리에게 아직 잘 알려지지 않은 핀란드의 의회, 시민, 민주주의의 실제적 모습에 대해 필자가 직접 핀란드 현지 유학을 통해 실시한 체계적·심층적 사회과학 연구의 결과물로서 현대 민주주의 이론과 실천의 최신 흐름과 주요 쟁점들에 대한 숙고된 검토와 제안들을 담고 있다. 책의 내용 중 의회-시민 관계의 포괄적 분석틀 수립 및 핀란드 의회의 시민 관여 활동 평가에 대한 부분은 별도의 학술논문으로 작성되어 입법연구의 저명한 국제학술지 *The Journal of Legislative Studies*에 게재된 바 있으며***, 이 책은 그 내용까지를 포함하고 있음을 밝힌다. 21세기의 전환기적 사회변동과 국제질서의 변화 앞에서 지속적인 민주적·사회적 혁신을 통해 정치공동체의 현재와 미래를 주도적으로 써 내려가고 있는 핀란드 사례는 위기와 가능성의 시대를 통과하고 있는 한국의 민주주의와 정치시스템, 그리고 시민사회의 면모를 일신하는 데 중요한 영감을 제공할 것으로 믿는다. 시민과 대표 간의 새로운 관계, 북유럽의 의회정치와 민주주의, 민주적 혁신 담론과 실천 등을 연구하는 동료 학자들과 대안적 민주주의 공동체의 실현에 진지한 관심을 가진 시민들의 반응이 있기를 기대하며 지난 수년간의 연구 성과물을 세상에 내놓는다.

2019년 2월 9일, 눈 내리는 핀란드 Tampere에서

서현수

---

* 이 책은 2017년 3월 핀란드 Tampere University Press를 통해 출간된 필자의 박사학위논문(*Reaching out to the People? Assessing the relationship between parliament and citizens in Finland*, 2017)을 한글로 직접 옮긴 것이며, 이 과정에서 전반적인 정보와 데이터를 다시 검토해 가능한 범위에서 최신 내용으로 업데이트한 작품이다. 아울러 독자들의 이해를 돕기 위하여 일부 내용을 변경하거나 추가 서술한 부분도 다수 존재하며, 결론 다음의 〈보론: 2019년 핀란드 총선 결과 분석〉과 〈에필로그〉는 국내 독자들을 위해 완전히 새로 써 추가한 내용임을 밝힌다.

** IPU 2006; Arter 2012.

*** Seo & Raunio 2017.

· 감사의 말 ·

2011년 7월의 어느 여름날 저녁, 핀란드의 땀뻬레Tampere 대학교 학장이 보내온 정치학 박사 과정 입학 허가 편지를 받았을 때 나는 그 뒤 수년간 내가 걸어갈 길이 어떤 모습일지 구체적 상을 갖고 있지 않았다. 물론 당시 나는 기로에 선 한국 민주주의를 위한 대안적 모델을 열정적으로 찾고 있었고, 합의적 정책 결정 시스템과 적극적 시민참여가 특징적인 북유럽 민주주의 모델에 깊은 관심을 갖고 있었다. 그러나 당시 나는 아직 초기 단계의 연구 계획만 가지고 있을 뿐이었다. 체계적 학술 연구를 위해서는 우선 핀란드어를 배우고, 북유럽 국가들의 정치 제도와 문화에 대한 문헌 검토부터 시작해야 했다. 그렇게 시작된 핀란드 유학길의 여정에서 나는 실제로 많은 도전과 어려움에 부딪혔다. 낯설고 다른 북유럽의 환경과 문화 속에 내 가족의 삶을 안착시키는 일부터 '전환기의 의회-시민 관계'라는 도전적 주제에 대한 심층 연구를 수행하는 것까지 쉬운 일이 없었다. 그 과정에서 만난 수많은 동료와 친구들의 지원과 협력이 없었다면 30대 후반의 나이에 가족을 이끌고 훌쩍 떠나 시작한 이 모험적 프로젝트를 성취하기란 아마도 불가능했을 것이다. 제한된 지면을 빌려 몇몇 분들께나마 감사의 인사를 드리고자 한다.

가장 먼저 나의 박사논문 지도교수였던 따삐오 라우니오^{Tapio Raunio} 교수에게 감사드린다. 2011년 12월 12일의 추운 겨울 아침, 핀란드에 막 도착해 그의 연구실에서 처음 만난 이래 라우니오 교수는 줄곧 나의 연구를 지원하고 격려해주었다. 견고한 이론과 분석틀을 갖춘 연구계획의 완성부터 현장 연구의 실행, 그리고 최종 논문 작성에 이르기까지 그는 매번 내가 다음 단계의 올바른 연구 작업 방향을 찾도록 도와주었다. 특히, 그는 항상 나의 질문과 요청들에 신속한 응답을 해주었고, 박사 과정 학생에게 이는 큰 축복이었다. 그의 공평무사한 태도와 매우 정확한 글쓰기 스타일은 나에게도 큰 귀감이 되었다. 더욱이, 나는 라우니오 교수가 책임연구자로 수행한 핀란드 학술원^{Academy of Finland}의 연구 프로젝트, "북유럽 국가들의 의회, 시민 그리고 민주주의^{Parliaments, Citizens and Democracy in the Nordic Countries}(2012.9.1~2016.8.31)"에 참여하는 큰 행운을 누렸다. 덕분에 유학 생활 내내 땀뻬레 대학교에 고용된 연구원으로 지낼 수 있었다. 이와 관련하여 핀란드 학술원과 땀뻬레 대학교에도 감사를 표한다.

북유럽 정치학 연구의 권위자인 데이비드 아터^{David Arter} 교수는 나의 박사논문 연구 과정에 다양한 조언을 제공하며 큰 영향을 끼쳤다. 특히, 이 책의 연구 분석틀을 수립하는 과정에서 그의 선행연구와 사적 조언들로부터 큰 도움을 받았고, 이에 대해 깊은 감사를 표한다. 그는 북유럽의 의회 정치에 관한 자신의 강의에 나를 초대해주기도 했다. 이러한 도움 덕분에 나의 연구도 초기에 비해 훨씬 더 비판적이고 의미 있는 수준에 도달할 수 있었다고 나는 생각한다. 한편, 논문 심사 과정에서 두 명의 탁월한 의회 연구자들로부터 중요한 피드백을 받을 수 있었다. 영국 에섹터 대학교^{Exeter University}의 마이클 러쉬^{Michael Rush}와 스트래스클라이드 대학교^{University of Strathclyde}의 마크 셰퍼드^{Mark Shepherd}는 나의 논문 초고를 읽고 훌륭한 평가서를 제출해주었다. 민주주의 이론, 유럽의 직접 민주주의와 민주적 혁신 등의 국제적 전문가인 핀란드 뚜르꾸 대학교University of Turku의 마이야 세딸라Maija Setälä 교수는 나의 박사논문 공개 심사 세미나에서 반대토론자opponent로 나서 세밀한 검토 의견과 최종 평가를 발표해주었다. 또한, 이 연구를 위한 인터뷰 요청에 응해준 서른 분의 도움과 협력에 진심으로 감사한다. 그들의 개방적이고 진솔한 진술은 핀란드 의회의 실제 운영 과정은 물론 입법 과정에서 의회 기구들이 시민사회 행위자들과 어떻게 소통하며, 새로운 참여적 시민정치가 어떤 정치적 다이내믹을 일으키고 있는지를 이해하는 데 본질적으로 중요한 기여를 제공했다.

박사연구를 진행하며 이 책을 쓰는 과정에서 땀뻬레 대학교 정치학과의 동료들로부터 큰 도움을 받았다. 헤이끼 빨로헤이모Heikki Paloheimo 명예교수를 비롯해 일까 루오스떼사아리Ilkka Ruostetsaari, 까이사 헤르네Kaisa Herne, 엘리나 께스띨라-께꼬넨Elina Kestilä-Kekkonen, 한나 오야넨Hanna Ojanen 교수, 그리고 시르께 마끼넨Sirke Mäkinen, 에에로 빨무요끼Eero Palmujoki, 미꼬 라흐띠넨Mikko Lahtinen 박사 등 많은 분들이 지혜를 나누어주었다. 특히, 따빠니 뚜르까Tapani Turkka 박사는 나에게 늘 훌륭한 선생님이자 좋은 친구가 되어주었다. 그와 함께 나눈 무수한 대화와 토론을 통해 나는 공식적인 박사 과정 프로그램과 인쇄된 책의 독서를 넘어 핀란드의 역사, 정치, 그리고 문화에 대해 많은 것을 배웠다. 땀뻬레의 유서 깊은 야외시장 광장인 '땀멜란또리Tammelantori'에서 종종 만나 모닝커피를 함께 즐기며 그와 대화하는 것은 나의 가장 순수한 기쁨 중 하나였다. 따르야 세빠Tarja Seppä 선임강사는 나에게 한 명의 '엔껠리Enkeli(천사)'였다. 모든 이들에게 따뜻했던 그녀의 태도와 사안에 대한 가치중심 접근은 훌륭한 대학 강사와 인권학자의 전범을 보여주었다. 그녀는 외국인 연구자로서 나의 상황을 늘 배려해주었고, 내가 적극적이고 강건하게 앞으로 나아가도록 자주 고무했다. 그 밖에 박사 과정 동료였던 따삐오 윤뚜넨Tapio Juntunen, 마이야 마띨라Maija Mattila, 베사 꼬스끼마Vesa Koskimaa,

요한나 뻴또니에미Johanna Peltoniemi, 미꼬 뽀우따넨Mikko Poutanen, 마이클 허먼 Michael Herman 등의 우정에 감사한다.

이 책이 나오기까지 한국에서 도움을 주신 분들께도 특별한 감사를 드린다. 우선, 정치(학)의 본질에 대한 많은 가르침을 주신 서울대학교 정치학과의 은사님들께 깊은 존경과 감사의 인사를 올린다. 특히, 석사논문 지도교수였던 유홍림 선생님은 플라톤부터 아렌트와 하버마스에 이르기까지 서양정치사상의 전통에 관한 깊은 통찰을 전해주셨는데, 이후에도 나의 핀란드 유학 생활을 지속적으로 격려해주셨다. 또한, 박찬욱, 백창재, 임경훈, 강원택, 김의영, 안도경 교수님, 그 외 여러 선생님들께서 필자의 연구와 활동을 적극 성원해주셨다. 한편, 서울대 분배정의연구센터 주병기 교수님의 배려와 한국연구재단의 지원(NRF-2016S1A3A2924944)이 이번 한글 책의 집필에 큰 도움이 되었다. 아울러, 2018년 봄부터 서울대, 서강대, 경희대 등에서 북유럽의 민주주의와 복지국가, 의회정치론, 민주적 혁신과 대의민주주의의 미래 등을 강의하였는데, 학생들과 대화하면서 연구를 더욱 심화할 수 있었다. 그 밖에도 따로 기억해야 할 분들이 더 있다. 전 산업자원부장관 김영호 교수님, 경희대학교 공공대학원 김상준 교수님, 한양대학교 의과대학 신영전 교수님은 유학 생활 내내 내가 안주하지 않도록 격려하고 일깨워주신 분들이다. 땀뻬레 대학교에서 함께 수학하며 우정을 쌓은 국회 박주현 의원님께도 큰 감사를 표한다. 전 국가인권위원회 문경란 상임위원님을 비롯해 인권 향상을 위해 함께 애썼던 백선익, 이명재, 양혜우, 김태겸, 이병렬, 김은미, 노정환, 최은숙 등 여러 동료 선생님들도 나의 새로운 프로젝트를 한결같이 응원해주었다. 아울러, 출판시장의 어려운 여건 속에서도 이 책의 출판을 결정해주신 빈빈책방의 박유상 대표님과 책의 교정을 맡아 수고해주신 강동준 선생님께 깊은 감사를 표한다.

끝으로 사랑하는 나의 가족들에게 고마운 인사를 전하고 싶다. 나의 부모님은 언제나 나의 도전을 지지하고 응원해주셨다. 아내 미자와 아들 선재는 춥고 낯선 나라 핀란드에서의 새로운 삶을 온전히 나와 함께해주었다. 두 사람이 없었다면 이 모든 여정은 전혀 가능하지 않았을 것이다. 진심으로 고맙고, 사랑한다! 그러나 '아직 최고는 오지 않았다'고 나는 믿는다. 우리는 앞으로 더 자유롭고, 더 눈부신 삶의 여행을 계속할 것이다.

Reaching out to the People
Parliament and Citizen Participation in Finland

• 차례 •

1. 서론: 현대 민주주의의 정당성 위기와 변화하는 북유럽 민주주의   29

2. 변화하는 의회-시민 관계, 어떻게 연구할 것인가? 이론적 관점과 분석틀   63

7. 결론:
열린, 포용적 의회 – 시민 관계는 어떻게 가능한가?

1.
서론:
현대 민주주의의 정당성 위기와
변화하는 북유럽 민주주의

들어가며: 의회와 시민, 그리고 핀란드 민주주의

21세기가 시작된 지도 어느덧 20년이 되어간다. 그러나 뉴밀레니엄을 앞두고 전 세계에 울려 퍼진 희망의 찬가는 요즘 잘 들리지 않는다. 계속되는 분쟁과 테러리즘의 분출 등 국제관계의 불안정, 신자유주의 세계화에 따른 경제위기와 불평등 심화, 지구적 난민 위기와 생태 위기 등을 둘러싸고 현대 문명의 정당성과 지속가능성에 관한 본질적 물음들이 제기된다. 인터넷, 스마트폰, 소셜미디어 등 정보통신기술의 눈부신 발달과 자동화, 인공지능, 사물인터넷, 빅데이터 등 '4차 산업혁명' 담론의 확산을 둘러싸고서도 진보적 기술 및 사회 발전에 대한 낙관적 전망과 함께 새로운 디스토피아dystopia의 도래를 우려하는 비관적 전망이 교차한다. 정치와 민주주의 영역으로 눈길을 돌려보아도 비슷한 사정이다. 미국 트럼프 대통령의 집권, 브렉시트 투표 이후 영국의 혼란, 프랑스의 반체제 운동 확산, 유럽 전역의 포퓰리즘 정치세력의 득세, 러시아와 중국 등 슈퍼파워들의 귀환과 권위주의 체제의 강화 등 정치적 불확실성이 매우 커져가는 상황을 우리는 목격하고 있다. 2020년을 눈앞에 둔 세계는 지금 어디에 서 있으며, 우리는 어디를 향해 나아가고 있는가? 현대 사회와 민주주의 정치가 당면한 전환기적 도전과 위기 상황을 성찰하고 그 대안을 제시하기 위해 이 책은 변화하는 의회-시민 관계, 나아가 표준적 대의 민주주의 시스템과 새로운(대안적) 형태의 시민참여 기제 간의 정치적 긴장과 다이내믹을 심층 탐구한다.

20세기 후반 이후 지속적으로 이루어진 민주주의의 참여적 · 숙의적 전환과 '열린 의회 이니셔티브Initiative for Open Parliament'와 같은 새로운 국제적 흐름에도 불구하고 그동안 의회와 시민 간의 관계와 상호작용에 대한 학술연구는 별로 이루어지지 않았다. 정치학계에서 의회 연구의 주류적 흐름은 주로 의회의 제도적 시스템과 공식 기능 또는 입법자들의 행태를 분석하거나, 입법부-행정부 관계 또는 의회-정당 관계 등 좁은 의미의 '권력 이슈issues of power'에 초점을 두어왔다. 시민과 입법자(집합적 제도이자 기구로서의 의회와 개별 입법자로서의 의원들을 모두 포함) 간의 관계는 근대 대의 민주주의의 한 가지 핵심적 차원을 표상하지만 노턴[1]과 레스톤-반데이라[2] 등 몇몇 선구적 예외를 제외하면 의회 연구의 전통에서 오랫동안 소홀히 취급되어왔다. 다른 한편, 참여 민주주의와 숙의 민주주의 이론 등에 기반한 '민주적 혁신' 담론은 주로 비관습적 형태(직접적 · 개인적 · 온라인 중심 등)의 시민참여 또는 '미니퍼블릭mini-public' 형태의 개별적 시민 숙의 포럼들에 주목해왔다.[3] 민주적 혁신 담론과 실험들은 여러 나라에서 정치적 의사결정 과정에 대한 시민들의 직접적 또는 질적 참여를 확대하는 데 중요한 기여를 해왔다. 그러나 이들 실험과 관련 연구 문헌들의 한 가지 중요한 한계는 현대 대의 민주주의에서 의회가 수행하는 중심적 역할, 그리고 의회가 시민들과 맺는 다층적 관계의 양상과 함의를 깊이 고려하지 않은 채 무시하거나 쉽게 지나치는 경향이 강하다는 점이다.[4] 그 결과 현대 대의 민주주의가 처한 구조적 도전들과 맞물려 빠르게 진화하는 의회-시민 관계, 그리고 널리 확산되는 민주적 혁신 실험들의 거시적(정치적-제도적) 효과 등에 대한 논의가 제대로 이루어지지 않고 있다.

이 책의 목표는 변화하는 의회-시민 관계의 다층적, 역동적 면모를 핀란드 민주주의의 맥락에서 연구·분석하는 것이다. 그런데 왜 핀란드 민주주의인가? 핀란드는 노키아 등 정보통신기술을 중심으로 혁신적 기술력을 지닌 강소국으로 특히 국제학업성취도PISA 등 교육 분야의 탁월한 성취 및 평등하고 우수한 보편적 복지국가 시스템을 발전시켜 왔으며, 또한 부패가 거의 없고 언론 자유 및 사회적 신뢰 수준이 매우 높은 선진국으로 우리에게도 잘 알려져 있다. 그러나 교육 분야 중심의 몇몇 저서와 번역서를 제외하고는 국내에서 핀란드에 관한 체계적 연구가 매우 부족한 실정이다. 특히, 핀란드의 정치와 민주주의 역사·제도·시스템·문화 등에 관해서는 아직 제대로 된 연구가 제출되지 않은 상태로 더 많은 관심과 연구가 필요한 상황이다. 이 책의 연구 주제와 관련해서도 핀란드는 매우 흥미롭고 중요한 사례를 제공한다.

핀란드는 덴마크, 스웨덴, 노르웨이, 아이슬란드와 함께 북유럽 국가의 일원으로서 정당 중심의 강한 대의 민주주의 시스템을 운영해왔으며,[5] 최근에는 다양한 정치적·사회적 혁신의 선두에 서 있는 나라이다. '동과 서 사이에Between the East and West' 위치한 독특한 지정학적 조건으로 인해 지난 세기 독립(1917)과 내전(1918), 대소 전쟁(1939~1944), 전후 복지국가 건설, 소련 해체 직후의 경제위기, 유럽연합EU 가입(1994) 등 격동하는 역사적 과정을 겪은 핀란드는 1980년대 말부터 지속적이고 단계적인 헌법개혁을 통해 대통령, 의회, 행정부 간의 권력구조를 재조정했다. 특히, 1999~2000년의 전면 헌법개혁을 통해 기존 1919년 헌법의 준대통령제 아래에서 강력해진 대통령의 권한을 대폭 줄이고 대신 의회와 총리의 권한을 강화함으로써 표준적 의회주의parliamentarism로의 전환을 실현하였다. 또, 이 과정에서 〈유럽인권협약 ECHR: European Convention on Human Rigths〉에 부합되도록 참정권 등 시민들의 기

본권을 대폭 강화하였다.[6] 이와 더불어 핀란드 의회인 에두스꾼따Eduskunta
도 의회 절차를 더 투명하게 개선하고, 물리적·디지털 접근성을 강화하는
등 다양한 개혁 조치를 취해왔다. 1993년 설치된 핀란드 의회의 '미래위원회
Tulevaisuusvaliokunta, Committee for the Future'는 미래 관련 정책과 입법의제를 심의
하기 위해 설립된 세계 최초의 의회 위원회로 인정받고 있다. 미래위원회는
2000년 헌법개혁을 계기로 의회 상임위원회로 격상, 운영되고 있다. 나아가,
핀란드 의회는 2012년에 시민들의 직접 참여를 위한 새로운 제도적 채널인
시민발의 제도Kansalaisaloite, Citizens' Initiative를 입법하였다. 핀란드의 시민발의
는 입법 의제설정 권력을 일반 시민들과 공유하는 직접 민주주의 제도로 현
재 핀란드는 국민국가 수준에서 이를 도입한 첫 북유럽 국가이다.

다른 한편, 매우 흥미롭게도, 2012년에 핀란드의 의회와 시민 관계를 연구
해 발표한 한 논문에서 북유럽 민주주의 연구의 권위자인 아터 교수는 핀란
드 의회가 여전히 '폐쇄적'이고 '엘리트주의적'인 입법 문화를 유지하고 있
다고 비판한 바 있다.[7] 일반적으로 핀란드를 비롯한 북유럽 민주주의가 정치
엘리트와 대중 사이의 친밀한intimate 관계와 열린 정치문화로 인식되는 것에
비추어볼 때 매우 이례적인 진단으로 아터 교수의 이러한 주장을 어떻게 이
해해야 할 것인가? 이는 필자가 이 연구를 시작할 때부터 계속 화두로 삼아
씨름해온 질문이기도 하다. 특히, 국회와 국회의원에 대한 신뢰가 극단적으
로 낮으며, 국회가 시민 대중들에게 여전히 너무 먼 권력기구로 인식되는 한
국 민주주의의 현실을 감안할 때(이 책의 〈에필로그〉 참조), 핀란드 의회와 의
원들의 엘리트주의적 태도를 비판하는 아터 교수의 진단은 우리에게 다소
혼란스럽게 다가오는 것이 사실이다. 연구를 직접 진행하면서 핀란드 민주
주의와 의회-시민 관계의 여러 측면을 입체적으로 살펴보고 고민한 결과 필
자는 아터 교수의 견해에 전적으로 동의하지는 않는다. 핀란드 의회는 기본
적으로 시민과 언론, 그리고 다양한 시민사회 이해관계자 집단 및 전문가들

에게 개방적인 시스템과 문화를 유지해왔고, 앞서 잠깐 언급한 것처럼 최근 의회의 개방성과 접근가능성 및 입법 과정의 시민참여를 위한 다양한 개혁 조치들을 취해오고 있다. 또한, 공식 제도와 채널을 통한 의사소통 외에도 의회 의원들과 유권자 간에 시민사회의 일상 공간 곳곳에서 끊임없이 전개 되는 다양한 비공식 교류와 소통 양태가 관찰된다.[8] 그러나 동시에 핀란드와 북유럽 민주주의의 내재적 맥락에서 보면 핀란드 의회 시스템과 문화에는 바람직한 의회-시민 관계의 발전을 위해 앞으로 개선해갈 문제 혹은 요소들 이 아직 남아 있는 것도 사실이다. 이는 비판적 사회과학 연구로서 이 연구 가 견지해야 할 한 가지 중요한 기준이기도 하다. 이러한 성찰로부터 두 가 지 유의점이 도출된다. 첫째, 특정한 의회 제도나 기구들이 현실에서 실제로 작동하는 양상과 오늘날 더 열린, 반응적responsive 의회와 입법자를 요청하는 '민주적 의회democratic parliaments'의 규범적 기준 사이에 존재하는 간극 혹은 불일치에 주목할 필요가 있다. 둘째, 핀란드 혹은 북유럽의 성숙한 민주주의 국가들에서도 현대 대의 민주주의가 당면한 도전 과제들에 효과적으로 대응 하면서 새로운 의회-시민 관계를 정립하기 위해서는 더욱 적극적인 의회 개 혁과 혁신이 지속적으로 요청된다는 점이다.

이러한 기본적 문제의식에 입각해 이 책은 핀란드 의회의 시민 관여 정책과 제도, 프로그램 등에 관한 체계적 연구와 평가를 진행한다. 이를 위해 우리는 열린, 민주적 의회를 위한 규범적 원칙과 세부 실행 지표를 결합한 종합적 분 석틀을 수립하고, 이를 기반으로 핀란드 의회-시민 관계에 대한 일련의 경험 적 사례 연구를 제공한다. 본론에서 우리는 먼저 핀란드 의회의 시민 관여 public engagement 정책 및 프로그램들에 대한 민주적 '입법 감사' 방식의 포괄 적 평가 보고서를 제출한다. 나아가 우리는 두 가지 구체적인 주제를 정해 더 욱 심층적인 사례 연구를 수행한다. 첫째, 핀란드 의회 위원회가 입법 과정 에서 어떻게 시민사회와 의사소통하는가를 양적·질적으로 검토한다.

둘째, 최근 도입된 핀란드 시민발의 시스템의 제도적 디자인, 초기 시행 경험, 그리고 정책적·정치적 효과에 관한 체계적 분석·평가를 제시한다.

고전적 민주주의 모델의 한계와 민주적 혁신 실험의 확산

20세기 후반 이래 현대 대의 민주주의는 다양한 구조적 도전들과 정당성 위기에 직면해왔다. 대부분의 선진 산업 민주주의 국가들에서 민주주의의 질 혹은 건강에 대한 우려가 커지는 가운데 "대의 민주주의 원칙과 제도를 근본적 수준에서 고수하는 것으로 현대적 자치self-government 기제의 정당성과 효과성을 유지하는 데 충분한가?"라는 의문이 제기되고 있다.[9] 무엇보다 가장 기본적인 정치적 대표 기제인 선거, 정당, 의회 등에 대한 공중의 애착public attachment은 줄고 대신 엘리트 정치 조직과 기구들로부터 대중적 소외 경험이 심화되어왔다. 미국과 영국 등을 중심으로 금융과 비즈니스 부문의 특수 이익들이 입법과 정책 결정 과정에 과도하게 영향을 미치는 금권 정치 경향이 강화되고, 지나치게 대립적이고 비타협적인 의회 문화가 자주 대중적 비난의 표적이 되면서 전반적으로 정당과 의회들이 공적 신뢰의 하락을 경험해왔다. 예컨대, 영국 의회Parliament는 2009년 일부 의원들의 부적절하고 비윤리적인(일부 불법적) 비용 청구를 둘러싼 스캔들이 발생하면서 심각한 공공 신뢰의 위기에 직면했다.[10] 굿맨과 톰슨은 지속적으로 심각한 입법부 교착 상태가 나타나는 미국 의회의 과도한 대립적 입법 문화를 검토하면서 선거 캠페인의 논리와 정부 운영governance의 논리 사이의 간극이 증가해온 점을 강조한다.[11] 핀란드 의회도 2007년 의회 선거 시 일부 정당의 캠페인 자금 스캔들이 폭로되면서 2008년에 심각한 신뢰 저하를 겪은 바 있다. 가장 최근 사례로는 미국 트럼프 대통령 집권 이후 행정부와 의회의 대립으로 인해 연방정부가 장기간 폐쇄된 일이 발생하였고, 영국 의회는 브렉시트 이후 유럽연합과의 협상 결과 등을 두고 극심한 대립과 분열을 겪으며 혼란에 휩싸여 있는 모습이다. 이는 다시 해당 국가의 의회와 민주주의에 대한 시민 신뢰의 하락으로 연결된다. 다른 한편, 관습적인 정치 참여 채널들에 만족하지 않고 인터넷과 SNS^{Social Network Services} 등 새로운 정보통신기술로 무장한 비판적 시민들은 더 투명하고 책임성 있는 정치 시스템, 그리고 민주적 의사결정 과정에 대한 직접적 참여를 요구하고 있다. 이와 함께 사회경제적 지위와 교육 수준 등에 따라 '적극적' 시민과 '수동적' 시민들 사이에 참여 수준과 양태 등에서 큰 차이가 벌어지고 있다.[12]

요컨대, 후기 근대적 조건의 민주주의가 당면한 전환기적 도전을 고려할 때 정치적 대표 기구와 행위자들은 기존의 시스템과 문화를 새로운 정치적 조건에 부합되도록 하는 민주적 개혁과 혁신을 요구받고 있다. 일부 정치학자들은 전통적 양식의 대의 민주주의에 대한 개혁, 그리고 직접적 형태의 시민참여에 대한 요구 증가와 더불어 '애드보커시 민주주의^{advocacy democracy}'나 '모니터 민주주의^{monitory democracy}'와 같은 새로운 민주주의 양식이 도래하고 있다고 주장한다. 케인 등에 따르면, '애드보커시 민주주의'란 선거를 중심으로 한 대의 및 직접 민주주의적 참여 형태와 구별되는 제3의 민주적 참여 양식을 말한다. 시민들이 공공정책 수립 또는 실행 과정에 직접 참여하거나 공적 가치를 표방하는 시민단체들의 권익 옹호 활동을 통해 정책 결정 과정에 영향을 끼치는 것을 목표로 한다. 최종결정은 엘리트들의 손에 남겨져 있다는 점에서 직접 민주주의와는 구별되며, 정보공개 관련 법률과 법원의 권익 소송 절차 등이 주요 제도적 기제를 제공한다.[13] '모니터 민주주의'는 파수꾼 민주주의로도 번역되며 오스트레일리아의 정치학자 존 킨^{John Keane}이 주창하는 개념이다. 그에 따르면, 민주주의는 고대의 '회합 민주주의^{assembly-based democracy}'와 근대의 '의회 민주주의'를 거쳐 전혀 다른 새로운 형태로 진화하고 있다. 특히, 선거와 의회적 기제를 벗어나 국가 · 시장 · 시민사회를 넘나들며 빠르게 생성, 확산되고 있는 다양한 형태의 권력 감시와 감독 기제들에 주목하면서 그는 '포스트-의회post-parliamentary' 정치의 시대가 도래하고 있다고 주장한다.[14]

실천적으로도, 더 많은 시민을 민주적 의사결정 과정에 연결하기 위한 다양한 형태의 '민주적 혁신democratic innovations'이 전 세계적으로 널리 확산, 실험되고 있다. 스미스에 따르면 민주적 혁신이란 '정치적 의사결정 과정에 대한 시민참여를 확대, 심화할 목적으로 특별히 디자인된 제도들'을 가리킨다.[15] 그는 민주적 혁신의 제도들을 네 가지 그룹으로 범주화한다.

① 미국의 민주적 자치 전통을 상징하는 '뉴잉글랜드 타운미팅', 시카고 공동체 치안회의Chicago community policing, 참여 예산 프로그램PB, participatory budgeting 등의 '민회들popular assemblies'로 공중 누구에게나 열려 있고, 의사결정 과정에 면대면face-to-face 참여가 가능한 공공포럼들이다. 특히, 참여 예산 프로그램은 민주화 이후 브라질에서 시작되어 북반구의 선진국들로 전파된 독특한 민주적 혁신 사례로 지역사회의 예산 결정 과정에 대한 시민참여 증진을 통해 사회적 정의(건강 · 교육 등의 불평등 감소)와 삶의 질 향상에 기여한 것으로 많은 주목을 받아왔다.[16]

② 무작위 선발random selection 방식으로 구성되는 '미니퍼블릭mini-public' 형태의 다양한 숙의 민주주의 실험들로, 시민의회Citizens' Assembly, 합의 회의 consensus conferences, 시민 배심원, 시민 패널, 플래닝셀planning cell, 공론조사 deliberative polling 등 다양한 형태와 규모의 숙의적 시민 포럼들을 가리킨다. 국내에서도 최근 문재인 정부가 원자력발전소 관련 정책과 대학 입시 정책의 개혁 방안에 관해 공론화위원회와 시민 패널단을 소집해 숙의하도록 하면서 미니퍼블릭과 숙의 포럼들에 관한 관심이 고조되어왔다.

③ 미국의 20여 개 주states와 스위스 등에서 행해지는 국민투표referendums와

시민발의popular or citizens' initiatives를 통한 '직접 입법direct legislation' 제도들이다. 제도 설계에 따라 다양한 형태와 역할 정도가 나타난다. 스미스Smith는 구속력 있는 국민투표 절차와 연계된 완전형 시민발의full-scale initiatives만을 직접 입법의 범주에 포함하고, 의제형 시민발의agenda-type initiatives는 포함하지 않고 있다. 그러나 후자도 정책 또는 입법 '의제' 형성 단계에서 직접적 시민참여를 확대하기 위한 제도로 민주적 의사결정 과정 전반에 직간접적 영향을 미친다는 점에서 민주적 혁신의 범주에 포함할 필요가 있다. 그러한 관점에서 이 책은 의제형에 해당하는 핀란드 시민발의 제도의 제도적, 정치적 효과에 대한 분석을 중요한 민주적 혁신 사례로서 검토한다(6장).

④ 새로운 정보통신기술을 매개로 이루어지는 다양한 시민참여의 형태를 뜻하는 'E-민주주의'로 미국에서 시작된 '21세기 타운홀 미팅' 프로그램, 다양한 형태의 온라인 공론장, 온라인 공론조사, 직접 입법을 위한 온라인 투표 제도 등이 포함된다. 인터넷과 SNS 등의 발달은 디지털 정보사회로의 이행을 촉진하면서 집합적 정치 행위와 커뮤니케이션 양식 자체를 진화시킴으로써 중요한 정치적 변화를 추동하고 있다.

실제로 전 세계에서 행해지고 있는 민주적 실험들의 형태는 매우 다양하게 보고되고 있다. 일례로, 탁월한 민주주의 이론가들인 펑Archon Fung과 워렌Mark Warren이 '민주적 혁신과 시민참여 분야 연구자와 실천가들을 위한 글로벌 오픈 지식 플랫폼'으로 개발한 '파티시피디아Participedia.net'에는 이 플랫폼이 개설된 2011년 이래 전 세계에서 행해진 참여적 민주주의 실험들 총 616건이 등록돼 있다. 내용을 살펴보면, 49개국 이상의 나라에서 약 50여 종류의 다양한 방법들이 활용된 것으로 나타난다. 그중 대표적인 유형과 빈도를 살펴보면 다음과 같다. 참여예산 117 사례(이하 숫자만 표시), 숙의Deliberation 64, 온라인 협의 59, 시민 대화 43, 협력적 거버넌스 43, 공청회 40, 공동체 회의 39, 시민 배심원 32, 시민 콘퍼런스 27, 공론 조사 25, 온라인 투표 25,

21세기 타운홀 미팅 24, 시나리오 워크숍 23, 합의 포럼 11, 월드카페 11 등이다.[17] 플랫폼 운영자들은 이 숫자들도 실제 벌어지는 전체 실험의 아주 작은 부분에 해당되는 것으로 보고 있다.

이처럼 다양하고 광범위한 참여적 실험들의 실천적, 거시적 수준의 효과에 대해서는 여러 논쟁이 존재한다. 그럼에도 "정당과 대의 기구들의 역할에 기초한 고전적―표준적 또는 '교과서적'―민주주의 모델이 더 이상 우리의 정치 시스템을 묘사하는 데 충분하지 않다"는 것은 이제 분명해 보인다.[18] 파파도포울루스의 책은 민주주의 정치 이론과 실천에 관한 폭넓은 논쟁들을 다루면서 대의 민주주의가 당면한 현재적 도전들에 대해 포괄적으로 검토한다. 그는 다음과 같은 민주적 도전 과제들을 하나하나 비판적으로 검토한다. 정당 민주주의에 대한 도전들, 정치의 미디어화, 유럽통합과 다층적 거버넌스, 협력적 거버넌스와 공동 정책 결정, 숙의와 참여 민주주의적 실험들, 민주주의의 사법화 경향 등. 그는 이 책에서 특히, "정당 경쟁의 고도로 미디어화된 스펙터클과 공중의 관심에서 벗어나기 쉬운 복합적 정책 결정 과정의 복잡함"으로 인해 "정치의 '무대 앞'과 '무대 뒤' 사이의 간극"이 상당한 정도로 확대되었고, 이에 따라 "정치 시스템에 접속하는 민주적 '입력'과 그것이 생산하는 민주적 '산출'의 순환 모델", 곧 권력 위임과 책임성의 순환 메커니즘에 바탕을 둔 '형식적' 대표의 개념이 점점 더 의문시되고 있다고 주장한다.[19]

민주주의의 전환과 참여 숙의 민주주의의 요구들

실제로 현대 민주주의는 이론과 실천 모두에서 계속되는 전환'Turn, Turn, Turn!'을 겪고 있다. 특히 참여 민주주의와 숙의 민주주의 이론이 기존의 선거

민주주의적 모델에 도전해왔다. 참여 민주주의의 옹호자들은 1960~1970년 대부터 '민주주의의 민주화democratization of democracy'를 요구해왔다. 이들은 슘페터J. Shumpeter 등 엘리트주의적 대의 민주주의론자들이 주기적으로 개최되는 선거를 넘어서는 수준의 시민참여를 장려하지 않는다고 비판하였다. 엘리트 민주주의 모델에서 시민들은 자신들을 대신해 정치적 결정을 내릴 대표자들을 뽑고, 이들 대표자는 다음 선거에서 다시 선출되기 위해 서로 경쟁한다. 그리고 선거는 이와 같은 권력 위임과 책임성 담보를 위한 핵심적 형식으로 기능한다. 이러한 '얇은thin' 수준의 민주주의 모델에 반대해 캐롤 페이트만C. Patemann과 같은 참여 민주주의자들은 모든 시민에게 '일반적 정치 체제뿐만 아니라 자신들의 일상생활'의 의사결정에 참여할 권리가 있다고 주장하면서 기존의 '비민주적 권위 구조'를 개혁해 '참여적 사회'로 변화시켜야 한다고 주장한다.[20] 바버는 그의 탁월한 저서 *Strong Democracy*[21]에서 '강한 시민사회'에 기반한 '강한 민주주의'를 주창하였다. 그는 사적 개인들이 공동체에 대한 적극적 참여를 통해 공적 시민들로 변화될 수 있음을 강조하였다.

나아가, 1990년대에는 민주주의 이론의 '토의 또는 숙의적 전환deliberative turn'이 일어났다.[22] 투표voting와 협상bargaining 등 집합적 의사결정의 '선호 집약적aggregative' 모델의 한계를 비판하면서 숙의 민주주의자들은 정치 체계와 시민사회를 매개하고 순환하는 (공식적·비공식적) 공론 영역의 '숙의적(토의적)' 역할을 강조하였다. 숙의 민주주의 이론의 핵심 주장은 다음과 같이 요약될 수 있다. "정치적 의사결정 과정의 시민참여와 숙의를 보다 높은 수준으로 제도화하는 것이 시민 상호간의 이해를 촉진하고, 의사결정의 질을 높이며, 더 좋은 시민들을 길러냄으로써 결정의 정당성을 향상시킬 것이다."[23]

탁월한 1세대 숙의 민주주의 이론가들인 위르겐 하버마스[24]와 존 롤즈[25]는 현대 정치의 '탈형이상학적' 조건 속에서 정당한 민주적 입헌국가를 정초하기 위한 이론적 작업을 수행하였다. 이들은 전통이나 종교, 포괄적 이데올로기 등의 형이상학적 외피가 사라진 현대 사회의 세속적·다원주의적 조건 속에서 정당한 정치질서와 합의적 의사결정을 이루기 위한 방안들을 규범적 차원을 중심으로 탐색하였다. 롤즈는 이를 '정치적 자유주의'의 구상으로, 하버마스는 '정치적 공론장과 입헌적 법치국가의 내적 연관'에 기초한 숙의 민주주의 구상으로 전개하였다. 보만[26], 굿맨과 톰슨[27] 등 제2세대 이론가들은 하버마스와 롤즈의 규범적 이론들을 문화적 다원주의, 사회적 불평등, 대규모 조직 등의 복잡한 현실에 대면시킴으로써 논의를 더욱 발전시켰다. 또한, 영[28]은 차이의 인정에 기반한 '의사소통적 민주주의communicative democracy'를 주창함으로써 숙의deliberation와 공적 이성public reasoning에 대한 합리주의적 해석을 뛰어넘어 공적 의사소통에 대해 더욱 포용적 개념을 강조하였다(20여 년에 걸친 숙의 민주주의 이론의 발전과 진화 과정에 대해서는 엘스텁[29]을 참조). 이러한 과정을 거쳐 숙의 민주주의 이론은 현대 민주주의의 한 갈래 주류 이론으로 진화하였다. 특히, 2000년을 전후하여 '숙의 민주주의의 경험적 전환empirical turn of deliberative democracy'이 발생하였다. 다수의 연구자가 숙의 민주주의의 '실행, 제도적 디자인, 그리고 평가'에 관한 경험적 연구를 수행함으로써 기존의 이론적 담론을 보완하는 작업에 나섰다.[30]

실제로 참여 민주주의와 숙의 민주주의 이론의 발전에 영감을 받아 다양한 민주적 혁신 실험들이 전개되었다. 그중 브라질 포르투 알레그레Porto Alegre에서 시작해 남미는 물론 유럽 등 전 세계로 확산된 '참여 예산PB 프로그램'의 성공 그리고 캐나다 브리티시컬럼비아 시민의회BCCA, British Columbia Citizens' Assembly와 덴마크 시민과학회의DBT, Danish Board of Technology의 주목할 성과도 제출되었다.[31] 국내에서도 최근 지자체와 정부의 참여예산 프로그램 도입 확대, 공론조사와 시민의회 모델을 혼합한 공론화위원회 정책 결정 실험들의 진행, 청와대 온라인 청원제도 등 E-민주주의 프로그램의 진전 등 다양한 혁신 사례들이 보고되어 왔다. 그럼에도 불구하고 이러한 민주적 혁신 실험들의 실제 영향과 효과에 대한 평가는 아직 양가적이다. 다음과 같은 다양한 쟁점들이 이들 실험의 디자인·실행·결과의 측면에서 제기되어 왔으며, 이는 최근 국내에서 시도되는 다양한 혁신 실험에서도 중요한 쟁점이 되고 있다.[32]

- 민주적 혁신 실험에 참여한 시민들의 모임이나 무작위 추첨을 통해 구성된 '미니퍼블릭'의 대표성과 포용성을 어떻게 보장할 것인가?
- 실험 프로세스를 조직화할 실무 그룹이나 중간 매개자 역할을 담당할 다양한 전문가들의 불편부당한 공정성을 어떻게 담보할 것인가(방임과 개입 사이)?
- 실제 어느 정도로 시민들이 정책 의제를 통제하고 정치적 의사결정 과정에 영향을 미치는가?
- 정부는 민주적 혁신을 위한 일관되고 포괄적인 전략을 가지고 있는가?
- 주류 미디어가 적절한 수준에서 시민 숙의 프로젝트들에 대한 방송 중계나 뉴스 보도 등을 수행하는가?

나아가, 정치적 제도와 문화의 맥락contexts도 민주적 혁신의 실행 과정에 중요한 영향을 끼치는 요소들이다. 드라이젝과 터커[33]는 덴마크, 프랑스, 미국에서 실시된 같은 주제(유전자 조작 식품)에 대한 같은 형태의 '합의회의 consensus conferences' 결과를 분석하였는데, 세 나라의 상이한 정치 체계와 문화 유형으로 인해 세 곳에서의 민주적 실험이 상이한 진행 과정과 결과들로 귀결된 사실을 드러내기도 하였다.

참여·숙의 민주주의적 혁신들의 한 가지 중요한 특징 혹은 한계는 이들이 대체로 '미니퍼블릭' 형태의 단일한 심의 포럼들과 비의회적nonparliamentary 실천에 집중한다는 점이다. 그 결과 이들 실험을 통해 얻어진 성과들이 거시적, 제도적 수준에서 확립되기 어려운 점이 존재한다. 또, 이들 실험은 현대 민주주의 체제하에서 의회가 지속적으로 수행하는 중심적 역할을 간과하는 경향이 있다. 최근 다양한 정치적 도전과 정당성 위기에도 불구하고 의회는 여전히 근대 민주주의가 요구하는 정당한 입법 행위를 위한 핵심 대의 기구이자 국민국가 단위에서 원활한 토의 또는 숙의 정치deliberative politics를 위해 제도화된 최고 수준의 공론장으로 기능하고 있다. 이런 맥락에서 최근 맨스브리지Mansbridge, 파킨슨Parkinson 등 탁월한 민주주의 이론가들이 숙의 민주주의에 대한 '체계적 접근systemic approach'을 주창하고 나선 것에 주목할 필요가 있다. 숙의 민주주의의 '경험적 전환'의 한계를 성찰하면서 이들은 '숙의적 시스템의 다양한 부분들을 가로지르는 상호작용을 전체적으로' 연구할 필요를 강조한다.[34] 이들의 접근은 의회와 시민사회가 토의 정치를 통해 역동적으로 의사소통하는 담론 민주주의discursive democracy를 옹호했던 하버마스의[35] 본래 구상을 재생시키려는 이론적 시도로 이해된다.[36] 이러한 문제의식에서 최근에는 전체 공중의 주요 인구학적 특성을 반영하여 무작위 선발random sampling 원칙에 따라 구성하는 숙의적 시민 포럼을 적절한 형태와 수준으로 공식적 의사결정 기구와 '연결coupling'하고, 나아가 '이상적 담화 상황'과 공정한 토의 절차를 확보하기 위해 설계된 공공포럼 내부의 숙의 과정을 전체 시민사회의 공중과 효과적으로 연계, 공유할 필요가 강조되고 있다.[37]

정치적 대표 개념의 혁신과 재구성

한 가지 흥미로운 사실은 지난 수십 년간에 걸쳐 이루어진 민주주의 이론과 실천의 발전들은, 다른 한편 대표의 개념 그 자체에 대한 새로운 학술적 관심을 불러왔다는 점이다. 이미 한나 피트킨은 현대 정치학의 고전이 된 그녀의 책 *The Concept of Representation*[38]에서 대표의 개념을 포괄적 관점에서 이론화한 바 있다. 그녀는 대표의 개념을 '형식주의적formalistic', '묘사적descriptive', '상징적symbolic', '실체적substantial' 대표로 분류했다. 형식주의적 대표는 선거를 통한 권력의 위임 또는 승인 과정authorization과 권위 행사에 대한 책임성accountability 확보의 제도적, 형식적 메커니즘을 다루는 개념이다.[39] 묘사적 대표는 대표가 피대표자의 사회, 인구학적 특성 등을 얼마나 비슷한 정도로 반영하는가를 나타내는 개념이다. 국회의원들이 유권자에 비해 성별, 인종, 나이, 출신지역, 소득, 학력 수준 등의 측면에서 얼마나 비슷하거나 다른지 등을 조사한다면 이는 묘사적 대표의 차원을 다루는 것이다. 상징적 대표는 대표가 피대표자의 가치, 정체성 등을 상징적으로 표상한다는 개념이다. 국가의 국기나 애국가를 제정하는 것 또는 국가 원수가 외교 관계 등에서 국가 또는 국민을 대표하는 상징적 의례를 수행하는 것이 상징적 대표의 사례를 제공한다. 묘사적 대표와 상징적 대표는 대표자representative가 대표되는 자represented의 어떤 본질적 속성과 특질을 근사치로 재현하거나 상징적으로 표현한다는 개념이다. 그러나 이는 엄밀히 말해 누군가를 '위해 행위하는act for' 차원이라기보다 누군가를 '위해 일어선다stand for'는 차원의 대표성 개념들을 가리킨다.[40]

반면, 실체적 대표는 정치적 삶 속에서 발생하는 대표의 행위 그 자체에 초점을 둔다. 한 명의 개인으로서든 집합적 대의 기구의 부분으로서든 하나의 대표a representative는 공공 여론에 반응적인responsive 태도를 유지하면서도 대표되는 자의 이익을 '위해 행위할act for' 수 있고 또 해야 한다.[41] 예컨대, A라는 국회의원이 특정 사회집단이나 자신의 선거구 유권자들의 이익 또는 관점을 실현하기 위한 구체적 입법 활동에 나설 때 우리는 그가 실체적 대표의 기능을 수행하고 있다고 평가할 수 있다. 이처럼 대표의 개념은 인간의 정치적 행위의 다양한 특질들을 포함하고 있으며, 따라서 이를 선거 기제 중심의 형식주의적 대표 개념 등 일면적 모델로 단순화해서는 안 된다고 피트킨은 주장한다. 특히, 정치적 대표의 '진정한' 특징들은 실체적 대표의 차원에서 더 발견되기 쉽다고 그녀는 말한다.

제인 맨스브리지J. Mansbridge도 대표성 개념에 대한 우리의 이해를 확장하는 데 중요한 기여를 한 이론가이다. 그녀는 자신의 영향력 있는 논문 *Rethinking Representation*[42]에서 독특한 용어와 개념들을 창안하며 현대 민주주의에서 관찰되는 네 가지 형태의 대표 개념을 구분했다. ① '약속'형 대표 promissory representation ② '예측'형 대표anticipatory representation ③ '자이로스코프형' 대표gyroscopic representation ④ '대리인형' 대표surrogate representation가 그것이다. 용어들이 매우 전문적이고 독창적이어서 우리말 번역과 이해가 쉽지 않은 면이 있으나 간략히 개념들을 설명하면 다음과 같다.

약속형 대표는 선거 캠페인 과정에서 유권자들에게 행한 약속들을 중심으로 평가받는다는 개념으로 전통적인 주인-행위자principal-agent 모델의 대표 개념을 말한다. 피트킨의 분류에서 형식주의적 대표와 유사한 개념으로, 이 모델에서 주요 문제는 어떻게 권한을 위임한 '주인(유권자)'이 '행위자(선출된 대표)'의 행동을 자신의 의지와 바람대로 통제할 수 있을 것인가로 모아진다.[43] 예측형 대표는 거꾸로 '회고적 투표retrospective voting' 효과를 고려하면서 "대표가 미래 유권자들을 만족시키기 위해 노력하는" 상황을 일컫는다.[44] 자이로스코프형 대표는 줄에 매달려 일정한 반경 내에서 움직이는 '자이로스코프'처럼 행위하는 대표를 개념화한다. 이 모델에서 유권자들은 외부적 인센티브 없이 오직 자신의 내적 신념과 원칙에 의거해 행동할 수 있는 예측가능한 대표를 선출한다.[45] 대리인형 대표는 대표가 자신이 선출되지 않는 지역구에 거주하는 (사회적) 유권자들을 대표해 행위할 수 있는 가능성을 가리킨다. 예컨대 뉴욕주에서 선출된 미 하원 의원이 자신의 선거구와 무관한 샌프란시스코에 거주하는 동성애자의 인권을 옹호하는 활동을 할 수 있다는 것이다.[46]

약속형 대표 개념이 책임성을 위한 형식적formalistic 제재 메커니즘에 기반하고 있는 반면, 후자의 세 개념들은 책임성을 담보하는 대안적 선택 메커니즘, 곧 '좋은 대표good representation'의 가능성을 시사한다. 피트킨과 맨스브리지의 연구들은 앞으로 우리가 계속 탐색해야 할 민주적 대표 개념의 다양한 형태들이 있으며, 특히, 정치적 대표 또는 대표와 시민 간의 관계가 단지 형식주의적 개념인 주인-행위자 관계의 틀로만 평가되어서는 안 된다는 것을 시사한다.[47]

물론 이는 대표의 선택과 책임성을 담보하기 위한 선거 기제와 의회 정부의 거버넌스 구조에서 권력을 위임하는 체인 모델delegation chains of parliamentary governance이 현대 민주주의 상황에서 중요성을 상실하고 있다는 뜻은 아니다. 오히려 핵심은, 민주적 대표성에 관한 '표준적 설명standard accounts', 곧 정치적 대표를 '권력의 위임과 책임성'의 선거적 순환 논리에 기반한 '주인-행위자' 관계로 이해하는 전통적 모델이나 개념으로는 오늘날 선거를 넘어 이루어지는 대표와 유권자 시민 간의 상호작용을 온전하게 이해하지 못할 수 있다는 것이다.[48] 비록 선거 기제는 특정 기간 정당하고 책임성 있는 정부를 가능하게 하는 가장 안정된 기초를 제공하지만, 매우 경쟁적이고 비용이 많이 든다. 특히, 당파적 논리가 극대화되는 선거 캠페인의 특징들이 단순다수 소선구제 등 특정한 형태의 선거제도와 결합될 때 사회적 소외 계층의 공정한 대표나 공공정책에 대한 진정한 심의 및 숙고된 판단 등의 기준에서 볼 때 '민주적 결함들democratic deficiencies'이 나타나기 쉽다.[49] 대표의 형식주의적 개념은 또한 지속적으로 증가하는 '스스로 권위를 획득하는 대표self-authorized representatives', 곧 선거적 기제를 통한 승인 없이 민주정치에서 중요한 행위자로 활동하는 다양한 시민사회 단체와 국제 NGO들, 개인들, 뉴미디어들 등 민주적 대표의 새로운 형태와 장소를 이해하는 데 한계를 지닌다. 나아가 시민 배심원, 시민 패널, 시민의회, 기타 새로운 형태의 공공포럼 등 새로이 출현하는 '시민 대표citizen representatives' 현상을 이해하는 데에도 난점을 드러낸다.[50]

어떻게 의회와 시민을 연결할 것인가?
의회-시민 관계 연구의 필요성

민주적 담론과 실천의 연속적 전환과 정치적 대표 개념의 재구성에 관한 이론적 논의를 바탕으로 우리는 이제 변화하는 의회-시민 관계에 대한 본격적 토론을 시작할 수 있다. 의회-시민 관계는 그동안 '의회 연구에서 가장 덜 연구된 분야 중 하나'이다.[51] 고전적인 '의회의 쇠락' 테제와 정치적 대표 기제에 대한 다양한 도전들에도 불구하고 의회는 법률의 제 · 개정, 행정부의 통제 및 예결산 심의, 국제조약의 비준 · 동의, 그리고 정치적 의지와 의견 형성을 위한 고도로 제도화된 공론장 제공 등 국민국가 수준에서 정치 시스템과 시민 유권자들을 연결하는 데 핵심 역할을 수행한다.[52] 그러나 이와 동시에, 오늘날 의회는 시민들에게 더욱 개방적이고 반응적이 될 것을 요구하는 안팎의 압력 증가에 직면해 있다. 예컨대, 국제의회연맹Inter-Parliamentary Union의 2006년 보고서IPU 2006는 '21세기의 민주적 의회들'이 추구해야 할 다섯 가지 원칙적 목표를 권고했다. 대표성representativeness, 개방성openness, 접근성accessibility, 책임성accountability, 효과성effectiveness. 정치적 제도와 대표 기구들에 대한 시민적 신뢰 하락, 그리고 대안적 정치 참여 채널들의 등장과 확산으로 인해 현대 의회들은 입법 절차와 활동 프로세스 전반을 더 투명하게 공개하도록 요구하는 압박을 받고 있다.

여기서 한 가지 핵심 이슈는, "어떻게 의회와 시민 간 대표성의 간극 representative gap을 줄일 것인가?", 혹은 "어떻게 의회와 시민들을 더 가까이 연결할 것인가?"이다. 물론 입법자들과 유권자들 사이에 존재하는 모든 거리를 소멸시켜야 한다고 주장하는 것은 아니다. 오히려 우리는 시민들의 신뢰와 참여를 증진하기 위한 제도적 개혁들을 진전시키는 동시에 입법자와 유권자 '사이between'의 다이내믹한 상호작용을 위한 공간을 보존하고자 한다. 예를 들어, 앞에서 논한 '애드보커시 민주주의'는 기존의 대의 민주주의 및 직접 민주주의적 메커니즘들과 병행하여 발전하는 것으로 묘사되고 있다. "대의 민주주의는 베이스base이며, 시민들은 또한 선거 사이의 시기에 정책 결정자들에게 영향을 미치는 다양한 접근 채널들을 통해 활동한다"는 것이다.[53] 또한, 존 킨John Keane은 다음과 같이 주장한다. "모니터 민주주의의 시대는 과거 회귀가 아니다. 그것은 '인민에게 권력을power to the people'과 같은 회합 민주주의의 (상상된) 이데아를 되살리려는 노력들에 의해 추동되는 것이 아니다. (…) '인민' 또는 시민들의 자력화를 명분으로 실시되는 모든 새로운 권력 감시 실험들은 불가피하게 대표에 의지한다. (…) 모니터 민주주의는 사실 대의제 위에서 번성한다."[54]

이러한 맥락에서 현대 의회들은 시민에게 더 많은 정보를 제공하고, 물리적·기술적·개인적 접근성을 향상하며, 의회 입법 과정에 직접적 또는 숙의 민주주의적 형태의 시민참여 방안을 마련하는 등 공중의 관여를 증대하기 위한 다양한 노력을 기울여왔다. 그러나 이러한 혁신들이 포괄적이고 전략적인 방식으로 추구되는 경우는 많지 않으며, 의회의 실제 운영과 대중의 기대 사이에는 여전히 큰 간극이 존재하는 것이 사실이다.[55] 2006년 국제의회연맹 보고서(IPU 2006) 작성을 주도한 영국의 데이비드 비담D. Beetham 교수는 또한 영국 민주주의의 맥락에서 의회와 시민참여를 평가하기 위한 '민주적 감시democratic audit' 프로젝트를 이끌어왔다. 그는 숙의 민주주의적 포럼들, 시민발의 제도와 협의consultation 기제 등 다양한 민주적 혁신 실험을 의회 제도에 '접합incorporation'시킬 필요가 있으며, 궁극적으로는 후기 근대의 정치 체제가 요구하는 민주적 의회 제도와 문화를 '재발명reinvention'할 수 있어야 한다고 말한다.[56] 이는 결코 가벼이 흘려들어서는 안 될 의미심장한 주장인데, 오늘날 전환기적 도전에 직면하여 의회 제도와 문화의 재창조 수준의 혁신이 요구된다는 엄중한 진단이기 때문이다. 그렇다면 수동적이고 단발적이며, 대외적 이미지 개선에 초점을 둔 의회 개혁 담론을 뛰어넘는 의회적 대표 기제와 혁신적 시민참여의 결합, 나아가 후기 근대적 조건에 걸맞은 새로운 의회 시스템과 문화의 재창조는 어떻게 가능할 것인가? 어떤 정체에서든 의회 개혁은 결코 쉽지 않은 과제였으며 앞으로도 그러할 것이라는 점을 전제로 일단 우리는 그러한 수준의 혁신과 개혁은 이를 뒷받침하는 강력한 정치적 의지와 대중의 지지, 그리고 일관되고 효과적인 프로그램이 있어야 가능할 것이라고 말할 수 있다. (책의 결론부에서 현대 의회의 개혁에 관해 더 자세히 논의할 것이다.)

이상의 토론이 보여주듯이 진화하는 의회-시민 관계를 제대로 이해하기 위하여, 그리고 현대 의회들이 실행하는 시민 관여 프로그램과 정책들의 실제 효과를 평가하기 위해서는 더 많은 심층 연구가 필요하다. 그리고 이는 우리로 하여금 '대표', '참여', '숙의' 등 현대 민주주의의 핵심 개념들에 대한 기존의 이해를 새롭게 할 것을 요청한다. 앞선 논의가 시사하듯이, 이들 세 개념은 반드시 상호 배타적인 것이 아니다. 오히려, 어떻게 새로운 형태의 참여, 숙의적 정치가 전통적 형태의 대의 제도들과 '관계' 맺고 있는지를 질문하면서, 현대 민주정치의 다양한 본질적 측면들을 제각기 표현하는 이들 개념에 대한 새롭고 포용적인 이해를 정립할 필요가 있다.[57] 가이셀과 뉴턴의[58] 다음과 같은 통찰은 경청할 가치가 있다. "새로운 것과 오래된 것이 양립불가능하고 상호 대체적인 정부 형태라는 이 가정에는 무언가 잘못된 점이 있다. 국민투표든, 공동-거버넌스co-governance든, 시민배심원이나 미니퍼블럭이든, 새로운 형태의 직접 민주주의는 불가피하게 오래된 형태의 대의 민주주의 내에서, 그리고 그에 의해서 발전된다."

전환기 북유럽의 의회, 시민, 민주주의

북유럽 국가들은 투명하고 합의적 의사결정 시스템, 그리고 정치 조직들과 시민 간의 친밀한 관계로 명성이 높다. 실제로 이들 국가에서는 대통령이나 총리가 시민들과 어울려 커피를 마시고 일상적으로 시장을 방문하거나 특별한 경호 없이 영화나 콘서트를 보러가는 모습이 어색하지 않다. 장관이나 국회의원들도 전철과 자전거를 타고 출퇴근하는 풍경이 자연스러우며, 국회의원들은 별다른 특권을 갖지 않고 직접 법안을 작성하고 연설문을 준비하는 것이 당연한 관례가 되어 있다. 그럼에도 이들 나라들 또한 현대 대의 민주주의가 당면한 구조적 · 질적 도전들을 경험하고 있다는 점에서 완전히 예외인 것은 아니다. 실제로 1970년대 이래 북유럽 정당 민주주의와 복지국가들에서도 경제적 위기와 불확실성, 사회구조와 정치적 균열 구조의 변동, 새로운 정치 세대의 성장 등으로 인해 중대한 도전 과제들이 생겨났다. 물론 북유럽의 시민들은 여전히 다른 유럽 국가들보다 높은 수준의 민주주의 만족도와 국민국가 정치 제도들에 대한 높은 신뢰도를 보여주고 있다. 그러나 선거 투표의 변동성volatility[59]과 투표율 저하 경향, 정당 일체감party identification 감소 등은 북유럽 지역에서도 공통되게 발견되는 현상이다.[60] 전통적인 계급 기반 정치, 특히 스웨덴 등 스칸디나비아 국가들에서 사회민주당의 지배적 위상과 이들 국가의 '5정당 체제'도 흔들려왔다. 녹색당 계열의 정당들은 물론이고, 덴마크 인민당Danish People's Party, 핀란드인당Finns' Party, 노르웨이 진보당Norweigian Progress, 스웨덴 민주당Swedish Democrats 같은 극우 포퓰리즘 정당 등 신생 정당들이 점점 더 많은 지지를 얻어왔다.[61] 2018년 9월 실시된 스웨덴 총선은 그러한 대표적 사례를 제공한다. 이 선거에서는 극우 스웨덴 민주당이 3당이 되면서 좌우 정당 그룹들이 어느 쪽도 과반수를 점하지 못하였고, 그 결과 총리 선출 및 연정 구성안이 연거푸 의회에서 부결되는 사태가 벌어졌다. 결국 총선이 끝난 뒤 4개월 만에야 사민당 주도의 소수 정부가 우파 정당 일부의 암묵적 승인 속에 출범하였다.[62]

반면, 네오-코포라티즘neo-corporatism적 단체 협상과 공공정책 결정 시스템은 나라별로 차이가 있기는 하지만 상당한 정도로 변모되어왔다. 나아가, 유럽 통합과 경제적 지구화는 개별 북유럽 국가들의 주권과 정책 역량에 더 큰 외적 제약을 부과했다.[63] 경제적 집중과 불평등이 예전보다 심화되었고, 시민사회의 자발적 협회들과 풀뿌리 사회운동들이 약화되었다. 또, 이민과 난민, 반(反)다문화주의 이슈가 점점 더 많은 정치적 영향을 끼치고 있다. 이러한 변화들은 북유럽 민주주의의 특징으로 불려온 합의 정치consensus politics의 기초들을 침식하고 있다. 곧 사회적 문제들에 대해 실용적, 과학적으로 접근하며, 정책 결정 과정에서 주요 이해관계자 집단들 간의 폭넓은 참여와 타협을 중시하는 북유럽적 전통에 기반한 합의 추구적 정치 실천과 문화에 균열이 일어나는 한편, 새로운 '적대적antagonistic' 정치 경쟁의 요소들이 강화되고 있는 것이다.[64]

한 가지 흥미로운 사실은, 이러한 사회구조의 변동과 자국의 민주주의에 대한 위기감을 바탕으로 덴마크, 스웨덴, 노르웨이 등 북유럽 국가들이 1970년대부터 주기적으로 '권력과 민주주의 연구Power and Democracy Studies' 프로젝트들을 추진해왔다는 점이다. 노르웨이는 1972~1980년과 1998~2003년, 덴마크는 1978~1982년과 1998~2003년, 그리고 스웨덴은 1885~1990년과 1997~2000년에 각각 의회 산하에 전문가들로 구성된 연구위원회commissions를 임명하는 방식으로 국가 차원의 민주주의 정책 연구를 수행하였다. 가장 최근에는 핀란드가 핀란드 학술원Academy of Finland 주도로 2007~2010년에 걸쳐 '핀란드의 권력과 사회Power and Society in Finland' 연구 프로젝트를 실시했다. 위 연구들 중 2000년대 초반에 발표된 최근 결과들은 북유럽 지역의 '민주주의의 건강'에 관한 흥미로운 모자이크 그림을 제시하였다. 먼저, 노르웨이의 민주주의 연구는 '대의 민주주의의 질 침식', '약화된 의회적 거버넌스', '정당 동원 능력의 감소' 등 민주주의의 쇠퇴에 관한 심각한 우려를 표명했다.[65] 반면, 덴마크의 민주주의 연구는 다음과 같은 상반된 결론에 도달했다. "덴마크는 놀랍게도 잘해내고 있다. 덴마크 사람들은 여전히 민주적으로 활발하고, 정치 제도들은 민주적으로 튼튼하다."[66] 한편, 스웨덴의 연구위원회는 강력한 국가 주도의 사회공학social engineering 모델에 기반한 스웨덴 민주주의의 전통적 정치 체계와 문화가 해체되었다고 진단하면서, 대신 정부에 참여와 심의 민주주의적 실험들의 실행을 목표로 하는 '민주주의 정책'을 채택할 것을 권고했다.[67] 그러나 2000년대 초반에 사회민주당 정부에서 채택된 민주주의 정책은 정당들의 강한 영향력과 '하향식top-down style' 대의 민주주의에 대한 정치 엘리트들 간의 공유된 신념 탓에 소극적이고 분권화된 방식으로 실행되었다.[68]

비록 북유럽 국가들(덴마크, 스웨덴, 노르웨이, 핀란드, 아이슬란드) 사이에 상당한 편차가 있지만 다섯 나라 모두 '정당 기반'의 강한 대의 민주주의 모델을 운영해왔으며, 북유럽 스타일의 '일하는 의회working parliaments'는 그 중추라 할 수 있는 위원회의 심의 프로세스를 일반 공중에게 개방하는 데에도 대체로 소극적인 편이라 할 수 있다. 또, 새로운 형태의 시민참여와 민주적 혁신 실험들이 모든 북유럽 국가들에서 적극적으로 그리고 고르게 추구되지는 않아왔다.[69] 서두에서 언급한 대로 핀란드는 1990년대 이래의 연속적인 헌법개혁 과정에서 대통령의 권력을 대폭 축소하고 입법부인 '에두스꾼따Eduskunta'와 총리의 권한을 동시에 강화해왔다는 점에서 독특하고 흥미로운 사례를 제공한다.[70] 나아가, 핀란드 의회는 2012년 헌법개정과 새로운 법률 제정을 통해 시민들과 입법적 의제설정 권력을 공유하는 전국 단위의 시민 발의 제도를 도입했다. 현재 핀란드는 전국 수준에서 시민발의를 도입한 첫 북유럽 국가이다. 제도 시행 이후 첫 의회 회기였던 2012년 3월부터 2018년 12월까지 약 6년 10개월 동안 880건 이상의 시민발의가 제안되었고, 그중 25 건이 서명 수 등 요건을 충족하여 의회에 제출되었으며, 동성결혼 합법화 요 구안과 〈모성보호법The Maternity Act〉 개정안 등 2건이 의회 절차를 최종 통과 해 법률화되었다.[71]

한편, 핀란드 정부는 민주주의에 대한 현재적 도전들, 특히 지방 선거와 의회 선거에서 감소하는 투표 참여 문제에 대처할 목적으로 1998~2002년 과 2003~2007년 등 장기간에 걸쳐 '시민참여를 위한 정책 프로그램Policy Programme for Citizen Participation'을 실행한 바 있다.[72] 께뚜넨Kettunen에 따르면, 이 들 프로그램은 '정당들로부터의 시민 소외', '신뢰의 약화', 그리고 특히 지 방선거에서 '투표율 저하' 현상에 대한 우려를 해소하기 위해 시행되었다. 핀란드의 지방선거 투표율은 1964년 79.5%였던 것이 1992년 70.9%, 1996 년 61.3%로 급격히 줄어들었다. 특히, 2000년 지방선거에서는 투표율이 55.9%에 그쳐 유럽의회European Parliament 선거를 제외하면 핀란드 민주주의 사상 가장 낮은 투표율을 기록하였다.[73] 총선 등 전국 단위 선거의 투표율도 정도의 차이는 있지만 지방 선거와 유사하게 1980년대 이래 계속 하락 추세 를 보여왔다.[74] 이에 따라 위 시민참여 프로그램들은 민주주의 시민교육 증 진, 시민사회와 공공 행정기구 사이의 상호작용 향상, 지역 민주주의 확대, 법률 개선 사항 발굴 등을 목표로 다양한 프로젝트를 추진하였다. 또, 프로 그램 성과의 하나로 핀란드 법무부는 '직접 민주주의의 강화'를 포함한 핀란 드 차원의 '민주주의 정책democracy policy'을 시행하기 위하여 부처 내에 '민주 주의 부서Unit for Democracy'를 신설하였다.[75] 2014년 핀란드 정부는 의회에 '민주주의 정책' 보고서를 제출하였고, 2017년 2월에는 같은 보고서에 기반한 정부 차원의 3개년 민주주의 정책 프로그램(2017~2019)을 채택하였다.[76]

핵심 연구 질문과 데이터

이 책에서 우리는 전환기적 도전들에 직면한 현대 민주주의의 이론적, 실천적 혁신의 현 주소를 살펴보고, 후기 근대적 사회가 요구하는 바람직한 민주주의의 상(想), 특히 민주적 제도와 시민 간의 관계와 상호작용 형태가 어떻게 변화하고 있는지를 검토한다. 특히, 우리는 선거적 참여를 넘어 이루어지는 입법자legislators와 시민 간 다양한 상호작용과 그 이론적 함의에 주목한다. 구체적으로 이 책은 최근 의회의 권한을 대폭 강화하는 헌법개혁과 직접 민주주의적 시민참여의 제도화를 실현한 핀란드 민주주의에 대한 사례 연구를 통해 의회-시민 관계에 대한 체계적 경험 연구를 제공한다. 전체 연구를 관통하는 핵심 연구 질문은 다음 문장으로 요약될 수 있다.

"핀란드 의회는 입법 과정과 의회 운영의 모든 측면에서 시민들에게 '다가가고reach out' 있는가? 어떻게 다가가고 있는가?"

구체적으로 다음 세 가지 경험적 질문들이 책의 본론에서 상세히 검토될 것이다.

① 핀란드 의회Eduskunta는 시민들에게 얼마나 열려 있고, 접근가능한가?

② 핀란드 의회 위원회들은 입법 과정에서 어떻게 시민사회 행위자들과 소통하는가?

③ 핀란드 시민발의 제도의 고유한 특징은 무엇이고, 이 직접적 형태의 시민참여 기제가 어떠한 정치적 효과를 발휘하는가?

첫째, 본 연구는 핀란드 의회를 시민들에게 연결시키기 위해 어떤 노력들이 행해지고 있는지 조사하고 그 실천적 효과를 평가한다. 우리는 우선 의회의 시민참여 활동을 총체적 스케일로 평가하기 위한 분석틀을 수립함으로써 의회 연구에 기여하고자 한다. 이를 위해 우리는 다양한 선행 연구들을 검토해 민주적 의회의 규범적 기준 원칙들—개방성, 접근가능성, 투과성(실질적 참여), 포용적 대표와 지속 가능 민주주의 등을 도출하며, 이를 다시 경험적 분석에 활용할 수 있는 일련의 실천적 기준들과 결합한다. 수립된 분석틀은 핀란드 사례에 적용되며, 결과 분석에 바탕해 핀란드 의회의 시민 관여 활동과 프로그램들에 대한 '민주적 감사' 형태의 평가 보고서를 제출한다. 평가는 9개 영역에 걸쳐 포괄적으로 이루어진다. ① 공공장소로서의 의회 ② 정보 공유 ③ 개별 의원들의 접근성 ④ 미디어와 디지털 참여 ⑤ 입법 절차의 투명성 ⑥ 의회 의사결정에 대한 실제적 참여 ⑦ 시민교육과 현장 참여 프로그램 ⑧ 미래 포럼으로서의 의회 ⑨ 전략과 리더십. 9가지 영역 또는 차원의 개별 기준들은 다시 여러 개의 구체적 실천 지표들로 구성되며, 이들 지표들은 향후 의회와 시민 관계를 탐색하는 비교 연구나 사례 연구들에 널리 활용될 수 있을 것으로 기대된다.[77]

둘째, 핀란드의 의회-시민 관계에 대한 일반적 · 종합적 평가를 제시한 뒤 우리는 '의회 위원회의 세계'를 심층 탐구한다. 의회 위원회는 북유럽 의회의 중추로 간주되는데, 입법 심의 및 외부 정책 이해관계자들과의 상호작용이 주로 위원회를 통해 이루어지기 때문이다. 핀란드 의회의 상임위원회들이 입법 과정에서 구체적으로 어떻게 일하는지를 알기 위해 우리는 다음과 같은 질문들을 구체적으로 검토한다. 의회 위원회들이 입법 과정에서 어떻게 시민사회 정책 파트너들과 소통하는가? 위원회 절차에 대한 공중의 관여를 위하여 어떤 방법과 채널들이 활용되는가? 이들 방법과 채널의 규모는 어느 정도로 넓거나 좁은가? 의회 위원회 시스템 내부에서의 합의적 정책 결정 양식이 최근 어떻게 변화했는가? 입법 심의 과정에서 위원회별로 어떤 차이들이 발견되는가?

셋째, 이 책은 의회와 직접적 형태의 시민참여라는 주제를 검토하기 위해 최근 입법 시행된 핀란드의 시민발의 제도와 그 정치적 효과에 대해 중점 연구한다. 다양한 유럽 국가에서 시행되는 시민발의 제도의 다양한 형태와 운영 실태를 비교 분석한 선행연구[78]의 분석틀을 참조, 발전시키면서 우리는 다음과 같은 경험적 질문들을 탐구한다. 왜 핀란드 의회는 입법 과정에 시민의 직접 참여를 허용하는 〈시민발의법〉을 제정하였는가? 핀란드 시민발의 시스템의 독특한 제도적 특징은 무엇인가? 시민발의 제도를 통해 누가 어떤 의제를 제기했으며, 의회는 이에 대해 어떻게 반응하였는가? 새로운 시민참여 기제의 도입 이후 핀란드 의회의 의사결정 시스템과 문화에 어떤 변화가 관찰되는가?

이상의 연구 목표를 달성하기 위해 본 연구는 다양한 종류의 경험적 데이터를 수집, 활용하였다.

① 핀란드 의회의 입법안들, 위원회 보고서와 의견서들, 메모들과 본회의 논쟁의 속기록들, 그리고 의회의 행정적 문서들과 웹사이트 자료 등 광범위한 의회 문서들을 수집, 분석했다.

② 에두스꾼따Eduskunta의 시민 관여 활동과 프로그램, 위원회 회의 및 청문회, 그리고 시민발의에 대한 의회 심의 과정 등을 객관적으로 측정하기 위해 시계열적 및 비교적longitudinal and comparative 통계 자료들을 수집 · 분석하였다.

③ 약 30명의 핀란드 국회의원, 의회 사무처 직원들, 그리고 시민사회의 대표들에 대한 심층 인터뷰를 실시했다(〈참고문헌〉의 인터뷰 목록을 참조). 모든 인터뷰는 인터뷰 대상자들로 하여금 최대한 자유롭게 진술하도록 하게 할 목적에서 핀란드어로 행해졌다. 인터뷰는 디지털 기기를 활용해 현장에서 녹음되었고, 이후 일련의 문서들로 모두 녹취되었다. 본문의 장들에서 인용되는 모든 한글 해석은 저자 본인의 것임을 밝혀둔다.

책의 구성과 주요 내용

본격적인 논의에 앞서 이 책의 짜임새와 각 장별 주요 내용을 간략히 소개하면 아래와 같다. 2장에서 우리는 연구의 이론적 관점들을 보다 면밀히 탐색하는 동시에 경험적 연구에 필요한 분석틀을 수립한다. 의회와 시민 사이의 관계, 특히 입법 과정에서 의회 위원회와 시민사회 간 상호작용, 그리고 의회와 직접 민주주의적 시민참여에 관한 광범위한 문헌 검토를 바탕으로 왜 그리고 어떻게 의회-시민 관계를 연구해야 하는가를 밝힌다. 먼저, 우리는 의회의 전반적인 시민참여 증진 노력들을 평가하는 데 필요한 세 가지 규범적 원칙들과 상세한 실천적 지표들을 결합한 포괄적 분석틀을 수립한다. 둘째, '위원회 협의 지표'를 수립해 의회 위원회들이 입법 과정에서 시민사회 행위자들(조직화된 이익단체와 시민 개인을 모두 포함)과 소통하는 주요 채널과 활동 양태를 측정할 것이다. 셋째, 핀란드 의회가 도입한 시민발의의 제도적 특징, 제도 활용 실태, 의회의 접근 태도, 정책 및 시스템 수준의 효과 등에 관한 평가틀을 수립해 새로운 시민참여 기제의 특징과 효과를 분석한다.

경험적 분석에 앞서 3장은 핀란드 의회의 역사적·제도적 특징을 다른 북유럽 의회들과의 비교적 관점에서 개관함으로써 핀란드 정치와 민주주의에 대한 독자들의 이해를 돕고자 한다. 북유럽 국가들은 종종 보편적 복지국가, 네오-코포라티즘적 정책 결정 시스템, 합의 민주주의가 잘 구현되는 하나의 단일한 모델로 간주되는 경향이 있다. 그러나 북유럽 다섯 나라를 자세히 살펴보면 비슷하면서도 사뭇 다른 다양한 차이와 특징들이 존재하며, 이는 각국가의 고유한 역사적, 정치적 맥락 속에서 형성되어온 것이다. 북유럽 민주주의의 맥락적 다양성을 고려하면서 3장은 헌법적 권력구조, 정당체제와 선거제도, 입법부-행정부 관계, 의회 입법 절차와 위원회 시스템 등 핀란드 의회의 기본적 특징에 대한 분석을 제공한다.

4·5·6장에서 우리는 앞서 수립된 분석틀을 핀란드 사례에 적용하고, 이를 통해 분석한 경험적 연구 결과를 차례로 제시한다. 4장은 우선 핀란드 의회가 시민들과의 관여 수준을 증대하기 위해 추진해온 개혁 조치들을 종합적으로 평가한다. 평가의 요점을 간략히만 소개하면, 핀란드 의회는 의회 공간과 건축 시설의 접근성, 정보 서비스, 디지털 참여 등 많은 기능과 절차들을 개선해왔다. 위원회 프로세스도 점진적인 개혁이 이루어지고 있으며, 언론과 미디어 접근성에서는 매우 열린 시스템을 유지하고 있다. 의회 상임위원회 중 하나인 미래위원회는 장기적 관점에서 국가 미래 정책을 심의하는 포럼으로서 새로운 의회 역할을 개척한 국제적 모델 사례로 평가된다. 그러나 개방적이고 접근가능한 의회를 만들기 위한 다양한 조치들에도 불구하고, 우리의 연구는 입법 과정에 실제적 시민참여를 확대하기 위한 보다 적극적 접근 전략과 정치적 의지가 필요하다는 점을 밝힌다. 특히, 우리는 중요한 영향력을 가진 의회 위원회의 운영 방식에 주목하고, 더 많은 정보 및 절차의 공개와 입법 심의 과정의 시민참여 확대가 필요하다고 주장한다.

5장은 입법 과정에서 국가와 시민사회 간 주요 연결고리를 제공하는 의회 위원회 운영 방식에 관해 더 자세히 분석, 검토한다. 2장에서 도입된 '위원회 협의 지표'에 기초하여 우리는 핀란드 의회 사회보건위원회Social Affairs and Health Committee의 2013년도 〈정부 제출 알코올법 개정안Governmental Proposal of the Alcohol Act, HE 70/2013 vp〉 심의 과정에 대한 경험적 사례 연구를 제시한다. 연구는 의회 위원회들이 논쟁적 사회정책 이슈를 심의하면서 실제로 어떻게 작동하는지, 나아가 어떻게 시민사회와 상호작용하는지를 규명한다. 의회 문헌 분석, 심층 인터뷰, 그리고 위원회 활동에 관한 시계열적·비교적 통계 자료 분석에 기초해 연구는 핀란드 의회 위원회의 입법 협의가 주로 표준적 (전문가 중심) 협의의 틀 속에서 이루어지고 있음을 밝힌다. 전문가 협의의 폭과 범위가 넓고 방대한 점을 높이 평가하면서도 우리 연구는 일반 시민들의 경우 위원회 단계의 입법 심의 과정에 거의 영향을 미치기 어렵다는 점에 주목한다. 이는 북유럽 국가들에서 공통적으로 관찰되는 합의적, 결사체적 민주주의associational democracy의 특징으로 볼 수 있으나, 동시에 향후 핀란드 의회 위원회의 역할과 활동 방식에 대한 중요한 도전을 시사한다.

6장은 2012년에 도입된 핀란드 시민발의제의 특징과 정치적 영향을 분석, 평가함으로써 의회와 직접 입법 혹은 '크라우드소싱 민주주의crowdsourcing democracy' 기반 입법 과정의 문제를 다룬다. 핀란드의 〈시민발의법〉은 일반 시민들이 의제설정 단계의 입법 과정에 참여할 수 있도록 허용한다. 의회 의원과 사무처 직원, 그리고 주요 발의안을 제출한 시민 대표들에 대한 심층 인터뷰를 바탕으로 6장은 핀란드 시민발의제의 제도적 디자인, 실제 이용 현황, 정치적 효과에 대한 체계적 평가를 제출한다. 국민투표와의 연계가 없는 '의제형' 발의 제도의 기본적 한계에도 불구하고 이 참여 민주주의적 기제는 입법 의제설정을 위한 대안적 채널로서 그 제도적 '기능성functionality'을 빠르게 입증하였다. 그러나 위원회 투명성의 제약 등 한계가 남아 있고, 포퓰리즘적 정치 양극화 등 장기적 영향에 대한 관찰이 필요한 상태이다.

7장은 핀란드의 의회-시민 관계에 대한 전체 연구 결과를 요약하고 민주주의와 시민참여의 현 상태를 성찰적으로 평가한다. 이 장은 핀란드 사례를 다른 북유럽 및 유럽 지역의 의회들과 비교하면서 현대 의회들이 유권자 시민의 요구에 더 개방적이고 반응적이 되도록 하기 위한 개혁 방안을 제시한다. 끝으로 우리는 이 연구가 기존의 의회 연구, 민주주의 이론, 북유럽 정치 연구에 학술적으로 어떤 기여를 했는지 논하면서, 전환기적 도전에 직면한 현대 대의 민주주의를 혁신하고 특히 입법부인 의회를 더 개방적이고 포용적인 개혁하기 위해 향후 어떤 학문적·실천적 노력들이 요구되는지 그 방향을 제안한다.

끝으로 이 책에는 국내 독자들을 위한 별도의 에필로그가 포함되어 있다.

에필로그에서 필자는 현대 대의 민주주의의 구조적 · 질적 도전들과 이에 대응하기 위한 민주적 혁신 담론 및 실천의 의미, 그리고 핀란드 사례를 중심으로 살펴본 변화하는 의회-시민 관계의 양상이 한국의 정치와 국회 개혁을 위해 가지는 실천적 함의 등을 독자들과 함께 성찰, 제언하고자 한다.

1장 주석

1 Norton 2002.

2 Leston-Bandeira 2012.

3 Smith 2009; Grönlund et al. 2014 등 참조.

4 Beetham 2011.

5 Arter 2016.

6 Raunio 2011; Husa 2011; 서현수 2018.

7 Arter 2012: 291.

8 Raunio & Ruotsalainen 2018.

9 Dalton et al. 2008: 1.

10 Norton 2012.

11 Gutmann & Thompson 2012.

12 Alonso et al. 2011; Cain et al. 2008; Beetham 2011; Coleman & Blumler 2009;
    Ministry of Justice, Finland 2014 등 참조.

13 Cain et al. 2008.

14 Keane 2009, 2011.

15 Smith 2009: 1.

16 Wampler 2004.

17 https://participedia.net/en/browse/cases, 2017년 8월 4일 기준 업데이트. 방법론적 유
    형들의 분류에 있어 특히 숙의 민주주의(deliberative democracy)적 시민 포럼들의 유형
    과 명칭이 다양하게 쓰이고 있음을 알 수 있다.

18 Papadopoulus 2013: 3.

19 Papadopoulus 2013.

20 Pateman 1970, 2012: 10.

21 Barber 1984.

22 Dryzek 2000.

23 Davidson & Elstub 2014: 369.

24 J. Habermas 1996.

25 J. Rawls 1993.

26 Bohman 1996.

27 Gutmann & Thompson 1996.

28 Young 1996.

29 Elstub 2010.

30 Ryfe 2005.

31 Joss 1998; Wampler 2004; Warren & Pearse 2008.

32 Grant 2013; Smith 2009; Grönlund, Bächtiger & Setälä 2014 등 참조.

33 Dryzek & Tucker 2008.

34 Mansbridge et al. 2012: 1~26.

35 Habermas 1996.

36 Chamber 2012.

37 Papadopoulos 2012; Hendriks 2016 등.

38 H. Pitkin [1967] 1972.

39 Pitkin [1967] 1972: 38~59.

40 피트킨이 언어철학적 탐구에 기초하여 정밀하게 전개하는 대표 개념들을 한글 어휘로 온전히 번역하는데 한계가 존재하는 것이 사실이다. 예컨대, 일상어의 사용 수준에서는 대체로 'act for'와 'stand for'의 뜻을 면밀하게 구분하지 않고 사용하지만, 그 사이에 존재하는 개념적 의미와 뉘앙스의 차이를 섬세하게 구별해 활용하는 데에서 피트킨의 탁월성이 빛난다. (Pitkin [1967] 1972: Chapter 4, 5).

41 Pitkin [1967] 1972: Chapter 6, 10.

42 Mansbridge 2003.

43 Mansbridge 2003: 516.

44 Mansbridge 2003: 516~517.

45 Mansbridge 2003: 520~521.

46 Mansbridge 2003: 522~525.

47 Mansbridge 2003; Dovi 2011.

48 Urbinati & Warren 2008.

49 Urbinati & Warren 2008: 390-391, 397~402.

50 Urbinati & Warren 2008: 403~406.

51 Leston-Bandeira 2012: 265.

52 Kelso 2007; Norton 2002.

53 Dalton et al. 2008: 256.

54 Keane 2011: 219~220, 강조는 원저자의 것임.

55 IPU 2012.

56 Beetham 2011.

57 그러한 이론적 시도로서 Hendriks(2010)를 보라.

58 Geissel & Newton 2012: 11.

59 선거와 선거 사이에 특정 정당에 대한 유권자들의 투표 선호가 변화하는 정도를 뜻하며, 선거 결과의 예측불가능성 그리고 인구학적 구조와 정당 균열 구조 간의 관계 변화 등을 분석하는 데 사용된다.

60 Bergman & Strøm 2011.

61 Arter 2016.

62 https://www.theguardian.com/world/2019/jan/18/sweden-gets-new-government-more-than-four-months-after-election. (검색일: 2019.3.30)

63 유럽 통합이 북유럽 국가들에 미치는 영향은 나라마다 차이가 있다. 예컨대, 핀란드, 스웨덴, 덴마크는 유럽연합에 가입한 반면 노르웨이는 1994년 국민투표를 통해 그 같은 방안을 거부했고, 아이슬란드는 그러한 절차의 바깥에 머물러 있다. 2008년 금융 위기 이후 아이슬란드 정부는 유럽연합 회원국 가입을 신청했으나, 그다음 정부가 신청을 철회했다. 북유럽 다섯 나라 중 핀란드만이 통화 연합인 유로존(Eurozone)에도 가입했는데, 별도의 국민투표 없이 두 번의 의회 결정에 의해서 이루어졌다.

64 Andersen 2007; Einhorn & Logue 2003; Christiansen & Togeby 2006; Heidar 2004; Persson & Wiberg 2011.

65 Østerus & Selle 2006; NOU 2003: 19.

66 Togeby et al. 2003: 50.

67 SOU 2000:1, Lindvall & Rothstein 2006.

68 Montin 2007.

69 Bergman & Strøm 2011; Arter 2004, 2006, 2016.

70 Raunio 2011.

71 핀란드 시민발의 제도의 실제 활용과 정치적 효과에 대한 자세한 평가는 6장을 보라.

72 Ministry of Justice, Finland 2014.

73 Kettunen 2008: 79, 83.

74 Raunio 2011.

75 Kettunen 2008: 85~86.

76 Ministry of Justice, Finland 2017.

77 9가지 기준들의 세부 지표 등 더 자세한 정보를 위해서는 2장의 표 2.1을 참조할 것.

78 Schiller & Setälä 2012 등.

2.
변화하는 의회-시민 관계, 어떻게 연구할 것인가?
이론적 관점과 분석틀

들어가며

앞에서 살펴본 것처럼 현대 대의 민주주의가 직면한 전환기적 도전들은 민주주의의 참여 · 숙의적 전환, 그리고 다시 숙의 민주주의의 '경험적' 전환과 '체계적' 전환 등 지속적인 민주주의 이론의 '전환'에 영향을 미쳤다. 참여 민주주의는 일반 시민들이 참여할 수 있도록 공공정책 결정 과정이 보다 투명하고 접근 가능해야 한다고 주장한다. 숙의 민주주의는 후기 근대 사회에서 정당한 정치적 결정과 권위를 산출하기 위해서는 끊임없는 정당화 압력pressures of permanent justification의 필터를 통과해야 하며, 이를 위해서는 다양한 수준의 공식 · 비공식 공론 영역을 통한 활발한 정치적 의사소통, 그리고 정치적 의견 및 의지 형성을 위한 숙의적 시민참여가 필요하다고 주장한다.[1]

현실 세계의 변화와 새로운 민주주의 이론의 도전은 정치적 대표 개념의 재구성과 혁신을 낳았다. 근대 대의 민주주의에 관한 '표준적 설명'은 지리(영토)적으로 구획된 선거구 개념을 바탕으로 정기적 투표를 통해 권력 위임과 책임성 확보를 실현하는 정당성 메커니즘에 초점을 두었으나, 현대 대의 민주주의 이론가들은 선거적 대표 기제를 넘어서는 다양한 차원의 정치적 대표 행위를 포착하고 이론적으로 개념화함으로써 우리의 인식 지평을 넓혀주었다. 특히, 19세기 후반 이래 갈등하는 사회 이익들을 대표, 중재하는 주요 정치적 행위자이면서 입법 과정과 의원들의 행동, 그리고 정부 프로그램을 통제하는 핵심 세력으로서 기능해온 정당의 위상과 역할 변화는 현대 대의 민주주의에 관한 새로운 관점으로 향한 문을 열어주었다. 형식주의적 모델의 '주인-행위자 관계'에 의존하지 않으면서 어떻게 대표되는 자the represented와 대표자the representatives, 곧 시민과 대표 사이의 다층적이고 역동적 상호작용을 이론화할 것인가가 현대 민주주의 이론의 첨예한 이슈가 되었다.[2]

앞서 살펴본 것처럼 한나 피트킨과[3] 제인 맨스브리지[4]는 정치적 대표의 개념이 다양한 층위와 방식으로 설명될 수 있으며 이를 전통적 · 표준적 대표 개념으로 단순화해서는 안 된다고 강조하였다. 그러나 그 탁월한 이론적 기여에도 불구하고 피트킨과 맨스브리지는 여전히 대표의 개념을 선택과 책임성이라는 선거적 양식의 틀 속에서 다루고 있다. 반면, 많은 현대 민주주의 이론가들은 후기 근대 사회의 민주적 거버넌스에 대한 전환기적 도전들을 고려할 때 새롭고 다양한 정치적 대표 개념들을 선거와의 연계 없이 규범적 · 경험적 수준에서 깊이 탐색할 필요가 있다고 주장한다. 특히, 마이클 사워드는[5] '대표성 주장 만들기representative claim-making'라는 개념을 통해 정치적 대표의 구성적 · 수행적 성격을 강조하면서 대의 민주주의 이론의 '구성적 전환constructive turn'을 주도했다. 사워드가 말하는 '대표성 주장'이란 다양한 정치적 행위자들이 청중을 향해 '자기가 왜 대표여야 하는지 주장claim to be a representative'하는 행위로 그 논리적 전개 양상은 아래와 같이 매우 다양하게 나타날 수 있다. (다음 인용에서 세로 항목의 사항들이 서로 다양하게 조합될 수 있다.)

개인의	이익(the interests)을	재현한다고 주장 (claim to represent)
집단의	필요(the needs)를	체현한다고 주장 (claim to embody)
국가 또는 지역의	욕구(the desires)를	위해 나선다고 주장 (claim to stand for)
동물의	원하는 바(the wants)를	안다고 주장 (claim to know)
인지적 자연의	선호(the preferences)를	상징한다고 주장 (claim to symbolise)
비-인지적 자연의	진정한 특성(the true character)을	투사한다고 주장 (claim to project)

출처: Saward 2006: 305.

여기에서 우리는 정치적 행위 주체의 범주, 재현 혹은 대표 행위의 목적과 대상, 그리고 대표 행위의 다양한 양태에 관해 전보다 훨씬 유연하고 폭넓은 사고가 필요함을 이해하게 된다. 특히, 특정 개인이나 사회 집단의 이해관계나 욕구, 선호를 선험적으로 고착된 것으로 인식하고, 이것이 정당, 이익단체, 정치인 등 다양한 행위자들에 의해 대표된다는 단선적 이해를 벗어나 정치적 대표 행위의 구성적, 상호작용적 성격을 섬세하게 분별할 필요가 있다. 이러한 이해는 근대 산업자본주의적 사회구조와 이념-계급 기반 정치적 균열 지형이 현저히 변동하고 인터넷과 SNS 등 뉴미디어, 그리고 새로운 양식의 참여 기제들이 활성화되면서 정치적 커뮤니케이션 양상이 훨씬 다차원적이고 쌍방향적으로 전개되는 후기 근대 민주주의의 조건을 더 잘 반영하는 잠재력을 갖고 있다. 요컨대, 정치적 대표 개념에 관한 사워드의 새로운 이론화 작업은 대표자와 피대표자 사이의 다이내믹한, 곧 '다양하고 복잡한' 관계를 포착할 가능성을 확대하려는 중요한 노력으로 평가된다.[6]

이러한 맥락에서 선거 사이(between elections)의 시기 동안 의회와 시민 간의 상호작용과 변화하는 관계 양상에 대한 관심이 새로이 고조되어 학술적 · 실천적 활동의 초점으로 부상하였다. "종합해보면, 뉴미디어와 같은 도구들이 유발하는 가시성visibility과 함께 정치적 무관심에 대한 담론이 다시 강조되면서 의회-시민 관계의 전환이 하나의 핵심 의제가 됐고, 이는 특히 의회들로 하여금 공중들과 더 효과적인 연계 메커니즘들을 발전시키도록 하는 큰 압력으로 작용했다."[7] 그러나 새로운 형태의 민주적 참여에 관한 학자들의 관심이 증가하고 대시민 의사소통을 강화하기 위한 의회 차원의 투자가 최근 늘어나고 있지만 의회-시민 관계에 관한 연구는 여전히 부족한 실정이다. 노턴과 레스톤-반데이라가 말하듯이 이 주제는 입법 연구 영역에서 오랫동안 소홀히 '방치'되어 있었다.[8] 최근 이 주제를 심층 탐색하는 선구적 연구들이 학술 논문과 정책 보고서 형태로 출판되어온 사실은 그나마 다행한 일이지만 규범적 · 경험적 기준을 모두 아우르는 포괄적 분석틀에 입각해 심화된 경험적 연구를 진행할 필요성이 여전히 높게 남아 있다. 개별 의원과 유권자 관계에서부터, 뉴미디어와 온라인 참여의 효과성, 의회 절차의 공개성, 위원회의 입법 협의 과정의 수준과 범위, 그리고 의회 차원의 시민교육과 아웃리치 프로그램에 이르기까지 의회가 시민 유권자들과 소통하는 다양한 채널과 방법들이 폭넓은 경험적 지표들에 의거 측정될 필요가 있다. 나아가 변화하는 의회-시민 관계의 특징과 함의가 정치적 대표에 관한 새로운 이론적 관점에 준거해 면밀하게 분석 · 평가되어야 한다. 이때, 선거적 기제를 넘어 일반 시민들이 의회의 의사결정 과정에 영향을 (어떻게) 미칠 수 있는지를 중점 검토할 필요가 있으며, 특히 의회 위원회의 시민사회 협의 과정, 그리고 시민 주도적 입법 참여 메커니즘 등에 관해 깊이 탐색할 가치가 있다.

이 장은 시민과 입법부 간의 관계를 연구하기 위한 이론적 관점과 분석의 틀을 제시한다. 첫째, 우리는 의회-시민 관계에 관한 문헌 검토를 바탕으로 의회의 시민 관여 활동과 프로그램 전반을 살펴보기 위한 포괄적 분석틀을 제시한다. 둘째, 우리는 의회 위원회와 입법 과정의 대對시민사회 의사소통 양태에 주목한다. 의회 위원회와 시민사회에 관한 기존 문헌들을 리뷰한 뒤 우리는 위원회의 시민적 협의 수준과 범위를 측정하기 위한 '위원회 협의 지표'를 도입한다. 셋째, 우리는 의회와 직접 입법의 문제를 다룬다. 대의 민주주의와 직접 민주주의 간의 이론적 긴장을 검토한 뒤 우리는 입법적 의사결정 과정에 직접적 시민참여의 채널로 기능하는 시민발의 제도의 특징을 살펴본다. 또, 시민발의 제도의 기능과 효과를 체계적으로 평가하기 위한 일련의 경험적 지표를 수립한다.

의회-시민 관계에 관한 선행 연구들

기존 입법 연구 경향에 관한 비판적 검토

입법부와 시민 간의 소통과 연결 문제를 경험적으로 연구한 문헌들은 그리 많지 않다. 영국의 상원의원이자 저명한 의회 연구자인 필립 노턴Phillip Norton 경은 서유럽 의회들에 대한 탁월한 3부작 연구에서 의회와 행정부,[9] 의회와 이익단체,[10] 그리고 의회와 시민[11] 관계를 탐구했다. 노턴이 편집한 세 권의 책들 중 제3권은 "의회에 관한 많은 문헌들이 의회와 행정부 관계에 초점을 두었다. 입법부 의원들과 시민들 간의 관계는 상대적으로 소홀히 여겨졌다"[12]고 강조하면서 선거와 선거 사이 입법부와 시민 간 연결 지점에 대한 연구를 목표로 삼았다. 책은 오랫동안 '무시된' 이 연구 주제에 대해 유럽 국가들을 대상으로 한 다양한 사례 연구를 제공하면서 '특정한 대표성specific representation',[13] 곧 개인들의 민원을 처리하거나 유권자 서비스constituency services를 제공하는 등 시민들과의 직접적 접촉을 통해 '특정 집단 혹은 개인들의 이익'을 대변하는 의원들의 활동에 초점을 두었다.[14]

이 책에서 노턴은 영국 의회 민주주의의 맥락에서 의원들의 선거구 역할 constituency roles을 검토하였는데, 그에 따르면 의회 의원의 선거구 역할은 7가지로 구분될 수 있다. '① 유권자들에게 자신들의 견해를 표출하도록 허용하는 **안전밸브**safety valve ② 필요한 유권자들에게 정보 또는 조언을 제공하는 **정보 제공자**information provider ③ 지역 행사에 참가하는 **지역의 명사**local dignitary ④ 특정 분쟁에서 유권자 일부를 지원하는 **옹호자**advocate ⑤ 특정 유권자들에게 혜택을 제공하는 **시혜자**benefactor ⑥ 일부 유권자를 대변해 특정 분쟁에 개입하는 **힘 있는 친구**powerful friend ⑦ 선거구 내 (고용 증대와 같은) 집합적 이해관계를 위한 사안을 진전시키는, **선거구 이익의 증진자**promoter of constituency interests' 등이 그것이다.[15] 노턴은 연구를 통해 영국의 의원-유권자 관계에 대해 다음과 같은 관찰을 제공한다.

> 유권자들과 의원들 간의 접촉은 (…) 예전보다 더 넓고 광범위해졌다. 의원들은 다양한 선거구 역할들, 특히 안전밸브, 지역 명사 그리고 힘 있는 친구의 역할을 수행하느라 매우 분주하다. 이들은 의원들이 중요하게 생각하는 역할들로 점점 더 많은 시간을 요구한다. 유권자-의원 연계는 영국의 정치 과정에서 중요한 한 요소이다. 국회의원은 영국에서 시민들과 중앙 정부 간의 소통을 위해 가장 중요한 수단이다.[16]

의원들의 접근가능성과 유권자와의 접촉은 의회와 시민 관계의 한 중요한 차원을 구성하며,[17] 실제로 의원들의 적극적인 선거구 역할에 대한 요구는 계속 증가하고 있다.[18] 그러나 개별 의원과 유권자 관계 외에, 집합적 기구로서 입법부이자 국가적 수준의 제도화된 공론장으로 기능하는 의회의 절차와 시스템에 대한 다양한 형태의 시민참여 문제는 노턴의 책에서도 제대로 탐구되지 않았다.

일부 개별 국가에 관한 사례 연구가 제도적 수준의 의회와 시민참여에 관한 내용을 포함하긴 했지만, 그도 제한적 범위에 그쳤다. 예컨대, 사알펠트[19]는 독일 의회Bundestag의 청원위원회Committee on Petitions가 실제로 어떻게 운영되는지를 분석했다. 위원회는 독립적 조사를 위한 강한 법률 권한을 부여받았고, 제도 도입 후 수십 년이 지나는 과정에서 청원 수가 계속 증가하였다. 그러나 성공적 청원의 비율은 회기마다 다르게 나타났다. 또, 청원의 상당수는 신사회운동에 의해 추동되는 '양심(혹은 정체성)'과 '새 정치' 이슈에 대한 것들로 드러났다.[20] 델라 살라[21]는 정치 체제와 문화 측면에서 급격한 변동을 경험해온 전후 이탈리아 민주주의의 맥락에서 의회의 '개방성openness'과 '접근가능성accessibility'에 대한 폭넓은 검토를 진행하였다. 이탈리아 의회는 '1970년대 이래 더 많은 투명성과 접근성을 위한 점진적 의회 개방' 노력을 취했다. 특히, 의회 토론의 웹사이트 중계 등 접근가능성 향상을 위한 정보통신기술 투자와 의회 정보 서비스의 개선이 이루어졌다. 그럼에도 '과두적oligarchic' 정치 엘리트들이 의회 기구를 포함한 정치 체제 전반을 독점하는 현상은 굳건히 유지됐다. 궁정의 정치 제도를 뜻하는 '팔라조Palazzo'와 광장이나 거리의 시민사회를 뜻하는 '피아자Piazza' 사이의 간극은 줄어들지 않았다.[22] 이러한 학술적 기여에도 불구하고, 위 책의 초점은 여전히 개별 의원과 유권자 간의 연계 지점을 연구하는 것이었다. 의회-시민 관계의 집합적 측면, 특히 선거 참여와 정당 민주주의의 제도적 기제들을 뛰어넘는 새로운 형태의 시민참여는 충분히 조사되지 않았다.[23]

나아가, 의회 의원들과 시민들 간의 실제적 관계는 나라마다 다양하게 나타난다. 예컨대 의원들과 유권자 간의 연결고리는 영국과 아일랜드에서 '폭넓고 빈번하게' 이루어지는 반면 포르투갈과 이탈리아에서는 거의 잘 드러나지 않는다. 특히 흥미로운 것은 의원들의 선거구 활동에 대한 대중들의 인식 또한 다양하게 나타난다는 점이다. 그러한 활동은 영국에서 긍정적으로 인식되는 반면 벨기에 유권자들은 거꾸로 의원들이 '자기 이익이나 특수이익을 위해' 일하는 것으로 간주한다.[24] 그러므로 상이한 선거제도와 다양한 역사적 · 제도적 맥락의 차이에 따라 나라들 간에 나타나는 그와 같은 차이들을 고려할 때 의원-유권자 관계처럼 한 가지 특정한 측면에 의존해 의회와 시민 관계를 진단하는 것은 한계를 지닐 수 있다. 이는 특히 북유럽의 의회들을 연구할 때 각별히 유념해야 할 지점이다. 영국 등 웨스터민스터 Westerminster 스타일의 의회 시스템들과 달리 북유럽 국가들의 경우는 비례대표제에 기반한 선거제도가 일반적이며 의원들의 유권자 서비스 활동도 거의 찾아보기 어렵기 때문이다. 메제이Mezey에 따르면, "소선거구제 시스템, 허약한 정당들, 그리고 짧은 (의원) 임기는 지역 중심의 입법부를 위한 거의 최적의 레시피라고 할 수 있으며, 이러한 입법부들의 경우 전국적인 정책 입안자로서의 역할을 수행하는 데 실패하기 쉽다. 미국의 하원Congress이 그러한 기구의 전형이다. 대조적으로 복수 선거구제 시스템, 강한 정당들, 그리고 상대적으로 긴 임기는 대표자들로 하여금 전국적 정책 이슈에 훨씬 더 집중하도록 촉진하는 경향이 있다. 노르웨이 의회Storting가 그러한 기구의 한 전범이다."[25] 소선거구제와 약한 정당구조를 갖고 있는 한국에서도 국회의원들이 전국적 정책 결정자의 역할보다 지역구 예산 배정과 민원 해결 등에 주력하는 경향이 높게 나타나는데, 이는 개별 의원들의 내적 동기나 관점의 측면만이 아니라 선거제도 등 제도적 맥락에서 개선 방안이 검토되어야 할 것이다.

최근 연구 동향과 의회-시민 관계의 핵심 이슈

2000년대 들어 온라인 의회 청원 제도와 온라인 입법 협의 시스템의 도입, 그리고 의원들의 새로운 정보통신기술ICT 도구 이용 실태 등 의회와 시민 간 새로운 형태의 상호작용에 관한 연구 문헌들이 점차 늘고 있다.[26] 특히, 영국 의회 상하원의 개혁과 새로운 전략들, 그리고 1999년의 권력 이양devolution 이후 수립된 스코틀랜드 의회의 새로운 시민참여 전략과 활동들이 학자들의 관심을 끌었다.[27] 그러나 이 연구들도 의회-시민 관계의 다층적 측면과 변화하는 성격을 충분히 포괄하지는 못하였다. 한편, 1944년 민주주의를 증진하고 의회를 강화할 목적으로 설립된 영국의 '한사드 소사이어티Hansard Society'[28]는 영국 '대의 민주주의의 건강'을 체계적으로 측정하기 위해 2004년부터 *Public Engagement* 보고서를 매년 발간해왔다. 협회는 또한 진화하는 대의 민주주의, 시민과 의회의 연결, 시민교육 등 다양한 주제의 정책 보고서를 꾸준히 발간하고 있다. 국제의회연맹IPU도 2006년과 2012년 두 개의 중요한 보고서를 발간해 21세기 민주주의의 맥락에서 '의회 대표성parliamentary representation'의 새로운 특징을 분석했다. 두 보고서는 공공 여론과 유권자 요구에 더 잘 반응하기 위한 의회 개혁의 모범 사례들을 수집, 소개하면서 현대 의회를 더욱 '대표적이고, 개방적이며, 접근가능하고, 책임성 있으며, 효과적인' 입법 기구로 만들기 위한 원칙과 실천 기준을 제시하였다. 그러나 이들 정책 보고서는 실천적 성격이 강한 문서들이기 때문에 관련 주제와 쟁점에 대한 이론적 검토가 충분히 이루어졌다고 보기는 어렵다.

의회와 시민 관계에 대한 온전한 학술적 검토가 이루어진 것은 2012년 발행된 *The Journal of Legislative Studies*[29]의 특별호(편집자: 레스톤-반데이라)를 통해서였다. 기존 의회 연구의 중요한 공백을 반성하면서 레스톤-반데이라[30]는 구조적 변수와 실천적 지표를 결합해 개별 국가의 사례 연구를 위한 공동 분석틀을 제시하였다.

구조적 변수로는 ① 역사적 맥락 ② 제도적 맥락 ③ 정치문화적 기대 ④ 의회에 관한 인식이 포함된다. 정치문화적 기대는 의회와 시민의 관계에 대한 문화적 기대를 뜻하며, 의회에 관한 인식은 예컨대 의회 제도(의회, 정당, 의원)에 대한 공중의 신뢰 수준을 통해 측정될 수 있다.

실천적 지표들은 ① 의회의 시민참여 프로그램과 관련 자원들 ② 의회, 정당, 의원들에 대한 접근성 ③ 의회와 시민 간의 접촉 메커니즘들 ④ 입법 청원 시스템의 제도적 디자인과 기능들 등에 관한 일련의 질문 리스트를 포함한다.[31] 특별호 발간에 참여한 개별 저자들은 프랑스, 핀란드, 독일, 헝가리, 이탈리아, 포르투갈, 네덜란드, 영국 등 여러 유럽 국가들에 관한 사례 연구를 제공했다. 이에 더해 라틴아메리카, 아프리카, 아시아[32] 등 세 개의 지역 수준 사례 연구가 진행됐다. 나아가, 입법 청원 시스템의 효과성, 그리고 '의회-시민 관계의 가장 가시적 수단'으로 평가되는 뉴미디어를 통한 참여 등 두 개의 주제별 비교 연구가 함께 발표됐다.[33]

개별 사례 연구들을 살펴보면, 많은 의회들이 새로운 ICT 도구들을 활용해 대중들과 제도적 의사소통을 확대하기 위해 노력하고 있다는 점, 그러나 실제 의회와 시민 간의 연계 양상과 수준에는 상당한 차이들이 존재한다는 점을 알 수 있다.[34] 그리피스와 레스톤-반데이라[35]는 세계 의회 조사 결과에 근거해 현대 의회들의 뉴미디어 활용 양태 및 효과에 대한 비교 연구를 진행하였다. 이들은 전통적으로 폐쇄적인 의회 기구와 제도들을 보다 개방적이고, 접근가능하며 책임성 있게 만드는 데 인터넷과 뉴미디어, 특히 소셜미디어[36]가 가진 잠재력에 주목하였다. 그러나 실제 현실에서는 '복잡하고 느린 프로세스'와 의회 기구들의 '정치적' 성격, 제한된 재정·조직 자원들, 제도적 절차의 상이한 법적 프레임워크들,[37] 그리고 지구적 수준의 소득 격차가 의회-시민 간 효과적인 소통을 가로막고 있다고 저자들은 지적한다.

위 저널 특별호에 실린 논문들은 또한 의원들과 유권자들 간의 소통이 전반적으로 강화되었지만, 그 관계의 성격은 헌법, 선거제도 및 정당체제, 그리고 개별 정치공동체의 역사-문화적 맥락에 따라 매우 다양하게 나타난다는 점을 확인하였다. 이 연구들은 "의회와 시민 간의 관계가 얼마나 다양할 수 있는지"를 드러냄으로써 "우리가 형식적 대표 기제들 너머를 보아야 하며, 대신 의회 기구들과 공중 사이의 상호작용을 관통하는 활동과 그 의미에 집중해야 한다"는 점을 보여주었다.[38]

한편, 최근 새로운 기술발전에 힘입어 유럽의 여러 의회에서 입법 청원 시스템이 재생되었고, 각국의 시민발의 제도도 더 많은, 직접적 시민참여의 잠재력을 보여주었다. 그러나 이 참여 민주주의적 기제들은 정치적 효과 측면에서 아직 복합적 결과mixed results를 나타내고 있다.[39] 허프[40]는 지난 10년 동안 의회 청원 제도의 발전을 비교적 관점에서 리뷰하면서 청원 제도의 기능을 다음과 같이 구분한다. ① 의회와 시민 간 연결고리 제공 ② 정책 발전 및 행정부 감독을 위한 정보 제공 ③ 정책 변화를 위한 영향.[41] 그러나 영국 의회의 경우, 입법 청원은 매우 열악하게 운영되고 있으며, 그 결과 '블랙홀'이라는 오명을 쓰고 있다. 반면, 스코틀랜드 의회의 청원 시스템은 개인들의 불만을 의회에 전달하고 정책 변화를 이끌어내기 위한 효과적 창구로 작동하고 있다고 허프는 진단한다. 그에 따르면, 효과적 청원 시스템을 위해서는 명확히 정의된 제도의 기능과 역할, 절차적 접근성과 공정성, 충분한 자원 할당, 그리고 입법자들의 의지가 요구된다.[42]

끝으로, 특별호의 편집자인 레스톤-반데이라[43]는 오늘날 많은 의회들이 투명성과 접근가능성을 향해 '끝없는 추구'를 하고 있지만 이러한 노력이 반드시 의회에 대한 공적 신뢰의 증가로 연결되지 않는다는 점을 상기시킨다. 이러한 맥락에서 그녀는 '상징적 대표symbolic representation'[44] 혹은 '일체감으로서의 대표representation as identification'[45] 개념에 주목할 것을 주장한다. 이들 개념은 대표되는 자의 '이익을 위해 행위하는' 것만이 아니라 공동의 정체성을 식별 또는 호명함으로써 시민과 대표 사이의 '연결 지점들을 수립하는 것'에 관한 것이다. 이러한 '연결로서의 대표representation as connection' 개념을 통해 우리는 의회와 시민 관계의 '복합성'을 더 잘 이해할 수 있을 것이라고 그녀는 주장한다.[46] 울프[47]도 오늘날 유권자들에게 '대표된다는 것(being represented)' 만으로는 충분하지 않다고 주장한다. 대신, 현대 대의 민주주의의 정당성을 위해서는 '대표된다고 느끼는 것(feeling represented)'이 결정적으로 중요하다. 로잔발롱[48]의 관점을 좇으며 그녀는 "후기 근대의 정당한 대표는 주장의 교환과 의사결정의 정당화에 기반해 이루어지는 유권자와 대표 간의 지속적 상호작용에 주로 의지한다"[49]고 주장한다. 여기에서 우리는 상징적 대표는 '성찰적reflexive'이어야 함을 강조할 필요가 있다. "역사적인 민족적 영광으로 정부를 상징화하거나 새로운 위협적 공포를 야기하는 일"은 없어야 한다. 나아가, 그 과정은 끊임없는 '상호작용'에 기반해 민주적 거버넌스에 시민들의 의미 있는(질적) 참여를 촉진하는 것이어야 한다.[50]

포괄적 분석틀에 기반한 심층 사례 연구를 향하여

한편, 아터[51]는 의회-시민 관계를 분석하기 위해 레스톤-반데이라가 수립한 실천적 지표들이 민주주의의 규범적 원칙들로부터 파생되지 않은 점을 지적한다. 아터는 이를 보완하기 위해 세 가지 규범적 원칙을 제시하였다. 비담Beetham의 '민주적 감사democratic audits' 접근법을 공유하면서 그는 2006년 국제의회연맹IPU 보고서가 제시한 민주적 의회의 5대 원칙에서 '투명성openness'과 '접근가능성accessibility' 두 원칙을 채택하고, 시민들이 입법 과정에 참여하는 실질적 수준을 평가하는 '투과성permeability' 원칙을 추가로 제안한다. 또한, 의회의 시민 관여 활동과 개혁 조치를 온전하게 포착하기 위해서는 레스톤-반데이라[52]의 분석틀에서 제시된 실천적 지표들도 향후 더 구체화할 필요가 있다고 필자는 생각한다. 입법 청원 시스템이나 뉴미디어를 통한 참여 외에도 면밀히 검토할 의회-시민 관계의 다양한 차원들이 존재하기 때문이다. 이상의 논의를 종합해볼 때, 우리는 의회와 시민 간의 변화하는 관계를 이해하기 위해 더 많은 개념적, 경험적 연구가 필요하다고 주장한다. 이를 위해 우선 적절한 규범적 원칙과 이로부터 도출한 경험적 지표들을 갖춘 포괄적 분석틀을 수립할 필요가 있다.

위의 논문에서 아터는 투명성, 접근가능성, 투과성의 세 규범적 원칙을 핀란드 의회Eduskunta 연구에 적용한 뒤 다음과 같이 결론을 적고 있다.

> '에두스꾼따' 자체(건축물들과 본회의 절차 등)은 물리적으로 그리고 온라인 상에서 더 접근 가능해졌지만 그 입법 문화는 여전히 닫혀 있고 엘리트주의 적이다. 전반적으로 의회 의원들은 고전적 대의 민주주의(…)를 내면화하고 있고, 자신들의 확립된 활동 방식을 변화시키려는 어떤 시도들에 대해서도 회의적 시선으로 대해왔다. (…) 공중에게 닫혀 있는 입법 심의, 청원위원회 를 통한 구조적 시민 접근 채널의 결여, 현상유지에 대체로 만족하며 어떠한 참여 민주주의 기제에도 의심의 눈초리를 보내는 입법 문화와 더불어 에두스 꾼따는 (완전히 합당한 평가만은 아니지만) 열린 의사결정을 자랑하는 스칸 디나비아의 명성에 거짓말을 하고 있다.[53]

아터의 연구[54]는 핀란드 의회와 시민 관계에 관한 비판적 진단과 함께 학술적으로 의미 있는 기여를 하고 있지만 아직 '예비적 입법 감사'에 머무르고 있다.[55] 그의 논문은 시민들과 소통하기 위한 핀란드 의회의 노력과 최근 변화를 넓게 분석하고 있다. 그러나 그 초점은 여전히 의회 의원들과 유권자 관계의 특징을 검토하는 데 있다. 시민과 집합적 입법기구로서의 의회 간의 관계는 충분히 연구되지 않았고, 이를 위한 포괄적인 실행 지표도 도입되지 않고 있다. 특히, 북유럽 의회의 중추 역할을 하는 위원회 조직이 입법 과정에서 어떻게 시민사회와 상호작용하는지 양적·질적 방법을 통해 깊이 연구할 필요가 있다. 나아가, 최근 핀란드는 시민들이 입법부의 의제설정 권력을 공유할 수 있도록 허용하는 시민발의 제도를 도입하는 등 중요한 혁신 조치를 단행하였다. 직접 민주주의적 시민정치를 활성화하는 새로운 참여 기제가 어떤 정치적 역할을 수행하는지 아직 구체적으로 검토되지 않고 있어 체계적 연구가 필요한 상황이다.

의회-시민 관계 연구를 위한 종합적 분석틀

지금까지 우리는 왜 그리고 어떻게 의회와 시민 간의 관계를 연구해야 하는지, 특히 의회의 시민 관여 활동의 실제 효과를 어떻게 평가해야 하는지 논의하였다. 이 책은 무엇보다 두 가지 방향에서 의회-시민 관계의 학술 연구에 기여한다. 첫째, 선행 학술 문헌과 다양한 정책 보고서에 기반해, 우리는 의회-시민 관계를 연구하기 위한 포괄적 분석틀을 정립한다. 노턴의 연구[56]와 *The Journal of Legislative Studies* 2012년 특별호, 그리고 무엇보다 아터[57]의 접근이 중요한 이론적 준거를 제공한다. 아울러, 국제의회연맹의 두 보고서[58]와 한사드 소사이어티가 발간한 정책 보고서들[59]도 유용한 준거자료를 제공하고 있다. 특히, 후자의 경우 의회와 시민 간의 쌍방향적 관여의 증진을 도모하는 국제적 우수사례를 식별하고, 나아가 우리의 분석틀 중 실천적 차원과 지표들을 수립하는 데 큰 도움을 준다. 둘째, 종합적 분석틀을 수립한 뒤 우리는 이를 핀란드 의회의 사례 연구에 적용한다(4장). 의회 문서 및 통계 데이터 분석, 그리고 심층 인터뷰 자료에 기반해 이루어진 우리의 연구는 변화하는 의회-시민 관계에 관한 매우 흥미로운 사례 연구를 제공할 것이다. 아래에서 우리는 시민참여를 증진하기 위한 의회 활동과 프로그램을 온전히 식별하고, 평가하기 위한 포괄적 분석틀을 제시한다.

열린, 포용적 민주주의를 향한 입법부의 활동을 안내하는 여러 국제적 문서와 표준들이 존재한다. 2006년 국제의회연맹IPU 보고서는 5가지 기본 원칙(대표성, 투명성, 접근가능성, 책임성, 효과성)을 제시하였다. 이 기준들은 '민주적 의회'를 위한 일반 원칙으로서 많은 유용성을 지니고 있다. 그러나 그 세부 지표들을 검토해볼 때 몇 가지 한계가 관찰된다. 예컨대, '대표성'에 관한 지표들은 자유롭고 공정한 선거 등 주로 헌정 시스템과 선거제도에 관한 기본적 특징들을 다루고 있는데 그 범위가 너무 넓어 의회-시민 관계의 구체적 분석 지표로서의 효용이 의문시된다. 또, '책임성'의 지표들은 주로 대중의 신뢰를 회복하기 위한 국회의원들의 윤리적 행동에 초점을 두고 있다. 반면, '효과성'은 대체로 행정부 감독과 국제 협력을 위한 의회 역량에 관한 것들로 구성되어 있어 의회-시민 관계를 분석하기 위한 지표로서는 거리가 먼 측면이 있다.

한편, 국제적인 '열린 정부 이니셔티브Open Government initiative, www.opengovernmentinitiative.org'는 투명성transparency, 참여participation, 협력collaboration을 3대 핵심 원칙으로 채택했다. 이니셔티브는 비록 '열린 데이터' 전략open data strategies를 실행하는 데 협력적이고 참여적인 거버넌스의 중요성을 함께 강조하고 있지만, 무엇보다 투명성과 공공 부문 정보에 대한 열린 접근에 초점을 둔다. 열린 정부 이니셔티브에 영향을 받아 이루어진 '의회 개방성 선언Declaration on Parliamentary Openness, www.openingparliament.org'도 유사한 기준들을 제시한다. ① 열린 문화를 증진하기 ② 의회 정보를 투명하게 만들기 ③ 의회 정보에 대한 접근을 쉽게 하기 ④ 의회 정보의 전자 커뮤니케이션을 가능하게 만들기 등. 곧, 전반적으로 의회 정보의 접근성 확대와 문화적 개방에 초점을 두고 있으며, 의회 입법 과정에 대한 실질적 시민참여 기제나 채널의 실행 등에 대해서는 상대적으로 관심이 적은 것을 알 수 있다.[60]

이와 비교할 때 아터의 접근[61]은 더 유용하고 포괄적인 틀을 제공하는데, '가시성(혹은 투명성)', '접근가능성', '투과성'이라는 세 원칙이 의회-시민 관계의 핵심 차원들을 커버하기 때문이다. 세 가지 원칙은 일정하게 서로 중첩되는 면이 있지만, 각각 현대 민주주의 체제에서 시민들이 행하는 상이한 역할들과도 조응한다. 여기에서 우리는 아터의 접근을 따라 현대의 입법부들이 시민들에게 더욱 열려 있고, 잘 반응하는 기구가 되기 위해 필요한 세 가지 규범적 원칙 기준을 채택한다. 아터는 이들 원칙을 아래와 같이 정의한다.[62]

- 가시성Visibility : "의회 절차와 의원들의 활동이 시민들에게 보일 수 있는 정도. 이 원칙은 관객spectator으로서의 시민 역할에 상응하며, '언제 시민들이 (개인적으로 그리고/또는 전자적으로) 구경할 수 있으며 이때 무엇을 볼 수 있는가?'라는 질문을 제기한다."
- 접근가능성Accessibility : "물리적 공간 또는 사이버상에서 시민들이 의원들과 의회에 접근하는 정도. 이 원칙은 유권자constituents로서의 시민의 역할에 상응하며, '언제 시민들이 의회와 자신들이 선출한 대표자들에게 접근하며, 의원들은 얼마나 기꺼이 시민들을 만나는가?'라는 질문과 연관된다."
- 투과성Permeability : "의회가 의회 외부로부터의 입법 발의와 정책 입력 policy input에 개방적이고 반응적인 정도. 이 원칙은 개별적 또는 집합적으로 입법적 변화의 과정에 참여하는 정책 파트너로서의 시민 역할에 상응한다. 관련 질문은 '시민들이 입법 과정에 참여할 수 있도록 허용하는 구조화된 메커니즘이 있는가? 정치문화가 그러한 참여를 장려하는가?'이다."

위 세 가지 원칙에 더해 필자는 여기서 현대의 민주적 의회를 위한 네 번째 규범적 원칙의 차원을 도입하고자 한다. 그것은 '포용적이며 지속가능한 민주주의'이다. 포용적 시민권과 정치적 평등의 원칙은 로버트 달[63] 등 많은 민주주의 이론가들에 의해 민주적 이상의 핵심 가치로 인정돼왔다. 누스바

움[64]은 그녀의 '역량 이론적 접근capability approach'과 사회계약론의 재해석에 기반해 장애, 국적, 인간성humanity이라는 세 가지 전통적 경계를 넘어 정치적 평등과 포용적 시민권의 원칙을 확장하기 위한 대안적 사회정의 이론을 모색하였다. 어떻게 민주주의가 지속가능성을 보장할 것인가의 문제는 고대 그리스 도시국가들의 역사적으로 취약한 (내적·외적) 조건들에 대한 성찰로부터 비롯된 서구 정치철학의 오랜 전통에서 매우 익숙한 이슈 중 하나였다. 크릭[65]과 오스트롬[66]은 민주주의가 세대를 넘어 지속가능하기 위해서는 '지속적인 시민참여'와 '적극적 시민 문화'가 본질적으로 중요하다고 강조했다. 스웨덴 '민주주의와 권력 연구위원회Power Study Commission'의 최종 보고서[67]도 적극적 참여와 시민 영향력에 바탕을 둔 스웨덴 민주주의의 지속가능한 미래를 밝히고자 했다.

이러한 문제의식에 기반해 필자는 '포용적이며 지속가능한 민주주의' 원칙을 아래와 같이 규정하고자 한다.

◆ 포용적이며 지속가능한 민주주의inclusive and sustainable democracy : 의회가 시민들, 특히 사회적 주변부 집단에게 다가가기 위해 얼마나 노력하며, '미래future' 혹은 '지구Planet'와 '자연nature'을 대표하기 위해 어떤 활동을 벌이는가에 관한 원칙. 이 주체들은 근대 민주주의 질서에서 오랫동안 법적, 정치적 또는 사회적 시민권이 결핍된 타자 또는 '비-시민non-citizens'으로 존재하는 것처럼 인식돼왔다. 이들은 공론 영역에서 들리지 않는 존재이며, 정치와 입법 시스템에서 과소 대표되는under-represented 대상들이다. 이 원칙은 우리로 하여금 시민권citizenship에 대한 관습적 이해를 성찰하도록 이끈다. 원칙은 '사회적 약자, 소수자 집단을 포용하고 이들의 관점이 입법부의 의사결정 과정에 통합될 수 있도록 의회가 어떤 활동과 제도적 개혁을 실행하고 있는가?'라는 질문으로 연결된다.

우리가 도입한 네 번째 규범적 원칙은 정치적 불평등 그리고 적극적 시민들과 소극적 시민들 사이의 간극이 증가하는 최근의 도전에 대응하기 위해 의회의 새로운 역할이 요청되고 있음을 시사한다. 원칙은 또한 지구적 기후변동과 유럽난민위기 등 다중적·체계적 위기를 해결하기 위해 시간과 공간의 지평 모두에서 의회 대표성의 전통적 양식을 변환해야 할 필요 혹은 그러한 도전 과제를 나타낸다.

규범적 원칙들을 견고한 기반 위에서 일반화하기 위해 이제 우리는 의회의 시민 관여 활동 전반을 포괄하는 9개 영역의 실천적 지표를 제안한다. 의회-시민 관계의 아홉 가지 주요 실천 영역과 차원은 아래와 같이 제시할 수 있다.

① 공공장소로서의 의회parliament as public space : 민주적 공공 영역의 센터로서 기능하는 의회의 역할에 대한 규범적 인식에도 불구하고 '역사적 장소, 심의적 장소, 일하는 건물, 그리고 의례적 장소'로서 입법부의 다양한 역할과 기능 사이에는 긴장이 존재한다.[68] 특히, 최근 의회 건물의 보안에 대한 우려가 증가해왔는데, 이는 다양한 통제 조치의 강화로 귀결됨으로써 의회의 공간적 개방성과 접근가능성을 현저히 제약하는 부작용을 낳을 수 있다. 일례로 영국의 하원은 방청석과 의원들의 의석 사이에 '두꺼운 방탄 유리'를 설치해 비판을 받았다. 반면, 캐나다 의회는 시민들이 경계석 내부 의회 광장에서 시위할 수 있도록 허용해 높은 평가를 받고 있다.[69] 의회 장소가 시민들에게 진정으로 열려 있고 접근 가능한가는 의회-시민 관계의 중요한 한 가지 기준이라 할 수 있다.

② 정보의 공유sharing of information : 정보 공유는 오늘날 열린 거버넌스open governance의 기본적 요건으로 간주된다. 의회는 방문 센터를 운영하고, 온·오프라인으로 의회 관련 자료를 출판하거나 의회 도서관을 개방하는 등 다양한 수단을 통해 정보를 배포할 수 있다. 나아가, 의회들은 오늘날 고유한

'오픈데이터 정책'을 수립, 실행하면서 대중들이 손쉽게 관련 정보를 재활용할 수 있는 형태로 '열린 의회 데이터셋open parliamentary data sets'을 정리, 공개하도록 요구받고 있다(의회 개방성에 관한 선언Declaration on Parliamentary Openness, www.openingparliament.org).

③ 의원-유권자 간 소통communication between MPs and constituents : 개별 입법자들은 의회에 대한 대중적 이미지에 영향을 미칠 수 있으며, 의원들의 적극적 의사소통과 선거구 활동은 시민 공중의 의회에 대한 심리적 접근성을 향상하는 데 기여한다. 그러나 의원-유권자 관계는 선거제도의 규칙 등에 따라 나라별로 다양하게 나타난다.[70]

④ 미디어 및 디지털 관여media and digital engagement : 미디어와 디지털 기술들은 시민들이 민주적 과정에 참여하도록 하는 가장 효율적 수단으로 인식되고 있다. 특히, 소셜미디어를 비롯한 뉴미디어는 의회와 시민 간의 쌍방향 의사소통을 위한 잠재력이 크다. 그러나 이를 실현하기 위해서는 적절한 자원을 배분하고 의원들과 의회 직원들의 미디어 기술을 향상하는 한편 의회 절차와 시스템을 개혁할 필요가 나타날 수 있다.[71]

⑤ 절차의 투명성transparency of process : 입법부의 운영 규칙에 따라 의회 프로세스는 절차 및 관련 문서의 공개성과 관련하여 매우 다양하게 고안될 수 있다. 특히 위원회 회의의 공개성과 관련해 영국 웨스트민스터Westerminster 스타일의 '논쟁하는' 의회debating parliaments와 독일과 북유럽의 '일하는' 의회 working parliaments 사이에 구별되는 특징들이 발견된다.[72] 비공개 장소에서 상호 신뢰에 기초해 진행하는 대화와 협상이 가지는 장점에도 불구하고, 위원회 투명성의 제약은 시민들이 입법 과정에 관여하는 데 중요한 걸림돌로 작용할 수 있다.

⑥ 입법 의사결정 과정의 실제적 참여actual participation in legislative decision-making : 이 기준은 시민들이 의회 의사결정에 영향을 미칠 수 있는 정도를 뜻

하는 '투과성'에 직접 연결된다. 입법 과정의 시민참여는 다양한 수준과 형태로 나타날 수 있다. 의회는 청원이나 시민발의를 통해 입법 의제설정에 대한 시민참여를 보장할 수 있고, 위원회 단계의 공공 협의나 온라인 입법 협의를 확대할 수 있으며, 입법적 임무를 부여받은 숙의적 시민 포럼을 운영할 수도 있다. 혹은 국민투표 등을 통해 최종 의사결정 과정에 직접 참여를 허용할 수도 있다.

⑦ 시민교육과 '아웃리치' 프로그램civic education and outreach : 다양한 사회적 그룹들 간의 정치적 불평등이 증가함에 따라 청(소)년과 시민들을 위한 민주주의 교육과 사회적 취약 계층에 대한 아웃리치 활동이 점점 더 중요성을 얻고 있다. 의회는 청소년의회youth parliament와 시민사회 공동체 파트너십 등 다양한 방법을 통해 그러한 연결고리를 촉진할 수 있다.

⑧ 미래 포럼으로서의 의회parliament as future forum : 의회는 오늘날 빠른 기술공학적 발전, 기후 변화, 변화하는 지구적 국제질서 등 미래에 관한 이슈들에 적극 반응할 것을 요청받고 있다. 이는 의회가 과학적 연구와 폭넓은 시민참여에 바탕을 두고 장기적 관점에서 정책을 조망하는 혁신적 접근을 취하도록 요구한다.

⑨ 전략과 리더십strategy and leadership : 의회는 고유한 역사적 맥락 속에서 확립된 자신만의 '일 처리 방식'에 익숙해 있기 때문에 의회 개혁이나 혁신을 시작하고 지속하는 것은 결코 쉬운 일이 아니다. 효과적인 대對시민 의사소통을 늘리고 의회-시민 간 연결고리를 강화하기 위해서는 입법자들의 정치적 의지와 함께 충분한 자원의 할당과 의회 리더십의 역할 등이 요청된다.[73]

표 2.1 의회의 시민참여 증진 활동을 평가하기 위한 경험적 기준들

번호	실천적 차원	구체적 지표
1	공공장소로서의 의회	• 의회 역사, 제도, 절차, 의원 의정활동, 정치·입법적 쟁점 등 시민들이 의회를 탐색할 수 있도록 돕는 어떤 프로그램과 공간이 제공되는가? • 의회가 장애인 등 특별한 필요가 있는 사람들에게 얼마나 열려 있고 접근 가능한가? • 관광객이나 학생들 외에 구체적 '의도'를 가진 공중('purposive' public)이 의회 공간에 접근할 수 있는가? 의회 보안 시스템과 문화의장 개성에 들어가기 위한 절차적 요건 등이 어느 정도로 엄격한가?
2	정보의 공유	• 의회가 시민들과 연동하게 소통할 수 있는 전문 직원들이 고용된 방문 센터 또는 시민정보센터를 운영하는가? 의회 정보가 어떻게 대중들에게 배포, 전달되는가? • 의회 도서관 시스템이 얼마나 열려 있고 접근가능한가? 의회가 지역 사무소 또는 주민들과 소통할 수 있는 다른 채널들을 운영하는가? • 별도의 온라인 플랫폼을 포함해 의회의 독자적 오픈 데이터 정책(Open Data Policy)이 수립됐는가? 의회의 오픈 데이터셋(open dataset)가 그 범위, 형태, 그리고 공공의 실제적 정보 재활용 기능성 등에서 국제적 표준에 부합하는가?
3	의원-유권자 간 소통	• 의원들이 지역 유권자들과 정례적 모임을 여는가? 또, 의원들이 선거구 내 사회적 취약 집단들을 위해 의회 방문 프로그램을 개최하는가? • 의원들과 유권자들 사이에 주고받는 통신(correspondence)이 있는가? 편지, 이메일, 소셜미디어 등으로 보내진 질문들에 답하느라 의원들이 얼마나 많은 시간을 투입하는가? • 의원들이 페이스북, 트위터, 블로그 등 소셜미디어를 통해 유권자들과 접속하는가? • 해당 국가의 선거제도와 의원들의 선거구 서비스(constituency service) 간에 어떤 연계성이 발견되는가?

번호	실천적 차원	구체적 지표
4	미디어 및 디지털 관여	• 대중들에게 의회 관련 소식을 전달하기 위해 어떤 미디어 채널들(TV, 라디오, 신문, 잡지 등)이 운영되는가? 의회가 연론인들에게 자유로운 작업 환경을 제공하는가? • 의회 웹사이트가 풍부한 정보를 담고 있고 사용자 친화적인가? 의회 웹사이트에서 시민들이 의원들과 직접 소통하거나 개루 중인 안건에 대해 온라인으로 의견을 제시할 수 있는가? • 의회가 소셜미디어 등 새로운 정보통신기술(ICTs) 도구의 참여 민주주의적 잠재력을 어떻게 활용하고 있으며, 실제 어떤 효과가 나타나는가?
5	절차의 투명성	• 본회의 진행 절차들(토론, 대정부질의 등)이 온 오프라인에서 공중에게 개방돼 있는가? 의회 절차에 대한 방송 보도의 범위가 얼마나 넓은가? • 위원회를 포함한 의회 진행 절차에 관한 문서와 기록들이 어느 정도로 대중들에게 개방돼 있는가? • 전문가 청문회를 포함해 상임위원회 회의가 시민들에게 열려 있는가? 투명성의 수준이 의회 위원회의 효과성에 어떤 영향을 미치는가?
6	입법 의사결정 과정의 실제적 참여	• 청원 또는 온라인 청원위원회, 또는 시민발의 등을 통해 시민들이 입법 의제설정 과정에 참여할 수 있는가? • 의회 전문가 청문회나 사실 조사 과정을 시민들에게 공개하는가? 예컨대, 온라인 플랫폼(e-의회 등)과 공공 독회 단계, 자료 및 의견 제출 시스템 또는 공개 세미나 등이 활용되거나 운영되는가? • 의회가 시민배심원, 합의회의, 시민의회 등 숙의 민주주의적 포럼의 혁신적 방법들을 활용하고 있는가? (협의적) 국민표와 연계된 시민발의 등을 통해 최종 입법 결정 과정에까지 시민들이 직접 참여할 수 있는가?

번호	실천적 차원	구체적 지표
7	시민교육과 이웃리치 프로그램	• 의회가 학교 방문, 청소년 의회, 교사 프로그램과 같은 청소년 교육 프로그램을 운영하는가? • 원거리 지역 주민과 사회경제적 약자, 장애인, 이민자 등 사회적 취약 계층의 참여를 증진하기 위해 의회가 어떤 공동체 파트너십과 아웃리치 프로그램을 발전시키고 있는가? • 위 프로그램들이 의회와 시민, 특히 청소년과 사회적 약자, 소수자 집단 간의 간극을 좁히는 데 어떤 효과를 보이는가?
8	미래 포럼으로서의 의회	• 장기적 관점과 의회적 참여에 바탕을 두고 국가 미래 정책을 심의하는 별도의 기구나 모임이 의회 산하에 운영되고 있는가? • 의회 미래 포럼이 어떤 정책 의제를 주로 검토하며, 그 과정에 어떤 혁신적 방법과 민주적 실험 기제들이 활용되는가? • 민주적 혁신과 의회와 시민사회 간 의사소통의 측면에서 의회의 미래 포럼 혹은 위원회가 가지는 주요 효과는 무엇인가?
9	전략과 리더십	• 의회와 시민을 연결하기 위한 의회 차원의 종합적 개혁과 혁신 전략이 존재하는가? • 의회 개혁을 추진하기 위해 필요한 조직적 자원과 구조와 지원이 잘 확립돼 있는가? • 열린 포용적 의회-시민 관계 형성을 위한 지속적 정책 실행을 위해 의회 리더십이 얼마나 확고한 정치적 의지를 갖추고 있는가?

아홉 가지 실천적 차원들은 표 2.1에서 보듯이 구체적인 지표들로 구성돼 있으며, 이들 지표는 시민과 의회 사이의 복합적 관계를 보여주는 다양한 영역과 수준들을 확인하기 위해 수립된 것이다. 지표들은 의회-시민 간 소통의 집합적 차원과 개별적 차원을 모두 포괄한다. 곧, 의회와 시민 사이의 제도적 소통과 함께 개별 의원들의 유권자 접촉 채널을 아우른다. 각각의 실천적 차원은 가시성, 접근가능성, 투과성, 포용적이고 지속가능한 민주주의라는 규범적 기준들과 긴밀하게 혹은 느슨하게 조응한다. '공공장소로서의 의회'부터 '절차의 투명성'까지 첫 번째 다섯 가지 기준들은 특히 시민참여의 전제 조건으로서 투명성과 접근가능성 원칙에 밀접하게 관련된다. 앞서 논의했듯이, 최근 의회 연구자들은 의원들과 유권자들의 관계에 주목해왔다. 또, 뉴미디어와 디지털 기술은 의회 절차를 대중들에게 개방하는 데 큰 잠재력을 가진 것으로 평가된다. 빠르게 발전하는 ICT 도구들과 새로운 소셜미디어들은 대표자와 시민 간의 제도적 소통 방식을 개선하면서 정치 과정에 대한 시민참여를 확대할 수 있다. 그러나 의회 활동의 가시성과 접근가능성을 효과적으로 향상시키기 위해서는 면밀한 평가가 요구된다. 레스톤-반데이라[74]가 강조하는 것처럼, 기술적 혁신과 뉴미디어의 활용 증가는 의회 제도에 대한 시민들의 신뢰의 증가로 자동적으로 연결되는 것이 아니기 때문이다.

여섯째 기준인 '의회 의사결정에 대한 실제적 참여'는 의회와 시민 간 제도적 수준의 의사소통에 있어 핵심적 차원이라 할 투과성의 원칙에 직접 연결된다. 의회의 의사결정 과정에 대한 시민참여의 형태와 수준은 매우 다양하게 나타날 수 있다. 입법 청원 또는 시민발의 제도에서부터 위원회 단계의 공적 협의 혹은 온라인 협의, 의회 절차와 결합된 숙의적 시민 포럼들, 그리고 국민투표를 통한 직접 참여에 이르기까지 어떤 기제와 실험들이 운영되고 있는지 진단되고 평가될 필요가 있다. 이러한 시민참여 메커니즘들의 제도적 특징, 실행 방법, 그리고 의회 정치의 구조적 지평에 대한 효과 등이 면밀하게 연구될 필요가 있다.

마지막 세 기준인 '시민교육과 아웃리치', '미래 포럼으로서의 의회', '전략과 리더십'은 확장된 시민참여를 통해 보다 포용적이고 지속가능한 민주주의의 미래를 열어가기 위한 의회의 장기적 전략에 초점을 둔다. 이 차원들은 현대의 입법부들이 직면한 새로운 도전들을 나타낸다. 오늘날 의회들은 민주적 거버넌스의 제도적 기제들 속에서 정치적으로 과소 대표되는 집단들에게 더 다가갈 것을 요구받고 있다. 어린이와 청소년, 신체 및 정신 장애인, 이민자와 난민, 그리고 원주민이나 멀리 떨어진 시골 지역 주민들이 그러한 집단에 속하는 사람들이다. 근대 민주주의 시스템 속에서 '타자'로 존재하기 쉬운 주체들을 어떻게 그리고 어느 정도로 통합해낼 것인가 하는 과제는 의회적 대표성의 물리적, 사회적 경계와 규범적 특질에 관한 까다로운 질문을 던진다. '미래 포럼으로서의 의회'도 근대 대의 정치의 제한된 시공간의 지평과 인간 중심적 관점을 극복하기 위해 '미래' 또는 '지구'를 대표하는 것이 필요하고 가능한가라는 도전적 쟁점을 제기한다.[75]

아홉 가지 실천적 차원들은 규범적 원칙들과의 관계에 있어서 어느 정도는 서로 중첩될 수밖에 없다. 표 2.2는 어떻게 실천적 차원들이 규범적 원칙들과 연관되는지를 보여준다.

표 2.2 의회와 시민 관여에 대한 규범적 원칙과 실천적 기준들 간의 상호 관계

규범적 원칙	실천적 기준
참여의 전제 조건으로서 가시성(투명성)과 접근 가능성	• 공공장소로서의 의회 • 정보의 공유 • 의원–유권자 간 소통 • 미디어 및 디지털 관여 • 절차의 투명성

투과성과 실제적 형태의 시민참여	• 입법 의사결정 과정의 실제적 참여
	  ▪ 최종 의사결정 과정의 직접적 참여
	  ▪ 숙의적 포럼의 참여
	  ▪ 위원회 심의 과정에 대한 관여
	  ▪ 입법 의제의 제기: 온라인 청원 또는 시민발의

포용적 대표와 지속가능한 민주주의	• 시민교육과 아웃리치 프로그램 • 미래 포럼으로서의 의회 • 전략과 리더십(정치적 의지)

의회 위원회와 시민사회 간 상호작용

　의회–시민 관계에 대한 일반적 평가에 기초해 우리는 의회 입법 과정에 시민들이 어떻게 그리고 어느 정도로 참여할 수 있는가, 곧 투과성의 문제를 깊이 검토하기 위해 두 가지 구체적 경험 연구를 진행한다(5장). 이 절에서는 입법 과정에서 의회 위원회와 시민사회 행위자들(조직화된 집단과 일반 개인들을 모두 포함) 간의 상호작용에 관한 이론적 논의를 검토한다. 그런 연후 위원회 단계의 입법 협의 수준과 방법을 조사하기 위한 구체적 분석틀로서 '위원회 협의 지표'의 수립을 제안할 것이다.

의회 위원회와 시민사회 관계에 관한 선행 연구

의회 위원회는 법안을 심의하고 의회 차원의 조사권을 실행하면서 정부와 시민사회를 연결하는 데 중요한 역할을 수행하는 의회 내 핵심 조직이자 공간이다. 입법 연구자들은 의회 위원회가 시민사회와 관여하는 구체적 방식을 연구하는 데 관심을 기울여왔다.[76] 의회 위원회에 관한 기존 연구들은 주로 미국 의회 위원회 시스템의 기원과 제도적 디자인을 설명하는 데 에너지를 쏟았다. 1970년대 이래 미 하원위원회들을 설명하기 위한 다양한 이론적 접근들이 서로 경합했는데, '분배 이론', '정보 이론', '정당 담합 이론' 그리고 '상하 양원 경쟁론' 등이 대표적이다.[77]

① 분배 이론distribution theory은 의원들의 재선을 위해 "특수주의적 수혜들을 의원들이 자신의 선거구에 배분하도록 할 목적으로 위원회가 존재한다"고 주장한다.[78]

② 정보 이론informational theory은 의원들의 정책 전문성에 기여하는 "정보의 습득과 공유를 극대화하기 위해" 위원회가 만들어졌다고 설명한다.[79]

③ 정당 카르텔 이론party cartel theory은 의회 위원회의 시스템과 활동 방식을 틀 지우는 정당들의 중심적 역할에 주목한다. 이에 따르면, "정당 지도자들은 위원회 과업 할당을 '카르텔화'하며cartelize, 충성도 높은 당원들을 보상하고 기명 투표roll-call vote 때 지도부를 기만한 의원들을 처벌하기 위해 위원회 할당을 전략적으로 활용한다."[80]

④ 양원 경쟁론bicameral-rivalry theory은 정책 영향력을 위한 양원 간의 높은 경쟁으로 인해 권위가 부여된 강한 위원회 시스템이 창출됐다고 설명한다.[81]

이번에는 시선을 유럽 쪽으로 돌려보자. 맷슨과 스트룀Mattson & Strøm은 1995년 발표한 논문에서 의회 위원회의 권력, 구조, 절차에 관한 체계적 비교 분석을 위해 중요한 연구를 제공했다. 이들은 일련의 세부 기준들을 수립한 뒤 이에 따라 유럽 18개 국가(유럽 의회 포함)의 의회 위원회들이 가진 힘의 정도를 측정했다. 1998년 *The Journal of Legislative Studies* 특별호는 '의회 위원회들의 새로운 역할'에 초점을 맞추었다. "의회 위원회가 오늘날 민주적 의회의 생동하는 중심 제도로 부상했다"는 사실을 확인하면서,[82] 저자들은 의회 위원회의 역할과 대내외적 관계 변화를 세계적 관점에서 고찰했다. 그러나 위 연구의 주요 관심은 의회(위원회)와 정당 또는 정부 사이의 관계에 있었다. 위원회와 시민사회 간의 관계는 기존 입법 연구 문헌들에서 제대로 연구되지 않았다. 예외적으로 룸멧베트[83]는 노르웨이 의회Storting 사례를 연구하면서 위원회와 로비스트들 간 상호작용에 관한 내용을 포함했다. 그러나 이 또한 의회 위원회와 외부 행위자들 간의 관계에 대한 분석의 일부로서만 다루어진 한계를 지닌다.

다른 한편, 기존의 이익단체 연구들은 의회와 이익단체들 간의 '전략적 상호작용'에 주목했다. 다원주의적 이익협상 체계 속에서 로비주의가 발달한 미국의 하원과는 반대로 유럽의 의회들은 이익단체들의 주요 로비 대상은 아니었다. 그러나 1970년대 이래 네오-코포라티즘적 이익협상 모델이 흔들리면서 유럽에서도 의회가 정치적 의사결정의 중심 무대로 복귀하게 되었다. 이에 따라 입법부와 압력단체들 간의 관계에 대한 학자들의 관심도 증가했다. 유럽의회European Parliament, EP의 입법적 역할이 증가하고, 유럽 차원의 이익단체들이 유럽의회에 전략적으로 접근함에 따라 관련 연구 문헌들도 증가해왔다.[84] 이들 연구는 이익단체들이 정책 영향력을 얻거나 최소한 의회 단계 입법 과정의 의제설정에 영향을 미치는 것을 목표로 의회에 접근하는 반면, 입법자들은 희소한 자원인 '정보'와 '전문성'을 얻고 나아가 재선에 필요한 '사회적 유권자들social constituents'의 지원 또는 재정적 후원을 얻기 위해 그러한 접근을 허용한다는 점을 밝혔다.[85] 그러한 상호작용 과정에서 위원회 또한 위원회 구성원과의 접촉 (로비), 위원회 청문회 참석, 법안에 대한 자료

및 의견 제출 등을 통해 이익단체들이 정책 영향력을 강화하기 위한 중요한 채널로 활용된다.[86]

입법부와 이익단체 간 상호작용은 민주적 의사결정 프로세스의 정당성을 증가시킬 수 있으며, 이는 전체 정치 시스템에도 이로울 수 있다. 보통 행정부가 공공정책 수립 과정의 가장 결정적 행위자이며 장관들과 공무원들이 주요 로비 대상이 되긴 하지만, 의회도 정부 법안을 바꾸거나 최소한 정책 의제설정에 영향을 미치기 위해 시민사회의 요구를 정부에 전달하는 중요한 채널이 된다. 나아가, 정부에 접근 통로가 없는 '아웃사이더' 집단들은 의원들이나 의회 위원회를 통해 자신들의 목소리가 들려지도록 할 수 있다. 이는 의회 결정의 정당성을 제고하고 정치 시스템에 하나의 '안전밸브'를 제공한다.[87]

그러나 "압력단체들이 개별 시민들을 희생하면서 의회에 대한 특권적 접근을 누리거나 특정 집단이 다른 집단이 못 가진 특권적 접근을 누리는 것으로 비춰질 때" 의회와 전체 정치 시스템이 대중의 신뢰를 잃어버릴 위험이 있다.[88] 특수이익과 유착된 의원들의 불법 또는 비윤리적 행태가 폭로될 때 의회는 물론 전체 정치 시스템이 대규모 신뢰 하락에 직면할 수 있는 것이다. 더욱이, 일부 사회적 분야나 집단은 민주적 의사결정 과정에서 자신들의 존재가 인지될 수 있도록 충분히 잘 조직되어 있지 않은 것이 현실이다.[89]

위에서 검토한 연구들에도 불구하고 이익단체들, 특히 이른바 '유주얼 서스펙트usual suspects'와의 전략적 상호작용을 넘어 의회 위원회가 어떻게 조직·비조직화된 시민들을 아우르며 시민사회 행위자들과 소통하는가는 여전히 연구가 덜 이루어진 주제이다. 다행히 최근 의회 위원회와 시민참여를 다룬 연구들이 출판돼왔으며, 특히 영국 의회로부터 분리·설립된 스코틀랜드 의회에 관한 연구들이 그러하다. 스코틀랜드 의회는 의회 운영의 원칙으로 권력의 공유와 참여 민주주의를 채택했는데, 이에 따라 의회 위원회도 사회적 약자들의 참여를 장려하는 한편 '입법 과정에서 시민사회의 역할을 증진하기 위해' 설계되었다.[90] 아터[91]는 스코틀랜드 의회 위원회 시스템의 새로운 특징들을 스칸디나비아 의회들, 특히 스웨덴 의회Riksdag과 아이슬란드 의회Althingi 등과 비교 검토했다. 투입input, 과정throughput, 산출output의 세 차원으로 구분해 위원회 체계의 강도를 체계적으로 평가할 분석틀을 제안하면서 그는 스코틀랜드 의회 위원회들이 매우 개방적이고 접근 가능하다는 점을 부각했다. 또, 스칸디나비아 의회들과 달리 위원회의 입법 협의 과정에도 폭넓게 시민참여가 이루어지고 있다고 평가했다.[92]

맥래버티와 맥레오[93]도 스코틀랜드 의회 위원회들이 입법 과정에서 시민들과 소통하기 위한 다양한 노력을 조명했다. 스코틀랜드 의회 위원회들은 공개청문회를 수시로 개최하고, 위원회 회의를 의사당 바깥에서 열거나 사회적 소외 집단이나 이슈 현장을 방문 조사하는 등 다양한 시민 소통 채널을 가동한다. 이러한 의회의 노력에도 불구하고 저자들은 문서상의 원칙과 실제 위원회의 실천 사이에 여전히 간극이 존재하며, 특히 사회적 약자들의 평등한 참여를 이루기 위해 지속적인 노력이 필요하다고 주장한다.

할핀 등[94]은 1999년과 2007년 사이 스코틀랜드 의회의 위원회 청문회에 '누가' 참여했는가를 검토하였다. 이들의 연구 결과는 양가적이었는데, 개인(18.1%)과 시민단체들(16.9%)이 의회에 증거 자료를 제출한 '활동'의 상당 부분을 차지한 반면, 위원회 협의 과정에는 소수의 이익단체들이 집중적으로 참여한 것으로 드러났다.[95] 레스톤-반데이라와 톰슨[96]은 시민들의 입법적 관여를 위한 영국 의회의 실험에 대한 사례 연구를 진행하였다. 이들은 2013년 〈어린이와 가족 법안Children and Famillies Bill〉을 심의하는 과정에서 시민들이 온라인 포럼을 통해 법안에 대해 의견을 제시할 수 있도록 허용한 공공 독회public reading 프로젝트를 연구하였다. 저자들은 온라인 포럼을 통한 의견 제시자의 다수(69%)가 개인임을 발견하였다. 그러나 이들 중 많은 사람은 특정

이익단체의 방침에 따라 행동한 것으로 판단되었다. 저자들은 또한 절차적 혼동과 쌍방향 토론의 부재 등 참가자들이 참여 효과에 대해 회의를 느끼게 한 일부 한계들도 지적했다.

한 가지 더 검토할 쟁점은 열린 절차와 대표의 다양성 사이 또는 의회 위원회의 투명성과 효과성 사이의 '상쇄 효과trade-off'에 관한 것이다. 페데르센 등[97]은 영국, 덴마크, 네덜란드의 의회 위원회와 외부 행위자들(공공기관, 이익단체, 전문가, 개인 등) 간 접촉 양상을 분석했다. 세 나라 의회 위원회에 자료를 제출한 사람들의 데이터를 수집·분석한 뒤 저자들은 위원회 접근과 의제에 관한 개방성과 같은 제도적 절차의 특징이 위원회 프로세스에 관여하는 외부 행위자들의 '구성'과 '집중도'에 영향을 미친다고 주장했다. 이들은 "한편에 다양한 목소리들이 들리게끔 하지만 동시에 정치적 전문가들이 지배하기 쉬운 열린 절차, 그리고 다른 한편 증거 자료의 양은 감소하지만 이를 제출하는 행위자들의 다양성은 확대되는 닫힌 절차 사이에 상쇄 효과"가 존재한다고 결론 내렸다.[98]

빠소네와 루뽀[99]도 의회 위원회의 투명성과 효과성 사이의 '상쇄 관계'에 대해 연구했다. 미국 하원, 이탈리아 하원, 그리고 유럽 의회EP 사례를 비교연구한 뒤 저자들은 의회 절차의 개방이 최근 기술 발전에 의해 '강요되고' 있지만 투명성의 새 요구가 "어느 정도의 비공식성과 기밀성에 의존하는" 위원회 역량의 효과성을 침식하는 '의도하지 않은 결과'를 낳았다고 주장한다.[100] 개방성과 다양한 대표 혹은 위원회 투명성과 효과성 사이의 상쇄 효과 또는 딜레마 현상은 의회 위원회 제도와 문화를 개혁하는 데 중요한 도전을 제기한다. 의회(위원회)–시민사회 관계에 관해 더 균형적이고 통합적 접근이 필요한 이유이다.

'위원회 협의 지표(Committee Consultation Index)'

스코틀랜드 의회에 관한 최근 연구를 비롯한 선행연구들은 핀란드 의회의 위원회들이 입법 과정에서 시민사회 행위자들과 어떻게 소통하는지를 분석하기 위한 경험적 연구 틀을 수립하는 데 좋은 준거자료를 제공한다. 특히, 맥래버티와 맥레오드,[101] 그리고 할핀 등[102]의 연구는 의회 위원회에 대한 시민참여 채널들을 식별하는 데 큰 도움을 준다. 앞의 논의에 기초해 이제 우리는 의회 위원회가 시민들의 의견을 입법 과정에 통합하는 의사소통 방식의 세 수준으로 구성된 '위원회 협의 지표'를 도입한다. 표 2.3은 그 지표들을 나타낸다.

표 2.3 위원회 협의 지표

방법과 수준	지표
전문가 협의 (expert consultation)	• 전문가 청문회의 범위가 얼마나 넓거나 좁은가? • 위원회가 얼마나 자주 공개 청문회를 개최하는가? • 위원회 회의와 청문회 관련 정보가 얼마나 공개되며 접근가능한가?
공동 협의 (co-consultation)	• 개별 시민들이 계류된 법안에 대해 위원회에 의견 또는 증거 자료를 제출하는 것이 가능한가? • 시민들이 위원회 협의 과정에 참여할 수 있도록 의회가 온라인 포럼 또는 e-협의 시스템을 운영하는가? • 공동 협의 기제들이 의회의 정치적 역학과 의회-시민 관계에 어떤 영향을 미치는가?
아웃리치(outreach) 프로그램과 현장 방문조사	• 위원회가 의회 바깥에서 얼마나 자주 회의를 개최하는가? • 위원회가 나라 전역에서 현장 조사를 위한 방문을 실시하는가? 얼마나 자주 실시하는가? • 위원회가 독자적 조사 혹은 연구를 개시하거나 해당 정책 분야에서 시민참여를 위한 공적 행사를 개최하는가?

① 전문가 협의: 의회 위원회와 시민사회 간 낮은 수준의 소통 및 관여 방식으로 서유럽과 북유럽 국가들의 전통적인 네오-코포라티즘적 정책 결정 모델에 상응하는 표준적 의회 메커니즘이다. 위원회는 시민사회 이해관계자들과 전문가들이 서면 의견서를 제출하거나 전문가 청문회에 참석해 구두 진술하도록 초청할 수 있다. 이때 청문회는 공개 혹은 비공개로 개최될 수 있는데, 북유럽 의회에서는 대개 비공개 청문회가 관행이었으나 최근 스웨덴, 노르웨이 등을 중심으로 변화가 관찰된다. 초대된 그룹들은 의회 단계의 정책 결정 과정에 기본적인 '기능적 대표functional representation'를 제공하고 관련 정책 분야에 대한 지식과 전문성을 보탬으로써 의회 결정의 '산출 정당성output legitimacy)'을 증진하는 데 기여한다.[103] 그러나 의회 위원회에 대한 접근은 특권화된 이익단체들, 특히 이른바 '유주얼 서스펙트들usual suspects'[104]에게 국한되는 경향이 있고,[105] 이들은 정부 부처, 국회의원, 연구기관과 언론 전문가들과 더불어 특정한 공공정책을 다루는 제한된 범위의 '정책 공동체' 혹은 '정책 네트워크'를 형성한다.[106] 체계적 수준의 '과잉 대표'는 공공정책은 물론 정치체계 전반의 정당성 하락을 불러일으킬 수 있다. 위원회 청문회의 좁은 범위와 제한된 공개성은 의회와 시민 간에 소원한 관계를 시사할 수 있다.

② 공동 협의: 의회 위원회와 시민사회 간 중간 수준의 소통 및 관여 방식으로 개별적 시민들이 온·오프라인의 공공 입법 협의 프로세스를 통해 위원회 심의에 참여할 수 있도록 허용한다. 영국 의회는 상하원 모두 1998년 의회 개혁 이래 e-협의 채널을 활용하고 있는데, 위원회가 심의 중인 법안에 대해 관심 있는 개인들은 이를 통해 의견을 더하거나 증거 자료를 제출할 수 있다. 위원회는 공개적으로 제출된 의견과 자료들을 종합해 위원회의 처리 방침과 입장 등을 밝힌다. 나아가 의견을 제출한 시민들 중 일부를 초대해 위원회의 공개 청문회에서 구두로 자신들의 관점을 피력할 기회를 부여한다. 이

러한 공동 협의 기제는 공식적인 입법 협의 프로세스에 더 많은 다양성과 새로운 관점을 불러온 것으로 평가된다.[107] 특히, 새로운 ICT 도구들은 영국 의회의 e-협의 또는 칠레의 '온라인 상원(Senador Virtual)'처럼 다양한 형태의 온라인 포럼을 통해 공동 협의 활동을 촉진할 수 있다.

③ 아웃리치 프로그램과 현장 방문조사: 의회 위원회와 시민사회 간 높은 수준의 소통 및 관여 방식으로 의회가 평범한 시민들의 실제 목소리에 반응하기 위한 보다 참여적 형태의 노력이다. 위원회들은 의회 바깥에서 회의를 열거나 현장 방문조사를 진행할 수 있으며, 이때 시민들 혹은 지역 주민들과 원탁회의를 개최할 수도 있다. 나아가, 이러한 프로그램들은 사회적 취약 계층이나 덜 조직화된 분야의 목소리를 듣게 만드는 다양한 형태의 아웃리치 프로그램 혹은 행사로 발전될 수 있다. 예컨대, 스코틀랜드 의회 위원회들은 '현장 방문조사, 아웃리치 모임, 원탁회의 또는 세미나, 시민참여 행사, 연구위원회, 비공식 모임, ICT-이니셔티브 등' 다양한 시민참여 프로그램을 실행하고 있다.[108]

위 세 가지에 더해 네 번째 지표로 '숙의적 시민 포럼'이 의회 위원회 절차와 연계되어 실험되거나 제도화되는 경우를 고려할 수 있다. 시민의회, 합의회의, 또는 참여예산 이사회 등 다양한 형태의 숙의적 시민 포럼이 적절한 법률적 임무와 재정적·조직적 자원 등을 수반해 의회의 공식 입법 절차 속에 통합되는 경우 거시적 수준의 민주정치 과정에 매우 의미 있는 영향을 미칠 수 있을지 모른다. 그러나 이는 의회 개혁을 위한 강력한 정치적 의지를 요구할 수 있으며, 특히 항구적 지위를 갖는 독립 기구 또는 새로운 의회 기구를 창설하고자 하는 경우에는 더욱 그러하다. 이상의 기준에 의거해 우리는 이 책 5장에서 핀란드 의회 입법 과정의 위원회 협의 활동의 규모와 수준을 분석·평가할 것이다.

의회와 직접 입법:
직접 민주주의 논쟁과 시민발의의 정치적 역할

한 가지 더 추가적으로 검토할 구체적 주제는 의회와 국민발안 또는 시민발의 제도를 통해 이루어지는 직접 입법direct legislation 간의 관계이다. 특히, 입법 과정에 더 직접적인 형태의 참여를 원하는 새로운 시민적 요구에 의회들이 어떻게 반응하는가, 그리고 시민발의가 활성화하는 직접 민주주의적 정치가 어떤 정치적 효과를 불러오는가, 라는 질문에 우리는 주목한다. 이 절에서 우리는 시민발의 제도의 도입을 계기로 변화하는 의회-시민 관계를 평가하기 위한 분석틀을 발전시키고자 한다. 먼저, 우리는 직접 민주주의를 둘러싼 논쟁과 근대적 형태의 직접 민주주의가 역사적으로 발전해온 맥락을 간략히 검토한다. 나아가, 유럽 각국의 시민발의 제도들에 대한 최근 연구들을 살펴봄으로써 핀란드의 시민발의 제도 사례 연구에 적용할 공통 분석틀을 이끌어낼 것이다.

근대의 정치적 조건과 직접 민주주의 논쟁

'다수의 독재' 또는 무분별한 포퓰리즘의 등장에 대한 전통적 두려움에도 불구하고 직접 민주주의의 아이디어는 루소[109]로부터 페이트만[110]과 바버[111]에 이르기까지 많은 참여 민주주의자들에게 영감을 주어왔다. 이들은 회합 민주주의assembly democracy에 대한 고전적 이상을 회복함으로써 선거적 형태의 대의 정부의 민주적 결핍들을 해소하기를 원했다. 그러나 직접 민주주의의 제도적 적합성, 국민투표와 시민발의의 정책적 효과와 정치적 영향, 그리고 직접 민주주의와 대의 민주주의 간의 관계를 중심으로 학술적·공적 논쟁들이 계속돼왔다.[112]

루소[113]는 "주권sovereignty은 그것이 양도 불가능한 것과 같은 이유로 대표represent될 수 없다. 그것은 본질적으로 일반의지the general will 속에 존재하며, 의지는 대표를 허용하지 않는다. (…) 그러므로 인민의 대리인들deputies은 인민의 대표자들representatives일 수 없다"고 선포한 바 있다. 대의 정부의 한계를 비판하면서 그는 자유롭고 평등한 시민들이 공적 의사결정 과정에 적극적으로 참여하는 직접 민주주의를 옹호했다. 그의 진보적인 교육 철학은 또한 공적 업무에 대한 참여 과정을 통해 사적 개인들이 공적 시민들로 전환될 수 있다는 참여 민주주의자들의 핵심 주장을 포함하고 있다. 곧, 참여적 경험을 통한 시민 교육론이다.[114] 이에 더해, "직접 민주주의가 정치 과정의 중심에 있는"[115] 스위스의 사례는 직접 민주주의가 근대 사회의 정치적 조건 속에서도 국가, 지역정부, 기초자치단체 등 다층적 수준에서 실행될 수 있음을 입증해왔다고 할 수 있다. 그러나 근대 민주주의는 고대 그리스의 회합 민주주의와 달리 본질적으로 대의 정부 시스템의 기반 위에 수립된 것이다.[116] 존 스튜어트 밀,[117] 그리고 해밀턴과 매디슨 등《페더럴리스트 페이퍼(*Federalist Paper*)》[118]의 저자들은 (직접) 민주주의의 불안정함과 인민들의 불완전성 때문에 대의 민주주의가 '불가피할' 뿐만 아니라 '바람직하다'고 주장했다. 보편적 참정권조차도 근대 산업 자본주의가 광범위한 사회적·정치적 격변으로 이어지고 19세기 후반과 20세기 초반 들어 대중운동이 폭발한 뒤에야 도입되고 확대되었다.

스위스는 1848년 혁명 이후 국민투표referendum 기반 민주주의를 도입했다. 국민투표와 (완전형) 시민발의 제도가 1874년과 1891년의 헌법개혁들을 통해 각각 도입됐다. 미국의 많은 주들이 스위스 모델을 따르면서 주민투표와 시민발의를 제도화하였다.[119] 제1차 세계대전 이후 민족자결권의 획득 등 국가적 문제들을 결정하기 위해 국민투표를 이용하는 경우가 늘어났지만 독일 바이마르공화국의 몰락, 그리고 그 뒤 전체주의 체제들에서 벌어진 대중 참여 기제 남용으로 인해 직접 민주주의 개념에 대한 부정적 인식이 확산되었다.[120] 전후 많은 유럽 국가들이 민주주의 질서를 회복하면서도 직접 민주주의 기제를 제도화하는 대신 의회와 정당 중심의 대의 민주주의 시스템을 선호한 것은 이러한 배경에서였다. 직접 민주주의에 대한 대중의 관심이 재생된 것은 1960년대와 1970년대에 이르러서였다. 신사회운동의 도래와 더불어 '비판적 시민들critical citizens'은 더 정당하고 투명한 정부와 모든 집합적 의사결정 과정에 직접 참여를 요구했다. 특히 의회와 정당 등 대의 기구를 우회하는 직접 민주주의적 메커니즘들이 그 뒤 전 세계에서 더 빈번하게 사용되어왔다. *Direct Democracy Worldwide*의 저자 알트만Altman에 따르면, 1984년부터 2009년까지 전 세계적으로 국가 단위 수준에서 직접 민주주의 기제가 총 949회(시민 주도 메커니즘 328회, 위로부터의 메커니즘 621회) 실행되었다.[121] 새로운 정보통신기술의 발전과 더 나은 교육을 받은 대중의 출현과 더불어 민주화의 '2차 물결'이 '참여 민주주의적 전환'을 가져온 것이다.[122]

근대의 정치적 조건 속에서 직접 민주주의의 적합성 및 바람직함 여부 등을 둘러싼 논쟁은 대의 민주주의와 직접 민주주의 간의 고전적 이분법을 중심으로 계속 이어졌다. 버지[123]는 직접 민주주의에 대한 주요 비판들을 다음과 같이 요약한다. ① 근대 사회에서 함께 토론하고 표결하도록 모든 시민들을 소집하는 것은 '불가능'하다. ② 유권자들은 이미 총선을 통해 정당한 정부와 프로그램을 선택했다. ③ 평범한 시민들은 '숙고된 판단informed judgement'을 내릴 역량이 없으며 정책 전문성을 결여하고 있다. ④ 다수의 전제專制와 소수자 인권의 침해라는 위협은 현실이다. ⑤ 정당과 입법부 등 '중간 매개적inter-mediating' 제도들을 침식하는 것은 '일관성 없고, 불안정하며, 무분별한 정책'으로 이어지기 쉽다.[124]

이러한 주장에 맞서 직접 민주주의 옹호자들은 총선이 구체적 개별 정책에 관한 유권자 선호를 올바로 집약하는 것까지 보장하지는 않는다고 주장한다. 이들은 다수의 독재에 대한 전통적 두려움이나 인민의 역량에 대한 회의는 단지 직접 민주주의만이 아니라 민주주의 자체와 연관된 것이라고 강조한다. 실제로, 근대 민주주의는 보편적 참정권 원리에 기반하고 있으나 다수 엘리트들은 20세기 초반까지도 보편적 참정권의 도입에 강한 반대와 우려를 표명했으며, 이는 곧 시대착오적 흐름이 되었다. 나아가, 오늘날 시민들은 점점 더 많이 교육받고 정보를 습득하고 있으며, 더 좋은 시민들은 참여적 경험을 통해 교육될 수 있다.[125] 특히, 직접 민주주의 지지자들은 직접 민주주의와 대의 민주주의의 '양립 가능성compatibility'을 강조한다. 이들은 스위스 · 이탈리아 · 퀘벡 등에서 보듯이 신중하게 설계된 절차적 규정들을 갖춘, '매개적mediated' 형태의 직접 민주주의는 대의 제도와 기구들을 희생하지 않는다고 주장한다. 반면, 캘리포니아는 재산세 인상의 금지와 같은 포퓰리즘적 정책 의제들이 자주 표결에 부쳐져 승리하곤 하며, 이로 인해 '매개되지 않은unmediated' 형태의 직접 민주주의에 가까운 사례로 간주된다. 그러나 미국의 주들에서도 '중요한 제안들에 대한 정당들의 개입'이 관찰되는 등 중간 매개 기구나 절차 없이 완전히 직접 민주주의 기제로만 작동되는 정체는 현실에서 존재하기 어렵다.[126] 또한, '특정한 정책에 관한 선거'는 일반 '대의제적 선거'에도 이로움을 가져올 수 있다. 급속한 기술 발전은 온라인 포럼, e-서명이나 e-투표 시스템 등을 통해 시민들이 쉽게 논쟁과 투표에 참여할 수 있도록 돕고 있다.[127]

직접 민주주의의 옹호자들이 내세우는 반counter비판들은 오늘날 충분히 설득력 있게 들리는 것이 사실이나 경험적으로나 개념적으로 더 검토해야 할 중요한 쟁점들이 여전히 남아 있다. 그 핵심 쟁점들이 투입, 과정, 산출input, throughput, output의 세 수준에 걸친 정당성legitimacy 질문들과 관련된다.

① 법적 프레임워크와 진입 장벽thresholds 등 절차적 요건을 포함해 어떤 형태의 제도적 디자인이 대의 기구들의 본질적 기능을 침식하지 않으면서 직

접 민주주의가 효과적으로 작동하도록 만드는가? 이 질문은 직접 민주주의 기제들에 관한 체계적 유형 분류를 제공하고, 개별 메커니즘의 제도적 특징을 평가할 목적으로 수행되는 연구들에서 특히 중요하게 검토된다.[128]

② 중간 매개적 대의 기구들이 '시민 주도적' 직접 민주주의 메커니즘의 절차적 실행 과정에 어느 정도로 영향을 끼치거나 개입하는가? 이 질문에 답하기 위해서는 정당과 의회의 적응력과 역할, 그리고 직접적 시민 정치가 현실에서 구현될 때 나타나는 복합적 전개 프로세스 등 대의 제도와 직접 민주주의 메커니즘 사이의 관계를 심층 검토해야 한다.[129]

③ 직접 민주주의는 사회경제적 불평등과 다양한 형태의 부정의를 해결하는 데 (어떻게) 기여하는가, 아니면 포퓰리즘적이고 보수적 의제들을 좇으며 소수자 권리의 제약으로 이어지는데 기여하는가? 많은 연구들이 직접 민주주의 실험의 결과를 연구함으로써 이 질문에 답하기 위해 노력해왔다. 스위스의 경험이 거시경제, 사회통합, 시민참여의 측면에서 직접 민주주의의 긍정적 결과를 시사하지만,[130] 직접 민주주의의 정책적 효과에 관해서는 여전히 논쟁이 계속되고 있다.

참여 민주주의 제도로서의 시민발의제

국민투표와 더불어 시민발의는 시민들이 정치적 의사결정 과정에 직접 참여할 수 있도록 하는 한 가지 주요한 제도적 기제이다.[131] 선거가 대표자 representatives를 선출해 일정 기간 정치적 의사결정 권한을 부여하는 민주적 정당성 기제인 반면, 위의 직접 민주주의 기제들은 선거 사이between elections의 시기에 이루어지는 구체적인 정책 결정 과정에 시민들이 직접 영향을 끼치는 것을 목표로 한다. 시민발의는 일정 기간 특정 수 이상의 시민 서명이 있는 경우 그 법안이나 정책 제안을 의회 등 대의 기구에 제출, 심의받을 수 있

게 허용하는 제도로서 일부 국가에서는 국민투표와 연계되어 실행되기도
한다.

시민발의가 완전히 새로운 형태의 민주적 혁신인 것은 아니다. 스위스는
1891년에 시민발의 제도를 도입했고, 인접한 리히텐슈타인도 1921년부터
제도를 운영하고 있다. 20세기의 정치적 격변과 헌법개혁 과정을 거치면서
시민발의 제도는 오스트리아(1920년 도입, 1963년 재도입), 이탈리아(1947년 도
입, 1970년 재도입), 스페인(1984년 도입), 독일연방의 일부 주(1990년 도입) 등
다른 유럽 국가들로 점차 확대되었다. 동유럽과 발틱해 국가들은 1990년대
민주적 체제 전환 이후 새로운 헌법 제정 과정에서 시민발의를 포함한 직접
민주주의 제도들을 도입한 경우이다. 가장 최근에는 2011년 4월 유럽연합이
유럽 시민발의European Citizens' Initiative 제도를 채택했고, 이에 영향을 받은 핀
란드가 같은 해 시민발의 제도를 헌법개정과 연계된 별도 입법을 통해 도입
했다.[132] 2018년에는 핀란드 모델을 좇아 덴마크가 유사한 형태의 시민발의
제도를 도입했다(www.borgerforslag.dk).

시민발의가 도입되는 과정의 각국이 처했던 역사적 · 정치적 맥락의 차
이들은 개별 제도의 디자인과 실제 실행 과정, 그리고 정치적 효과 등에 투
영돼 나타나며, 이로 인해 유럽 국가들의 시민발의 제도에는 매우 큰 다양
성이 관찰된다. 우선, 기본적 제도의 유형을 비교해보면, 스위스 · 리히텐
슈타인 · 라트비아는 국민투표와 연계되어 운영되는 완전형 시민발의full-
scale initiatives 제도를 채택하고 있다. 반면, 오스트리아 · 폴란드 · 스페인 ·
핀란드 · 덴마크 · EU는 국민투표와 연계되지 않는 의제형 시민발의agenda
initiatives를 운영한다. 이탈리아 · 헝가리 · 리투아니아 · 슬로바키아 그리고
독일의 일부 주들의 경우에는 앞의 두 유형을 모두 사용하는 혼합형 시민발
의mixed-form initiatives 제도로 분류된다.[133]

필요한 서명의 수와 서명 수집 기간 등 시민발의를 조직하기 위한 절차적

요건들도 매우 다양하다. 예컨대, 스위스의 완전형 시민발의는 18개월 내 10만 명(유권자의 2%)의 서명을 요구하는 반면, 리투아니아 시스템은 3개월 내 30만 명(유권자의 11.4%)의 서명을 요구한다. 슬로바키아의 의제형 시민발의가 시간 제약 없이 10만 명(유권자의 2.3%)의 서명을 요구하는 반면, 이탈리아 시스템은 6개월 내 5만 명(0.1%)의 서명만을 요구한다.[134] 제출된 시민발의에 대한 의회 심의 절차에도 상당한 정도의 편차들이 존재한다. 예컨대, 이탈리아 의회는 시민발의에 관한 절차적 규정을 구체적으로 규제하지 않고 있는데, 이로 인해 의회는 시민발의에 대한 심의 책임을 지지 않는다. 반면, 폴란드 의회는 시민발의에 관한 의회 절차를 상세히 규정하고 있다.[135]

시민발의 제도의 정치적 역할 또한 해당 국가의 정치적 맥락을 반영해 그 편차가 다양하게 나타난다. 직접 민주주의가 정치 시스템의 중심에 배태되어 있는 스위스에서 시민발의는 정책 의제와 정치시스템 전반에 상당한 영향을 미치고 있다. 대규모 연정과 광범위한 정책 협의 시스템에 기반한 스위스 방식의 합의 민주주의가 시민발의 및 이와 연계된 국민투표의 도전을 피하기 위하여 발전되었다.[136] 그러나 최근 우파 포퓰리즘 운동 세력이 이민 금지와 같은 문제적 이슈들에 관한 시민발의를 통해 대중적 지지를 동원하는 데 성공하면서 '시민발의 내용에 대한 더 엄격한 의회적 통제'의 필요에 관한 논쟁이 벌어지기도 했다.[137]

반면, 다른 유럽 국가들에서 시민발의는 상당히 '주변적marginal' 역할만을 수행하고 있다. 특히, 시민사회가 충분히 성숙하지 않은 데다 정치 시스템이 양극화와 권위주의적 유산으로 인한 어려움을 겪고 있는 동유럽 국가들에서 그와 같은 경향이 강하게 나타난다. 나아가, 많은 나라들에서 정치 정당들과 확립된 사회조직들이 자신들의 의제를 제기하고 유권자들을 동원하는 데 시민발의를 적극 활용하는 경향도 나타난다.[138] 한편, 유럽 시민발의ECI는 여전히 초보적 걸음마 수준에 머물러 있다. 초국적 수준의 민주적 참여를 위한 최초의 기제로서 상당한 잠재력을 갖고 있음에도 불구하고, 매우 높은 수준의 절차적 요건(최소 7개국 이상으로부터 100만 명의 유럽 시민들의 서명 요구), EU 의사결정 시스템의 복잡함, 그리고 유럽연합 집행위원회European Commission의 약한 의지 등이 개선될 필요가 있다.[139]

　유럽의 시민발의 기제들이 지닌 다양한 제도적 디자인과 실제 효과 등을 고려할 때, 핀란드의 시민발의Kansalaisaloite 제도는 몇 가지 측면에서 중요한 사례를 제공한다. 첫째, 핀란드는 현재 국가적 수준에서 시민발의제를 도입한 첫 북유럽 국가이며, 2018년 덴마크가 핀란드 모델을 따라 시민발의제를 도입했다.[140] 북유럽 국가들은 모두 강한 정당 중심의 대의 민주주의 체계를 발전시켜 왔다. 합의적 정책 결정 시스템을 발전시켜온 것으로도 널리 알려진 이들 국가는 정부와 의회 등 정치적 대표 기구들에 대한 시민들의 높은 신뢰도를 유지하고 있다. 그런 측면에서 핀란드 의회가 입법 권한 일부를 시민들과 공유하는 제도개혁을 단행한 배경이 무엇이고, 이 참여 민주주의적 기제가 어떠한 제도적·정치적 역할을 하고 있는지를 면밀히 검토할 가치가 있다. 둘째, 핀란드 시민발의 시스템의 제도적 디자인과 그 실천적 효과가 주목된다. 핀란드 시민발의는 국민투표와 연계되지 않은 의제형 시민발의agenda-initiative 제도로서 기본적 한계를 갖고 있다. 곧 입법에 관한 최종결정권은 의회의 손에 있으며, 발의안이 의회에서 부결되는 경우 시민들은 다음 회기에 시민 서명을 다시 모아 제출하는 것 외에 다른 제도적 수단이 없다. 그럼에도 핀란드 모델은 온건한 수준의 절차적 요건을 채택하고, 특히 온라인 서명 수집e-collecting 시스템을 도입해 디지털 시대의 시민참여를 획기적으로 증진한 것으로 평가된다. 핀란드 사례는 온라인 서명 수집 또는 온라인 투표 시스템 도입을 고민하는 다른 유럽과 세계 국가들에게 유용한 참고 자료를 제공할 수 있다. 실제로 덴마크도 시민발의 제도를 위한 온라인 서명 시스템을 도입, 시행하고 있다. 셋째, 핀란드의 시민발의 제도가 도입된

2012년 3월부터 2018년 12월 31일까지 880여 건의 입법·정책 제안들이 발의되었고, 그중 25건이 50,000명 이상의 서명을 받아 의회에 제출되었다. 그 가운데 동성결혼의 합법화 요구안과 〈모성보호법〉 개정안이 의회에서 최종 승인돼 법률 개정이 이루어졌고, 일부 다른 안건들에 대해서도 의회가 정부에 제도 개선 권고를 표명하는 등 핀란드의 시민발의 제도는 정치적 의사결정 과정에 실질적 영향을 미치고 있는 것으로 평가된다. 또한 시민발의 제도의 도입을 계기로 입법 과정을 둘러싼 새로운 민주적 다이내믹이 발달하고 있는 상황이다. 아직 제도 실행의 초기 단계이기는 하지만 그 정책적·정치적 효과에 대해 면밀하게 검토할 필요가 있다.

시민발의 제도의 평가틀

세딸라와 쉴러[141]는 유럽에서 시민발의 제도가 실제 어떻게 운영되고 있는지에 관해 체계적인 국가별 사례 연구와 비교 분석을 제공하였다. 이들은 유럽연합과 개별 국가들의 역사적, 정치적 맥락을 고려하면서 개별 시민발의 시스템의 제도적 디자인, 실천적 경험, 그리고 정치적 역할 등이 체계적으로 연구될 수 있도록 공통의 분석틀을 제시하기도 했다. 연구를 통해 이들은 또한 정치적 평등, 포용성, 시민 역량 강화 등 "민주적 이상에 복무하기 위해서는 시민발의 제도들이 어떻게 디자인되어야 하는가?"라는 규범적 질문을 제기하였다.[142] 그러나 책의 출판 시기상 당시 제도가 갓 도입된 핀란드의 시민발의 사례는 연구에 포함되지 않았고, 경험적 연구와 평가를 위한 세부 지표들이 제시되지 않았다.

필자는 이러한 점을 보완, 발전시키기 위해 다섯 가지 영역의 경험적 평가 지표들을 수립한 뒤 이를 핀란드 시민발의 실행 과정에 적용·평가한다 (6장). ① 정치적 맥락과 입법 의도 ② 제도적 디자인 ③ 시민사회로부터의 투입Inputs by civil society ④ 입법 과정의 의회-시민 간 상호작용 ⑤ 정책적 효과와 시스템 수준의 정치적 영향. 특히 우리는 의회가 어떻게 의회가 이 새로운 직접 참여 제도에 반응했는가, 그리고 시민발의제 도입 이후 핀란드 의회의 의사결정 과정에 어떤 변화들이 나타났는가를 중점 분석할 것이다. 입법부이자 현대 민주주의 국가의 최상급 포럼으로서 의회가 갖는 중심성을 고려할 때, 의회 절차와 규정, 입법 심의 과정과 결과, 그리고 시민발의에 관한 입법자들의 태도 등은 새로운 시민참여 기제의 제도적 성공에 지대한 영향을 미치게 마련이다. 동시에, 입법 과정에서 시민 주도의 직접 참여는 의원 행태, 위원회 절차와 문화, 의회 정당 조직들의 전략은 물론 행정부-입법부 관계(예를 들어 연합정부와 야당의 관계) 등 의회 의사결정의 제도적 다이내믹 전반에 일정한 영향을 미칠 수 있다. 표 2.4는 시민발의 제도의 주요 분석 영역과 세부 경험적 지표들을 제시한다.

표 2.4 시민발의 제도의 체계적 분석, 평가를 위한 경험적 지표

영역 구분	경험적 지표
정치적 맥락과 입법 의도	• 해당 국가에서 직접 민주주의 메커니즘이 활용된 역사 • 시민발의 제도를 도입한 입법 목적과 정치적 배경 • 관련 법안의 작성 과정 및 주요 원내 정당들의 정책 포지션들 • 시민발의제 도입 여부를 둘러싼 의회와 시민사회의 정치적 논쟁
제도적 디자인	• 제도의 형식적 유형: 완전형, 의제형 또는 혼합형 • 제도적 요건과 수준: 서명 수, 서명 수집 기간, 적법 연령 등 • 발의안의 내용 범위와 발의 형태 • 서명 수집 방법: 온라인 서명(e-collection)이 허용되는가? 어떤 방법으로 서명의 진위를 확인하는가? • 의회 절차: 시민발의 안건의 지위 및 의회 심의 과정의 우선순위, 의회 심의 기간, 위원회 심의 의무, 안건 만료 규정 등
시민사회로부터의 투입	• 발의된 안건 수와 의회 제출된 발의 수 • 어떤 의제들이 제기되는가?: 헌법개정과 정치 시스템의 변화, 사회경제적 이슈, 가치 지향적 또는 정체성(identity) 이슈, 또는 복합적 주제들 • 누가 발의하는가?: 정당 또는 개별 정치인, 이익단체, 자원활동가 그룹들, 또는 시민 개인들 • 캠페인 방법과 자원: 온라인 캠페인, 오프라인 동원, SNS와 미디어 역할, 재정적, 문화적 자원 등
입법 과정의 의회–시민 간 상호작용	• 의회 절차와 실제적 규범 수립 과정의 논쟁 • 의회 절차의 투명성: 시민발의자 의회 출석 및 발표, 공개청문회 개최, 관련 문서와 데이터 공개, 미디어 및 온라인 보도 등 • 위원회 단계의 시민사회 협의 방법과 범위 • 시민발의에 대한 의회 위원회 위원장, 개별 의원, 직원들의 태도 • 본회의 토론과 표결 과정에서 구별되는 특징들
정책 효과와 시스템적 수준의 정치적 영향	• 의회 심의 결과: 투표 결과, 성공적 발의 수, 정책 권고 등 • 간접적 정책 효과: 공적 의제 제기와 언론의 주목, 의회 절차의 개방성과 투명성 제고, 시민들의 정치적 관심 제고, 시민발의자들의 평가 등 • 새로운 정치적 다이내믹: 의원 입법 행태와 정당 규율의 변화, 새로운 정치적 균열, 위원회 내부 문화의 변화 등 • 제도적 공고화의 수준과 전망: 민주주의와 시민참여에 대한 장기적 영향

체계적 의회-시민 관계 연구를 위한 분석틀의 적용

앞서 말한 것처럼 이 연구의 주된 목표는 의회적 대표성에 관한 새로운 관점에 기반해 의회와 시민 사이의 다차원적이고 상호작용적 관계를 분석, 평가하는 것이다. 현대 대의 민주주의의 이론적, 실천적 발전에 걸맞게 오늘날 의회가 시민들과의 의미 있는 의사소통 및 관여를 위해 어떤 개혁과 혁신들을 실행하고 있는지 분석하고, 이 과정에서 민주적 의회의 규범적 원칙들이 어떻게 실현되고 있는지를 평가하는 심층 연구들이 절실히 요청되고 있다. 특히, 빠르게 전개되는 기술적·사회구조적·문화적 변동과 맞물려 민주적 거버넌스의 성격도 급변하고 있다는 점을 고려할 때 기존 의회 연구의 제도주의적 접근이나 정치적 대표 개념의 형식주의적 모델을 넘어선 새로운 접근이 요청된다. 경험적 차원에서도 의회와 시민 관여의 실천적 차원들(표 2.1 참조)에 내포된 다양한 주제들에 대해 심화된 연구 분석이 필요하다. 특히, 의회 의사결정 과정에 대한 실질적 형태와 수준의 시민참여를 깊이 검토할 가치가 있다. 의회 위원회, 원내 정당 조직들, 개별 의원 등 의회 제도와 기구들이 입법 과정에 직접적·질적 참여를 요구하는 새로운 시민정치의 흐름에 어떻게 대응하고 있는지 깊이 탐구할 필요가 있다.

이 장에서 우리는 기존 연구 문헌과 관련 자료들을 폭넓게 리뷰하면서 정치적 대표의 새로운 관점에 기반해 의회와 시민 사이의 다차원적, 역동적 관계 양상을 연구하기 위한 일련의 분석틀을 발전시켰다. 첫째, 우리는 레스톤-반데이라[143]와 아터[144]의 접근을 발전시키면서 규범적 원칙과 경험적 지표를 결합해, 현대 의회가 시민 공중에게 얼마나 열려 있고, 접근가능한가를 평가할 수 있는 포괄적 분석틀을 수립하였다. 4장에서 우리는 이 틀을 핀란드 의회 사례 연구에 적용한다. 4장은 시민참여의 전제 조건으로서 투명성과 접근가능성에서부터 포용적이고 지속가능한 민주주의를 위한 의회의 아웃리치 활동과 전략적 프로그램에 이르기까지 의회의 시민 관여 실천에 관한 체계적 '입법 감사' 스타일의 연구 분석을 제공한다. 그러나 연구의 초점은 '투과성permeability'의 요구, 곧 시민들이 입법적 의사결정 과정에 얼마나 실제로 영향을 미칠 수 있는가의 문제에 두어질 것이다.

이어지는 5장에서 우리는 입법 과정에서 나타나는 의회 위원회와 시민사회 행위자들 간의 상호작용에 대해 집중 탐구한다. 앞에서 우리는 입법 위원회의 역할에서부터, 위원회와 이익단체들 간의 전략적 상호작용, 위원회 단계에서 나타나는 새로운 형태의 입법적 관여 활동과 프로그램, 그리고 위원회 투명성과 효과성 사이의 딜레마 혹은 상쇄 문제에 이르기까지 다양한 이론적 논의들을 검토했다. 필자는 의회 위원회의 제도적 역할이나 이익단체가 제공하는 '기능적 대표'에만 주목하지 말고 보다 포괄적 관점에서 '위원회의 세계world of committees'를 연구할 필요를 주장하였다. 또한, 의회 위원회-시민사회 간 관계의 체계적 분석을 위해 '위원회 협의 지표'를 제안했다. 5장은 이 지표를 적용해 핀란드 의회 위원회가 이익단체 및 개별 시민들을 비롯한 다양한 시민사회 행위자들과 어떻게 의사소통하는지를 연구한다. 연구는 에두스꾼따Eduskunta의 전형적인 상임위원회의 입법 심의 과정에 대한 사례 연구를 제공하며, 나아가 에두스꾼따 위원회들의 입법 협의 활동 전반에 관한 시계열적 · 비교적 통계 데이터 분석을 함께 제시한다.

한편, 이 책은 의회 프로세스와 연결된 새로운 시민참여 메커니즘인 시민발의 제도의 정치적 효과에 관해서도 중점 연구한다. 이 장에서 우리는 직접 민주주의와 대의 민주주의에 관한 논쟁, 그리고 유럽 각국에서 시행되어온 시민발의 제도에 관한 선행 연구들을 리뷰하고, 이를 토대로 시민발의 제도의 기능과 효과를 체계적으로 평가하기 위한 분석틀을 발전시켰다. 6장에서 우리는 이 틀을 적용해 2012년부터 실행되어온 핀란드의 시민발의제에 관한 경험적 분석을 제공한다. 핀란드에서 시민발의가 입법화된 정치적 맥락, 시민발의 시스템의 제도적 디자인, 실천적 운용 경험, 의회의 반응과 심의 과정, 그리고 시민발의의 정치적 · 정책적 효과 등 다양한 차원들이 상세히 검토된다. 물론 우리 연구의 주된 초점은 시민 주도의 직접 입법 메커니즘이 도입, 실행되는 과정에서 의회와 시민 간의 상호작용이 어떻게 전개되는지를 살펴보는 데 있다.

2장 주석

1 Pateman 1970 ; Barber 1984 ; Habermas 1996 ; Dryzek 2000 ; Elstub 2010 ; Mansbridge et al. 2012.

2 Pitkin 1972 [1967] ; Mansbridge 2003 ; Saward 2006 ; Urbinati & Warren 2008 등.

3 Pitkin 1972 [1967].

4 Mansbridge 2003.

5 M. Saward 2006.

6 Saward 2006 : 297~318 ; 아울러 Rehfeld 2011 ; Disch 2011 ; Näsström 2015 등을 보라.

7 Leston-Bandeira 2012a : 269.

8 Norton 2002 ; Leston-Bandeira 2012a.

9 1998 : Vol. 1.

10 1999 : Vol. 2.

11 2002 : Vol. 3.

12 Norton 2002a : 1~2.

13 노턴은 '특정한 대표'와 시민들의 '집합적' 이익을 옹호하는 입법자들의 활동을 뜻하는 '일반적 대표(general representation)'를 구분한다. 일반적 대표는 공중의 여론을 집약하고 이를 공공정책 제안들로 변환시키는 정당들의 활동을 통해 실천된다(Norton 2002a : 3).

14 Norton 2002a : 3~4.

15 Norton 2002a : 21, 강조는 원저자의 것임.

16 Norton 2002a : 28~29.

17 Mezey 2011.

18 IPU & UNDP 2012.

19 Saalfeld 2002.

20 Saalfeld 2002 : 48~51, 61~62.

21 Della Sala 2002.

22 Saalfeld 2002 : 66~88.

23 이런 견지에서, 노턴이 2013년에 저술한 *Parliament in British Politics*가 의회-시민 관계의 다층적 차원들에 관한 보다 통합적 분석틀의 단초를 제공한다고 말할 수 있다(Norton 2013 : 199~279). 이 책은 단지 의원-유권자 관계만이 아니라 의회와 이익단체 간의 상호작용, 의회 바깥으로 나가 시민들에게 다가가기 위한 의회의 제도적 노력들, 그리고 의회 개혁 방안 등에 관해서도 포괄적으로 조명하고 있다.

24 Norton 2002b : 185, 191.

25 Mezey 2011 : 29.

26 Coleman 2004 ; Norton 2007 ; Lindh & Miles 2007 ; Carman 2010 ; Lindner & Riehm 2011 등.

27 Arter 2004 ; Coleman 2004 ; Carman 2010 ; Halpin et al. 2012 ; Leston-Bandeira 2015 ; McLaverty & MacLeod 2012 ; Norton 2007, 2013.

28 '한사드(Hansard)'는 영국, 호주, 뉴질랜드, 캐나다, 남아프리카공화국 등 영연방 국가들의 의회에서 말해지고 행해진 것에 관한 공식 기록을 의미한다.

29 The Journal of Legislative Studies는 영국 헐(Hull) 대학교 정치외교학과에서 발행하는 국제 학술지로 입법 연구 분야에서 가장 권위를 인정받는 저널들 중 하나이다. 앞서 언급한 필립 노턴 경이 발행인으로 있다.

30 Leston-Bandeira 2012a.

31 Leston-Bandeira 2012a : 271~272.

32 아시아 지역 사례 연구로 방글라데시 사례만이 포함된 것은 큰 아쉬움을 남긴다. 특히, 한국 · 대만 · 일본 등 동아시아 국가들과 인도 등 아시아에서는 상대적으로 안정된 민주주의를 실천하고 있는 나라들에서 나타나는 다양한 의회-시민 관계에 대한 비교 검토는 향후 연구 과제로 남아 있다.

33 Leston-Bandeira 2012a : 272.

34 Leston-Bandeira 2012b.

35 Griffith & Leston-Bandeira 2012.

36 '뉴미디어'는 '인터넷과 이동통신 장치 등 ICT 기반 시스템과 서비스를 활용함으로써 정보와 문서에 대한 접근을 제공하고 타인들과 의사소통할 수 있는 수단들'로 정의된다. 반면, '소셜미디어(social media)'는 '페이스북, 트위터 또는 문자 메시지 등 상호작용과 쌍방향 커뮤니케이션을 지원하기 위해 특별히 고안된, 뉴미디어의 한 하위 범주'로 정의된다(Griffith & Leston-Bandeira 2012 : 497).

37 예컨대, 의회마다 그 임무와 역할이 다양하게 설계된 위원회 시스템의 차이가 개별 의회의 온라인 입법 협의(e-consultation) 시스템 도입 과정에 다양한 차이로 귀결될 수 있다.

38 Leston-Bandeira 2012b : 516.

39 Leston-Bandeira 2012b : 518~520.

40 Hough 2012.

41 Hough 2012 : 481~483.

42 Hough 2012 : 487~491.

43 Leston-Bandeira 2012b.

44 Pitkin 1972 [1967].

45 Vieira & Runciman 2008.

46 Leston-Bandeira 2012b : 521~524.

47 Wolff 2013 : 75.

48 Rosanvallon 2010.

49 Wolff 2013: 27.

50 Wolff 2013: 75; Rosanvallon 2010: 214~215.

51 Arter 2012.

52 Leston-Bandeira 2012a.

53 Arter 2012: 291.

54 Arter 2012.

55 Arter 2012: 276.

56 Norton 2002a, 2013.

57 Arter 2012.

58 IPU 2006; IPU & UNDP 2012.

59 Hansard Society 2010, 2011a, b, 2012 등.

60 Seo & Raunio 2017: 3.

61 Arter 2012.

62 Arter 2012: 276.

63 Robert Dahl 2006.

64 Nussbaum 2006.

65 Crick 2000, 2002.

66 Ostrom 2000.

67 SOU 2000:1.

68 Hansard Society 2011; Parkinson 2013: 439.

69 Parkinson 2013: 446, 449.

70 Leston-Bandeira 2012b; Norton 2002.

71 Coleman & Blumler 2009; Griffith & Leston-Bandeira 2012; IPU 2013.

72 Arter 2016.

73 Leston-Bandeira 2014.

74 Leston-Bandeira 2012b.

75 Vieira & Runciman 2008: 182~192. 비에이라(Vieira)와 런시먼(Runciman)은 2001년
     부터 '미래세대위원회(Commission for the Future Generation)'을 운영해온 이스라엘
     의회(Knesset)을 대표적 예로 들고 있지만, 미래 포럼으로서의 의회 역할을 개척한 것
     은 1993년에 세계 최초로 의회 산하에 '미래위원회(Committee for the Future)'를 설립
     한 핀란드 의회이다. 미래위원회는 2000년 헌법개혁을 거치면서 의회 상임위원회로 격
     상됐다(자세한 내용은 이 책의 4장을 보라). 엑컬스리(Eckersley), 돕슨(Dobson), 구딘
     (Goodin)과 같은 학자들은 또한 '미래 세대와 비-인간적 자연의 이익'을 옹호하는 대표
     개념을 탐구했다(Saward 2006: 297).

76 Pedersen et al. 2015; Leston-Bandeira 2012 등.

77 Martin 2014.

78 Martin 2014: 353.

79 Martin 2014: 356.

80 Martin 2014: 358.

81 Martin 2014: 359.

82 Longley & Davidson 1998: 7.

83 Rommetvedt 1998.

84 Binderkrantz 2014: 527~530, 535.

85 Binderkrantz 2014: 530~534.

86 Norton 1999: 10; Saalfeld 1999: 57~61.

87 Norton 1999: 13, 2003: 254~256.

88 Norton 1999: 15.

89 Norton 2013: 256~259.

90 Pederson et al. 2015: 410.

91 Arter 2004.

92 Arter 2003: 23, 112~119.

93 (McLavertty & MacLeod 2012.

94 Halpin et al. 2012.

95 Halpin et al. 2012: 6~10.

96 Leston-Bandeira & Thompson 2015.

97 Pedersen et al. 2015.

98 Pedersen et al. 2015: 425.

99 Pasone & Lupo 2015.

100 Pasone & Lupo 2015: 355.

101 MacLaverty & MacLeod 2012.

102 Halpin et al. 2012.

103 Wolff 2013.

104 의회 위원회의 청문회 등에 자주 초대되어 구두 또는 문서로 의견을 진술할 기회가 부여되는 특정 이익단체나 전문가들을 지칭하는 용어이다. 위원회별로 자신만의 '유주얼 서스펙트' 명단을 갖고 있는 경우가 많다(5장 참조). '상습 용의자들' 정도로 번역할 수 있으나 한글 어감이 다소 강하여 영어 표현을 그대로 사용한다.

105 Halpin et al. 2012: 2.

106 Norton 199b; Jordan & Carney 2013; Rommetvedt 1998: 45~46.

107 Coleman 2004; Norton 2012: 415.

108 MacLaverty & McLeod 2012: 461.

109 Rousseau 1762.

110 Pateman 1970.

111 Barber 1984.

112 예컨대, Altman 2011; Budge 2006, 2013; Donovan & Bowler 1998; Fatke 2015; Gamble 1997; Hendricks 010; Kiersi 2013; Lupia & Matsusaka 2004 등.

113 Rousseau [1762] 2015: 76.

114 Doughty 2014.

115 Luts 2012 : 18.

116 Keane 2009 ; Manin 1997.

117 John Stuart Mill 〔1861〕 2008.

118 Hamilton et al. 〔1787〕 2015.

119 Luts 2012 ; Smith 2009 : 112.

120 Dalton et al. 2013 : 4〜7.

121 Altman 2011 : 204〜205.

122 Bherer et al. 2016 ; Dalton et al. 2013 : 4〜11.

123 Budge 2013.

124 Budge 2013 : 26〜32. 버지는 직접 민주주의에 대한 비판을 일곱 가지로 정리했지만, 필자는 여기서 밀접히 연관된 이슈들을 통합해 다섯 가지로 제시한다.

125 Budge 2013 : 26〜27, 31〜34 ; 또한 Altman 2013 : 52〜58을 보라.

126 Budge 2013 : 33.

127 Budge 2013 ; Altman 2013 ; Smith 2009.

128 예컨대, Altman 2011 ; Setälä & Schiller 2012.

129 Scarrow 1999 ; Kriesi 2013 ; Smith 2009 ; Geissel 2013 ; Schiller & Setälä 2012b.

130 예컨대, Feld & Kirchgässner 2000 ; Moeckli 2007.

131 국민소환(recall)도 직접 민주주의 메커니즘의 한 유형으로 분류되나, 이 제도는 이미 선출된 대표자들을 시민 다수의 의지로 소환해 부여된 권한을 박탈한다는 점에서 여전히 주로 정치적 대표(political representation)에 관한 메커니즘으로 볼 수 있다(Setälä & Schiller 2012). 또한, 국민소환 제도의 정치적 실효성에 대해서는 별도의 검토가 필요하다. 직접 민주주의적 메커니즘들의 세부 유형과 특징에 관해서는 알트만(Altman 2011)을 참조하라. 알트만은 ① 발의 주체 ② 목적 ③ 법적 구속력 여부의 기준에 따라 직접 민주주의 메커니즘을 12가지 세부 유형으로 구분한다.

132 Setälä & Schiller 2012.

133 Schiller & Setälä 2012a, 2012b.

134 Schiller & Setälä 2012b : 248〜249.

135 Schiller & Setälä 2012b ; Uleri 2012 ; Rytel-Warzocha 2012.

136 Luts 2012 : 30〜31.

137 Schiller & Setälä 2012b : 256.

138 Schiller & Setälä 2012b : 257.

139 Kaufmann 2012.

140 스웨덴과 노르웨이는 1960년대부터 지방 수준의 주민발의제(local citizens' initiatives)를 운영하고 있다. 핀란드도 1977년에 지방 시민발의제(kuntalaisaloite)를 도입했다. 핀란드의 〈지방정부법(Kuntalaki)〉에 따르면 만 15세 이상의 주민들은 주민발의를 제기할 권리가 있고, 지역 주민 2%의 서명을 얻은 발의안은 지방자치단체의 공식 심의를 받게 된다. 한편, 지역 주민 4%의 서명을 받는 경우에는 지역 주민투표(local

referendum)의 실시를 지자체에 요구할 수 있다. 이 경우 지방의회(Municipal Council)는 주민투표 실시 여부를 지체 없이 결정해야 한다. 주민투표는 자문적(advisory) 성격으로 정책 구속력은 없다.

141 Setälä & Schiller 2012.
142 Setälä & Schiller 2012: 5.
143 Leston-Bandeira 2012a.
144 Arter 2012.

3.
핀란드 의회의 제도적 · 정치적 특징:
비교적 관점

들어가며

앞장에서 우리는 현대 민주주의의 세 가지 규범적 원칙과 실천적 지표들을 결합해 의회와 시민 관계를 연구하기 위한 체계적 분석틀을 수립하였다. 분석틀에 따른 경험적 검토를 진행하기에 앞서 이 장에서 우리는 독자들의 이해를 돕기 위해 핀란드에서 의회-시민 관계가 발 딛고 서 있는 역사적 · 제도적 맥락을 검토할 것이다. 20세기 초반 단행된 근대적 의회 제도로의 전환 이후 핀란드 의회Eduskunta는 어떤 고유한 특징을 보여왔는가? 핀란드에서 의회와 행정부 관계는 어떻게 변화해왔는가? 의원들은 어떤 선거제도를 통해 선출되며, 이는 유권자들의 투표 행태와 유형에 어떤 영향을 미치는가? 정당과 유권자 사이의 연계는 어떻게 변화해왔는가? 핀란드 의회는 내부적으로 어떻게 조직되어 있는가? 특히, 의회 위원회의 구조, 절차, 권력은 어떻게 제도적으로 설계되어 있는가? 핀란드 시민들은 자국의 의회, 의원, 정당들에 대해 어떻게 인식하고 있는가? 이러한 질문들을 차례로 규명하면서 우리는 스웨덴, 덴마크, 노르웨이 등 다른 북유럽 의회들과의 비교적 관점에서 핀란드 의회 시스템에 관한 기본적 분석을 제공하고자 한다.

북유럽 의회들은 종종 비교 연구의 관점에서 볼 때 '가장 비슷한' 사례들을 제공한다고 여겨져 왔다. 북유럽 국가들은 모두 정당 중심의 강한 대의 민주주의 제도를 운용해왔고, 정책적으로 특화된 상임위원회 시스템에 기반한 '일하는 의회' 모델을 발전시켜왔다. 그러나 최근의 비교정치학적 연구들은 북유럽 국가 간에 존재하는 다양성과 차이들에 대해 점점 더 많이 주목하고 있다. 북유럽의 정치 체제들은 기본적으로 유사한 성격을 공유하면서도 개별 국가가 처한 구체적인 역사, 제도적 맥락 속에서 배태된 고유한 차이들을 다수 갖고 있다.[1] 북유럽의 의회 시스템들에서도 다양한 차이들이 확인된다. 그 가운데 특히 핀란드 사례는 매우 독특한 특징들을 보여준다. 핀란드는 강한 유권자 선호 중심 선거제도strong preferential electoral system를 운영하며, 매우 파편화된 정당 시스템과 초다수 연합super-majority coalition을 추구하는 정부 구성 양태를 보이고 있다. 앞서 살펴본 대로 핀란드는 2000년 전면적 수준의 헌법개혁을 단행하였고, 국민국가 수준의 시민발의를 처음 도입한 북유럽 국가이다. 또, 핀란드는 의회 상임위원회 중 하나로 '미래위원회'를 운영하고 있다.

아래에서 우리는 우선 핀란드 의회, 곧 에두스꾼따Eduskunta의 수립에서부터 최근 헌법 전면 개혁에 이르기까지 핀란드의 근대 의회 민주주의의 역사적 발전 과정을 개관한다. 다음으로 우리는 시민들을 민주적 의사결정 과정에 연결하는 다중적인 의회 채널에 초점을 두면서 핀란드 의회 시스템의 제도적 특징들을 분석한다. 셋째, 우리는 에두스꾼따 상임위원회 제도의 기본 특징을 분석한다. 위원회 구조, 절차, 권한과 아울러 입법 과정에서 위원회 협의가 어떤 기능을 수행하는지를 중점 검토한다. 끝으로 우리는 핀란드 의회와 시민 관계의 역사적·제도적 맥락에 대해 성찰하고, 다음 장에서 이어지는 경험적 연구를 위한 함의를 논의할 것이다.

핀란드 의회 민주주의의 역사적 개관[2]

유럽의 북쪽 변방에 위치한 인구 약 550만의 강소국 핀란드의 역사는 매우 파란만장하며 언제나 흥미진진하다. 핀란드는 13세기 중반부터 19세기 초반까지 약 650여 년간 스웨덴 지배를 받고, 1809년부터 100년 넘게 러시아제국의 지배를 받은 뒤 1917년 12월 6일 독립을 쟁취했다. 1809년의 사건이 프랑스혁명과 나폴레옹전쟁의 결과였다면 1917년 사건은 제1차 세계대전과 러시아혁명의 결과라 할 수 있다. 여기에 20세기 한반도의 운명을 가른 1905년 러일전쟁의 결과도 핀란드 현대사의 전개와 의회 민주주의 발전에 지대한 영향을 미쳤다. 또, 핀란드는 독립 직후인 1918년 좌우 간의 참혹한 내전을 겪었고, 제2차 세계대전에는 소련과 두 차례나 전쟁을 치르면서 큰 피해를 입었다. 핀란드와 한국은 광대한 영토의 러시아를 사이에 두고 유라시아 대륙의 맞은편에 위치하고 있으면서 20세기 세계사의 전개 과정에서 그 경로가 서로 겹쳤다가 다시 갈라지기를 수차례 반복해왔다.

핀란드 의회 민주주의의 발전을 중심으로 핀란드 근현대사의 전개 과정을 살펴보기로 하자.

'에두스꾼따Eduskunta'는 근대 핀란드 의회의 이름이다. 핀란드어로 동사 '에두스따edusta'는 대표한다represent는 뜻이며, '꾼따kunta'는 어떤 활동의 기초적 수행 단위 혹은 기구를 뜻한다. 그러므로 에두스꾼따는 말 그대로 핀란드 시민들의 대표 기구라는 뜻이며, '에두스따야edustaja'는 대표자representative, '에두스따미넨edustaminen'은 대표하기representing라는 뜻이 된다. 에두스꾼따는 1906년 전근대적 신분제 의회The Diet of Four Estates (귀족 · 성직자 · 부르주아 · 농민 계급의 대표들로 구성된 국왕의 자문기구 성격의 의회)에 대한 전면 개혁을 통해 수립됐다. 비록 신분과 계급에 기반한 입법 자문기구라는 한계에도 불구하고 일찍부터 비례대표의 원리에 기반해 의회적 대표 체계를 유지해왔다는 사실에 주목할 필요가 있다. 특히, 농민들이 농노 상태에 머무른 러시아나 동유럽 지역과 달리 북유럽의 농민들은 중세 시기에도 상당한 자율성을 누렸으며, 이것이 오늘날 북유럽에서 예외적으로 강한 농민당 계열 정당운동으로 이어졌다고 할 수 있다. 특히, 핀란드는 농민당의 후신인 중앙당Centre Party가 최근까지도 총리를 배출한 집권당이었을 정도로 농민들의 정치적 영향력이 가장 강하게 남아 있는 사례이다. 농민-중앙당은 핀란드의 독립과 국민국가 형성과 보편적 복지국가 발전과정을 주도한 핵심 정치세력 중 하나라 할 수 있다.

스웨덴 지배가 끝난 뒤 핀란드의 독자적 4신분 의회는 1809년 헬싱키Helsinki 근처의 중세 도시 뽀르보Porvoo에서 첫 회합을 가졌다. 프랑스혁명 이후 유럽 대륙을 휩쓴 나폴레옹전쟁과 이에 결부돼 벌어진 1808~1809년 핀란드 전쟁Suomen sota, The Finnish War의 결과 핀란드가 스웨덴으로부터 러시아로 이양되는 과정에서 러시아 차르 알렉산더 1세가 핀란드의 네 신분 대표들을 소집한 것이다. 러시아 차르의 지배 아래 특별한 위상을 가진 대공국Grand Duchy of Finland의 지위를 부여받은 핀란드는 19세기 동안 내치內治에서 상당한 정도의 자율성을 누렸다. 13세기 이후 600년 이상 지속한 스웨덴 지배기에 도입된 법률·행정·교육·종교·조세 체계를 그대로 계승하는 한편, 19세기 중반 이후의 중요한 개혁 조치들에 힘입어 자유주의적 입헌주의에 기초한 시민사회의 발전이 지속적으로 이루어졌다. 그러나 1880년대 이후 급속한 자본주의 산업화가 진행되는 가운데 범슬라브주의에 기초한 '러시아화Russification' 정책이 시행되자 핀란드인들의 민족적 자기결정권과 급진적 사회개혁에 관한 요구가 분출하기 시작했다. 노동조합과 다양한 직업 조직들이 결성되고 여성운동, 금주운동temperance movement, 스포츠운동, 협동조합 운동 등 다양한 사회운동이 활발하게 전개됐다. 이와 더불어 핀란드의 첫 근대적 정당들이 출현했다. 1863년 핀란드 민족주의를 표방한 핀란드당Finnish Party,

1870년 '대항 민족주의' 스웨덴당Swedish Party, 1903년 사회민주당SDP, 그리고 1906년 농민당Agrarian Party이 몇 가지 중요한 정치적 균열들을 배경으로 하여 출현한 것이다. ① 핀란드어와 스웨덴어 사용자들 간의 언어적 갈등 ② 노동자 계급과 부르주아 계급 간 좌우 균열 ③ 산업 도시와 농수산림업 중심의 농촌 지역 사이의 균열이 그것이다.

표 3.1 핀란드의 정당체계: 주요 정당별 연혁, 이념, 정책 지향[3]

정당	특징
좌파동맹 (Vaseistoliitto, Left Alliance)	• 과거 핀란드공산당이 소련 몰락과 함께 해산한 뒤 1990년대 초반 급진적 좌파 정당으로 전환(강령 변경) • 평등, 연대, 생태 가치 등 사회적 가치 중시 • 과도한 시장경제의 자유에 반대 • 북유럽의 보편주의적 복지국가 및 복지서비스 전달 과정에서 공공부문의 역할 강화를 옹호 • 헬싱키 및 그 주변 지역에 강한 지지층을 두고 있으며 통상 7~8%의 정당 득표율을 기록해옴
사민당 (Suomen Sosialidemokraattinen Puolue, SDP)	• 1890년대 노동운동을 바탕으로 결성된 핀란드에서 가장 오래된 대중정당 • 평등과 연대에 기초한 사회를 지향 • 사회민주주의에 기반한 복지국가 옹호 • 좌파동맹과 유사한 사회적 가치를 지향하나 상대적으로 온건한 노선을 추구함 • 스웨덴 사민당처럼 지배정당의 지위에 오르지는 못하였으나 농민-중앙당과 경쟁 및 연합하면서 사회적 대화와 보편적 복지국가 건설을 주도함.. • 주요 산업도시를 중심으로 전국적 지지세를 갖고 있으며, 2019년 총선에서 1당이 될 전망
녹색당 (Vihreät, Green League)	• 1980년대 중반 환경운동에 기반을 두고 결성 • 환경 보호, 평등, 개인의 자유, 인권 및 다문화주의 옹호 • 핵에너지 반대 • 전통적 좌우 정당 축으로 분류하기 어려운 측면이 존재 • 헬싱키 등 수도권 지역을 중심으로 강한 지지세를 갖고 있음: 대도시 중심, 고학력, 젊은 여성 등이 핵심 지지기반 • 최근 기후변화 대응, 교육 불평등 반대, 보편적 기본소득 등 의제를 주도하면서 지지율이 지속 상승하는 추세로 10% 이상 득표 정당으로 변모함

중앙당 (Suomen Keskusta, Centre Party)	• 1900년대 초반 설립된 농민당(Maalaisliitto)를 전신으로 하며, 1960년대부터 포괄 선거정당으로 변신한 뒤 1988년부터 현재 명칭을 사용 중 • 도시 산업부르주아를 대변하는 보수당이나 도시 산업노동자를 대변하는 사민당과 지지기반 및 이념적 지향을 달리하는 중도 우파 정당으로 온건한 사회개혁을 표방하며, 농업경제와 지방자치 및 지역 간 평등을 중시함 • 20세기 중후반, 중도 좌파인 사민당과 함께 연합 정치를 통해 보편적 복지국가를 건설함: 노동시장의 표준적 고용 계약관계에 포함되지 않는 농민 등까지 포괄하는 보편적 사회보험 체계를 추진 • 인구가 적은 동부와 북부 산림지역 및 농촌 지역에서 광범위한 지지를 받아옴 • 2015~2019년의 보수연합정부〔총리 유하 시삘라(Juha Sipilä)〕를 주도하면서 신자유주의적 개혁 정책을 펼쳤으나 야당 및 시민사회의 반발 속에 핵심 의제였던 사회보장 및 의료시스템 개혁에 실패함으로써 총선을 한 달 남겨놓고 총리가 사임함(임시 관리내각으로 전환, 2019년 총선에서 참패).
기독민주당 (Kristillisdemokraatit, Christian Democrats)	• 우파 부르주아 정당 중 하나로 기독교적 가치를 중시하며, 1970년대부터 의회에 진출한 뒤 2001년부터 현재 명칭 사용 • 전통적 가족 및 공동체의 중요성을 강조 • 대체로 중도보수적 정책을 취하고 있으나 낙태, 동성결혼, 알코올 이슈 등에 관해서는 강한 보수적 태도를 견지 • 전국적으로 고른 지지도를 갖고 있으나 대부분 총선에서 5% 이하의 정당 득표율을 거둠 • 독일 기민당과는 다른 위상으로 종교적 균열이 중요한 남부나 중부 유럽 국가들과는 다른 양상이 나타남.
핀란드인당 (Perussuomalaiset, Finns Party)	• 1995년까지 활동했던 시골당(SMP: Suomen Maaseudun Puolue)이 소멸한 뒤 이를 계승해 수립된 우파 포퓰리즘 정당 • 기성 정당들을 엘리트 정당들로 비판하면서 평범한 핀란드인의 정체성을 강조 • 유럽연합 및 이민, 난민 확대 정책에 반대 • 당대표였던 띠모 소이니(Timo Soini)의 카리스마적 리더십에 힘입어 2011년과 2015년 총선에서 대성공을 거둠 • 2015년 보수연합정부에 합류한 뒤 이민 정책 등을 둘러싸고 두 개 정당으로 분열(야당 복귀) • 2017년 신임 대표 선출 이후 극우적 이념 색채 강화
푸른 개혁당 (Sininen Tulevaisuus, Blue Reforms)	• 2017년 여름 핀란드인당의 분열 과정에서 온건파 의원들을 중심으로 결성한 신생 정당 • 우파연합정부에 잔류했으나 지지율 하락으로 2019년 총선에서 소멸 위기에 처함
스웨덴인민당 (Suomen Ruotsalainen Kansanpuolue, Swedish People's Party)	• 19세기 중반 스웨덴어-핀란드어 간 언어적 갈등을 배경으로 설립된 스웨덴당(Swedish Party)을 모태로 함 • 자유주의적 우파 정당으로 스웨덴어 위상 약화에 반대 • 소수자 권리 보호 및 이민에 대한 관용 정책을 강조 • 남서부 해안 지역을 중심으로 스웨덴어를 모어로 사용하는 인구계층(4~5%)으로부터 집중적 지지를 받음 • 소수정당임에도 불구하고 탁월한 정치력을 발휘해 1979년부터 2015년까지 연속해 연정에 참여하였음

보수당 (Kansallinen Kokoomus, National Coalition Party)	• 19세기 중반의 핀란드 애국주의 운동(Fennomania movement) 및 핀란드당(Finnish Party)에 뿌리를 둔 정당으로 1918년에 결성 • 우파 부르주아정당으로 경제적 자유주의를 중시하는 동시에 가정, 종교, 조국 등 보수주의적 가치를 표방: 동성결혼 합법화 등 일부 이슈에 관해 자유주의와 보수주의 세력 간 정책 노선에 차이가 나타남 • 개인주의 및 기업가정신을 강조 • 1990년대 이후 신자유주의적 복지국가 개혁을 주도: 공공부문 축소 및 재정 개혁, 공공서비스의 사유화 및 효율화 등 추구 • 헬싱키 등 남부 지역을 중심으로 강한 지지율: 산업자본가 및 경영자, 고소득층, 전문직 종사자 등이 핵심 지지층 • 2019년 총선에서 2위 정당이 될 것으로 전망되나, 1당이 예상되는 사민당과 정책 지향이 많이 달라 야당에 머물 가능성이 높음

그런 가운데 1905년 러일전쟁에서 러시아가 일본에게 패배하자 이에 영향을 받아 당시 러시아 수도 페트로그라드(현 상트페테르부르크St. Petersburg)와 헬싱키, 땀뻬레 등 핀란드의 주요 산업도시들에서 총파업 등 정치적 소요가 발생한다. 그리고 그 결과 러시아 황제의 양보로 중요한 민주적 정치개혁이 발생하게 된다. 1906년 제정된 〈의회법Parliamentary Act〉은 기존의 신분제 의회를 보편적 참정권과 비례대표 선거제도에 입각한 200명 규모의 근대적 단원제 의회인 '에두스꾼따'로 대체했다. 또, 여성을 포함해 24세 이상의 성인 모두에게 투표권과 의회 선거에 출마할 권리가 동시에 주어졌다. 핀란드는 유럽에서 보편적 선거권 제도를 도입한 최초의 국가이며, 여성들에게 피선거권이 주어진 것으로는 세계 최초의 사례이다. 보편적 선거권은 노르웨이에서 1913년, 덴마크와 아이슬란드에서 1915년, 스웨덴에서 1921년 각각 도입됐다.

1907년 최초의 에두스꾼따 선거에서 사민당은 200석 중 40%인 80석을 차지했고, 이는 당시 세계에서 사회주의 계열 정당이 기록한 가장 높은 수치였다. 200명의 의원 중 19명(약 10%)이 여성이었는데, 이들은 세계 최초의 여성 국회의원이 되었다. 이로써 19세기까지 다른 유럽 국가에 비해 후진적 정치 시스템을 유지하고 있던 핀란드는, 20세기 초반 급진적 제도개혁을 통해 세계에서 가장 민주적이고 평등한 의회 제도를 수립했다. 그러나 여전히 의회의 다수는 우파 부르주아 정당들이 차지하고 있었고, 그마저도 러시아 황제의 승인이 없이는 의회 결정이나 입법 조치가 실행될 수 없는 한계를 지니고 있었다. 도시 하층 노동자들과 토지가 없는 농촌 프롤레타리아트 등이 요구하는 급진적 사회개혁 조치들은 의회 절차를 통해 실현되지 못했고, 러시아 차르의 결정에 따라 자주 해산되는 한계를 안고 있었다. 이에 더해 제1차 세계대전의 여파로 인한 사회 불안이 가중되었고, 결정적으로 1917년 러시아에서 2월 혁명과 10월 혁명이 발발하면서 좌파의 상당수가 급진화되는 상황이 전개되었다.

이러한 배경하에서 10월 혁명 직후인 1917년 12월 6일 보수파가 장악한 상원Senate(당시 핀란드 정부 내각을 일컫는 용어)이 핀란드의 독립을 선언하였으나, 핀란드는 곧 백군The Whites(우파 연합세력)과 적군The Reds(좌파세력) 간의 내전으로 빠져들게 된다. 1918년 1월 27일 시작돼 같은 해 5월까지 약 4개월간 지속한 짧은 전쟁에서 약 38,000여 명이 목숨을 잃는 비극이 발생했다.[4] 내전은 훈련된 장교 인력을 보유하고 독일 제국의 지원을 받은 백군의 승리로 귀결됐다. 적군은 개전 초기 헬싱키, 땀뻬레 등 남부 주요 산업도시들을 장악하면서 기세를 올렸다. 그러나 러시아혁명 이후 내전과 국제전에 직면한 소련 레닌 정부의 지원 철회와 체계적 군사작전 수행능력 부족 등으로 인해 결국 패배하게 된다. 내전은 짧게 끝났지만 대가는 참혹했고, 핀란드 사회와 정치·문화에 깊은 상처를 남겼다. 내전이 종결된 이후 핀란드는 1919년 새로운 헌법을 제정하여 준대통령제에 기반한 공화국 정체를 채택했다.[5]

내전 이후 핀란드 사회는 제2차 세계대전 이전까지 심대하게 양극화된 상태였다. 내전 종식과 헌법 제정을 통해 민주적 정치질서를 회복했지만, 극우 파시즘 운동[6]과 소련과 연계된 지하 공산주의 운동의 위협이 계속 이어졌다. 자유주의적 법치주의 원칙을 고수한 스톨베리Ståhlberg, 스빈후푸드Svinhudfud

대통령 등 초기 지도자들의 정치적 리더십과 사민당의 내각 참여 및 중도 우파인 농민당과의 협력 등을 통해 신생 민주공화국의 위태로운 시기를 건넜다. 1930년대에 적록 동맹(사민당과 농민당의 연합)을 통해 경제 위기와 사회불안을 극복하기 위한 노사정 대타협을 이룬 덴마크, 스웨덴, 노르웨이와 같은 경로를 밟을 수는 없었지만, 이 시기 핀란드에서도 크고 작은 사회개혁이 이루어지면서 복지국가를 향한 입법의 진전이 있었다. 그러나 제2차 세계대전 기간 동안 핀란드는 체제의 존망을 둘러싼 심각한 위기에 다시 휩싸였다. 히틀러와 스탈린이 체결한 독소 불가침 조약의 이면에 핀란드의 소련 합병도 포함돼 있었던 것이다. 핀란드는 소련과 두 차례의 전쟁(겨울전쟁 Winter War: 1939~1940, 계속전쟁Continuation War: 1941~1944)을 겪고, 나치 독일과도 라플란드 전쟁Lapland War, 1944을 치러야 했다.[7] 역설적으로, 대외 전쟁의 과정에서 소련과 연계된 극소수 공산주의 그룹을 제외한 대부분의 핀란드 사회세력과 집단이 동참해 싸움으로써 한 세대 전의 내전으로 인한 분열과 상처가 어느 정도 해소되는 계기가 됐다. 실제로 1940년 전시경제 체제하에서 고용주 단체와 노동자 단체 대표들이 처음으로 전국 단위의 협상을 개시했다. 노사정 대타협과 같은 결과는 도출되지 않았지만 상호 신뢰를 형성하기 위한 디딤돌을 놓는 성과가 있었다.

제2차 세계대전이 종결되면서 핀란드는 패전국의 위치에 놓였고, 소련과 '우애협력 및 상호원조에 관한 협약YYA-sopimus, Sopimus ystävyydestä, yhteistoiminnasta ja keskinäisestä avunannosta: 1948~1992'[8]이라는 이름의 불평등 조약을 체결해야 했다. 핀란드는 천문학적인 액수의 전쟁배상금을 기계와 공산품 등 현물로 지불해야 했고, 헬싱키 앞의 군사요충지를 장기간 소련에 조차租借해주는 한편 대외 정책에서 많은 제약을 감수해야 했다.[9] 러시아에서부터 소련에 이르기까지 '동쪽의 이웃Eastern neighbor'과의 어려운 관계는 국제 관계만이 아니라 국내 정치에도 중대한 영향을 끼쳤다. 표준적 의회주의를 실천하기 어려운 제

약 속에서 대통령은 행정부와 의회보다 더 강한 권력을 누렸다. 특히, 1956
년부터 1981년까지 장기 집권한 우르호 께꼬넨Urho Kekkonen 대통령은 정부
구성 과정에 적극적으로 관여하거나 '동쪽'으로부터의 (잠재적) 위협을 효
과적으로 활용함으로써 대내외 정책 모두에서 도전 불가능한 권위를 확보했
다.[10] 복지국가 건설의 과제 또한 1968년 노동시장 행위자들 간 3자 협상 체
계가 확립될 때까지 지연됐다. 1968년 노사정 타협과 사민당과 중앙당Centre
Party[11] 간의 협력을 바탕으로 1960년대부터 1980년대까지 핀란드의 노동시
장 관계와 사회정책에 관한 중요한 입법들이 이루어졌다. 이를 통해 핀란드
는 급속히 북유럽의 보편적 복지국가 모델에 접근할 수 있었다.[12] 노동시장
행위자들 간 소득 정책의 협상 결과를 보증하기 위해 의회인 에두스꾼따는
관련된 입법안들을 통과시켜야만 했다. 이런 과정을 거쳐 의회 정치와 노사
관계는 '갈등에서 합의로' 전환됐다. 새로운 합의 정치는 내각 안정성의 증
가로 귀결됐다. 1980년대 초반 이후 핀란드의 대부분의 내각은 의회 임기 중
사임하지 않고 4년간 재임했는데, 이는 그 이전시기의 패턴과 매우 상반된
것이다. 또한 의회에서 초다수 과반 의석을 점하기 위해 광범위한 연합정부
구성이 시도됐다.[13]

표 3.2 핀란드의 역대 대통령들

순서	대통령 이름	정당	재임기간
1	스톨베리 (Kaarlo Juho Ståhlberg, 1865~1952)	국민진보당 (Kansallinen Edistyspuolue)	1919~1925
2	레란데르 (Lauri Kristian Relander, 1883~1942)	농민당	1925~1931
3	스빈후푸드 (Pehr Evind Svinhufvud, 1861~1944)	국민연합당	1931~1937
4	깔리오(Kyösti Kallio, 1873~1940)	농민당	1937~1940
5	뤼띠(Risto Ryti, 1889~1956)	국민진보당	1940~1944

6	만네르헤임 (Carl Gustaf Emil Mannerheim, 1867~1951)	무소속	1944~1946
7	빠시끼비 (Juho Kusti Paasikivi, 1870~1956)	국민연합당	1946~1956
8	께꼬넨 (Urho Kekkonen, 1900~1986)	농민당–중앙당(1965~)	1956~1982
9	꼬이비스또 (Mauno Koivisto, 1923~2017)	사민당	1982~1994
10	아흐띠사리 (Martti Ahtisaari, 1937~)	사민당	1994~2000
11	할로넨 (Tarja Halonen, 1943~)	사민당	2000~2012
12	니니스뙤 (Sauli Niinistö, 1948~)	국민연합당	2012~현재

출처: https://www.presidentti.fi/edelliset-presidentit.

께꼬넨 대통령의 시대가 끝나고 냉전 질서가 저물어가면서 새로운 정치적 도전들이 출현했다. 마우노 꼬이비스또 대통령Mauno Koivisto, SDP, 1982~1994 재임의 임기 동안 핀란드는 소련과 동구 사회주의권의 몰락, 경제위기, 그리고 헌법개혁 프로세스의 시작을 목도했다. 1990년대 초반 소련 몰락으로 인한 심각한 경제위기[14] 이후 핀란드는 노키아Nokia가 주도하는 후기 산업주의적 정보화 사회로 급격히 전환했고 복지국가의 팽창 시기도 끝이 났다. 합의 정치는 1990년대 중반 이후 의회 초다수 과반을 추구하는 '무지개 정부rainbow government' 형태로 진화했다. 냉전 기간 소련의 반대로 내각에 참여할 수 없었던 보수 국민연합당National Coalition Party도 1987년 오랫동안(1961~1987)의 야당 생활을 청산하고 내각에 참여할 수 있었다. 국제관계의 냉전적 제약으로부터 벗어난 핀란드는 눈을 서방으로 돌려 유럽연합EU, 1995과 유로존 Eurozone, 2002 회원국이 되었다.

국제적 · 국내적 변화들은 1980년대 후반 이래의 헌법개혁들로 이어졌다.

첫째, 강한 대통령의 권한에 제약이 가해졌다. 대통령 임기가 6년간 두 번 연임하는 것을 넘지 못하도록 제한됐다. 대통령의 의회해산권과 의회 입법에 대한 거부권도 현저히 약화됐다. 나아가, 대의원단 선거를 통한 간접선거를 폐지하고 시민들이 직접 대통령을 투표로 선출하도록 했다(결선투표제 포함)[15].

둘째, 핀란드는 1995년 '유럽인권협약European Convention on Human Rights'에 부합되도록 헌법의 기본권 조항들을 전면 개정했다. 개정된 헌법은 경제적·사회적·문화적 권리들의 헌법적 보장과 이를 위한 국가와 공공당국의 의무를 명확히 하는 한편, 국민국가 단위에서 정초된 시민권의 경계를 넘어 보편적 인권 원칙의 보장을 확인했다. 1999년에는 그동안 누적된 헌법개정 내용을 집대성해 헌법 전면 개혁을 단행했다. 개정 헌법은 두 회기에 걸친 의회 동의를 거쳐 2000년부터 발효됐다.[16]

이처럼 헌법개혁을 일회적 사건으로 접근하지 않고 단계적, 장기적 프로세스로 접근한 점은 한국의 헌법개혁 논의와 진행 방식에 참고할 만한 중요한 시사점을 제공한다. 2000년 신헌법은 대통령의 정부 구성에 관여하고 정부 법안을 제출한 권한을 제한함으로써 의회와 행정부의 권한을 강화했다. 비록 핀란드는 여전히 헌법 조문상으로 준대통령제 형태를 띠고 있지만 2000년 헌법개혁 이후부터는 표준적 형태의 의회 민주주의에 더 가까운 것으로 인정받고 있다.[17]

그림 3.1은 독자들의 이해를 돕기 위하여 핀란드의 현재 입헌적 권력구조를 시각화한 것이다. 의회 위원회 등의 구체적인 구성과 운영 방식에 대해서는 이 장의 후반부에서 자세히 설명한다.

그림 3.1 핀란드의 입헌적 권력구조[18]

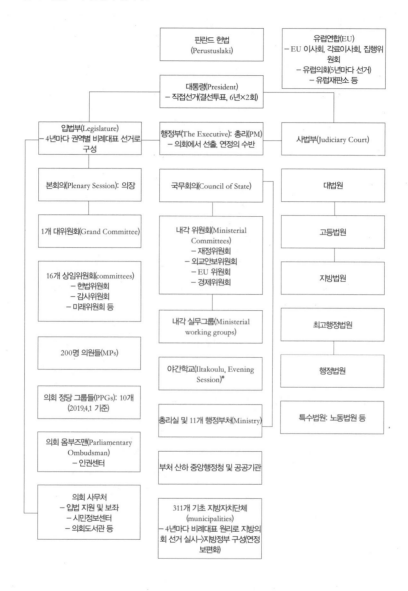

핀란드 헌법 (Perustuslaki)		유럽연합(EU)

대통령(President)
– 직접선거(결선투표, 6년×2회)

입법부(Legislature)
– 4년마다 권역별 비례대표 선거로 구성

행정부(The Executive): 총리(PM)
– 의회에서 선출, 연정의 수반

사법부(Judiciary Court)

본회의(Plenary Session): 의장 — 국무회의(Council of State) — 대법원

1개 대위원회(Grand Committee) — 내각 위원회(Ministerial Committees)
– 재정위원회
– 외교안보위원회
– EU 위원회
– 경제위원회 — 고등법원

16개 상임위원회(committees)
– 헌법위원회
– 감사위원회
– 미래위원회 등 — 지방법원

내각 실무그룹(Ministerial working groups) — 최고행정법원

200명 의원들(MPs) — 야간학교(Iltakoulu, Evening Session)* — 행정법원

의회 정당 그룹들(PPGs): 10개 (2019.4.1 기준) — 총리실 및 11개 행정부처(Ministry) — 특수법원: 노동법원 등

의회 옴부즈맨(Parliamentary Ombudsman)
– 인권센터 — 부처 산하 중앙행정청 및 공공기관

의회 사무처
– 입법 지원 및 보좌
– 시민정보센터
– 의회도서관 등 — 311개 기초 지방자치단체 (municipalities)
– 4년마다 비례대표 원리로 지방의회 선거 실사→지방정부 구성(연정 보편화)

유럽연합(EU)
– EU 이사회, 각료이사회, 집행위원회
– 유럽의회(5년마다 선거)
– 유럽재판소 등

* 야간학교: 매주 수요일 저녁, 총리 주재의 비공식 내각 모임으로 주요 현안에 대해 장관들이 공동 숙의함. 1920년대부터 이어져온 핀란드 정부의 전통으로 연정 참여 정당 대표들(총리 및 주요 장관 겸임) 간의 협상 통로로 기능하는 독특한 협치 기제임.

핀란드의 의회와 시민:
민주적 의사결정 과정의 시민참여 기제와 형태들

대의 민주주의의 중심 기구로서 에두스꾼따는 정부와 시민을 연결하는 과정에 매우 중요한 역할을 담당한다. 헌법적 정통성을 지닌 유일한 입법기구로서 핀란드 의회는 정부 법안과 의원 법안, 그리고 국가 예산을 심의한다. 의회는 또한 총리를 선출하고, 정부 프로그램과 예산을 승인하며, 행정부 활동을 감독하고, 유럽연합에 관한 문제를 토론하며, 국제 조약들과 합의를 비준하는 등 정치적 의사결정을 위한 본질적 기능을 수행한다. 최근 꾸준히 확대되어온 미디어 및 디지털 접근성, 그리고 본회의장에서의 의회 토론 증가와 함께 에두스꾼따 의사당은 핀란드 민주주의를 위한 가장 중요한 공공포럼을 제공한다. 의회 위원회는 입법 과정에서 에두스꾼따와 시민사회 간의 '기능적 대표functional representation'를 위한 주요 연결 고리를 제공한다. 나아가, 에두스꾼따는 현재 5만 명 이상의 적법한 서명이 수집된 후 제출된 시민발의안을 심의할 권한을 갖고 있다.[19]

아래에서 우리는 에두스꾼따의 주요 제도적 특징들을 검토한다. 대의 정부와 시민 사이를 연결하는 의회의 시스템과 활동들을 다섯 가지 차원으로 나누어 살펴본다. ① 헌법개혁을 통한 입법부–행정부 관계의 재구성 ② 의회 선거 시스템과 그 제도적 효과 ③ 선거 투표율과 정당–유권자 간 연계 약화 ④ 국회의원들의 사회적-인구학적 특징들과 '묘사적' 대표descriptive representation의 문제 ⑤ 의회 제도와 기구에 대한 공중의 인식 등이다.

핀란드의 헌법개혁과 표준적 형태의 의회주의로의 전환

최근의 헌법개혁은 '유럽에서 가장 오래된 준대통령제 국가[20]'였던 핀란드 대의 민주주의의 기본적인 제도적 성격을 전환했다. 무엇보다 2000년 신헌법은 정부 구성의 권한을 의회로 넘겼는데, 1919년 헌법 아래에서 정부 구성은 대통령에 의해 강력한 영향을 받았다. '최고 행정 권력'으로서 대통령은 '조각組閣 책임자formatuer', 곧 총선이 끝난 뒤 연정 협상을 주도하며 보통 총리가 되는 사람을 임명할 권한을 가졌다. 핀란드의 경우 단독으로 과반을 점유하는 정당은 한 번도 없었기 때문에 연정 협상 절차는 불가피했고, 이는 대통령의 영향력 확대에 유리하게 작용했다. 연합 정부 수립을 위한 협상이 실패했을 때 대통령은 관료들로 구성된 '과도 정부caretaker government'를 임명할 수 있었고, 실제로 핀란드 역사에서 여섯 차례의 사례가 발견된다. 나아가, 대통령은 장관 임명에도 자주 영향력을 행사했다.[21]

반면, 신헌법에서 핀란드 정부(내각)는 대통령이 아닌 의회에 책임을 지운다.[22] 2000년에 발효된 헌법은 위에서 살펴본 바와 같은 대통령의 권력을 제한하면서, 원내 정당 그룹들PPGs, Parliamentary Party Groups이 정부 구성과 프로그램을 협상할 것이며 그런 연후에 총리가 의회 본회의장에서 선출돼야 한다고 분명하게 기술하고 있다(Section 61). 대통령은 여전히 총리와 다른 장관들을 임명하는 등의 역할을 수행하지만, 이는 주로 의회의 결정을 승인하는 형식적 절차에 머무른다. 총선 이전에 의회를 해산할 수 있는 대통령의 권한은 총리의 배타적 권한에 연계해 이루어지도록 제약이 가해졌다. 곧 총리가 의회 해산을 요청하는 경우에만 대통령은 의회를 해산할 수 있다. 대통령은 또 에두스꾼따에서 승인한 입법안을 일시적으로 유보할 수는 있지만 실질적 거부권 행사는 어렵게 됐다. 의회가 다시 과반으로 법안 승인을 결정하는 경우 대통령의 재가 없이 곧바로 공포된다. 나아가, 새로 구성되는 정부들은 이제 내각 구성 이후 지체 없이 의회에 4년 임기 동안의 정부 프로그램을 제출하도록 요구된다. 이는 정부 프로그램의 범위를 승인 또는 제한할 권한을 통해 입법부의 영향력을 증가시키는 데 기여했다. 이러한 헌법적 권한의 재

배치로 인해 핀란드는 헌법적으로는 여전히 준대통령제를 취하고 있음에도 불구하고 이제 표준적 형태의 의회주의에 더 가까운 것으로 평가된다.[23]

새 헌법은 또한 대외 정책 형성 과정, 특히 EU 관련 사안의 심의에서 의회의 입법 역량을 강화했다. 반면, 대통령의 권한은 상당한 정도로 축소됐고 정부는 EU 정책들에 대한 '배타적' 관할권을 부여받았다. 전후 핀란드의 대외 정책, 특히 소련과 관련된 문제들은 대통령의 배타적 관할 영역으로 인식됐다. 2000년 헌법은 대외 정책 형성에 있어 대통령과 정부, 그리고 행정부와 입법부 사이의 권력 관계를 재조정했다. 이제 총리와 내각은 EU 관련 사안들을 다루는 권한과 임무를 부여받았고, 대신 대통령은 비EU 관련 대외 정책에 한해서 정부와 협력에 바탕해 주도적 역할을 수행하기로 되었다.[24] 헌법 93조(Section 93)는 "핀란드의 대외 정책은 정부와 협력하면서 공화국 대통령에 의해 지도된다"라고 기술한다. 그러나 이러한 대통령과 정부 사이의 대외 정책에 관한 공동 리더십 조항은 'EU와 대외 정책 사이에 명확한 선을 긋기' 어렵게 만들었다.[25] 2012년 개정 헌법은 "총리는 유럽 이사회 European Council에서 핀란드를 대표한다. 정부와 예외적으로 달리 결정하지 않는 한 총리는 또한 국가 최고 수반의 참석이 요구되는 다른 EU 활동에서도 핀란드를 대표한다"라고 서술함으로써 이 문제를 명확히 정리했다(Section 66).[26] 에두스꾼따 역시 EU 정책 형성에 영향을 미칠 수 있는 권한을 부여받았다. 예컨대, 본래 의회 내 상원과 같은 역할을 위해 도입된 대위원회 Grand Committee는 이제 EU 위원회로 활동하도록 임무가 재조정되었다. 의회 대외 정책위원회 Foreign Affairs Committee는 EU 공동의 대외 및 안보 정책을 검토하며, 다른 상임위원회들은 자신들의 특화된 관할 영역 내의 EU 문제들을 조사해 대위원회에 자주 보고서 또는 의견서를 제출하고 있다. 헌법은 총리와 정부가 의회 위원회들에 EU 문제에 관한 적절한 정보를 제공해야 한다고 기술하고 있다(Section 96).[27] 이처럼 EU 문제를 다루는 데 있어 에두스꾼따의 역할 증대는 EU 회원국의 국회가 EU 통합 과정의 도전에 대응해 효과적으로 활동할 수 있음을 보여주는 사례를 제공한다.[23] 표 3.3는 2000년 전면 헌법개혁 전후 핀란드의 권력구조가 어떻게 변화하였는지를 요약해 보여준다.

표 3.3 2000년 헌법개혁 전후 핀란드 권력구조의 변화

헌법적 권한 배분	1919년 헌법	1980~1990년대 헌법개혁기	2000년 신한법
행정부 의사결정에 관한 전반적 권위	대통령	대통령/내각	내각
내각의 임명	대통령이 자율적으로 권력 행사	대통령이 의회 정당 그룹들의 의견 청취 후 권한 행사	대통령, 그러나 완전히 형식적임. (의회에서 총리 선출)
내각의 사임	의회 또는 총리, 또는 대통령이 의회를 해산함으로써 간접적으로 실행	의회 또는 총리	의회 또는 총리
의회 해산 및 조기선거 요구	대통령	총리의 개시 후 대통령	총리의 개시 후 대통령
법률안 거부권	대통령은 다음 선거 뒤로까지 법률의 채택을 미룰 수 있음	형식적으로 대통령은 다음 의회 회기까지 법률의 채택을 미룰 수 있음. 그 경우 의회는 대통령의 거부권을 뒤집을 수 있음.	대통령은 법률의 채택을 3개월까지 미룰 수 있음. 그 경우 의회는 대통령의 거부권을 뒤집을 수 있음.
행정입법(Decrees)	대통령과 내각	대통령과 내각	내각
대외 정책 리더십	대통령	대통령	대통령이 내각과 협력해 실시
EU 정책	EU 출범 이전 시기여서 적용 대상 아님	내각	내각

군통수권	대통령	대통령	대통령
고위공무원 임명	대통령이 상당한 수의 고위공무원 임명. 나머지 공무원들은 내각과 장관이 임명	대통령이 임명하는 고위 공무원 수 축소	대통령은 아주 소수의 최고위직 공무원들만 임명함

출처: Raunio 2011 : 143 ; 서현수 2018a.

개방형 명부 비례대표(Open-list Proportional Representation) 선거제도

에두스꾼따는 200명의 의원으로 구성된 단원제unicameral 의회이다. 200명 의원 수는 1906년 근대 의회가 설립될 때부터 지금까지 변하지 않고 있다. 20세기를 지나면서 핀란드 인구가 약 280만 명에서 약 550만 명으로 두 배 정도 증가했다. 이를 고려하면 의원 수가 100년 전과 같은 것은 민주적 대표 성의 실현이라는 측면에서 반드시 바람직한 것은 아니라고 할 수 있다. 다만, 이 사이 국회의원의 업무는 파트타임 명예직에서 풀타임 전문직으로 성격이 변화했고, 의원들에 대한 입법적·행정적 지원도 지속적으로 확대돼온 점이 고려돼야 한다. 물론 핀란드와 북유럽 의회 의원들은 한국에서와 같은 정도의 특권이나 자원을 누리지는 않으며, 여전히 인구 대비 의원 수는 한국에 비해 압도적으로 높은 상황이다. 핀란드 의회 의석 규모를 다른 북유럽 국가들과 비교하면, 2018년 기준 스웨덴 의회Riksdag는 349석(인구 약 1,000만 명), 노르웨이 의회Storting 169석(인구 약 520만 명), 덴마크 의회Folketing 179석 (인구 약 570만 명), 아이슬란드 의회Althingi 63석(인구 약 33만 명)으로 구성되어 있다.

2015년의 선거구 개편 이후 핀란드의 총선 선거구는 인구 규모에 따라 12 개의 광역 선거구로 나뉘며, 여기에 스웨덴어 사용 주민들의 자치 구역으로 한 개 의석이 보장되는 올란드^{Åland} 선거구가 추가된다.[29] 인구가 가장 많은 우시마^{Uusimaa}와 헬싱키 선거구의 경우 의회 선거를 통해 각각 36명과 22명의 당선자를 한꺼번에 배출하며, 특별자치구로 1석의 의회 의석이 보장된 올란드를 제외한 선거구 중 가장 작은 라플란드^{Lappi} 선거구도 7명의 의원을 선출한다. 영국, 미국, 한국 등 소선거구제 국가나 독일 등 연동형 비례대표제 국가와 달리 핀란드 등 북유럽 국가들은 모두 전면적 비례대표제를 실시하고 있다. 참고로, 네덜란드는 아예 전국이 하나의 선거구로 설정되어 정당별 득표율에 따라 의석을 배분하는데, 북유럽 국가들은 전국을 일정 수의 광역선거구로 나누어 비례대표 원리에 따라 권역별로 의석을 배분하는 차이가 있다. 나아가, 핀란드에는 공식적인 선거 진입장벽이 없어 소수정당도 의회 의석을 차지하기 쉽다. 반면, 스웨덴과 노르웨이의 경우 최소 4%의 진입장벽 규정을 갖고 있고, 덴마크는 2%의 진입장벽을 두고 있어, 그 이상 정당 득표를 하지 못하면 의회 의석을 확보할 수 없다. 그림 3.2는 핀란드의 총선 선거구 지도와 선거구별 당선자 정수를 표시한 것이다.

그림 3.2 핀란드 총선 선거구 지도와 선거구별 당선자 수

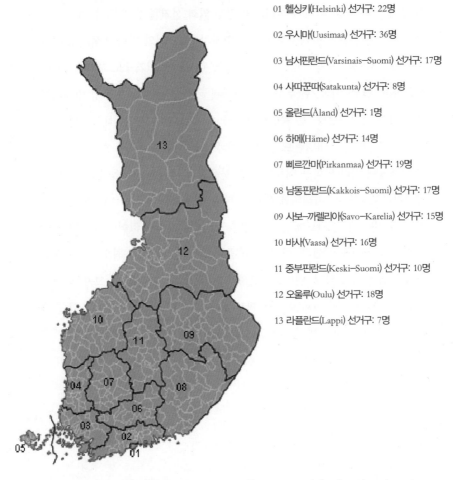

01 헬싱키(Helsinki) 선거구: 22명

02 우시마(Uusimaa) 선거구: 36명

03 남서핀란드(Varsinais-Suomi) 선거구: 17명

04 사따꾼따(Satakunta) 선거구: 8명

05 올란드(Åland) 선거구: 1명

06 하메(Häme) 선거구: 14명

07 삐르깐마(Pirkanmaa) 선거구: 19명

08 남동핀란드(Kakkois-Suomi) 선거구: 17명

09 사보-까렐리아(Savo-Karelia) 선거구: 15명

10 바사(Vaasa) 선거구: 16명

11 중부핀란드(Keski-Suomi) 선거구: 10명

12 오울루(Oulu) 선거구: 18명

13 라플란드(Lappi) 선거구: 7명

출처: https://vaalit.fi/en/electoral-districts; https://www.finlex.fi/fi/laki/alkup/2018/20180850.
(검색일: 2019.1.12)

핀란드를 비롯한 북유럽 국가들은 모두 의회 선거를 위해 권역별 전면 비례대표 제도를 실시하고 있다. 선거제도는 각 국가별로 고유한 역사적·정치적 맥락에 따라 선택적으로 발전해왔고, 개별 제도의 장단점에 대하여는 논란이 계속 있어왔다. 그러나 영미권 국가들에서 주로 실시되는 단순다수 소선거구제의 경우 정당 득표율과 실제 의석수 간의 불일치성이 높고(불비례성), 1위 후보에 투표하지 않은 다수의 표심이 결과에 반영되지 않으며, 거대 양당을 중심으로 한 정당체제의 발전으로 소수 정당의 원내 진입이 어려워지는 등의 문제가 나타난다. 나아가, 승자독식winner-takes-all 원리에 기반한 의회 및 정부의 구성과 운영으로 인해 정치의 양극화 현상이 심화되는 경향이 최근 두드러지게 나타나고 있다. 반면, 비례대표제 선거제도를 실시하는 국가들의 경우 다당제 정당체계와 연합정부, 협의적 정책 결정 시스템 등 합의적 민주주의가 발달하는 경향을 보여왔다. 정당 득표율을 통해 지역구 의석과 연동해 전체 의석수를 조절하는 연동형 비례대표제를 실시하는 독일은 물론 권역별 전면 비례대표 선거제도도 의회 의석수를 분배하는 북유럽 민주주의 국가들이 대표적인 사례를 제공한다.

핀란드는 1906년 근대 의회 창설 시점부터 비례대표 선거제도를 실시해왔다. 특히, 1954년부터는 유권자가 특정 정당이나 선거 연합electoral coalition의 명부에 있는 후보 한 명을 선택해야 하는 개방형 명부제open-list system을 운영해왔다. 유권자들은 '정당 투표party votes' 곧 후보에 대한 선호 표기 없이 정당에 대해서만 투표하는 옵션을 갖고 있지 않다. 구체적으로, 후보들은 정당번호와 개인번호가 결합된 세 자리 수 번호를 부여받으며, 유권자는 투표 용지에 한 명의 후보 번호를 직접 기재한다. 예컨대, 2019년 핀란드 총선에서 뻬르깐마 선거구에 출마한 사민당 부대표 산나 마린Sanna Marin의 경우 354번의 번호가 주어졌는데, 앞의 3은 사민당 정당 번호를, 뒤의 54는 마린의 개인 순번을 뜻한다. 그녀를 지지하는 유권자가 354번을 기재하면 곧 정당과 후보 선호를 동시에 표기하는 셈이 된다. 개방형 명부 비례대표 선거제도는 전 세계에서 핀란드와 브라질 등 일부 국가만 채택하고 있는 상당히 예외적 제도이다. 덴마크와 스웨덴은 각각 1921년과 1998년부터 시민들이 한 정당 혹은 한 후보에게 투표할 수 있는 반半개방형 리스트 시스템semi-open list system을 운영하고 있다. 반면 노르웨이와 아이슬란드는 폐쇄형 비례대표 시스템을 운영하는데, 이곳 유권자들은 후보를 선택할 수 없고 단지 정당만을 고를 수 있으며 후보 명부 작성과 순위 부여는 정당의 고유한 권한으로 남아 있다.[30]

핀란드 총선의 투표 결과는 동트 방식d'Hongt formula으로 계산된다.[31] 동트 방식은 비례대표 선거제도에서 투표 결과를 계산하기 위해 사용되는 여러 방식 중 하나이다. 해당 선거구 명부상의 후보들에게 던져진 표의 수를 정당 별로 전부 집계한 다음, 득표수를 순차에 따라 1, 2, 3, 4, 5등의 수로 나누어가면서 당선자를 확정하는 방식이다. 첫 번째 순차에서는 1로 나누므로 가장 많은 득표를 한 정당의 후보가 그대로 당선되며, 두 번째 순차에서는 1위 정당의 표를 2로 나눈 뒤 그 수를 다른 정당들의 득표수와 비교해 가장 많은 정당의 후보를 당선시킨다. 같은 방식으로 해당 순차에서 1위를 차지한 정당의 득표수를 다음 정수로 나누어가면서 당선자를 정하는 작업을 선거구에 할당된 의원 수에 이를 때까지 반복한다. 동트 방식은 대체로 큰 정당에게 유리한 것으로 알려져 있는데, 이로 인해 소수정당들은 대부분 다른 정당들과 연합해 선거 연합을 꾸리거나 공동 명부joint list를 통해 선거에 임한다.[32]

한편, 핀란드처럼 유권자가 정당과 동시에 특정 후보에 대한 선호를 표기하도록 하는 '강한 선호형 비례대표 선거제도'는 '정당 민주의'보다 '개인 후보'를 강조하는 경향이 있다.[33] 핀란드에서 투표 시 정당보다 후보를 더 중요하게 고려하는 투표자들의 수는 1950년대 개방형 명부 제도가 도입된 이래 꾸준히 증가해왔으나, 2007년 선거 이후부터는 약간 감소하는 경향을 보이고 있다.[34] 나아가, 개방형 명부 시스템은 '정당 내부 후보자 간의 경쟁intraparty competition'을 가속화하는 경향이 있다. 이는 핀란드 선거의 후보자들이 유권자들의 표를 얻기 위해 다른 정당의 후보들뿐만 아니라 같은 당내의 경쟁자들과도 경쟁해야 한다는 것을 의미한다. 핀란드에서는 "정당 내부 패배의 지표가 상대적으로 높고 이러한 경우가 정당 간 패배의 경우보다 종종 더 많다."[35] 실제로 1962~2003년 시기의 총선 결과들에 대한 한 통계 분석[36]에 따르면, "200명의 의원 중 약 170명이 재선에 도전한다. 이들 중 약 40명이 재선에 실패한다. 이들 중 약 50~60%는 정당 내부의 경쟁에 지는 반면, 나머지는 다른 정당 명부의 후보들에게 패해 의석을 얻는 데 실패한다."

특히 핀란드 시스템은 개인적 방식의 선거 캠페인을 위한 유인incentive의 측면에서 '가장 강한' 제도로 평가된다.[37] 1975년 선거법 개정 이후 후보 선발 과정에서 정당 전국 조직의 역할이 '거의 완전히' 제거된 것으로 나타난다. 후보들은 현재 지역 당원들의 투표를 통해 선발된다. 또한, 20세기 후반 합의 정치가 발달하면서 정당들 간의 이념적 거리도 상당한 정도로 줄어들었다. 정당들은 선거 이후 잠재적 연정 파트너십을 고려해 캠페인 과정에서 주요 정치적 이슈들에 대해 대개 모호한 스탠스를 취해왔고, 그 결과 후보 중심의 선거 캠페인이 점점 더 두드러지게 나타나왔다.[38] 후보의 가시성 visibility은 선거에서 중요한 효과를 발휘한다. 이른바 '유명인 후보들celebrity candidates'이 선거 전략의 하나로 종종 미디어와 스포츠 영역에서 충원돼왔으며, 이는 핀란드 선거제도에 관한 비판의 주요 초점이 되어왔다.[39] 아터[40]에 따르면, 핀란드의 개방형 명부 선거제도는 '실체적'·'조직적'·'소통적' 측면에서 '개인화된 후보 캠페인의 이상적 유형'에 근접한다.[41] 반면, 노르웨이의 폐쇄형 리스트 시스템은 '개인 투표'보다 '정당 투표'를 추구하는 반대 유형의 후보 캠페인으로 나타난다. 덴마크와 스웨덴은 스펙트럼의 중간에 위치하는데, 개인화된 캠페인이 어느 정도 증가했지만 '비非사회주의 계열 정당들과 전통적 좌파 사이에 중요한 문화적 차이'가 존재한다.[42]

그러나 개방형 명부 선거제도가 발휘하는 정치의 개인화 효과에도 불구하고 핀란드의 선거제도는 기본적으로 정당 중심의 비례대표제라는 점이 충분히 강조될 필요가 있다. 곧, 유권자들은 정당과 후보에 동시에 투표하지만 먼저 취합되는 것은 정당별 득표수이며(논리적 순서를 뜻함), 그 비율에 따라 정당별 의석수가 결정된다. 후보별 득표율은 정당별 의석수가 결정된 다음 한 정당 내부의 의석을 배분하는 단계에서 중요한 변수가 된다는 점을 균형적으로 인식할 필요가 있다. 실제로 개인 득표율이 상당히 높더라도 정당 득표율이 저조한 경우에는 국회의원으로 당선되기 어려운 반면 개인 득표율은 상대적으로 낮으나 소속 정당 득표율이 높은 경우 당선되는 사례가 자주 발생하게 된다.

선거 참여의 감소와 약화되는 정당-유권자 연계

최근 20~30년간 투표율이 약간 하락했음에도 불구하고 북유럽 국가들은 전반적으로 다른 서유럽 민주주의 국가들보다 총선 투표율에서 월등하게 높은 수준을 유지해왔다. 특히, 덴마크는 총선 투표율의 하락을 거의 겪지 않았고, 1939년 이래 지속적으로 80% 이상의 투표율을 기록해왔다. 아이슬란드도 1946년과 2015년 사이 모든 의회 선거에서 80% 이상의 투표율을 유지해왔다(2016년은 79.18%로 다소 하락). 스웨덴과 노르웨이는 1980년대 이래 투표율의 하락을 목도했지만 여전히 80%와 75% 이상의 투표율을 각각 보이고 있다. 특히, 스웨덴은 2007년 이래 투표율이 다시 상승하고 있으며 2018년 9월 총선에서는 87.18%의 높은 투표율을 기록하였다. 표 3.4와 그림 3.3은 전후 북유럽과 핀란드의 총선 투표율 변화를 비교적·시계열적 관점에서 보여준다.

표 3.4 북유럽 국가들의 총선 투표율, 1945~2019(%)

덴마크		핀란드*		아이슬란드		노르웨이		스웨덴	
연도	투표율	연도	투표율	연도	투표율	연도	투표율	연도	투표율
2015	85.9	2019	72	2016	79.2	2017	78.2	2018	87.2
2011	87.7	2015	70.1	2013	81.4	2013	78.2	2014	85.8
2007	86.6	2011	70.5	2009	85.1	2009	76.4	2010	84.6
2005	84.5	2007	67.9	2007	83.6	2005	77.4	2006	82
2001	87.1	2003	69.7	2003	87.7	2001	75.5	2002	80.1
1998	86.0	1999	68.3	1999	84.1	1997	78.3	1998	81.4
1994	84.3	1995	71.9	1995	87.4	1993	75.9	1994	86.8
1990	82.9	1991	72.1	1991	87.6	1989	83.2	1991	86.7
1988	85.7	1987	76.4	1987	90.1	1985	84.0	1988	86
1987	86.7	1983	81	1983	88.6	1981	82	1985	89.9
1984	88.4	1979	81.2	1979	89.3	1977	82.9	1982	91.5
1981	87.8	1975	79.7	1978	90.3	1973	80.2	1979	90.7

연도	투표율	연도	투표율	연도	투표율	연도	투표율	연도	투표율
1979	85.6	1972	81.4	1974	91.4	1969	83.8	1976	91.8
1977	88.7	1970	82.2	1971	90.4	1965	85.4	1973	90.8
1975	88.2	1966	84.9	1967	91.4	1961	79.1	1970	88.3
1973	88.7	1962	85.1	1963	91.1	1957	78.3	1968	89.3
1971	87.2	1958	75	1959	90.6	1953	79.3	1964	83.8
1968	89.3	1954	79.9	1956	92.1	1949	82.0	1960	85.9
1966	88.6	1951	74.6	1953	89.9	1945	76.4	1958	77.4
1964	85.5	1948	78.2	1949	89.0			1956	79.8
1960	85.8	1945	74.9	1946	87.4			1952	79.1
1957	83.7							1948	82.7
1953	80.8								
1950	81.9								
1947	85.8								
1945	86.3								

출처: Institute of Democracy and Electoral Assistance(International IDEA, http://www.idea.int/vt). (검색일 2019.1.12)

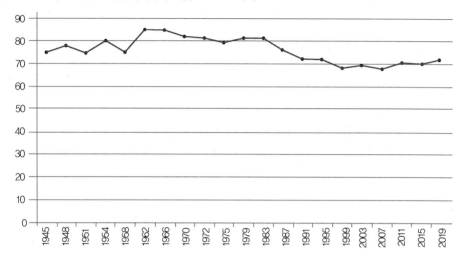

그림 3.3 핀란드 의회 선거의 투표율, 1945~2019(%)*

출처: 핀란드 통계청(Statistics of Finland, www.stat.fi).
* 핀란드에 살고 있는 유권자들의 투표율, 즉 해외 거주 유권자들은 이 계산에서 제외된 것이
다. 핀란드는 1970년대 이래로 해외 거주 유권자들의 투표 참여를 허락하고 있으나 이들의 투
표율은 15% 이하로 매우 낮은 편이다.

다른 북유럽 국가들과 비교할 때 핀란드의 경우 전반적으로 총선 투표율
이 10% 정도 낮은 수치를 기록해왔으며, 특히 1990년대 이후에는 줄곧 70%
아래에서 맴돌고 있어 우려를 불러일으켜 왔다. 지방 선거 투표율을 함께 고
려하면 핀란드의 상황은 더욱 심각하다. 2000년 지방선거는 단지 55.9%의
유권자만이 투표에 참여했는데, 이는 유럽 의회European Parliament 선거를 제
외하고 근대 핀란드 민주주의 역사에서 가장 낮은 수치였다. 대의 민주주의
에 대한 신뢰가 강하고 정당과 노조, 다양한 시민사회단체 등에 대한 활발
한 시민참여로 잘 알려진 핀란드에서 왜 이러한 현상이 발생하고 있는 것일
까? 1970년대 이후 핀란드에서 투표율이 하락해온 주요 원인으로 전문가들
은 후보자 중심의 선거제도의 효과, 그리고 정당과 유권자 사이의 연계가 약
화되어온 점을 지목한다.

먼저, 선거제도의 효과를 살펴보자. 개방형 명부 선거제도는 선거 캠페인

의 개인화personalization 경향을 부추기는 한편, 유권자 관점에서 볼 때 한 표의 행사를 위해 너무 많은 선택지가 주어지는 상황이 전개된다. 예를 들어 36명의 의원을 뽑는 우시마Uusiamaa 선거구의 경우 유권자들은 10여 개의 정당별 후보 명부를 받게 되는데 그중 다수의 정당이나 선거연합이 의원정수인 36명 내외의 후보를 명부에 기재하므로 수백 명의 후보 중 한 명을 골라야 한다. 물론 다수의 유권자는 선호하는 정당을 먼저 고른 뒤 그 정당의 명부에서 한 후보를 선택하게 되지만, 한 표의 행사를 위한 너무 많은 선택지가 주어지는 상황이 초래된다. 이 경우 정보 습득 범위의 제약과 투표 행위의 낮은 효과성으로 인해 오히려 유권자들이 적절한 후보를 선택할 진정한 기회는 줄어드는 역설적 상황이 발생하는 측면이 있다.

다른 한편, 핀란드는 서유럽 민주주의 국가 중 '가장 파편화된 정당체제 an extremely fragmented party system'를 갖고 있다. 핀란드에는 전후 스웨덴에서 관찰되듯이 사민당과 같은 지배 정당이 존재하지 않았고 또 좌우 정당 블록 간 '양극적 다이내믹bipolar dynamics'이 잘 나타나지 않았는데(표 3.5 참조) 이러한 요소들이 투표 참여율이 높지 않은 한 가지 중요한 이유를 제공해온 것으로 보인다. 나아가, 최근 수십 년 동안 지속적인 정당 가입률 감소(표 3.6 참조)[43] 등 약화되는 정당-시민 간 연결고리가 유권자들의 정치 참여 하락에 큰 영향을 미친 것으로 보고된다. 핀란드의 경우 지정학적·역사적 맥락의 차이로 인해 스웨덴·덴마크·노르웨이 등 스칸디나비아반도 주변 3국과 다른 독특한 정치적 특징이 많이 발견되는데, 소련의 강한 영향력으로 인해 전후 핀란드에서 사민당은 공산당과의 치열한 주도권hegemonie 경쟁을 벌여야 했다. 핀란드 공산당은 1960년대 중반 25%의 득표율로 1당의 지위를 차지한 일도 있었을 정도로 영향력이 강했으나 1980년대 후반 이후 소련과 동구 사회주의권의 몰락이 가시화되면서 그 영향력이 현저히 퇴조했다. 이에 1990년대부터는 급진적 좌파 정당으로 강령을 수정해 오늘에 이르고 있는데, 이 과정에서 그 지지자들도 10% 미만으로 점차 축소되어왔다. 나머지 약 10%의 유권자들은 이 시기 이후 '정치적 홈리스political homeless' 상태에 머무는 것으로 보고된다.[44]

한편, 20세기 후반에 확립된 합의 정치가 의도치 않은 효과를 낸 점도 언급할 필요가 있다. 핀란드 정부의 내각 구성은 주로 세 개의 주요 정당(사민당SDP, 중앙당Centre Party, 보수 국민연합당NCP) 간 협력에 기초하였는데, 이는 1995년 리뽀넨Lipponen 정부 이래 좌우 정당을 모두 포괄하는 초다수 연합 기반 '무지개 정부'의 실천으로 진화해왔다. 극단적으로 폭넓은 연정을 추구하는 핀란드 스타일의 정부 구성에서 의회의 다수는 소수 정당들이 정부 정책 형성 과정에 넓게 참여하는 것을 허용한다(표 3.7 참조). 예컨대, 2011년 4월부터 2014년 6월까지 위르끼 까따이넨Jyrki Katainen 총리가 이끈 '식스팩Six-pack' 정부의 연정에는 국민연합당, 사민당, 녹색당Green League, 좌파동맹Left Alliances, 기독민주당Christian Democrats, 스웨덴 인민당Swedish People's Party, SPP 등 6개 정당이 참여했다. 소수정당인 스웨덴 인민당은 1979년부터 2015년까지 한 번도 중단 없이 정부에 계속 참여할 수 있었고, 5% 내외의 낮은 득표율에도 불구하고 법무부, 국방부 등 2개 부처의 장관을 역임하곤 했다. 그러나 정당들 간 '모호한 강령적 차이들'과 '연정 구성과 내각의 의사결정 과정에 특징적인 투명성 부족'은 의회 정부의 책임성 문제와 연결됨과 동시에 선거 기제의 정당성에 관한 의문을 제기할 수 있다.[45]

급속한 사회적 변동 그리고 증가하는 사회경제적 불평등과 더불어 핀란드의 최근 선거들에서는 기성 정당들에 대한 저항 투표protest votes의 증가와 민족주의적 정서의 분출이 또한 목격되고 있다. 1995년 기존의 포퓰리즘 시골당Rural Party을 계승한 핀란드인당Perussuomalaiset, Finns Party은 2011년 의회 선거에서 39석(19%), 그리고 2015년 선거에서 37석(17.7%)를 차지했다.[46] 2015년 총선 이후 핀란드인당은 유하 시삘래Juha Sipilä 총리가 이끄는 중앙당, 보수 국민연합당과 함께 우파 연정에 참여했다. 그러나 내각에 참가한 첫해 핀란드인당은 시삘라 정부의 재정지출 삭감 정책에 대한 협조, 그리고 특히 유럽 난민 위기에 대처하기 위한 정부의 이민 정책을 둘러싼 내부 분쟁으로 인해 급속한 지지율 하락을 겪어야 했다. 총선 후 6개월이 지난 2016년 3월 3일 실시한 핀란드 공영방송 YLE의 여론조사에서 핀란드인당은 단지 9.0%의 지지율에 머물렀다.[47] 이는 '대중영합적 수사와 행정부 책임성 사이의 딜레마', 그리고 '내적 불일치'에 대해 '본질적으로 불안정하고 취약한' 포퓰리즘 정당들의 경향을 입증하는 것으로,[48] 2016년 6월 핀란드인당이 우파 근본주의적 이데올로그인 유씨 할라-아호Jussi Halla-aho를 당대표로 선출하자 중앙당과 국민연합당은 핀란드인당과의 연정 지속 불가 방침을 밝혔다. 이에 20명의 핀란드인당 소속 의원들이 핀란드인당을 나와 '푸른 개혁Sininen Tulevaisuus, Blue Reform'이라는 정당을 만듦으로써 핀란드인당이 두 개의 정당으로 쪼개지는 극적 사태가 발생했다. 시삘라 정부는 '푸른 개혁'당과 연정을 지속했고, 핀란드인당은 다시 야당으로 돌아갔다. 1995년 재창당 이후 오래 당을 이끌었던 띠모 소이니Timo Soini가 당 대표에서 물러난 이후 벌어진 일들로 강한 카리스마적 리더십에 의존하는 포퓰리즘 정당의 한계를 보여주는 사례로 평가된다. 한편, 핀란드인당의 부침은 최근 유럽 전역에서 약진하고 있는 우파 포퓰리즘 운동의 잠재력과 한계를 동시에 보여준다.[49]

표 3.5 정당 득표율과 의회 의석 배분, 2007~2015 의회 선거, 핀란드

정당	득표율(2007, %)	의회 의석수, 2007	득표율(2011, %)	의회 의석수, 2011 (증감)	득표율(2015, %)	의회 의석수, 2015 (증감)
중앙당(Centre Party)	23.1	51	15.8	35 (−16)	21.1	49 (+14)
핀란드인당(Finns Party)	4.1	5	19.1	39 (+34)	17.7	38 (−1)
국민연합당(NCP)	22.3	50	18.2	44 (−6)	18.2	37 (−7)
사민당(SDP)	21.4	45	19.1	42 (−3)	16.5	34 (−8)
녹색당(Green League)	8.5	15	7.3	10 (−5)	8.5	15 (+5)
좌파동맹(Left Alliance)	8.8	17	8.1	14 (−3)	7.1	12 (−2)
스웨덴 인민당(SPP)	4.6	9	4.3	9 (0)	4.9	9 (0)
기독민주당(CD)	4.9	7	4	6 (−1)	3.5	5 (−1)
기타	2.3	1	2	1 (0)	2.5	1 (0)
합계	100	200	100	200	100	200

출처: OSF 2007, 2011, 2015: www.stat.fi/.

표 3.6 핀란드의 정당 가입자 수, 1970~2013

연도	좌파동맹/ 핀란드 인민민 주당(FPDL)*	사민당	녹색당	핀란드인당/ 시골당(Rural Party)	중앙당	국민연합당	스웨덴인민당	기독민주당/기독 당(CL)
1970	52,000	61,000	n/a	27,000	288,000	81,000	49,000	3,000
1980	45,000	100,000	n/a	20,000	305,000	77,000	42,000	20,000
1995	16,000	70,000	1,000	n/a	257,000	47,000	37,000	16,000
2004	11,000	57,000	2,000	2,000	206,000	39,000	32,000	13,000
2008	9,600	51,000	3,100	2,700	176,000	40,000	32,000	12,000
2011	9,100	50,000	4,600	5,000	163,000	41,000	28,000	13,000
2013	10,800	45,800	8,000	8,600	151,600	40,000	30,800	10,700
증감**	−41,200	−44,200	0	−18,400	−153,400	−41,000	−18,200	−9,300
(증감률 %)	(−79.2%)	(−44.2%)		(−68.1%)	(−50.3%)	(−50.6%)	(−37.1%)	(−46.5%)

출처: Ministry of Justice, Finland 2013: 29.
* FPDL =Finnish People's Democratic League(1990년까지 존속); 시골당(Rural Party: 1990년까지 존속한 우파 포퓰리즘 정당; 중앙당의 전신인 농민당의 일부가 떨어져 나와 만든 정당); CL =Christian League(2000년까지 존속).
** 증감: 2013년 정당 회원 수에서 해당 열의 가장 큰 수를 뺀 값.

표 3.7 핀란드의 정부 구성, 1995~2015

총리(정당)	재임 기간	연정 참여 정당들의 의회 의석수(비율)	내각 참여 정당
리뽀넨(Lipponen, 사민당)	1995.4.13~1999.4.15	145/200 (72.5)	사민당, 국민연합당, 스웨덴인민당, 좌파동맹, 녹색당
리뽀넨 2기(사민당)	1999.4.15~2002.1.4	140/200 (70)	사민당, 국민연합당, 스웨덴인민당, 좌파동맹, 녹색당
리뽀넨 3기(사민당)	2002.1.4~2003.4.17	129/200 (64.5)	사민당, 국민연합당, 스웨덴인민당, 좌파동맹
이예때마끼(Jäätteenmäki, 중앙당)	2003.4.17~2003.6.24	117/200 (58.5)	중앙당, 사민당, 스웨덴인민당
반하넨(Vanhanen, 중앙당)	2003.6.24~2007.4.19	117/200 (58.5)	중앙당, 사민당, 스웨덴인민당
반하넨 2기(중앙당)	2007.4.19~2010.6.22	126/200 (63)	중앙당, 국민연합당, 녹색당, 스웨덴인민당
끼비니에미(Kiviniemi, 중앙당)	2010.6.22~2011.6.22	126/200 (63)	중앙당, 국민연합당, 녹색당, 스웨덴인민당
까따이넨(Katainen, 국민연합당)	2011.6.22~2014.3.25	125/200 (62.5)	국민연합당, 사민당, 좌파동맹, 녹색당, 스웨덴인민당, 기독민주당
까따이넨 2기(국민연합당)	2014.3.25~2014.6.24	111/200 (55.5)	국민연합당, 사민당, 녹색당, 스웨덴인민당, 기독민주당
스뚭(Stubb, 국민연합당)	2014.6.24~2014.9.26	111/200 (55.5)	국민연합당, 사민당, 녹색당, 스웨덴인민당, 기독민주당
스뚭(국민연합당)	2014.9.26~2015.5.29	101/200 (50.5)	국민연합당, 사민당, 스웨덴인민당, 기독민주당
시삘라(Sipilä, 중앙당)	2015.5.29~	124/200 (62)	중앙당, 국민연합당, 핀란드인당

출처: Raunio(2011: 122~124)에서 인용. 2011년 이후는 필자가 추가: http://valtioneuvosto.fi/; www.stat.fi/.

핀란드 의회의 구성과 '묘사적 대표성'

의회의 구성과 성별, 나이, 민족ethnicity, 교육 및 소득 수준 등 선출된 의원들의 사회적 배경은 '묘사적 대표성descriptive representation'[50]의 수준을 평가하는 데 중요한 지표들을 제공한다. 묘사적(또는 기술記述적) 대표의 측면에서 핀란드 의회 구성을 분석해보면 첫째, 2015년 의회 선거에서 83명의 여성 의원들이 당선되었는데, 이는 에두스꾼따 전체 의원 중 41.5%에 달한다. 핀란드 의회 여성 의원들의 비율은 2003년 37.5%, 2007년 42.0%, 그리고 2011년 42.5%였으며, 2007년 이후 지속해서 40% 이상을 기록하고 있다.[51] 전 세계 여성 의원들의 평균 비율이 16.4%이고, 대한민국 국회의 여성 의원 비율은 제16대 5.9%, 17대 13.0%, 18대 13.7%, 19대 15.7%, 20대 17%에 머무르고 있는 현실을 감안할 때 핀란드 의회의 여성 의원 비율은 여성 할당제 gender quotas system를 실시하는 일부 국가들을 제외하면 세계에서 가장 높은 수준이라 할 수 있다. 이는 다른 북유럽 민주주의 국가들의 경우에도 마찬가지로 가장 최근 선거에서 당선된 여성 의원 비율은 덴마크 37%, 아이슬란드 40%, 노르웨이 40%, 스웨덴 46.1%였다.[52]

둘째, 나이 변수와 관련하여 2015년 핀란드 의회 선거에서는 이전 선거들보다 더 많은 청년이 의원으로 당선됐다. 2007년과 2011년 선거에서 각각 12%와 13%였던 35세 이하 의원들의 비율은 2015년 선거에서 17%까지 증가했다. 선출된 의원들의 평균 나이는 2015년 47.2세였으며, 남성 평균 49.1세, 여성 평균 44.4세로 성별에 따른 차이도 관찰된다.[53] 핀란드에서는 청년들의 정치 참여가 매우 활발한 편으로 만 18세부터 대통령선거, 국회의원선거, 지방의회선거, 유럽의회선거 등 각급 선거의 선거권과 피선거권이 동시에 주어진다. 특히, 정당의 청년 조직들은 청년 세대의 정치 참여를 위한 매우 효과적 통로를 제공하는데 만 15세부터 29세까지의 청(소)년은 누구나 참여할 수 있다. 녹색당과 급진좌파당 등은 부모의 동의가 있는 경우 13세부터 당 청년 조직의 회원 가입을 허용한다. 정당 청년 조직들은 당내 야당이자 싱크탱크로 기능하며 인재 충원은 물론 청(소)년과 미래세대의 관점에서 정당의 정책 의제를 설정하는 데 중요한 역할을 수행한다. 청년 조직의 대표들은 대개 정당의 부대표로 활동하는 경우가 많다. 핀란드에서 청년 국회의원들이 다수 배출되는 것은 피선거권의 연령 제약이 낮은 가운데 청년 조직들의 적극적인 역할에 힘입은 측면이 크다.

셋째, 2015년 선거는 이민자들의 대표성과 관련하여 돌파구를 연 선거로 평가된다. 외국 배경을 가진 두 명의 의원(사민당 1명, 녹색당 1명)이 당선됨으로써 전체 의석의 1%를 점유했다. 핀란드는 핀란드어, 스웨덴어, 사미Sami어를 모국어로 사용하는 사람들[54]이 공존하는 다민족, 다언어 국가라고 할 수 있지만 다른 서유럽 국가들, 특히 이웃 나라 스웨덴보다 국제적 이민자와 난민들의 수용에 소극적인 편이며, 이들의 정치적 대표성도 현저히 낮은 수준에 머물러 있다. 이전까지 스웨덴 출신 이민자가 한 차례 핀란드 의회 의원으로 당선될 일이 있지만, 그 밖의 나라 출신 이민자나 이민자 가정에서 자란 이가 핀란드 의회에 진입한 적은 없었다. 그러므로 외국에서 태어난 두 명의 이민자 출신 의회 의원이 탄생한 것은 평가할 만한 일임이 틀림없다. 그럼에도 외국 출신 인구의 비율이 2014년 말 기준 약 5.5%로 추정된다는 사실에 비추어볼 때 1%의 의원 비율은 여전히 낮은 수준이라 할 수 있다.[55]

묘사적 대표성의 측면에서 2015년 선거가 여성 인구의 높은 대표성과 35세 이하의 청년, 그리고 외국 배경을 가진 인구 대표의 증가를 보여주었지만, 유권자들과 선출된 의원들 사이의 소득 수준 격차와 더불어 학력 수준 격차는 매우 큰 것으로 나타난다. 핀란드 의원들의 중위 소득 수준은 장기간의 경제 침체로 인해 2015년 선거에서 상당히 감소했지만, 이는 여전히 유권자들의 평균보다 상당히 높은 수준(2.7배)의 것이다.[56] 물론 이는 현 미국 의회 하원 의원들의 경우 일반 유권자 평균가구보다 12.5배, 제20대 대한민국 국회의원들의 경우 일반 가구 평균보다 13배 더 많은 재산을 소유하고 있는 것에 비하면 매우 낮은 수치로서 핀란드가 1990년대 이래의 신자유주의적 방향의 복지국가 개혁에도 불구하고 기본적으로 매우 평등한 사회를 유지해 왔음을 보여주는 지표라 할 수 있다.[57]

소득 수준 격차보다 오히려 더 주목할 만한 현상은 의원들의 고학력화 경향이다. 통계에 따르면, 전체 핀란드 유권자 중 석사 학위 수준 이상(석사, 박사 수료, 박사 등)의 교육을 받은 사람은 9.6%이나 2015년 총선에서 당선된 의원 중 석사 학위 이상 고등교육을 받은 사람의 비율은 50.8%에 이르고 있다. 이런 측면에서 핀란드 의회 의원들은 고학력자들로 이루어진 소수의 인구 집단으로부터 가장 빈번하게 충원되고 있다고 말할 수 있다. 이는 20세기 후반 교육 개혁의 성공과 노키아 등이 주도하는 후기 산업사회적 지식경제로의 전환 등 핀란드 사회구조가 변화해온 양상을 반영하는 현상으로 보인다. 표 3.8와 표 3.9는 2011년과 2015년 선거에서 당선된 핀란드 의회 의원들의 사회-인구학적 특징과 교육 수준을 비교 분석한 것이다.

표 3.8 당선된 의원들의 사회-인구학적 특징들, 2011~2015 핀란드 총선

변수	2011	2015
성별 (여성 비율)		
당선된 의원들	42.5%	41.5%
후보들	39.0%	39.4%
전체 유권자	51.6%	51.5%
평균 나이		
당선된 의원들	48.0세	47.2세
남성 의원	50.2세	49.1세
여성 의원	45.0세	44.4세
후보들	45.3세	45.8세
전체 유권자	49.5세	50.3세
당선된 의원들 중 35세 이하	13%	17%
외국 출신[58]		
당선된 의원들	–	1.0%
후보들	2.9%	2.5%
전체 유권자	1.3%	2.0%
전체 인구	3.5%	5.5%
소득 수준 (가처분 소득 중간값[59])		
당선된 의원들	82,566€	55,200€
후보들	32,042€	28,290€
전체 유권자	21,561€	20,390€

출처: OSF 2011, 2015.

표 3.9 당선된 의원들의 교육 수준, 2011~2015 핀란드 총선

교육 수준	전체 유권자	후보들	당선 의원들
2015년 의회 선거			
기본 수준	27.2	9.1	3.0
고등학교 수준	42.2	33.3	19.6
전문대 수준	10.7	8.6	9.5
학사 학위 수준	10.3	16.6	17.1
석사 이상	9.6	32.4	50.8
합계	100.0	100.0	100.0
2011년 의회 선거			
기본 수준	30.8	11.9	2.5
고등학교 수준	40.7	37.6	25.0
전문대 수준	11.3	11.1	14.0
학사 학위 수준	8.8	11.9	10.0
석사 이상	8.4	27.5	48.5
합계	100.0	100.0	100.0

출처: OSF 2011, 2015.

의회에 대한 시민들의 인식과 민주주의 만족도

북유럽 시민들은 국회와 정부를 비롯해 자신들의 정치적 제도와 기구들에 대해 유럽에서 가장 높은 수준의 신뢰를 표해왔다. 이들은 또 자국의 민주주의가 운영되는 방식에 대해서도 높은 수준의 만족도를 보인다.[60] 2018년 12월에 발표된 최근 《유럽연합 내 공공여론에 관한 유로바로미터 보고서(Eurobarometer Report on Public Opinion in the European Union, Standard Eurobarometer 90, 2018)》에 따르면, 스웨덴, 덴마크, 핀란드 시민들은 자국

의회에 대해 가장 높은 수준의 신뢰도를 보인다. 스웨덴 73%, 덴마크 58%, 핀란드 63%. 반면, 28개 유럽연합 회원국 평균은 35%에 머무르고 있다. 한 가지 흥미로운 사실은 북유럽 국가들의 의회는 행정부에 비해 상대적으로 더 높은 공공 신뢰를 누리고 있다는 것이다. 중앙정부에 대한 신뢰도에서 북유럽 시민들은 스웨덴 60%, 덴마크 52%, 핀란드 53%를 나타냈다.

반면, 정당들은 북유럽 국가들에서도 매우 낮은 수준의 신뢰도에 직면해 있다. 스웨덴 41%, 덴마크 34%, 핀란드 28%. 물론 이는 28개 유럽연합 회원국 평균 수치가 단지 18%에 불과한 것을 감안하면 여전히 높은 수치이기는 하다. 특히, 그리스, 스페인, 프랑스 등 기성 정당 정치가 심각하게 흔들리면서 최근 정치적 위기와 진통을 겪고 있는 국가들의 경우 정당에 대한 신뢰가 각각 4%, 8%, 6%로 한 자리 숫자에 머물고 있으며, 브렉시트Brexit 국민투표 이후 지속적인 정치 위기를 겪고 있는 영국과 2018년 총선 이후 좌우 포퓰리즘 연정이 들어선 이탈리아도 각각 13%, 14%로 매우 낮은 수준을 보이고 있다.

한편, 북유럽 시민들은 자국의 대의 기구들보다 EU 기구들에 대해서는 상대적으로 약간 더 회의적인 태도를 보이고 있다. 유럽연합EU과 유럽의회 EP: European Parliament에 대한 유럽 시민들의 신뢰 수준은 다음과 같다. 스웨덴: EU 59%, EP 69%, 덴마크: EU 60%, EP 62%, 핀란드: EU 52%, EP 63%. 물론 이 수치들은 여전히 EU 평균(42%)에 비해 매우 높은 것이다. 표 3.10은 28개 유럽연합 회원국들의 국가적 수준과 유럽연합 차원의 대의 기구들에 대한 공공의 신뢰 수준을 보여준다.

북유럽 시민들은 또한 자국 내 민주주의 운영 방식에 대해 매우 높은 수준의 만족도를 지속해서 나타내고 있다. 특히, 덴마크 시민들은 28개 유럽연합 회원국 중 가장 높은 만족도(91%)를 보여주고 있다. 스웨덴과 핀란드 시민들도 모두 81%로 자국 민주주의에 대한 매우 높은 만족감을 표현하고 있다.

북유럽 시민들은 EU 수준의 민주주의에 대해서는 상대적으로 회의적인 것으로 보인다. 덴마크 시민들 68%가 EU 민주주의의 작동 방식에 대해 만족한다고 응답한 반면, 핀란드 시민들은 56%, 스웨덴 시민들은 57%가 그렇다고 응답했다. 그러나 이 수치들도 유럽연합 평균보다 높은 것이나 자국 민주주의에 대한 만족도와는 현저한 차이가 감지된다. 표 3.11은 28개 유럽연합 회원국들의 시민들이 자국과 EU 수준의 민주주의에 대해 어느 정도 만족하고 있는지를 나타낸다.

종합적으로 고찰해볼 때, 다른 북유럽 국가들처럼 핀란드에서도 의회에 대한 시민의 신뢰와 자국 민주주의 운영에 대한 만족도가 높게 유지되고 있다. 다만, 핀란드 시민들은 의회, 정당, 정치인들보다 대통령, 경찰, 사법기구 등에 대해 더 높은 수준의 신뢰를 표현해왔다.[61] 이러한 맥락에서 하나의 도전적 물음이 제기된다. 2000년 신헌법 아래에서 의회 권력이 커진 것과 비례해 어떻게 의회 제도 및 관련 기구들에 대한 시민참여와 신뢰를 증진할 것인가?[62]

표 3.10 28개 EU 회원국 내 정치적 제도에 대한 신뢰(%)

국가	자국 의회	자국 정부	정당	EU	유럽의회(EP)
벨기에	32	49	27	52	64
불가리아	13	22	11	53	51
체코	16	28	11	32	38
덴마크	61	52	34	60	62
독일	58	54	31	51	60
에스토니아	44	54	18	53	51
아일랜드	41	41	21	50	57
그리스	15	14	4	26	37
스페인	15	19	8	38	37
프랑스	27	26	6	33	40
크로아티아	18	19	12	48	50
이탈리아	27	28	14	36	44
키프러스	28	32	10	41	46
라트비아	21	31	9	49	47
리투아니아	16	28	27	52	57
룩셈부르크	52	62	28	52	60
헝가리	46	48	28	48	56
말타	59	63	36	56	55
네덜란드	68	55	44	57	63
오스트리아	56	33	33	45	55
폴란드	26	43	14	47	54
포르투갈	37	43	17	55	55
루마니아	24	23	17	50	60
슬로베니아	22	23	16	37	38
슬로바키아	29	32	10	43	46
핀란드	63	53	28	52	63
스웨덴	73	60	41	59	69
영국	33	32	13	31	33
EU 평균	35	35	18	42	48

출처: Standard Eurobarometer 90(Autumn 2018). http://ec.europa.eu/commfrontoffice/publicopinion/index.cfm/Survey/getSurveyDetail/instruments/STANDARD/surveyKy/2215. (검색일: 2019.1.12)

표 3.11 28개 EU 회원국 내 민주주의 만족도(%)[63]

국가	자국 내 민주주의 만족도	EU 민주주의 만족도
벨기에	72	66
불가리아	33	50
체코	60	47
덴마크	91	68
독일	73	55
에스토니아	61	56
아일랜드	79	75
그리스	26	31
스페인	40	43
프랑스	50	43
크로아티아	35	56
이탈리아	42	42
키프러스	41	48
라트비아	59	66
리투아니아	35	65
룩셈부르크	82	65
헝가리	53	53
말타	71	51
네덜란드	82	54
오스트리아	80	54
폴란드	64	64
포르투갈	64	62
루마니아	34	55
슬로베니아	41	47
슬로바키아	45	50
핀란드	81	56
스웨덴	81	57
영국	63	48
EU 평균	57	50

출처: Standard Eurobarometer 90(Autumn 2018). http://ec.europa.eu/commfrontoffice/publicopinion/index.cfm/Survey/getSurveyDetail/instruments/STANDARD/surveyKy/2215. (검색일: 2019.1.12)

핀란드의 의회 위원회 시스템: 제도적 기능과 특징들

이 절은 핀란드 의회 위원회 시스템의 제도적 특징들을 별도로 검토한다. 위원회valiokunnat, committees는 의회 의사결정 과정에서 중요한 영향력을 미치기 때문이다. 위원회의 입법적 역할과 활동 방식, 특히 입법 과정에서 위원회가 어떻게 시민사회와 협의, 소통하는가가 다음 장들에서 이루어질 경험적 분석들의 구체적 초점이 될 것이다.

개별 의회의 위원회 시스템은 고유한 정치적 맥락 속에서 발전한 자신만의 구조, 권력, 절차들을 갖고 있다. 맷슨과 스트룀[64]은 의회 위원회 시스템의 제도적 특징들을 측정하기 위해 자세한 경험적 지표 목록을 제시하였다. 첫째, 의회 위원회의 구조는 ① 위원회의 유형과 임기 ② 위원회 규모 ③ 관할과 정부 부처와의 대응성 ④ 다중 멤버십에 대한 규제 ⑤ 소위원회 등의 기준을 통해 분석될 수 있다.[65] 둘째, 의회가 어떻게 조직돼 있는지, 특히 입법 위원회들이 어떻게 일하는지를 규정하는 위원회 절차는 다음 지표들을 통해 측정될 수 있다. ① 위원회 배치assignment ② 위원회 리더십 선발 ③ 위원회 투명성 ④ 소수의견 보고서 ⑤ 위원회 단계의 입법 심의 프로세스.[66] 셋째, 위원회의 제도적 권력은 ① 입법을 개시할 수 있는 권리 ② 법안을 수정할 수 있는 권한 ③ 위원회 시간표를 통제할 수 있는 힘 ④ 증인을 소환하고 문서화된 증거 자료를 제출받을 수 있는 권리[67] 등을 통해 살펴볼 수 있다. 이 지표들에 따라 아래에서 우리는 핀란드 의회 입법 위원회 시스템의 구조, 절차, 권력을 분석한다. 전반적인 입법 심의 과정에서 위원회가 담당하는 역할도 함께 검토할 것이다.

위원회 구조와 독특한 특징을 가진 위원회들
에두스꾼따에는 1개의 대大위원회와 15개의 특화된specialized 상임위원회가 존재한다.[68] 후자의 위원회들은 대부분 핀란드 정부의 개별 부처들에 상응하는 고유한 정책 영역들을 갖고 있다. 예외적인 위원회도 있는데, 감사위원회 Tarkastusvaliokunta, Audit Committee와 미래위원회Tulevaisuusvaliokunta, Committee for the Future는 특정한 정부부처의 정책 영역에 상응하지 않는다. 국가재정위원회 Valtiovarainvaliokunta, Finance Committee는 현재 국가 예산의 다양한 영역들을 커버하는 8개의 상임 소위원회들로 나뉘어 있다. 대위원회Grand Committee는 기획 및 위원회 업무 준비를 위해 소위원회 하나를 운영한다. 현재 모든 위원회는 상임위원회 지위를 갖고 있고, 4년의 임기로 운영된다. 에두스꾼따는 특별히 부여된 의제를 다루는 임시위원회를 설립할 수 있으나, 실제 임시위원회는 1960년대까지만 운영되었다. 각각의 위원회는 17명의 위원들과 9명의 부위원들로 구성된다. 예외적으로 국가재정위원회는 위원 21명, 부위원 19명으로 구성되며, 감사위원회는 위원 11명과 부위원 6명, 대위원회는 위원 25명, 부위원 13명으로 구성된다.[69] 위원회들에 대한 다중 멤버십을 금지하는 규제는 없다. 핀란드 의원들은 보통 두 개의 다른 위원회에 소속돼 있다.[70]

핀란드 의회에는 몇 개의 특별한 성격을 지닌 위원회들이 있다. 우선, 대위원회Suuri valiokunta, Grand Committee는 본래 의회 내 상원의 기능을 담당하도록 설계되었으나 1990년대 이후 EU 위원회로 개편되어 현재는 주로 EU 관련 법안과 정부 제출 보고서를 검토한다. 아울러 대위원회는 본회의에서 넘어온 입법안들을 심의하는데, 본회의가 소관위원회 보고서의 의견과 달리 표결하는 경우 신중을 기하기 위해 대위원회에서 한 번 더 심의하도록 하고 있다. 일종의 합의적 의사결정을 위한 '안전밸브' 역할을 수행하는 셈인데, 실제로 그러한 사례는 1년에 한두 건 정도에 그치고 있다. 가까운 예로는 2014년 의회에서 통과된 첫 번째 시민발의인 동성결혼 합법화 요구안의 심의 때 본회의가 소관위원회인 법사위원회의 기각 의견과 달리 찬성 표결함에 따라 해당 안건이 대위원회에 보내진 뒤 회송되어 2차 표결에 부쳐진 일이 있다(6

장 참조). 대위원회는 다루는 사안들의 일반적 성격으로 인해 특정 정부 부처와 상응하지는 않는다.[71]

헌법위원회Perustuslakivaliokunta, Constitutional Law Committee는 에두스꾼따에서 발견되는 독특한 위원회 중 하나이다. 위원회는 법안들에 관한 헌법적 사전심사constitutional preview의 권한을 부여받아 활동하는데, 현재 핀란드에는 헌법재판소가 없는 상황에서 이와 유사한 헌법심사 기능을 제공하면서 공공정책 결정 과정에 중요한 역할을 담당하고 있다. 위원회는 다른 위원회들이 법안을 심의하는 과정에 법안의 위헌성 여부 및 국제인권법 등에 관한 저촉 여부를 심사한 뒤 위원회 차원의 의견서lausunnot, statements를 주 책임위원회에 전달한다. 그러나 헌법위원회는 고유한 정책 영역을 갖고 있기도 한데, 선거 관련 법률들, 시민권, 언어, 정당, 그리고 올란드Åland섬과 사미인들의 자치권 등 헌법에서 규율하는 의제들이 포함된다. 이 의제에 관한 법안이 상정되는 경우 헌법위원회는 주 책임위원회로서 의견서가 아닌 보고서mietinnöt, reports를 채택해 본회의에 보고한다.[72]

감사위원회는 국가감사사무소State Auditor's Office의 일부 업무와 의회 국가재정위원회의 감사 소위원회를 통한 의회의 정부 감사 기능을 통합하여 2007년에 설립되었다. 위원회의 주요 임무는 정부의 연례 재정 회계 보고서와 국가감사사무소의 보고서를 심의하여 정부의 재정적 관리 운용의 적법성을 심사하는 것이다. 위원회는 자신의 관할에 속하는 문제들을 다루기 위해 독자적 이니셔티브를 제기할 수 있고, 본회의에 위원회 보고서를 제출할 수 있다.[73]

끝으로, 미래위원회는 국가적 수준에서 미래 지향적 정책 형성을 위해 설립된 세계 최초의 의회 위원회이다. 1993년 처음 설립된 위원회는 2000년 헌법개혁을 거쳐 상임위원회로 격상되었다. 4년마다 정부의 미래정책보고서를 심의하면서 위원회는 미래의 기술적·사회적 변화를 전망하고 미래 도전에 대응하기 위한 정부 전략의 수립과 혁신의 실행을 촉진한다. 위원회는 또 민주적 의사결정 과정에 대한 참여적, 숙의적 접근을 포용하면서 핀란드 민주주의의 미래에 대해서도 특별한 관심을 기울여왔다.[74]

위원회 절차와 권한

위원회 배치committee assignment는 특수한 전문성과 정책적 영향력을 추구하는 소속 의원들에게 정당 지도부가 당 규율을 부과하기 위한 중요한 기제의 하나이다. 위원회 리더십의 선발도 정당들과 개별 의원들에게 중요한데, 위원회 의장들은 위원회 문제들을 다루는 데 더 많은 영향력을 발휘할 수 있기 때문이다.[75] 핀란드에서 의회 위원회 위원장과 위원들의 자리는 총선 결과를 반영하여 우선 의회 정당 그룹들PPGs 간 '비례성 원칙'에 따라 배정된다. 포르스텐에[76] 따르면, 1945년과 2002년 사이에 존재한 모든 위원회의 위원장들 가운데 약 86%가 네 개의 가장 큰 정당 출신들로 임명되었다. 의원들의 위원회 배치 절차와 기준을 살펴보면, 우선 정당들 간의 협상 이후 개별 의회 정당 그룹이 소속 의원들을 위원회들에 임명한다. 기본적으로 의원들의 선호가 고려되지만, 선임seniority, 성별, 사회적 대표성, 그리고 관련 정책 영역의 직업적 전문성 등이 중요한 변수로 작용한다. 선행 연구에 따르면, '선임의 원칙principle of seneority', 곧 의원으로서의 커리어 지속성이 핀란드 의회에서 위원회 배치에 관한 가장 영향력 있는 변수였으며, 이는 다른 북유럽 의회들에서도 마찬가지로 나타난다.[77]

에두스꾼타의 위원회 회의는 일반적으로 공중에 개방되지 않으며, 단지 위원회 보고서와 의견서, 그리고 짧은 의사록pöytäkirjat, minutes만 공적 문서로서 제공된다. 의사록은 회의 의제와 위원회 청문회나 회의에 초청된 전문가들의 이름 정도만을 담고 있으며, 실제 어떤 내용이 토론되었는지를 알 수 있는 구두 속기록verbatim records은 생산되지 않는다. 1990년대 초반에 위원회 수준의 심의 과정을 공개할 것인가 여부를 둘러싸고 에두스꾼따에서 논쟁이 벌어진 일이 있었다. 일부 의원들은 위원회 심의를 공개해야 하며, 최소한 전문가 청문회 단계는 공개해야 한다는 의견을 지지했다. 그러나 다수 의원들은 위원회 구성원들 간의 신뢰를 유지하기 위해 위원회 회의는 공개되어서는 안 된다는 의견이었고, 결국 위원회 절차의 개혁은 일어나지 않았다.[78] 이들은 "공개성의 증가는 핀란드 의회 정치를 특징짓는 합의 정치를 위험에 빠뜨릴 수 있고", "합의를 이루기 위한 최고의 방법은 가장 중요한 이익단체들이 자신들의 전문가들을 통해 대표되고 의사결정이 위원회 구성원들 간의 비非정치적이며 전문적 비밀 대화가 가능한 비공개 위원회 회의"라고 주장했다.[79] 그 결과, 핀란드 의회 위원회들은 계속해서 비공개 상태에서 회의를 개최해 사안들을 심의하고 있다. 최근 공개 청문회와 위원회 공개회의가 점차 느는 추세이나 전체 회의 규모에 비추어보면 여전히 매우 제한적 수준에 머물러 있다.[80]

한편, 핀란드 의회 위원회는 입법을 개시할 권한을 갖고 있지 않다. 정부 법안과 최근 도입된 시민발의를 통한 입법 채널 외에 개별 의원들의 법안 발의권이 보장되지만, 위원회나 의회 정당 그룹은 그러한 권한을 갖지 않는다. 예외적으로 국가재정위원회는 국가 예산의 균형을 맞추는 데 필요한 경우 세법 개정안을 제안할 수 있다.[81] 또한, 감사위원회는 관련 업무 영역에 속하는 주요 이슈를 다루기 위해 독자적인 이니셔티브를 발할 수 있다. 법안 발의 권한은 제한적이지만 핀란드 의회 위원회들은 '비교적 자유롭게' 법안을 수정할 권리를 갖고 있으며, 이는 입법부의 의제설정 권한이 상당함을 시사한다. 다만 위원회의 수정 제안은 법안의 내용과 관련이 있어야 하며, 실체적 내용 변경은 허용되지 않는다.[82] 나아가, 핀란드 의회 위원회는 자신의 일정을 통제할 수 있으며, 본회의는 한번 배정한 법안을 다른 위원회로 다시 재배당할 수 없다. 이는 위원회 자율성의 한 지표라고 할 수 있다.

에두스꾼따 위원회는 시민들을 청문회에 참석하도록 초청할 권리가 있다. 비록 출석을 강제할 수 있는 수단은 없지만, 위원회의 초대는 거의 거절되지 않는다. 위원회의 이 권리는 주로 전문가의 증언 또는 진술을 통해 실행되며, 이는 위원회의 전문성과 독립적 정보 수집 역량을 강화시키는 요소이다. 나아가, 위원회는 정부에 법안 관련 정보의 제출을 요구할 권리를 갖고 있다.[83]

표 3.12는 에두스꾼따 위원회 시스템의 주요 특징들을 요약·제시한다.

표 3.12 핀란드 의회 위원회 시스템의 제도적 특징들

구분	지표*	주요 특징
구조	■ 유형과 임기 ■ 위원들의 수 ■ 위원회 크기 ■ 정부 부처 상응성 ■ 다중적 멤버십 ■ 소위원회	• 특화된 상임위원회 시스템: 대위원회와 15개 상임위원회 • 위원 17명(부위원 9명), 일부 예외 있음 • 특정 부처에 상응함; 대위원회, 감사위원회, 미래위원회는 예외 • 대위원회는 EU 위원회로 기능함 • 헌법위원회는 법률안의 헌법성에 관한 의회적 사전심사를 제공함 • 미래위원회는 미래 지향적 접근을 입법적 의사결정에 통합하는 기능을 수행함 • 의원들은 보통 두 개 위원회에 소속됨 • 부분적으로 소위원회 운영 가능
절차	■ 위원회 할당 ■ 리더십의 선발 ■ 투명성 ■ 소수의견 보고서 ■ 입법 심의	• 의원 할당과 위원장 선발은 정당 간의 비례성 원칙에 따라 이루어짐; 정당 내 선임(seniority)과 직업적 전문성 원칙이 중요하게 고려됨 • 폐쇄적이고 전문적(professional) 스타일의 위원회 심의; 공개 청문회와 공개 위원회 회의는 드문 편임 • 위원들은 '반대 의견서' 또는 '이견'을 제출할 수 있음 • 포괄적 범위의 위원회 심의를 통해 본회의에 보고서를 제출하거나 책임위원회에 의견서를 전달함
권력	■ 입법안의 개시 ■ 법안의 수정 ■ 법안심의일정의 통제 ■ 증인과 증거 소환	• 입법 의제설정의 세 채널: 정부 법안, 의원발의안, 시민발의 • 감사위원회를 제외하고 위원회는 법안 발의 개시 권한이 없음. 그러나 법안을 '상당히 자유롭게' 수정하고 필요한 정책 조치를 권고할 수 있는 등 정책 영향력을 갖고 있음 • 위원회 심의 일정을 통제할 수 있는 자율성이 있음 • 넓은 범위의 정책 이해관계들을 빈번히 초대해 증거 자료를 제출하고 전문가 청문회에서 발언하도록 함 • 정부에 관련 자료를 요구할 권리

* 지표: Mattson & Strøm(1995).

입법 심의 과정과 위원회 협의의 역할

현재 핀란드에는 입법안을 발의할 수 있는 세 가지 제도적 채널이 있는데, 정부 법안HE: Hallituksen esitys, Governmental Proposal, 의원 법안LA: Kansanedustajan lakialoite, MP's Initiative, 그리고 시민발의KAA: Kansalaisaloite, Citizens' Initiative가 그것이다. 하나의 법안이 의회에 제출되면 에두스꾼따는 먼저 본회의에서 '예비토론Jähetekeskustelu'을 진행하며, 이때 의장은 어떤 위원회가 그 법안을 심의할지 결정한다. 보통 두 개의 위원회가 호명된다. 책임 위원회는 법안에 대한 본회의 토론을 위해 '보고서mietintö'를 준비하며, 다른 위원회는 책임 위원회의 토론을 위한 '의견서lausunto'를 제공한다. 법안이 도착하면 위원회는 전문가 청문회와 위원회 내부 토론 등 두 단계의 심의 절차를 개시한다. 위원회 프로세스는 통상 한두 달 정도가 소요된다. 긴급한 사안의 경우에는 단 몇일만에 결론이 날 수도 있지만, 중요한 입법 프로젝트들의 경우에는 여러 달 또는 여러 해가 걸릴 수도 있다. 회의는 통상 3분의 2 이상의 위원회 구성원이 참석해야 유효하나, 의제에 따라 더 많은 위원들이 참석해야 회의가 성립되는 경우도 있다.[84]

전문가 청문회asiantuntijoiden kuulemisnen, expert hearings는 위원회가 법안에 대한 정보를 얻고 주요 정책 이해관계자 그룹들과 소통하기 위한 주요 채널이라 할 수 있다. 위원회는 청문회에 누구를 초대할지 결정하며, 위원회 청문회의 참석은 강제적이지 않다. 일반적으로 소관 정부 부처의 발표를 먼저 듣고, 그 뒤 관련 정책 분야의 이익단체와 NGO 대표들, 그리고 대학과 연구기관의 학술 전문가들이 초대되어 의견을 발표한다. 단체와 개인 전문가들은 위원회 청문회에서 짧게 구두 발표를 하도록 허용되며, 이때 일반적으로 문서로 된 의견서를 함께 제출한다. 위원회는 청문회에 초대되지 않은 단체나 개별 전문가로부터도 의견서를 받는다. 전문가 협의의 범위는 위원회와 이슈에 따라 다양하게 나타난다. 에두스꾼따 위원회들은 다양한 사회적 집단과 분야에서 많은 수의 전문가를 초청한다. 예컨대, 2014년 한 해 동안 1만 명이 넘는 외부 전문가들이 핀란드 의회 위원회들에 구두 또는 문서화된 형태로 입법 의제들에 대한 자신들의 의견을 제출하였다. 이들 중 60.5%는 공공 분야를 대표하였고, 2.7%는 사적 분야, 27.4%는 제3섹터, 그리고 9.1%는 연구기관을 대표하는 인사들이었다(위원회 입법 협의의 범위에 관한 상세한 분석은 5장을 보라). 위원회는 필요한 경우 후속 청문회의 개최 여부를 결정할 수 있다. 이에 더해, 위원회는 법안을 직접 조사하고, 실태 파악을 위한 현장 방문을 실시하며, 정부에 자료 제출 요구를 함으로써 정보를 수집할 권한을 갖고 있다. 위원회는 또한 다른 유관 위원회들에게 해당 사안에 대해 보고서나 의견서를 제출하도록 요청할 수 있다.[85]

전문가 협의 이후 위원회는 '준비 토론valmistava keskustelu, preparing discussion'을 진행한다. 이때 위원들은 자신들의 의견을 충분히 표현할 권리가 있다. 의원들은 법안에 대한 동의 또는 기각, 그리고 대안적 제안을 포함한 여러 의견을 제안할 수 있다. 위원회 비서들은 위원회의 검토와 준비 토론의 결과를 반영해 보고서나 의견서의 초안을 작성한다. 법안 및 보고서·의견서 초안에 근거해 위원회는 회의를 개최하고 '일반 토론yleiskeskustelu, general discussion' 절차를 진행한다. 일반 토론에서는 제안된 초안과 가능한 수정안들에 대해 전반적으로 토론한다. 그런 연후 위원회는 초안의 내용에 대한 '상세 검토yksityiskohtainen keskustelu, detailed discussion' 절차로 나아간다. 위원회 비서들은 위원들 간의 토론을 반영해 새로운 초안을 작성할 수 있다. 마지막으로 위원회는 법안에 대한 결정을 내린다. 위원회가 만장일치의 결론에 도달하지 못하는 경우 투표로서 결정을 내리게 된다. 모든 위원은 위원회 보고서나 의견서에 '반대 의견서vastalause' 또는 '다른 의견eritävä mielipide'을 남길 권리가 있다. 그렇게 위원회 단계의 입법 심의 과정이 끝난다.[86] 위원회 의견서

valiokuntalausunto는 주 책임 위원회에 전달돼 해당 위원회의 심의 과정에서 고려할 수 있도록 하며, 위원회 보고서valiokuntamietintö는 해당 법안에 대한 위원회 심의 결과와 함께 본회의에서 발표된다.

위원회는 본회의장에서 심의 결과를 보고한다. 위원회는 에두스꾼따의 최종결정을 위하여 수정 없는 동의, 법안의 상당한 수정, 도는 법안의 완전한 기각 등 다양한 안을 제안할 수 있다. 본회의는 위원회 보고서에 바탕을 두고 법안을 토론하며 '일반 토론(1회독)'과 '상세 검토(2회독)'의 두 단계 검토 절차를 진행한다. 그런 뒤에 에두스꾼따는 만장일치 또는 투표로 법안에 대한 최종결정을 내린다. 입법 절차를 모두 통과한 법안은 법률의 공포를 위해 대통령에게 보내진다. 만약 대통령이 법안에 서명하지 않는 경우 법안은 다시 의회로 돌아온다. 그러나 의회가 다시 법안을 과반수 투표로 승인하면 이번에는 대통령의 승인 없이 곧바로 효력을 발휘한다(대통령 거부권의 실질적 제약은 앞서 서술한 핀란드 헌법개혁의 결과이다). 표 3.13은 핀란드 의회의 입법 심의 절차와 주요 특징들을 요약한 것이다.

표 3.13 핀란드 의회의 입법 심의 과정

주요 단계	의회 절차와 주요 특징들
입법 의제설정	1. 정부 법안(Hallituksenesitys): 정부 부처 단계의 법안 작성 과정에서 폭넓은 시민사회 협의 절차 가동 2. 의원 입법 발의(Kansanedustajan lakialoite): 다수(100명 이상) 의원들의 지지가 없는 경우 위원회는 보통 법안을 심의하지 않음. 3. 시민발의(Kansalaisaloite): 6개월 이내 5만 명 이상 유권자의 서명을 모은 경우 의회가 그 법안을 심의함
의회 절차의 개시(본회의)	• 법안의 도입 • 예비토론(lähetekeskustelu, dispatch discussion): 법안에 대한 위원회 심의를 제약하지 않음. • 책임 위원회와 관련 위원회의 할당

위원회 심의 과정	• 법안의 위원회 도착
	• 위원회 일정 수립 및 전문가 초대 목록 작성
	• 전문가 청문회 실시
	  – 정부 부처, 이익단체, 학계 전문가 등과의 입법 협의
	  – 문서화된 의견서와 함께 구두 진술
	  – 대개 폐쇄된 절차 진행. 제한된 경우에만 공개 청문회 개최하며,
	    속기록은 제공하지 않음
	• 위원회 토론
	  – 준비 토론
	  – 상세 검토
	  – 유관 위원회로부터의 의견서 고려
	• 만장일치 또는 투표를 통해 위원회 결론 도출
	  – 보고서(mietintö) 또는 의견서(lausunto) 작성
	  – '반대 의견서' 첨부 가능
	  – 최종 문서의 발표, 공개

본회의 토론 및 최종 의사
결정
	• 1회독(First Reading)
	  – 일반적 토론 및 이후 절차에서 검토될 법안의 주요 내용에 대한
	    결정
	• 2회독(Second Reading)
	  – 법안의 조별, 항목별 상세 검토
	  – 만장일치 또는 투표를 통한 최종 의사결정

재가 및 공포	• 대통령 재가를 위한 최종 문서 송부
	  – 대통령이 서명을 거부하면 법안은 의회로 돌아오나, 의회가 이를
	    다시 한 번 승인하면 즉각 효력을 발휘함

나가며

1906년 의회법 제정을 통해 전근대적 신분제 의회Diet of four Estates를 근대적 단원제 의회로 전환한 것은 핀란드 민주주의 역사에서 가장 중요한 혁신의 하나로 유럽 최초의 보편적 참정권 도입과 함께 대규모 숫자의 시민들을 정치적 의사결정 과정에 연결한 사건이었다. 1907년 치러진 첫 근대 의회 선거에서 노동자 · 농민 등 평범한 시민 다수가 의원으로 당선되어 의회에 진출하였으며, 이때 19명의 여성도 세계 최초의 여자 국회의원이 되어 새로운 민주주의의 장을 써 내려갔다. 그러나 20세기의 역사적 격변 과정에서 신생 민주공화국 핀란드는 지속적인 생존의 시험대에 들었다. 특히 동쪽 국경을 맞대고 있던 러시아-소련과의 관계는 독립, 내전, 세계대전, 그리고 냉전 시대를 거쳐 21세기의 오늘에 이르기까지 핀란드의 대외 정책은 물론 국내정치의 민주적 다이내믹에도 큰 영향을 미쳤다. 핀란드의 정치 체제와 의회제도에는 이러한 역사의 전개 과정이 반영된 다양하고 독특한 특징들이 새겨져 있다. 그러한 예시로 우리는 핀란드의 강한 선호형 비례대표 선거제도와 매우 파편화된 정당체제, 예외적으로 강력했던 대통령의 권력과 20세기 후반 이후의 단계적·지속적 헌법개혁, 내전 이후 깊이 분열된 정치문화로부터 네오-코포라티즘적 정책 결정 시스템에 기반한 합의 정치로의 전환, 1990년대 이후의 '무지개 정부' 수립의 새로운 전통 등을 열거할 수 있다.

2000년 전면 개혁된 신헌법과 더불어 에두스꾼따는 다시 한 번 핀란드 민주주의의 새로운 전환기 속으로 진입했다. 유럽에서 가장 오래된 준대통령제를 운영해온 헌법적 권력 질서는 표준적 형태의 의회주의 모드로 사실상 전환되었다. 의회 해산권과 법률안 거부권 등 대통령의 권력이 실질적으로 제약됐지만, 의회인 에두스꾼따는 총리 선출 등 정부 구성의 권한을 부여받았다. 총리와 내각이 이제 명확하게 의회 다수의 신임에 의존하게 되면서, 의회 본회의장은 총리와 장관들이 상시적으로 참석해 정부 정책 프로그램과 국가적 정치 현안들에 대해 일상적으로 토론하고 논쟁하는 명실상부한 최고 심급의 국가적 공공포럼으로 거듭났다. 나아가, 에두스꾼따는 강력한 권력을 가진 대통령의 그림자에서 벗어나 EU 문제 및 대외 정책 전반에 대한 정부 정책 결정 과정에 중요한 역할을 담당하게 되었다. 대위원회가 EU 위원회로 새로운 기능을 담당하게 되었고, 대외정책위원회와 다른 상임위원회들은 EU 문제에 관한 실질적 정책 역량을 강화해왔다. 이로써 핀란드는 EU 통합에 따른 다층적 거버넌스 체제의 발전에 대응해 개별 국민국가 의회가 효과적으로 적응한 성공 사례로 평가받고 있다.

법안의 심의와 관련해 상임위의 권한과 입법 역량이 전반적으로 강화되었다. 에두스꾼따는 북유럽의 '일하는 의회'의 기본적 특징을 공유한다. 본회의장은 의회 전체에서 가장 공개적 장소로 역할하지만, 실질적인 입법 심의 프로세스는 정책적으로 특화된 상임위원회에서 일어난다. 에두스꾼따에는 현재 대위원회와 15개의 상임위가 있다. 감사위원회와 미래위원회 등 예외를 제외한 대부분의 상임위는 특정 정부 부처에 상응하는 업무 영역이 있다. 위원회는 정부 법안과 의원 법안, 그리고 시민발의안을 심의하고 해당 법안에 대한 의회의 최종결정을 위해 보고서 또는 의견서를 작성, 본회의에 제출한다. 이 과정에서 위원회는 다양한 외부 이해관계자를 초청하며, 의회 단계의 공공정책 결정 과정에서 정부와 시민사회를 연결하는 중요한 제도적 채널을 제공한다. 그러나 '일하는 의회'의 한 가지 특징은 위원회 심의가 대개 비공개로 진행된다는 점이다. 핀란드 의회 위원회의 회의와 전문가 청문회 역시 문을 닫아걸고 폐쇄된 공간에서 진행된다. 물론 최근 공개 청문회와 공개회의가 점차 증가하는 등 변화가 관찰되기도 한다. 그러나 전반적으로 위원회 투명성은 상당히 제약된 상태이며, 이는 의회 활동 및 입법 과정의 공개성과 접근가능성, 그리고 적극적 시민 관여를 실현하도록 요구하는 현대 민주주의의 흐름과 어긋나는 측면이 존재한다.

이 장의 논의를 종합적으로 살펴볼 때 우리는 다음과 같은 결론에 도달한다. 2000년대 들어 핀란드 의회는 그 어느 때보다 헌법적 · 정치적 위상과 역할이 한층 높아졌으며, 의회에 대한 시민들의 신뢰 수준도 비교적 관점에서 매우 높은 수준을 유지하고 있다. 그러나 의회-시민 간 관계의 역사적 · 제도적 맥락을 고찰해볼 때 핀란드 민주주의의 미래에 관한 중요한 도전들이 제기되고 있는 것도 사실이다. 가장 큰 변화의 압력을 제공하는 도전은 지난 20년간 지속하여 낮아져온 의회 선거 투표율이다. 오늘날 유럽 전체의 선거 참여 경향과 비교해볼 때 60% 후반 수준의 투표율이 특별히 낮은 수준인 것은 아니나 유권자의 3분의 1가량이 지속해서 투표 참여를 포기하는 현상은 중요한 고민거리가 아닐 수 없다. 21세기 들어서도 여전히 80% 이상의 높은 투표율을 보여온 다른 북유럽 민주주의 국가들과 비교할 때 더욱 고민스러운 핀란드 민주주의의 숙제라 할 수 있으며, 실제로 핀란드 정부가 1998년부터 10년간에 걸친 시민참여 정책 프로그램을 실행한 이유이기도 하다. 핀란드의 강한 후보 중심 선거제도, 현저히 약화된 정당–유권자 간의 연계(특히 좌파 정당), 초다수적 연합정부 구성을 추구해온 합의 정치의 '의도치 않은' 효과 등이 제도적 원인들로 분석된다. 아울러 다양한 유권자 집단 간에 나타나는 정치 참여의 불평등 증가에 대한 적극적 대응이 필요하다. 이러한 최근 도전들은 의회의 시스템과 문화 전반을 더 개방적이고, 접근가능하며 책임성 있게 만들기 위한 개혁과 혁신의 필요성을 강력히 시사한다. 에두스꾼따는 최근 시민들과의 제도적 의사소통을 늘리기 위해 다양한 노력을 기울여 왔지만, 전통적 대의 민주주의 개념에 대한 핀란드 입법자들의 강한 애착과 아울러 의회 위원회 심의 과정의 폐쇄적 성격에 대해서는 진지한 성찰과 혁신이 모색될 필요가 있다. 이어지는 4 · 5 · 6장에서 우리는 '입법 감사' 형태의 경험적 사례 연구를 통해 이러한 문제들을 깊이 짚어볼 것이다.

3장 주석

1 Esaiasson & Heidar 2000; Bergman & Strøm 2011; Persson & Wiberg 2011 등 참조.

2 국제관계와 국내 정치의 측면에서 20세기 핀란드 현대사의 전개 과정과 주요 다이내믹을 자세히 검토하려면 서현수(2018a, 2018b)를 참조하라.

3 핀란드 고등학교 사회교과서(Kohi et al. 2018) 및 까르보넨(Karvonen 2018) 등 관련 자료를 종합하여 필자가 작성함.

4 전쟁 기간에 약 1만 명이 죽고, 전후 세워진 포로수용소에서 사형 집행, 즉결처분, 질병과 기근 등으로 약 3만 명이 죽었다. 당시 핀란드 인구가 약 300만 명 정도의 규모였던 것을 감안할 때 폭력적 분쟁의 강도가 매우 셌다는 것을 짐작할 수 있다.

5 북유럽 다섯 국가들 중 스칸디나비아반도에 위치한 세 나라 덴마크 · 노르웨이 · 스웨덴은 의회주의 시스템에 기반한 입헌 군주국을 유지하고 있는 반면, 주변부에 위치한 두 나라 핀란드와 아이슬란드는 준대통령제 헌법 시스템을 유지하고 있다. 1919년 당시 핀란드 내전에서 승리한 우파세력의 주류는 입헌 군주국 형태의 헌법 제정을 원해 독일 제국의 칼 프리드리히 공작을 왕으로 추대했으나 1차 세계대전이 종결되면서 독일 제국이 갑자기 무너지면서 좌절됐다. 대신 이들은 사회분열을 통합할 강력한 리더십을 희망하면서 대통령에게 상대적으로 강한 권한을 부여한 헌법 내용을 입안했다.

6 핀란드 북부의 라뿌아(Lapua) 지역을 중심으로 전개된 극우 운동은 세계 대공황 시기에 영향력을 급속히 확대하며 우파 정부의 존립을 위협했다. 이들은 급진 사회주의자들이나 이들에 동조하는 인물들에 대한 납치와 테러를 일삼아 큰 문제를 일으켰다. 급기야 1930년, 핀란드 공화국의 초대 대통령이었던 스톨베리를 차로 납치해 러시아 국경 근처까지 데려간 사건이 발생해 공분을 샀고, 이 사건 이후 라뿌아 운동의 영향력은 현저히 퇴조하게 된다.

7 핀란드의 1 · 2차 대소 전쟁의 성격, 그리고 나치 독일과의 관계(계속전쟁 기간 중 동맹 유지 후 파기)에 대해서는 아직 논쟁적 질문들이 남아 있으며 관련 연구들이 계속되고 있다. 그러나 당시 체제의 생존이 위험에 처해 있었던 상황을 감안하면 당시 핀란드의 국제관계와 대외 정책을 단순히 도덕적 잣대로만 평가하기는 어렵다. 예컨대, 2차 세계대전 기간 중 북유럽 국가 중에서는 스웨덴만이 중립국의 위치를 지킬 수 있었고, 덴마크와 노르웨이는 독일에 항복하거나 침공을 받고 정복당했다. 또, 인근 발트(Balt)해 국가들은 모두 소련의 강요된 협약을 받아들여 속국이 되는 운명에 처했다. 1939년 11월 소련이 핀란드 동쪽 국경을 침공했을 때 핀란드는 곧 소련에 정복당할 운명인 것으로 보였고, 스웨덴의 간접 지원 외에 서방의 어떤 국가도 핀란드를 지원하지 않았다. 1차 전쟁에서 경험한 외교적 · 군사적 고립, 당시 승승장구하던 독일의 군사적 위협과 지원 약속의 이중 전략, 빼앗긴 동쪽 영토에 대한 민족주의적 수복 요구에 부응한 우파 정부의 판

단 등이 맞물려 핀란드는 독일과 손잡고 2차 대소 전쟁에 임한다.

8 영어로는 'Agreement of Friendship, Cooperation, and Mutual Assistance'라고 한다.

9 협약에는 한 당사국이 전쟁 등 대외 안보의 위험에 처할 시 다른 당사국이 자동적으로 군사 지원에 나서야 한다는 조항이 들어 있었다. 이는 1956년 소련의 헝가리 민주화운동 진압, 1961년 쿠바 핵미사일 위기, 1968년 소련의 체코슬로바키아 침공 등 동서 냉전 시기의 중요한 국제관계 위기 국면에서 핀란드의 입지를 매우 난처하게 몰아갔다. 소련과 미국 등 서방 진영의 사이에서 핀란드의 중립 외교정책 노선은 자주 시험에 들었고, 서독 등 서구 진영 일부에서는 이를 '핀란드화(Finlandization)'이라는 용어로 개념화해 비판하기도 했다. 그럼에도 불구하고 핀란드는 자유민주주의와 시장경제 질서를 기본적으로 유지했고, 유사한 이름의 대소 협약을 체결한 동구권의 공산주의 국가들과는 달리 기본적으로 서구와 북유럽에 속한 국가였다고 할 수 있다(서현수, 2018b).

10 Raunio 2011.

11 핀란드 중앙당은 구 농민당(The Agrarian Party)이 1965년 선거를 위한 포괄정당 (catch-all party)으로 전환하면서 이름을 바꾼 것이다.

12 Ajala 2011 ; Jussila et al. 1999.

13 Karvonen 2014 : 39~40.

14 냉전 시기 동안 핀란드의 대소련 및 동구권 무역량은 GDP의 약 20%에 달했다. 1980년 후반의 부동산 거품과 은행 위기에 더해 대소 무역이 급감하면서 1990년대 초반 핀란드는 심각한 경제 위기를 경험했고, 이는 재정 개혁과 복지국가 축소 정책으로 이어졌다. 핀란드의 현 대통령 사울리 니니스뙤(Sauli Niinistö, 보수 국민연합당, 2012~현재 재임)는 1990년대 중반 재무부장관을 역임하며 긴축 재정 정책을 주도하면서 명성과 입지를 다졌다.

15 대통령 직접 선거는 1990년대 초반에 도입됐다. 핀란드에서 대통령선거의 투표율은 보통 의회 선거보다 높게 나타난다. 대통령은 또한 의회나 행정부보다 높은 수준의 공적 신뢰를 받고 있다. 이는 '내각과 대통령 사이의 긴장, 특히 대외 정책 이슈에서의 긴장'이 잠재하고 있음을 시사한다(Raunio 2011 : 45). 가장 최근인 2018년 1월 28일 치러진 대통령선거에서 현직 대통령이던 사울리 니니스뙤(Sauli Niinistö, 국민연합당, 2012~현재 재임 중)가 1차 투표에서 62.7%의 높은 득표율로 결선 투표 없이 당선된 일도 핀란드 대통령의 높은 인기와 공적 지지를 보여주는 사례라 할 수 있다.

16 Raunio 2011 ; Husa 2011.

17 Parliament of Finland 2013 ; Husa 2011 ; Jussila et al. 1999 ; Nousiainen 2007 ; Raunio 2011.

18 비베리(Wiberg 2006), 핀란드 정부 웹사이트 정보(https://valtioneuvosto.fi/tietoa/toiminta) 등을 참조하여 필자가 작성.

19 Husa 64~84 ; Tiitinen 2007 : 66~67.

20 Raunio 2012 : 574.

21 Raunio 2011 : 118~119.

22 Raunio 2012 : 574.

23 Raunio 2011, 2012; Constitution of Finland.

24 Raunio 2011, 2012.

25 Raunio 2012: 579.

26 그럼에도 EU 및 대외 정책의 정당한 관할을 둘러싸고 대통령과 정부 사이에 다툼의 여지가 여전히 남아 있다. 더욱이, 핀란드 대통령은 지속적으로 대외 안보 정책의 형성과 실행에 적극적 역할을 수행하고 있다. 최근 우크라이나 사태에 대한 러시아의 개입 등과 같은 중요한 국제관계의 변화에 대응해 현 대통령 사울리 니니스뙤[Sauli Niinistö(국민연합당(National Coalition Party), 2012~현재 재임)]는 국제적 중재 역할을 수행하는 동시에 국내에서도 대외 정책 및 담론 형성 과정을 주도하고 있다.

27 헌법 97조(Section 97) 또한 "총리는 의회 또는 의회 위원회에 유럽 이사회(European Council)에서 다루어질 문제들에 관한 정보를 사전에 그리고 이사회 미팅 이후 지체 없이 제공해야 한다. (…) 적합한 의회 위원회는 보고서들이나 위에서 언급한 정보에 기초하여 정부에 의견서를 보낼 수 있다."

28 Husa 2011; Helander & Pekonen 2007; Nousiainen 2007; Raunio 2011.

29 2015년 총선 전에 단행된 선거구 개편을 통해 노스 사보(North Savo)와 노스 까렐리아(Noth Karelia) 선거구가 합쳐져 사보-까렐리아(Savo-Karelia) 선거구가 됐고, 뀌미(Kymi)와 사우스 사보(South Savo) 선거구가 합쳐져 사우스이스트 핀란드(South East Finland) 선거구가 됐다(Nurmi & Nurmi 2015).

30 Arter 2012: 277.

31 Nurmi & Nurmi 2015; Karvonen 2014: 16, 60~61.

32 Karvonen 2014.

33 Arter 2006.

34 Arter 2016: 122~123; OSF 2011, 2015.

35 Arter 2016: 133.

36 Karvonen 2014: 67~68.

37 Karvonen 2014: 61.

38 Raunio 2011: 118. 라우니오(Raunio 2011: 119)에 따르면, "선거제도의 후보 중심적 성격은 의회 활동에도 반영돼 있다. (…) 에두스꾼따의 집단적 응집력은 다른 북유럽의 의회들에서보다 낮은 편이며, 핀란드 의회 의원들은 다른 북유럽 의회 의원들에 비해 집단적 규율을 덜 중시한다."

39 Arter 2006; Karvonen 2014: 67~69.

40 Arter 2016.

41 실체적(substansive) 차원은 정당이 아니라 후보가 후보 캠페인의 주요 의제를 결정한다는 것이다. 조직적(organizational) 차원은 후보가 정당 바깥의 펀딩 소스에 의존하면서 지역정당으로부터 독립적인 자신의 캠페인 조직을 운영한다는 것이다. 소통적(communicative) 차원은 후보가 유권자들과 개인화된 관계를 맺기 위하여 다양한 소통 채널들을 활용한다는 것이다(Arter 2016: 140).

42 Arter 2016: 140~141.

43 반면, 핀란드에서 정당 일체감(party identification)의 지표는 다소 복잡한 경향을 나타
   낸다. 선행 연구들에 따르면, 1991년에는 투표자의 60%가 한 정당과 일체감을 느낀다
   고 했지만 2003년에는 47%만이 그렇다고 응답했다(Raunio 2011: 115). 그러나 이 수
   치는 2007년과 2011년 55%로 다시 올랐다(Ministry of Justice, Finland 2013: 31~33).

44 Setälä 2010: 70; Karvonen 2014: 146~147; Raunio 2011: 113~117, 121~126.

45 Karvonen 2014: 147; Raunio 2011: 121~126.

46 Nurmi & Nurmi 2015.

47 http://yle.fi/uutiset/yle_poll_sdp_rising_govt_coalition_slipping_voters_more_
   uncertain/8716073. (검색일: 2016.3.6)

48 Karvonen 2014: 149.

49 2019년 4월 총선을 앞둔 최근 여론조사(2019.2.7. 발표)에서 핀란드인당은 12.0%를
   기록했는데, 푸른 개혁당은 1.4%의 지지율에 머물렀다. https://yle.fi/uutiset/osasto/
   news/yle_poll_ncp_falling_finns_party_rising_sdp_still_on_top/10635277. (검색일:
   2019.2.7)

50 Pitkin 1972 [1967].

51 OSF 2015: 10.

52 IPU 2006: 19~23; Teigen & Skjeie 2017: 137.

53 OSF 2015: 15~19.

54 2015년 현재 스웨덴어를 모국어로 사용하는 사람들은 약 29만 명으로 전체 인구의
   5.3%를 차지한다. 스웨덴어는 핀란드어와 더불어 공용어의 지위를 누리고 있으며, 스
   웨덴어 사용자들의 권리는 헌법적으로 보호된다. 독자적 정당인 스웨덴인민당을 통해
   주로 정치적 대표가 이루어진다. 사미인(Sami)은 핀란드를 비롯해 러시아 북서부 지역
   에서 스웨덴, 노르웨이 북부에 이르기까지 넓게 펼쳐진 라플란드(Lapland) 지방을 중심
   으로 순록을 키우며 살아가는 소수민족을 말한다. 20세기 초반 각 나라가 사미인에 대
   한 동화 정책을 펴면서 언어·문화·교육·종교·생활방식 등에서 많은 차별을 받았
   고, 현재도 그 유산들이 남아 종종 사회 문제가 되고 있다. 현재 사미인들은 국경을 넘
   어 구성된 독자적 의회를 만들어 북유럽 국가들의 사미 관련 정책에 대응하고 있으며,
   라플란드 지역에서 사미어는 공용어의 지위를 누리고 있다.

55 OSF 2015: 20~22.

56 OSF 2015: 33~36.

57 https://qz.com/1190595/the-typical-us-congress-member-is-12-times-richer-than-
   the-typical-american-household/; https://news.sbs.co.kr/news/endPage.do?news_
   id=N1003832060. (검색일: 2019.1.12)

58 여기서 외국 출신자란 모국어가 핀란드어, 스웨덴어, 사미어가 아닌 사람들을 일컫는
   다(OSF 2015).

59 가처분 소득이란 근로 소득, 재산 소득, 이전 소득을 포함해 '세전 현금 소득'을 뜻한
   다(OSF 2015).

60 Bergman & Strøm 2011: 45~49.

61 Rapeli 2014 : 53.

62 Raunio 2011 : 149~150.

63 만족도는 "매우 만족한다"와 "만족한다"의 응답률을 합친 수치이다.

64 Mattson & Strøm 1995.

65 Mattson & Strøm 1995 : 257~274.

66 Mattson & Strøm 1995 : 275~284.

67 Mattson & Strøm 1995 : 285.

68 핀란드 의회 위원회의 수는 유럽의 의회 중 평균에 가깝다(Mattila 2014).

69 위원회 크기는 강한 위원회 시스템의 한 가지 지표가 된다. 작은 위원회에서는 의원들
    이 자신들의 전문성을 독점하고 상호 신뢰에 기반한 합의적 결정에 이르기가 더 쉬워지
    기 때문이다. 위원회 크기는 나라마다 다르며, 핀란드는 유럽 국가 중 중간값에 위치한
    다(Mattson & Strøm 1995 : 268~269).

70 Mattila 2014 : 119~122 ; Eduskunta 2008.

71 Eduskunta 2008 :10.

72 Eduskunta 2008 : 10~11 ; Vainio 2007 : 230~231.

73 Eduskunta 2008 : 12.

74 Arter 2000 ; Eduskunta 2008 ; Tiitinen 2007 : 80~81 ; Vainio 2007 : 254~260.

75 Mattson & Streøm 1995 : 275~276.

76 Forsten 2015.

77 Forsten 2005 : 130~131 ; Mattila 2014 : 123~124 ; Helander & Pekonen 2007 : 110,
    121~124.

78 Helander & Pekonen 2007 : 48.

79 Pekonen 2008 : 224.

80 Eduskunta (2000) 2012, 2008 : 95~96 ; Mattila 2014 : 129~130 ; Helander & Pekonen
    2007 : 70.

81 Vainio 2007 : 163~164.

82 Mattila 2014 : 126~127.

83 Mattila 2014 : 125~126 ; Eduskunta 2008 : 83~86.

84 Eduskunta 2008 : 36.

85 Eduskunta 2008 : 83~87.

86 Eduskunta 2008 : 96~97.

4.
핀란드 의회는 얼마나 열려 있고 접근가능한가?
의회의 시민 관여 정책 및 프로그램 분석

들어가며

2014년 11월 28일, 핀란드 의회 에두스꾼따Eduskunta가 본회의 투표에서 동성 결혼의 합법화를 요구하는 시민발의안을 승인하는 역사적 결정을 내리던 순간 의사당 건물 근처 공원 광장에는 약 5천 명의 시민들이 모여 있었다. 시민발의를 지지하는 사람들의 의지를 표현하면서 이들은 길 건너 의사당으로부터 도착한 뉴스에 서로를 축하하고, 시민발의의 의회 첫 통과에 대해 심지어 "에두스꾼따, 고마워요!Kiitos, Eduskunta!"를 외쳐댔다. 다른 한편, 동성결혼 합법화에 반대하는 소규모 그룹의 사람들이 의회 건물의 계단 앞에 모여 있었다.[1] 본회의 절차는 의회 홈페이지를 통해 온라인 생중계되었고, 주류 미디어들이 에두스꾼따 주변의 집회와 행사들을 취재해 보도하는 동안 시민들은 페이스북이나 트위터를 이용해 서로 소통했다. 이날 헬싱키에 위치한 에두스꾼따 주변의 모습은 핀란드 사회에서 빠르게 변화하는 의회와 시민 관계의 변화를 상징적으로 보여준다.

이처럼 오늘날 현대 의회들은 '선거 사이betweeen elections'의 시기에 유권자들과의 제도적 소통을 강화하기 위해 다양한 노력을 기울이고 있다.[2] 하지만 의회 기구들은 대체로 오랜 역사적 전통과 복잡한 제도적 장치들과 더불어 고유한 활동 방식을 갖고 있다. 그래서 시민들을 (재)연결하기 위해 필요한 의회 개혁과 변화를 포괄적이고 일관되게 실행한다는 것이 상당히 어려운 과제인 것이 사실이다. 그 결과 정치적 정당성의 약화와 의회 제도에 대한 대중적 무관심과 소외의 증가 등 현대 대의 민주주의의 핵심적 결함들이 자주 효과적 대책을 찾지 못한 채 그대로 방치되어왔다. 나아가, 새로운 형태의 커뮤니케이션과 참여 기제들도 양극화와 새로운 불평등 증가 등 의도치 않은 효과를 불러올 수 있으며, 이로 인해 의회와 기성 정치 시스템에 대한 대중의 신뢰 증가로 반드시 이어진다는 보장이 없다.[3] 현대 의회들이 시민들에게 다가가기reaching out 위해 어떤 노력을 기울이고 있으며, 새로운 참여 기제 또는 의회의 시민 관여 프로그램이 어떤 정치적 효과를 가져오는지 면밀히 확인, 평가하기 위한 체계적 입법 연구가 필요하다.

이를 위해 우리는 2장에서 의회-시민 관계 연구의 포괄적 분석틀을 수립한 바 있다. 이제 우리는 이 분석틀을 핀란드 에두스꾼따의 사례에 적용해 선거 사이의 시기 동안 의회와 시민 간의 다차원적 관계에 대한 연구를 진행한다. 가시성visibility, 접근가능성accessibility, 투과성permeability, 그리고 포용적이며 지속 가능한 민주주의inclusive and sustainable democracy와 같은 핵심 규범적 원칙들의 안내를 받아 우리는 이 장에서 핀란드 의회가 얼마나 시민들에게 열려 있고 반응적인지에 대한 '입법 감사legislative audit' 스타일의 경험적 평가를 제출한다. 첫째, 시민참여를 증진하기 위한 총체적 범위의 의회 활동들이 식별된다. 온·오프라인의 핀란드 의회 자료들, 의원 및 의회 관계자들과의 인터뷰 기록, 그리고 비교적 입법 연구 문헌들의 분석을 바탕으로, 다음 9개 영역의 실천적 지표들을 차례로 진단, 평가한다. ① 공공장소로서의 의회 ② 정보 공유 ③ 의원-유권자 간 소통 ④ 미디어와 디지털 참여 ⑤ 입법 절차의 투명성 ⑥ 의회 의사결정에 대한 실제적 참여 ⑦ 시민교육과 아웃리치outreach 프로그램 ⑧ 미래 포럼으로서의 의회 ⑨ 전략과 리더십. 연구의 초점은 시민들이 의회 의사결정에 영향을 미칠 수 있는 실제적 가능성에 있다. 경험적 연구 성과들을 종합해 우리는 다음 세 가지 핵심 문제에 관해 토론을 진행할 것이다.

① 에두스꾼따는 시민들에게 얼마나 열려 있고 접근가능한가?

② 평범한 시민들이 의회 의사결정 과정에 어느 정도로 참여할 수 있는가?

③ 포용적이고 지속가능한 민주주의를 증진하기 위해 핀란드 의회는 어떤 노력들을 기울여왔는가?

시민들을 의회 활동에 연결하기 위한 다양한 개혁과 실천을 체계적으로 조사하면서 연구는 핀란드 의회 시스템과 문화의 결함들을 조명해 추가적인 제도개혁 또는 적극적 조치의 필요성을 논할 것이다. 의회의 시민참여 활동에 대한 복합적mixed 연구 결과를 제시하면서 우리는 전통적 형태의 대의 민주주의와 대안적·직접적 정치 참여 채널들을 조화롭게 결합시키는 것의 어려움에 대해 논의한다.

핀란드 의회의 시민 관여 정책 및 활동에 대한 평가

공공장소로서의 의회

1907년부터 활동을 시작한 핀란드 의회 에두스꾼따의 의사당은 현재 수도 헬싱키의 중심부에 위치하고 있다. 의회 개혁 이후 200명의 단원제 의회를 위해 새로운 공간이 필요해졌고, 이에 새로운 부지에 의회 의사당 건축 설계를 해 1931년 개원했다. 1978년에는 의원 사무실과 의회 도서관, 그리고 의회 행정 사무소를 위한 실무 공간들이 더 필요해지면서 추가 증축을 하였다. 2004년에는 '작은 의회Pikkuparlamentti'라는 이름의 새 건물이 하나 더 지어졌다. 작은 의회는 한쪽 벽을 둥근 유리벽으로 디자인했는데, 이는 의회 활동이 시민들에게 투명하게 보이도록 하자는 취지였다. 실제로 시민정보센터kansalaisinfo와 시민들의 민원을 처리하는 의회 옴부즈맨Ombudsman 사무소가 이 건물에 들어 있다. 이러한 조치는 의회 운영 및 건축 시설의 투명성과 접근가능성을 향상하기 위한 상징적 노력으로 풀이된다.[4] 한편, 에두스꾼따는 온건한 수준의 보안 조치를 운영하고 있다. 본회의장이 있는 의사당 건물을 방문하는 시민들은 보안 체크 시스템을 통과한 뒤 2층 방청석에서 본회의 토론을 지켜볼 수 있다. 의원들의 집무 공간을 방문할 때도 신분증을 보이고 보안검색대를 거쳐야 한다. 그러나 의회 도서관이나 '작은 의회' 건물 내 시민정보센터를 방문하는 경우에는 그러한 절차가 필요하지 않다. 또, 시민들은 에두스꾼따 의사당 건물 바로 앞이나 길 건너 광장에서 집회·시위를 열 수도 있다.

2004년 문을 연 시민정보센터에서는 연간 약 250회의 공개 세미나나 콘퍼런스가 열리며, 이는 의원들이 시민들과 만나는 장으로 활용된다. 센터가 운영하는 가이드 투어 프로그램에는 매년 4만 명 이상의 시민들이 참여한다.[5] 에두스꾼따는 매년 9월 연례 '공개의 날' 행사를 개최하며 1998년 이래로 청소년 의회Youth Parliament, www.nuorteneduskunta.fi 프로그램을 운영하고 있다. 나아가, 상업방송 채널인 MTV3와 서해안의 지방자치단체 뽀리Pori시는 2006년부터 에두스꾼따와 협력해 '수오미아레나SuomiAreena, Arena of Finland'라는 행사를 매년 7월 일주일간 개최하고 있다. 프로그램은 스웨덴의 정치박람회 알메다렌 주간Almedalsveckan을 본떠 만든 공공포럼으로 총리와 장관, 정당 대표와 의회 의원 등 다수의 정치인들이 참여해 다양한 주제로 토론하며 일반 시민들과 접촉면을 늘리는 계기로 삼고 있다. 주요 프로그램은 MTV3 채널을 통해 중계된다. 2016년에는 약 63,000명의 시민들이 150개 이상의 프로그램에 참여한 것으로 집계된다.[6]

장애인 등 특별한 필요special needs가 있는 사람들의 물리적 접근성과 관련하여 에두스꾼따 의사당의 고전적 건축 양식은 문제의 소지를 안고 있다. 1920년대 설계된 까닭에 오늘날과 같은 높은 건축 접근성architectural accessibility 기준들이 고려되지 않은 것이다. 1983년 핀란드 최초의 녹색당 의원 중 한 사람인 깔레 뀐뀔리Kalle Könkkölä가 휠체어를 타고 의사당에 들어갈 때만 해도 휠체어 사용자를 위한 리프트나 램프 시설이 없었다. 중증 신체 장애인으로 당시 치열한 장애인 이동권 활동가였던 깔레 의원은 핀란드 의회의 장애인 접근성 향상과 의원으로서의 업무 지원 서비스를 쟁취하기 위한 싸움을 다시 시작해야 했다.[7] 그때 이래 에두스꾼따는 시민들, 특히 장애인들의 자유로운 접근을 가로막는 다양한 장벽들을 제거하기 위해 노력해왔다. 2006년에는 에두스꾼따 접근성을 위한 실무그룹이 만들어져 활동한 뒤 최종보고서(*Eduskunnan esteettömyystyöryhmä*, 2006)를 제출했다. 현재 휠체어 사용자들도 의회 건물의 가이드 투어에 참여하거나 본회의장의 2층 방청석에 앉아 토론을 지켜볼 수 있다. 의사당 건물에는 시각장애인 점자 안내판이 갖춰져 있으며, 홈페이지는 쉬운 핀란드어 설명과 시각 및 청각장애인을 위한 프로그램을 갖추고 있다.

에두스꾼따 건물들은 최근 전체적으로 리노베이션된 뒤 핀란드 독립 100주년을 기념해 2017년 가을에 다시 문을 열었다. 그러나 시민참여와 접근가능성 측면에서는 근본적 변화가 없었다. 이는 재건축의 주목표가 기술적 기능을 향상하면서 의회 건물들의 역사적 유산을 보존하는 데 있었기 때문이다. 반면, 스웨덴 의회Riksdag은 2004년부터 2006년까지 재건축 프로젝트를 통해 현대화된 의사당 본회의장을 열었고, 이때 장애인 접근성도 함께 크게 개선되는 성과를 나타낸 바 있다. 아울러 본회의 절차도 일부 개선돼

총리와 야당 대표 간 일대일 토론 등을 도입해 의회 토론의 역동성을 증진했다는 평가를 받았다.[8]

정보의 공유

시민정보센터는 의회 관련 정보를 대중들에게 배포하는 데 중심 역할을 수행한다. 에두스꾼따에 대한 기본 정보를 담은 브로슈어가 두 공용어(핀란드어, 스웨덴어)와 10개의 외국어로 제작·배포되고 있으며, 의회 홈페이지의 기본 정보가 핀란드어·스웨덴어·영어로 이용할 수 있다. 의회 정보의 다양한 언어 번역은 접근 가능한 의회를 위한 한 가지 지표가 된다.[9] 핀란드 의회의 사례를 인접한 스웨덴 의회와 비교해보면, 스웨덴 의회 홈페이지는 의회 관련 기본 정보를 22개 언어로 번역해 배포한다. 또, 스웨덴 의회(www. riksdagen.se)는 핀란드 의회보다 더 다양한 형태와 내용의 콘텐츠를 제작·배포하고 있다.

핀란드 의회 도서관은 1913년부터 시민들에게 개방돼 왔고, 의회 문서들은 1995년부터 온라인으로도 이용가능하다. 도서관은 개방성과 시민들과의 적극적 상호작용의 원칙을 전략적 가치로서 채택해왔다. 도서관은 주요 입법 프로젝트에 관한 정보 패키지 등 의회적·법률적·정치적 의제들에 관한 체계적 정보 서비스를 제공한다. 최근 에두스꾼따 도서관은 1997년부터 2014년까지 의회 위원회가 실시한 전문가 협의에 관한 통계 정보를 공개 배포했는데,[10] 이는 정부 법안 심사 시 위원회가 어떤 사람들의 의견을 듣는지에 관한 중요한 정보를 제공한다(실제로 이 책 5장의 연구에 큰 도움이 되었다). 에두스꾼따 도서관은 2000년대 초반 지역사회에서 의회 관련 정보를 제공하는 키오스크info-kiosk를 운영했으나 더 이상 운영하지 않고 있다. 오히려 여기에서 아이디어를 얻은 스웨덴 의회가 지역사회 공공도서관과 협력해 지역

정보 센터들을 운영하는 것으로 확인된다.[11]

투명성과 접근가능성의 증진과 관련하여 최근 국제적인 '열린 의회Open Parliament' 운동이 새롭게 부상하고 있다. 핀란드 정부는 2013년 '열린 정부 파트너십 이니셔티브Open Government Partnership Initiative'에 가입한 뒤 국가행동계획(2013~2015, 2015~2017)을 연속 실행하고 있다. 그 결과 핀란드는 '글로벌 오픈 데이터 지수Global Open Data Index'에서 2015년과 2017년 연속 5위에 올랐다.[12] 한편, 열린 정부 운동에 의해 자극받아 추진된 '의회 개방성에 관한 선언A Declaration on Parliamentary Openness'이 의회 모니터 단체들과 여러 의회 기구들로 구성된 글로벌 네트워크에 의해 승인되었다.[13] 스웨덴, 덴마크, 노르웨이, 프랑스, 이탈리아, 영국, 유럽 의회European Parliament 등 유럽의 많은 의회가 독자적인 오픈 데이터 포털을 수립하였다. 스웨덴 의회의 오픈 데이터는 1971년 이후 작성된 약 30만 건의 문서와 자료들을 포함하고 있다 (http://data.riksdagen.se). 핀란드 의회는 이러한 국제적 흐름에서 뒤처져 있는 것으로 보인다. 에두스꾼따는 오픈 데이터세트를 공유하기 위한 온라인 플랫폼을 포함해 독자적 오픈 데이터 정책을 아직 수립하지 않았다. 다만, 2015~2016년 동안 오픈 데이터 프로젝트를 운영하면서 에두스꾼따는 어떤 종류의 의회 데이터들이 오픈 데이터세트로 제공돼야 하는지를 검토하고 있다. 에두스꾼따는 2016년 3월에 헬싱키시와 협력해 'Open Data and Open Democracy'라는 주제의 공개 콘퍼런스를 개최했다.[14]

의원-유권자 간 소통

정치인과 시민들 간의 친밀하고 열린 관계는 북유럽 민주주의의 공통된 특징으로 여겨진다. 필자가 인터뷰한 핀란드 의회 의원들은 한결같이 전화, 이메일, 온라인, 그리고 버스, 트램, 시장, 펍, 카페, 거리 등 매일 일상적인 상황 속에서 평범한 시민들과 만나고 소통한다고 말했다. "열려 있어요! 우리 의원들은 전화나 이메일로 많은 연락을 받습니다. 의원들은 광장과 시장, 그리고 일상생활의 어디에서든 시민들과 같이 움직입니다(바하살로Vahasalo, 국민연합당NCP, 의회 교육문화위원장)." "전화, 이메일, 문자 메시지 그리고 페이스북. 지금 나는 트위터를 배우고 있는데, 하지만 페이스북… 하루에 50~70개, 어떤 때는 심지어 100개의 이메일을 받습니다(레훌라Rehula, 중앙당Centre Party, 의회 사회보건위원장)." 의원들은 자신들의 선거구에 있는 특정 그룹을 에두스꾼따 가이드 투어에 초대하고, 종종 위원회 청문회에 출석하거나 자료를 제출하도록 요청하기도 한다.

핀란드 의회 의원들은 요즘 페이스북이나 트위터 등 소셜미디어를 활용하는 데 매우 적극적이다. 소셜미디어는 의원들의 활동을 더 가시적으로 만드는 동시에 시민들의 요구에 더 빨리 반응하도록 강제하기도 한다.[15] 최근 한 언론사 설문조사에 따르면, 약 75%의 핀란드 의원들이 페이스북과 트위터를 사용하며, 약 25%의 의원들은 인스타그램을 사용한다. 반면 10%의 의원들은 소셜미디어를 전혀 사용하지 않고 있다. 정당별로는 녹색당, 좌파동맹, 기독민주당, 스웨덴인민당 소속 의원들이 페이스북과 트위터의 적극적인 사용자들인 반면, 극우 포퓰리스트 핀란드인당 의원들이 가장 덜 적극적이다. 녹색당은 의원 15명 전원이 페이스북과 트위터를 사용하는 반면, 핀란드인당은 의원 38명 중 10명만이 소셜미디어를 이용하고 있다. 당선 횟수와 나이로 보면, 초선이면서 젊은 의원들이 소셜미디어 이용에 더 적극적인 경향이 나타난다. 그러나 소셜미디어를 통한 정치적 의사소통은 선거 기간에 활발하다가 선거가 끝난 뒤에는 상당한 수준으로 감소하는 경향이 관찰된다. 필자의 인터뷰에서도 정당과 연령 그룹들 간의 간극을 확인할 수 있었다. 녹색당의 젊은 의원 뛴뀌넨Tynkkynen은 "요즘은 대부분 이메일, 페이스북, 트위터를 통한 온라인 커뮤니케이션을 통해 온다"고 강조한 반면, 보수 국민연합당의 중진 의원 바하살로Vahasalo는 "시민들과의 (오프라인) 모임이 온라인 커뮤니케이션보다 더 중요하다"고 평가했다. 덧붙여, 대부분(200명 중 176명)의 핀란드 의회 의원들은 자신의 블로그를 운영하고 있다.[16]

선행 연구들에 따르면, '개방형 명부' 선거제도는 의원들의 적극적인 유권자 활동을 위한 강한 유인을 제공하지만, 핀란드 의원들의 경우 영국 의원들이 자주 갖는 '유권자 현장 상담constituency surgery' 유형의 정례적 유권자 모임을 열지 않는 것으로 보인다.[17] 그러나 핀란드 의회의 의원-유권자 간 상호작용은 전반적으로 연구가 덜 이루어진 주제이며, 단정적 결론을 삼갈 필요가 있다. 다만, 데이터의 한계에도 불구하고 우리가 이 차원을 분석에 포함한 것은 그것이 연구 분석틀의 핵심적 일부를 구성하고, 또 의회와 시민들 간의 상호소통은 의원들이나 그들의 정당 그룹들을 방정식에 넣지 않고서는 온전히 이해될 수 없기 때문이다.

미디어 및 디지털 관여

에두스꾼따는 저널리스트들이 가능한 자유롭게 활동할 수 있도록 보장한다. 에두스꾼따에는 약 250명의 기자와 80명의 사진기자들이 등록돼 활동하고 있고, 이들은 의사당의 홀, 복도, 카페 등에서 쉽게 의원들과 장관들을 인터뷰할 수 있다.[18] 일상적 뉴스보도와 인터뷰 또는 토론 프로그램 외에, 본회의 프로그램들 중 목요일 오후의 총리에 대한 질문 시간, 대정부 질의interpellations(통상 정부에 대한 신임투표가 뒤따른다), 그리고 현안에 대한 토론, 총리의 시정연설과 의회의 개원 등 중요한 내용들이 핀란드 공영방송 YLE 1에 의해 생중계된다.[19]

그러나 의회 관련 뉴스를 집중 보도하는 TV나 라디오 채널은 별도로 존재하지 않는다. 영국의 공영방송 BBC는 영국과 EU 정치를 전문적으로 보

도하는 별도의 TV 채널, 'BBC Parliament'를 운영한다.[20] 미국은 C-SPAN
이 1979년부터 하원과 상원의 절차와 토론 내용을 방송하고 있다.[21] 대한민
국 국회도 2004년부터 NATV를 독자 운영하고 있다.[22] 인쇄 미디어와 관련
하여, 에두스꾼따의 주간 의제와 일정표가 전국 단위 정론지인 《헬싱긴 사노
마트(Helsingin Sanomat)》에 매주 공지된다. 그러나 에두스꾼따와 신문사 간
의 특별한 협력 프로그램이나 활동이 발견되지는 않는다. 또한, 에두스꾼따
는 독자적인 잡지나 저널을 발간하지 않고 있다. 반면, 호주 상·하원의 경
우 수요일마다 전국지인 *The Australian*의 절반 페이지 광고를 통해 모든 주요
사안들을 공개하고 시민들에게 관련 자료나 증거의 제출을 요청한다.[23] 또,
호주 하원은 *About the House*라는 계간지를 무료로 발간, 배포하며 8만 명 이
상의 독자를 거느리고 있다. 잡지는 주제, 내용, 가독성, 디자인 등에서 높이
평가받고 있으며, 전국적으로 광범위한 여론 주도층과 일반 시민들에게 발
송되고 일반 학교와 대학교에서 교재로도 활용된다. 스웨덴 의회도 1976년
부터 의회와 내각 관련 현안들을 다루는 잡지 *Riksdag & Department*(www.rod.
se)를 발간하고 있다.[24]

에두스꾼따는 2015년 4월 총선 직후 새 의회의 회기가 시작될 때 웹사이
트를 전면 리모델링해 공개하였다. 새 홈페이지는 예전보다 더 시각적인 디
자인을 채택하였고, 나아가 그동안 제기됐던 비판들, 예컨대 검색 기능이 불
편하고 용어가 어려워 이용자 친화성이 부족하다는 평가를 해결하려 하였
다.[25] 새 웹사이트는 국제의회연맹IPU의 기본적인 〈의회 웹사이트를 위한 가
이드라인Guidelines for Parliamentary Website, IPU 2009〉을 충족하지만, 여전히 개선
의 여지가 있어 보인다. 예컨대, 입법 문서들이나 의회의 시민 관여 업무 등
입법 활동에 관한 통계 정보를 찾기가 쉽지 않다. 개별 의원들에 관한 웹페
이지는 정보가 풍부하지 않으며, 시민들이 온라인으로 의원들과 직접 상호
작용하는 것을 허용하지 않는다. 의회와 시민 간 쌍방향 의사소통은 대부분

의 의회 웹사이트들에서 가장 덜 발달된 기능이기는 하다.[26] 그러나 일부 의회들은 모범 사례를 제공하기도 하는데, 대표적으로 스코틀랜드 의회는 의회 웹사이트(www.parliament.scot)를 통해 일반 시민들이 의원들에게 이메일을 보내거나 온라인 피드백을 남길 수 있도록 허용한다. 브라질 의회는 의회와 시민들 간의 상호 대화를 위한 다양한 기능을 갖춘 e-Democracy 플랫폼을 운영하고 있다.[27]

소셜미디어는 이미 정치적 커뮤니케이션 전반에 지대한 영향을 미치고 있다. 그러나 대부분의 의회는 새로운 커뮤니케이션 수단을 활용하는데 느리고, 소셜미디어가 주도하는 비관습적(개인적이고, 직접적이며, 빠르고 비공식적인) 스타일의 커뮤니케이션은 하나의 집합적 제도로서 의회에 까다로운 도전을 부과한다. 대부분의 나라에서 의회의 소셜미디어 활용 수준은 매우 주변적이며 이용자들과의 상호작용보다는 단순한 정보 제공에 머물러 있다. 레스톤-반데이라와 벤더[28]는 유럽의 7개 의회들의 소셜미디어 이용에 대해 조사하였다. 이 연구에 따르면, 조사대상 의회들이 소셜미디어에 포스팅한 내용의 70.5%는 의회 업무에 관한 단순 정보 제공에 해당했고, 시민 관여 public engagement를 위한 포스팅은 아주 적은 부분만을 차지했다. 반면, 열린, 접근 가능한, 참여적 의회 전략을 채택한 스코틀랜드 의회는 가장 적극적인 태도를 보여주었는데, 소셜미디어 포스팅의 52.3%가 시민 관여를 위한 것으로 나타났다.

의회가 소셜미디어를 제한적으로만 이용한다는 위 저자들의 비교 연구 결과는 핀란드 의회에도 적용될 수 있다. 에두스꾼따는 페이스북과 트위터 계정을 운영하고 있는데, 필자가 조사한 2016년 11월 8일 기준 페이스북은 4,672개의 '좋아요likes'를, 트위터는 28,428명의 '팔로워followers'를 각각 갖고 있었다. 그러나 커뮤니케이션의 내용을 고려할 때 하나의 집합적 기구로서 에두스꾼따가 소셜미디어를 통해 시민들과 적극적으로 상호작용한다고 말하기는 어렵다. 에두스꾼따의 소셜미디어 포스팅은 대개 간헐적으로 이루어지며, 실제적인 토론이나 피드백 없이 의회 일정, 뉴스와 행사 등에 대한 짧고 공식적인 발표 수준에 머물렀다. 다른 북유럽 의회들과 비교해보자면, 스웨덴 의회Riksdag과 노르웨이 의회Storting은 페이스북 계정을 운영하지 않는다. 반면, 덴마크 의회Folketing는 가장 많은 수인 50,010명의 '친구friends'를 갖고 있다. 트위터 사용에 관해서는, 덴마크 의회와 스웨덴 의회가 각각 20,100명과 16,000 명의 팔로워를 거느린 반면, 노르웨이 의회가 51,522명의 팔로워로 가장 활발한 이용을 기록하고 있다. 핀란드 의회는 그러므로 북유럽 의회들 중 소셜미디어 활용에 있어 중간 수준에 있다고 할 수 있다.

한편, 에두스꾼따는 2012년부터 유튜브Youtube 채널(www.youtube.com/user/SuomenEduskunta)을 운영하고 있지만 몇십 개의 교육용 및 소개용 비디오 클립들만 올려져 있으며, 2016년 11월 8일 기준 120명의 독자와 85,180 조회수를 기록하고 있다. 그 밖에, 쌍방향적 온라인 게임이나 애플리케이션처럼 정보통신기술을 활용한 보다 실험적 방법들은 아직 핀란드 의회 프로그램에서 발견되지 않는다. 반면, 영국 의회는 'MyPolitics UK'라는 애플리케이션을 개발했는데, 이 앱은 뉴스, 사진, 비디오, 정부와 의회 이슈들에 대한 블로그들 등 다양한 정보를 제공하며 다양한 현안들에 대해 시민들이 의견을 제출할 수 있도록 하고 있다.[29] 비슷하게 'MyPolitics Canada'와 'MyPolitics USA'와 같은 애플리케이션들도 발견된다.

디지털 관여와 관련해 더 흥미로운 사례는 에두스꾼따 미래 위원회Committee for the Future가 정부 부처인 환경부Ministry of Environment와 협력해 전개한 2013년의 '크라우드소싱crowdsourcing' 입법 프로젝트이다. 오프로드 교통 규제에 관한 새로운 법안을 작성하면서 환경부는 시민들을 온라인 플랫폼(www.suomijoukkoistaa.fi)에 초대해 더 나은 입법을 위한 아이디어에 투표하도록 했다. 2013년 1월부터 6월까지 6개월 동안 약 510개의 아이디어, 4천 개의 의견, 25,000건의 투표가 생성되었다. 프로젝트는 입법 과정의 시민참여를 확대하는 데 기여했고, 설문조사 결과 온라인 숙의의 질을 포함해 시민들의 경험도 긍정적인 것으로 보고되었다. 그러나 참가자들의 수(700명의 등록된 이용자들)는 해당 법률의 전체 이해관계자 집단에 비추어볼 때 여전히 제한적이며, 나아가 참가자들, 정책 결정자들 그리고 더 광범위한 대중들 사이의 의사소통 프로세스에 있어 투명성과 책임성에 관한 문제들이 존재한다.[30] 미래위원회는 보고서에서 정부가 크라우드소싱 입법 프로세스를 확대할 것을 권고하였다.[31] 그러나 담당 장관이던 빌레 니니스뙤Ville Niinistö와 그가 이끌던 녹색당이 2014년 가을 핀란드 정부의 핵발전소 정책에 항의해 내각에서 사퇴하면서 프로젝트는 동력을 상실하고 말았다. 2015년 4월 총선이 끝나고 녹색당은 야당의 위치에 머물렀고, 중앙당 주도 우파 연합 정부 아래에서 별도의 시민참여 입법 프로젝트는 진행되지 않았다.[32]

절차적 투명성

의회 절차는 핀란드 헌법과 '의회 절차에 관한 규칙Parliament's Rules of Procedure'에 규정돼 있다.[33] 이에 따르면 법률안은 본회의에서 도입되며, 예비 토론을 거쳐 소관 상임위원회로 보내진다. 위원회는 통상 법안에 관한 청문회를 개최해 관련 단체와 전문가 의견을 수렴한 뒤 본회의 토론을 위한 보고서를 작성한다. 법안은 다시 본회의로 넘겨져 2회독의 토론 절차를 거쳐 승인되거나 기각된다(입법 과정과 위원회 심의 절차에 관해서는 3장을 참조하라).

절차적 투명성 기준과 관련하여 에두스꾼따의 가장 두드러진 특징은 본회의 장소와 절차는 공중에 열려 있지만, 실질적인 법안 심의가 이루어지는 위원회 절차는 대부분 비공개 상태로 진행된다는 점이다. 본회의 관람을 원하는 시민들은 한 시간 전까지 웹사이트 등록을 마친 뒤 의사당 입구에 정시

도착해야 하며, 보안 검색대를 통과한 뒤 의사당 2층의 관람석에 앉아 본회의 절차를 지켜볼 수 있다. 본회의 프로그램은 의회 웹사이트를 통해 생중계되고, 녹화된 영상을 다시 시청할 수 있다. 핵심 절차는 공영방송을 통해 TV 중계되며, 구두발언 속기록을 비롯해 대부분의 본회의 문서는 공중에 접근 가능한 형태로 제공된다.[34]

위원회 회의는 대개 공개되지 않는다. 이는 북유럽 의회들의 공통된 특징 중 하나이다. 여기서는 비공개 상태에서 위원회 구성원들 간에 자유롭게 의견을 교환할 수 있는 신뢰 기반 비밀 협상의 장점이 강조된다. 위원회 회의가 끝난 뒤에는 일반적으로 매우 간략한 형태의 회의록이 공개되는데, 여기에는 회의 의제와 관련 문서, 참가자, 최종결정 등이 포함된다. 예외적으로 위원회가 공개 청문회 또는 공개 세미나를 개최하기로 하는 경우에만 시민들은 위원회 절차를 지켜볼 수 있다.[35] 최근 에두스꾼따 위원회들이 공개 세미나나 공개 전문가 청문회의 수를 늘려온 것이 사실이나, 그 수는 여전히 매우 작고 위원회별 편차도 크게 나타난다. 시민들에 대한 의회의 관여를 증진하기 위해 노력해온 미래위원회를 예외로 하면 대부분의 다른 위원회들은 투명한 의회 의사결정을 증진하는 데 그리 적극적이지 않은 것으로 보인다. 표 4.1은 2008년부터 2014년까지 에두스꾼따 위원회들이 개최한 공개 청문회와 회의의 수를 표시한 것이다.

표 4.1 공개 위원회 회의와 청문회(2008~2014)

위원회	공개 청문회와 회의 수	시민발의 관련 공개 청문회 수
대위원회	4	
헌법위원회	1	
외무위원회	1	
재정위원회	2	

감사위원회	6	
행정위원회	0	
법무 위원회	2	2
교통통신위원회	0	
농업산림위원회	1	1
국방위원회	0	
교육문화위원회	2	2
사회보건위원회	1	
경제위원회	2	
미래위원회	15	
고용평등위원회	2	
환경위원회	5	1
합계	44	6

의회 의사결정에 대한 실제적 참여

최종 의사결정의 직접 참여

핀란드 헌법[36]에 따르면 국민투표referendum가 법률에 의거 시행될 수 있으며, 법률은 "국민투표의 시기와 투표자들에게 제시될 선택지에 대한 규정을 포함해야 한다(Section 53)." 국민투표는 구속력이 없고 협의적consultative 기능만을 가진다. 곧, 마지막 결정 권한은 의회에 주어져 있다. 역사적으로 핀란드에서는 단 두 번의 국민투표를 했는데, 첫 번째 국민투표는 1931년 금주법의 폐지에 관한 것이었고, 두 번째는 1994년 유럽연합EU 가입 여부에 관한 것이었다. 국민투표의 협의적 성격에도 불구하고 의회는 국민투표 결과에 따라 결정을 내렸고, 이는 국민투표가 가진 '사실상의 헌법적 구속력'을 시사한다.[37] 그러나 국민투표 등 의회 최종결정에 대한 직접적 시민참여의 가능성은 핀란드에서 매우 드물고, 제한되어 있다고 할 수 있다.

의회 절차와 연계된 숙의 민주주의 포럼

시민배심원단citizen panels, 공론조사deliberative polling, 합의회의consensus conferences, 시민의회Citizens' Assembly 등 최근 '미니퍼블릭mini-publics' 형태의 숙의적 시민 포럼들이 다양하게 실험되어왔다. 무작위 선택random selection 방법을 통해 구성된 다양한 규모의 실험 집단들이 촉진자facilitator 혹은 중재자mediator 역할을 맡는 전문가들의 도움을 받아 단기 혹은 장기에 걸쳐 모임을 갖고 사회적 논란이 많은 의제들을 학습, 토론한 뒤 보다 숙고된 판단과 합의적 형태의 정책 결정에 이르기 위한 새로운 민주주의 실험을 전개하고 있다. 다양한 형태와 방법을 취하는 이들 민주적 실험의 정치적 · 제도적 효과는 아직 충분히 검증되지 않았다. 그럼에도 이러한 실험이 오늘날 다양한 맥락과 조건 속에서 자주 실행되고 있으며, 표준적 형태의 대의제적 의사결정을 보완할 수 있는 유용한 시도로 평가된다.[38] 숙의 민주주의 이론과 실천의 한 가지 도전적 이슈는 민주적 혁신들이 보여주는 새로운 제도적 디자인과 효과를 어떻게 거시적 정치체계 수준으로 확대할 것인가, 특히 이들 실험을 어떻게 공식 의회 제도와 의사결정 시스템에 접목할 수 있을 것인가라는 물음과 관련된다.[39]

핀란드 의회는 숙의 민주주의 실험에 얼마나 적극적으로 관여해왔는가? 그동안 핀란드에서는 전국적 단위의 정책 결정에 관한 숙의적 시민참여 실험이 몇 차례 시행된 바 있다. 첫 사례는 2006년 뚜르꾸Turku 시민들을 대상으로 오보아카데미Åbo Akatemi 대학교가 실시한 '시민 숙의Citizen Deliberation' 실험으로 핀란드의 여섯 번째 핵발전소 건설 문제를 다루었다.[40] 그 후 유럽연합의 미래 또는 지구적 기후 변화 등에 관한 숙의 포럼 실험들이 이어졌다. 바사 대학교Vaasa University는 2010년부터 2014년까지 핀란드 의료 정책의 개혁에 관한 숙의 민주주의 실험 프로젝트를 추진하였다.[41] 그러나 이들 실험은 대체로 학술 기관이 주관하거나 유럽연합 등 국제적 프로젝트와 연계돼 실시되었다. 의회인 에두스꾼따의 입법적 의사결정과 연계된 숙의적 시민참여 실험은 아직 보고되지 않고 있다. 이러한 모습은 국민투표를 자주 실시하고 숙의 민주주의의 실천에도 적극적인 덴마크의 경우와 상당히 대비된다. 일례로, 덴마크 과학기술회의Board of Danish Technology는 의회의 의사결정과 연계해 제도화된 합의 회의의 모델을 제공한 바 있다.[42]

위원회 심의 과정의 시민참여

다른 북유럽 의회들처럼 핀란드 의회 위원회들은 입법 심의 과정에서 중심 역할을 맡고 있다. 위원회는 이익단체와 학계 전문가들을 포함해 시민사회 이해관계자들이 관련 법안에 대해 의견서를 제출하도록 허용한다. 이들 중 일부는 정부 부처의 공무원들과 함께 위원회의 전문가 청문회에 초대되어 구두로 의견을 진술할 기회가 주어진다. 위원회 청문회의 수와 초대된 전문가 그룹의 규모는 의제와 위원회별로 다양한 편차를 보인다. 최근 의회 데이터에 대한 필자의 분석에 따르면, 에두스꾼따는 2014년에 무려 10,030건의 입법 협의를 진행했다. 이들 중 60.5%는 공공 분야를 대표한 반면 2.7%는 기업과 비즈니스 영역 등 사적 분야를, 그리고 27.4%는 제3섹터를 대표한 것으로 나타났다. 또, 9.1%는 학계 전문가들로 분류됐다. 하지만 이러한 비율은 위원회별로 다르게 나타난다. 외교, 국방 등 국가 기본 기능에 밀접하게 연관된 위원회들은 다른 부문보다 공공 분야의 전문가들을 더 많이 초대한 반면, 교육문화위원회Sivistysvaliokunta, Education and Culture Committee, 사회보건위원회Sosiaali- ja terveysvaliokunta, Social Affairs and Health Committee 등 사회적 사안들과 연관된 위원회들은 제3섹터 전문가들을 더 많이 초대하였다. 한편, 헌법위원회는 소수의 법학 교수들과 전문가들에게 상당히 의존하고 있는 모습이 관찰된다. 각 위원회마다 위원회 협의 과정에서 더 빈번한 횟수로 초대하는 이른바 '유주얼 서스펙트usual suspects'가 존재하는 것으로도 보인다(핀란드 의회 위원회의 입법 협의에 관한 자세한 분석은 이 책의 5장을 참조).

한편, 핀란드 전국 일간지 *Helsingin Sanomat*의 특별 취재 기사에 따르면, 1998년부터 2013년까지 고용주와 기업 대표들이 노동조합 대표들보다 약 두 배 더 자주 위원회 청문회에 초대된 것으로 나타났다. 또, 조직화된 이익단체들이 덜 조직된 사회적 소수자들이나 가치 지향적 NGO들보다 의회 심의 과정에서 더 많이 대표되고 있는 모습이다.[43] 한편, 홀리와 사리[44]의 연구에 따르면, 위원회 청문회에 남성이 여성보다 더 자주 초대되고 있다(여성 33.9%, 남성 66.1%, 2005년 에두스꾼따 청문회 기준). 여성 외에 장애인, 청소년, 소수민족이나 이민자 등과 같은 사회적 약자와 취약계층의 사람들이 에두스꾼따 위원회 협의 과정에서 어떤 방식으로 대표되고 있는지에 관한 연구 데이터는 찾기가 어려운 상황이다. 할핀 등[45]의 연구는 사회적 약자, 소수자들이 스코틀랜드 의회 위원회의 청문회에서 어느 정도로 대표되고 있는지를 조사한 한 가지 사례를 제공한다.

나아가 에두스꾼따 위원회들은 현장 조사나 지역 주민과의 입법 협의를 위한 외부 출장을 거의 하지 않는 편이다. 또, 위원회가 심의 중인 법안들에 대해 일반 시민들이 의견을 제시하거나 증거 자료를 제출할 수 있는 별도의 프로세스도 운영하지 않고 있다. 영국의 상하원은 '증거 자료에 관한 공개 요청Open calls for evidence'이라는 절차를 통해 평범한 시민들이 위원회 검토 중인 법안에 대해 그들의 견해나 자료를 제출하도록 허용한다. 또, 양원 모두 E-협의E-consultation 프로그램을 활용해 가정 폭력, 음식 규제, 교도관 처우 개선, 우체국의 미래 등 다양한 국가적 사안들에 대해 시민들이 의견을 낼 수 있는 온라인 포럼을 실행해왔다.[46] 칠레 상원도 '사이버 상원Senador Virtual'라는 온라인 플랫폼을 만들어 심의 중인 법안에 대해 시민들의 의견을 제시하거나 투표할 수 있도록 하고 있다(에두스꾼따 위원회의 시민 관여 활동에 관한 더 자세한 내용은 5장을 참조).

의회 청원 제도

영국 의회의 오래된 전통으로부터 유래된 의회 청원parliamentary petitions 제도는 의회와 시민들을 연결하는 유용한 제도적 채널의 하나로 인정받고 있다. 의회 청원 제도를 통해 시민들은 의회 기관들에게 개인적 민원 사항이나 공적 의제public petitions를 제기할 수 있다. 너무 과도한 의회의 업무 부담과 낮은 성공률 등 의도하지 않은 결과들이 나타나곤 하지만, 최근 여러 국가의 의회들이 청원 제도를 개혁하거나 강화해오고 있는 추세이다. 예컨대, 영국 의회는 기존의 청원 제도를 현대화하기 위해 블레어 정부 시기에 온라인 청원 제도를 도입했다. 새로운 청원 제도 속에서 1만 명 이상의 서명을 받은 청원은 영국 정부의 답변을 듣게 되고, 10만 명 이상의 서명을 받은 청원은 영국 하원에 제출되어 논의될 수 있다.[47] 스코틀랜드 의회는 의회 차원의 시민 관여를 위한 주요 수단으로 청원 제도를 받아들였다. 시민사회 단체나 개인들은 의회 '공공 청원 위원회Public Petitions Committee'에 청원을 제출할 수 있고, 위원회는 각각의 청원을 심의해 결정을 내릴 의무가 있다. 독일 의회Bundestag는 2005년 온라인 청원 제도를 수립하였고, 이는 2007년부터 정규 제도가 되었다. 매년 1만 건이 넘는 청원들이 접수되고 있으며, 4주 이내에 5만 명 이상의 서명을 모은 공공 청원의 경우에는 청원위원회Petitionsausschuss가 관련 청문회를 개최한다. 오스트레일리아 하원도 2008년 청원위원회Petition Committee를 설립했다. 네덜란드 의회는 시민들이 개인적 민원 사항과 정책적 청원 등 두 가지 유형의 청원을 제출할 수 있도록 하고 있다.[48]

핀란드 의회에는 청원이나 온라인 청원 제도가 없고, 따라서 청원위원회도 존재하지 않는다. 대신, 시민들은 에두스꾼따가 선출하는 의회 옴부즈맨Oikeusasiamies, Parliamentary Ombudsman of Finland에게 진정을 제기할 수 있다. 옴부즈맨 제도는 19세기 스웨덴에서 유래한 북유럽 공통의 전통이며, 독립적으로 업무를 수행하면서 옴부즈맨은 진정의 접수 또는 직권조사에 기반해 공무원의 불법적 업무 수행이나 방치로 인한 피해 상황을 치유하는 조치들을 취할 수 있다. 2017년 기준 6,192건의 진정이 접수되었고, 직권조사는 77건이었다.[49] 2012년부터는 의회 옴부즈맨 산하에 인권센터Ihmisoikeuskeskus, Human Rights Center가 개설되면서 국제인권규약과 헌법에서 보장하는 인권 침해에 대한 조사 권한을 추가로 부여받았다. 옴부즈맨은 매년 의회에 연례보고서를 제출한다. 이를 통해 옴부즈맨은 의회와 시민 간의 간접적 연결고리를 제공한다고 볼 수 있다.

시민발의 제도

입법부의 의사결정에 시민참여를 허용하는 더 중요한 개혁은 2012년 헌법개정과 맞물려 새로운 법률 제정을 통해 도입된 시민발의 제도이다. 이로써 6개월 이내에 5만 명 이상 유권자 시민들의 서명을 받은 입법발의는 의회에 제출돼 심의를 받을 수 있게 됐다. 제도가 시행된 2012년 3월부터 2018년 12월까지 약 6년 10개월간 25건의 시민발의가 5만 명 이상의 서명을 받았고, 그중 16건에 대한 의회 심의가 종료되었다. 또, 동성결혼 합법화 요구안과 모성보호법 개정안이 의회에서 최종 통과되었다.

핀란드 시민발의 제도는 국민투표와 연계되지 않은 '의제형agenda-type' 시민발의로 분류된다. 핀란드 정부는 시민발의를 위한 공식 온라인 플랫폼(www.kansalaisaloite.fi)를 운영하고 있으며, 시민들은 이 플랫폼을 통해 쉽게 발의를 개시하고 서명을 모을 수 있다. 제도 시행 초기에는 한

NGO(Open Ministry)가 온라인 플랫폼(www.openministry.fi)을 만들어 중요한 기여를 했다. '오픈 미니스트리'는 정부 플랫폼이 개통되기 전에 서비스를 시작했으며, '크라우드소싱' 도구들을 활용해 시민들이 아이디어를 공유, 발전시키며 발의안 개시와 서명 수집을 할 수 있도록 지원했다. 이 단체는 시민발의자들에게 법률 자문과 실무적 조언을 제공하기도 했다.[50] 핀란드 법무부에 따르면, 에두스꾼따에 제출된 시민발의안에 대한 미디어들의 활발한 보도와 함께 시민발의 제도는 시민들의 정치에 대한 관심을 증가시키는데 기여했다.[51] 제도적으로, 시민발의는 일반 시민과 시민사회 행위자들이 입법적 의제설정에 참여할 수 있는 가능성을 확대했다. 다양한 주제에 관한 시민 캠페인을 전개하면서 시민사회 단체와 활동가들은 시민참여의 새로운 형태와 통로를 찾은 것으로 보인다. 나아가, 시민발의를 다루는 과정에서 의회 위원회들이 공개 청문회를 더 자주 개최하기 시작하면서 의회 절차의 투명성이 일부 개선된 것으로 평가된다.[52]

첫 의회 회기를 지나면서 시민발의는 정부 법안, 의원발의에 이어 입법 의제설정을 위한 제3의 제도적 채널로 빠르게 공고화되었다.[53] 일반적 입법 절차에서는 정부나 기성 정당들이 제기하지 않았을 '숨은' 정책 의제들을 수면 위로 건져 올리면서 시민발의는 의회는 물론 미디어와 시민사회의 정치적 공론장에서 공적 토론을 확대하는 데 기여했다. 그러나 아직 시행 초기 상태이기 때문에 장기간의 제도적 효과와 시민 주도 참여 정치가 창출하는 새로운 민주적 다이내믹에 대해서는 면밀한 관찰이 요구된다(핀란드 시민발의 제도의 특징과 정치적 효과에 대한 종합적 평가는 6장을 참조).

시민교육과 아웃리치(Outreach) 프로그램

의회는 지속가능한 민주주의를 위한 중요한 시민교육 센터로 기능할 수 있다. 청소년, 장애인, 이민자, 소외지역 거주자 등 사회적 소수자 집단을 위한 민주주의 교육과 평등한 정치 참여 기회의 증진은 중요한 과제로 널리 인정된다. 북유럽 의회들은 다양한 혁신적 방법들을 활용해 민주주의 교육을 발전시키기 위해 애쓰고 있다. 덴마크 의회Folketing는 학생들을 위한 '일일 정치인Politician for a Day' 프로그램을 운영하는데 학생들에게 인기가 높다. 프로그램에 참여하는 학생들은 여러 정당으로 나뉘어 위원회 심의에서부터 본회의 결정에 이르기까지 다양한 의회 활동에 참여하는 경험을 하게 된다. 노르웨이 의회Storting도 유사한 프로그램으로 '미니의회MiniTing'를 운영하는 데 매년 약 6천 명의 학생들이 참여하고 있다.[54]

핀란드도 청소년 의회Nuorten Parlamentti, Youth Parliament와 지방자치단체의 청소년 위원회Nuorten Valtuusto, Youth Council를 통해 민주주의 교육과 청소년 참여를 증진하기 위한 노력하고 있다. 청소년 의회는 1994년 프랑스에서 처음 도입됐고, 이후 많은 유럽 국가로 확대되었으며, 핀란드는 1998년 처음 실시했다. 청소년 의회의 목적은 ① 청소년들이 다양한 행위자의 관점에서 사회를 인식하도록 돕고 ② 청소년들이 의회와 핀란드 민주주의에 대해 더 잘 알게 하며 ③ 핀란드 정치 제도에서 참여에 필요한 역량을 계발하는 것 ④ 청소년들이 사회적 이슈들에 대해 자신들의 견해를 표현하도록 허용하는 것 ⑤ 입법자들에게 청소년들의 목소리를 들을 기회를 제공하는 것 등이다. 핀란드 청소년 의회는 국회의장을 제외한 의원 숫자와 똑같은 199명의 청소년 의원들로 구성되며, 전국에서 선발된 15~16세(종합학교 상급반) 학생들이 참여한다. 지역 학교들에서 운영되는 의회 클럽들parliamentary clubs이 자신들의 대표를 선택한 뒤 2년에 한 번씩 전체 회의를 소집하는 청소년의회에 파견하는 방식이다. 관련 자료를 살펴보면, 지리적 위치와 성별에서 참가자들 사이의 격차가 발견된다. 1998년부터 2008년까지 청소년 의회에 참가한 1,189명의 학생들에 대한 설문조사 결과에서, 가장 큰 선거구인 우시마Uusimaa에서는 273명(23.0%)의 학생들이 참석한 반면 가장 작은 선거구인 에뗄라-사보 Etelä-Savo 지역에서는 단지 19명(1.6%)의 학생들만 참석했다.[55] 또한 760명의 여학생과 429명의 남학생이 청소년 의회에 참석한 것으로 나타나 여학생들이 남학생보다 1.8:1의 비율로 더 많이 참여한 것으로 나타났다. 같은 기간 동안 207개의 지역 학교들로부터 507개 의회 클럽들이 자신들의 대표를 파견했으며, 여기에는 44개의 우시마 지역 학교와 4개의 에뗄라-사보 지역 학교가 포함됐다.[56]

2014년 3월 28일 개최된 청소년 의회의 모습은 전체 회의가 소집된 날 하루 동안 핀란드 청소년 의회가 어떻게 작동되는지를 잘 보여준다. 청소년 의원들은 오전 세션에 7개의 상임위원회로 배치되어 에두스꾼따에서 이루어지는 입법 활동을 탐색하였다. 대위원회에 배속된 학생 의원들은 당시 헬싱키를 방문한 마틴 슐츠Martin Schulz 유럽 의회European Parliament 의장과 함께 유럽 문제들을 토론할 수 있었다. 오후에 학생들은 본회의 세션에 합류해 의회 의장이 직접 사회를 본 '총리에 대한 질문 시간Kyselytunti, Question Time'에 참여하였다. 14명의 장관들이 청소년 의원들의 질문에 대답하기 위해 의회 본회의에 직접 참석해 있었다.[57] 이 프로그램은 공영방송인 YLE 1과 에두스꾼따 웹사이트를 통해 생중계되었다. 2016년 3월 15일 개최된 청소년 의회에도 총리와 여러 장관들이 참석했는데, 학생 의원들은 유럽 난민 위기, 핀란드의 NATO 회원 가입 여부, 정부의 긴축 정책 등 여러 비판적 질문들을 던졌다.[58] 이처럼 청소년들을 위한 의회 프로그램의 규모와 수준이 상당한 것에 대해 깊은 인상을 받게 된다. 하지만 구체적인 피드백 데이터가 부족해 청소년 의회가 그 목적을 실제로 달성하고 있는지, 그리고 청소년 의회가 얼마나 대표성과 영향력을 갖고 있는지 등에 대해서는 객관적 평가를 내리기 어려운 것이 사실이다.[59] 반면, 스코틀랜드 의회는 청소년 의회를 더욱 발전시킬 목적으로 청소년 의원들에 대한 설문조사 데이터를 수집했다. 스코틀랜드 청소년 의회는 장애인, 이민자 등 사회적 소수자 그룹에 속하는 청소년들이 다양한 시민사회 단체들과의 연계 속에서 청소년 의회에서 대표될 수 있는 기회를 부여하고 있다.[60]

2014년 1월, 에두스꾼따는 150명의 의원들이 자기 선거구의 지역 학교들을 방문하는 프로그램을 운영했다. 평균적으로 한 명의 의원이 3.2개 학교를 방문했고, 한 번 모임에 평균 약 110명의 학생들이 참여해 의원들과 함께 국회의원의 활동에 관해 토론했다. 이 프로그램은 참가자 학생들, 교사들, 그리고 의원들 자신의 관심을 증가시키는 데 기여한 것으로 평가된다.[61] 그러나 장애인, 이민자, 원거리 지역 거주자 등 사회적 소수자 그룹들을 대상으로 한 특별 프로그램은 존재하지 않는다. 그러므로 청소년 의회 프로그램을 제외하면, 사회적 소외 집단에게 다가가거나 시민교육을 위해 더 혁신적 방법을 설계하려는 정치적 의지가 부족해 보인다.[62] 스코틀랜드 의회의 경우 2008년 이후 의회적 관여의 틀로는 과소대표되고 있는 사회집단의 청소년들을 목표로 한 '공동체 파트너십 프로그램Community Partnership Programme'을 운영하고 있다. 핵심 대상 집단은 '완전 혹은 부분적 시각장애 청소년, 소수민족 청소년, 그리고 공동체로부터 소외된 청소년'이다.[63]

미래 포럼으로서의 의회

이 기준에 관해서는 핀란드 의회가 세계의 선구적 개척자로 인정받는다. 1993년 설립된 에두스꾼따 미래위원회는 2000년 헌법개혁을 거쳐 상임위원회로 격상되었다.[64] 위원회는 입법적 기능은 갖고 있지 않지만, 국가적 정책 형성 과정에서 '주도적이고 비전을 제시하는initiative and visionary' 역할을 수행한다. 주요 임무는 4년마다 제출되는 정부의 미래 정책 보고서에 대한 의회의 입장을 준비하고, 미래 관련 이슈들에 대하여 다른 위원회들에 의견서를 제출하며, 혁신적 연구 방법들을 활용하여 미래 관련 연구를 수행하고, 기술적 발전과 그 사회적 영향에 대해 평가하는 것 등이다.[65]

미래위원회는 에두스꾼따의 싱크탱크 역할을 자임하면서 위원회 활동에 있어 혁신적 방법과 접근을 추구해왔다. 정부의 미래정책보고서를 심의하는 한편, 위원회는 매년 독자적인 미래 연구를 진행해왔으며, 민주주의의 미래는 그중 한 가지 중요한 주제가 돼왔다. 위원회는 또한 전직 공공 및 민간 분야의 리더 60명으로 구성된 '경험 있고 지혜로운 이들의 포럼Forum for the Experienced and the Wise' 운영, '혁신에서 자원으로Turning Innovations into Resources'라는 제목의 연속 세미나 개최, 전국 순회의 지역 회의 진행, 기업 및 지방자치단체의 미래위원회들 및 청소년위원회들과의 대화 등 다양한 형태의 정책적 숙의와 사회적 대화를 촉진하기 위해 노력해왔다. 특히, 위원회는 숙의 민주주의와 '크라우드소싱 민주주의crowdsourcing democoracy'의 아이디어를 받아들였다.[66] 앞서 서술한 것처럼 2013년 위원회는 핀란드 정부 환경부와 협력해 비포장도로에 관한 법률 개정안 마련 과정에서 크라우드소싱 입법 프로젝트를 개시했다.[67] 또한, 위원회 부위원장 뛴뀌넨Tynkkynen(녹색당) 의원은 소셜미디어에서 위원회 활동을 강화하기 위한 '크라우드소싱' 프로젝트를 주도했다. 아울러, 위원회는 복지국가의 미래에 관한 현안 프로젝트를 진행하였는데, 전문가 청문회, 주제 연구, 참여적 온라인 협의 등을 진행한 뒤 보고서를 발간하였다.

위원회는 비록 입법적 권한과 예산 심의권을 갖고 있지 않고 위원회 서열도 그리 높은 편이 아니지만, 일종의 '의제설정' 위원회로서 상당히 성공적으로 활동하면서 장기 관점의 정책 형성에 기여해왔다.[68] 예컨대, 유하 시뻴리Juha Sipilä(중앙당) 현 총리도 2011~2015년 동안 미래위원회 소속이었고, 미래위원회가 발간 또는 심의한 정책 보고서의 주요 권고는 일정 기간이 흐른 뒤 정부의 주요 의제가 되거나 구체적 정책으로 실현되는 경우가 많다.

그러나 위원회는 자원의 제약 때문에 지나치게 온라인 대화에 치중해왔다는 비판을 듣고 있기도 하다. 한편, 스코틀랜드 의회는 핀란드 모델을 벤치마킹해 '스코틀랜드 미래 포럼Scotland's Future Forum'을 설립했는데, 시민참여에 있어 더 적극적인 모델이라는 평가를 받고 있다. 포럼은 10명의 이사회에 의해 운영되나 동시에 2천 명의 시민사회 구성원들이 참여하고 있다.[69]

전략과 리더십

오늘날 많은 민주주의 국가들에서 선거 사이between elections의 시기에 유권자들과 더 적극적으로 소통하고 관여하기 위한 의회 개혁의 노력이 광범위하게 일고 있으나 문서와 수사적rhetoric 수준에서 높게 제시된 이상과 새로운 참여적 프로그램 및 기제들의 실제 기능 사이에는 큰 간극이 존재한다. 정치 체계의 위기나 중대한 정치 변동에 대응하도록 요구하는 공적 압력이 높은 경우 또는 제도적 분리 절차devolution 이후의 스코틀랜드 의회처럼 새로운 의회를 설립하는 경우, 그리고 의회 설립 시점을 기념하는 역사적 이벤트가 있는 경우 의회 개혁의 동력이 높아질 수 있다.[70] 그러나 분명한 것은 어떤 경우이든 성공적인 의회 개혁과 혁신을 위해서는 명확한 의제와 포괄적 전략, 입법자들의 강한 정치적 의지, 그리고 충분한 자원 할당이 필요하다는 점이다.[71]

핀란드 의회는 시민정보 센터의 설립과 운영, 의회 웹사이트와 소셜미디어를 통한 디지털 관여 확대, 언론과 미디어의 자유로운 취재 환경 보장, 위원회 공개 청문회의 확대 실시, 청소년의회의 실험 등 시민들과 소통을 강화하기 위한 다양한 노력을 기울여왔다. 이러한 활동은 '의회 사무처 커뮤니케이션 전략: 2011~2014Communication Strategy of Parliamentary Office: 2011~2014'와 궤를 같이하며 실행되었다. 덴마크 의회도 유사한 커뮤니케이션 전략을 수립하였는데, 비전과 전략적 목표, 커뮤니케이션 서비스를 위한 핵심 대상 집단, 구체적 과제와 행동 계획 등으로 구성돼 있다.[72] 그럼에도 이러한 문서는 관리적 접근을 위주로 하는 일종의 행정 문서라고 할 수 있다. 열린, 포용적 의회-시민 관계 정립을 위해 대담하고 장기적인 커뮤니케이션 전략을 발전시키고자 하는 정치적 의지가 있는가는 별도로 검토해야 할 문제이다.

열린, 참여적 의회를 향하여? 핀란드 의회-시민 관계의 평가

참여의 전제 조건으로서 투명성과 접근가능성

2장에서 수립한 분석틀의 다양한 경험적 지표를 조사한 결과 우리는 핀란드 의회가 유권자 시민들을 다양한 차원의 의회 활동에 연결하기 위해 어떤 노력을 해왔는지 일별할 수 있었다. 그중 첫 번째 다섯 가지의 실천적 기준들, 곧 '공공장소로서의 의회', '정보의 공유', '의원과 유권자 간의 소통', '미디어와 디지털 관여', 그리고 '의회 절차의 투명성'은 가시성과 접근가능성의 원칙에 밀접히 관련된다. 이 지표들은 의회의 의사결정에 대한 시민참여의 전제 조건들로 기능한다고 볼 수 있다. 우리는 투명성과 접근성을 향상하기 위해 에두스꾼따가 취해온 많은 조치를 확인했다. 핀란드 시민들의 정치 생활의 중심 공간으로서 에두스꾼따 건축물과 시설들의 물리적 접근가능성은 특별한 필요를 가진 사람들을 포용할 수 있도록 지속적으로 개선되어왔다. 의회 도서관과 시민정보센터는 에두스꾼따에 관한 정보를 시민들과 공유하는데 기여해왔다. 핀란드 의원들은 유권자들과 소통하는 데 있어 새로운 미디어를 사용하는 데 오늘날 더 적극적이다. 에두스꾼따는 미디어와 언론인들에게 매우 편안한 업무 환경을 제공한다. 헌법개혁 이후 의회의 정치적 중요성이 커지면서 본회의장은 가장 가시적이고 접근 가능한 의회 공간으로 기능한다. 에두스꾼따는 본회의 토론의 대부분을 웹사이트로 중계하며 발언 속기록을 공개하고 있고, 본회의 세션의 핵심 파트는 TV로도 중계된다.

동시에 우리의 연구는 의회의 투명성과 접근성을 강화하기 위해 지속적인 노력이 필요하다는 점을 시사한다. 에두스꾼따 의사당 건물의 고전적 건축 디자인은 장애인들의 접근성을 제약하고, 나아가 의회 토론의 보다 역동적이고 생생한 분위기를 제약하는 측면이 있다. 에두스꾼따는 웹사이트를 전체적으로 다시 디자인해 2015년 4월 공개하였으나 시민 이용자가 자세한 의회 활동 정보에 쉽게 접근하는 데에는 아직 한계가 남아 있다. 또한, "에두스꾼따는 시민참여의 가능성을 획기적으로 늘릴 수 있는 E-민주주의 관련 솔루션의 개발과 도입에 상당히 뒤처져 있다"는 평가가 존재한다.[73]

그러나 가장 비판적 평가의 초점이 되는 요소는 의회 위원회 심의 과정의 폐쇄적 성격이다. 북유럽의 '일하는' 의회의 일원으로서 에두스꾼따는 특화된 상임위원회 시스템을 가지고 있고, 위원회는 실질적인 입법 심의와 협상이 벌어지는 장소이다. 핀란드 의회의 위원회들은 기본적으로 비공개 회합을 원칙으로 하고 있다. 비공개 모임은 구성원 간의 상호신뢰에 기반한 자유토론을 촉진시키고 그럼으로써 보다 합의적 의사결정에 이르게 한다고 다수 의회 구성원들이 옹호해왔다.[74] 그러나 현재와 같은 위원회 시스템과 절차는 불가피하게 그리고 근본적으로 위원회의 투명성 및 의회의 핵심 활동에 대한 시민 접근성을 제약한다.

최근 핀란드 의회 위원회들이 공개 청문회와 회의를 여는 빈도가 잦아지고 있는 점은 고무적이다. 그러나 그 수는 여전히 매우 적고 예외적 수준에 머물고 있다. 위원회는 입법 심의를 마칠 때 보고서나 의견서를 출판하지만, 제한된 정보가 기재된 단순 회의록 외에 전체적인 발언 속기록은 제공하지 않는다. 외부 이해관계자들이 제출한 서면 의견서도 위원회 심의 기간 동안에는 비공개되던 것이 2015년부터 실시간으로 공개되기 시작하였다. 비공개

회의의 잠재적 장점들에도 불구하고 이는 일반 시민들이 의회 의사결정 과정에 관여하는 데 큰 장벽으로 기능한다. 투명하고 참여적 공공정책 결정에 대한 요구들을 고려할 때 이 문제는 핀란드의 의회 시스템과 문화에 중요한 도전을 제기한다. 2017년 가을 의회 건축 시설의 리노베이션이 완료되면서 에두스꾼따 위원회들은 새로운 기술 장비의 도움으로 공개 청문회와 회의를 더 자주 개최할 것으로 기대되고 있다. 그러나 위원회 프로세스에 공중의 관여를 늘리기 위한 핵심 요소는 기술적 개선만이 아니라 입법자들의 정치적 의지라고 할 수 있다. 예를 들어, 에두스꾼따는 예외적으로 사생활 보호 조항을 인정하되 전문가 청문회는 공개 개최가 원칙이 되도록 위원회 절차에 관한 규정을 개혁할 수 있을 것이다.

투과성(permeability)과 실질적 형태의 시민참여

여섯 번째 기준인 '의회 의사결정에 대한 실제적 참여'는 시민들이 어느 정도로 의회의 의사결정 과정에 참여하고 실제로 영향을 미칠 수 있는가를 나타내는 '투과성permeability' 원칙[75]과 직접적으로 연결된다. 이 장에서 우리는 최종결정 과정에 대한 직접적 참여(국민투표)로부터 의회와 연계된 시민 숙의 포럼의 운영, 위원회 협의 과정의 시민 관여, 그리고 의회 청원과 시민발의 제도에 이르기까지 의회 의사결정에 대한 시민참여의 다양한 형태와 수준을 검토하였다.

연구 결과 우리는 시민발의 제도의 민주적 잠재력에도 불구하고 핀란드 의회의 시민 관여 활동은 주로 전통적 형태의 대의 민주주의 채널을 통해 이루어지고 있음을 확인하였다. 핀란드에서는 직접 민주주의 메커니즘을 국가적 수준에서는 매우 드물게 활용해왔으며, 새로 도입된 시민발의 제도도 국민투표로 이어지지 않는 모델을 채택하였다. 핀란드 의회 미래위원회는 참여 및 숙의 민주주의 구상을 적극 포용해왔지만, 숙의적 공공포럼을 입법 절차에 통합하기 위한 의회 차원의 시도는 발견되지 않는다. 대신, 입법 과정에서 정부와 시민 사이에 중요한 연결고리를 제공하는 의회 위원회의 입법 협의는 전통적인 네오-코포라티즘적 정책 형성 채널들에 주로 의존하고 있다. 공공기관, 이익단체, 학계 전문가 등 다양한 정책 이해관계자들이 위원회 청문회에 초대되며, 위원회의 입법 협의의 범위는 상당히 넓은 것으로 나타난다. 동시에 위원회 투명성은 전반적으로 제한적이며, 일반 시민들이 위원회 절차에 관여할 수 있는 의회의 채널들은 잘 발견되지 않는다. 시민들은, 의원들과 일상에서 쉽게 만날 수 있고, 정부 단계의 법안 마련 과정에서 더 광범위한 공공 협의가 가동된다는 점을 고려하더라도 의회 위원회의 투명성 · 접근성 · 투과성 제고를 위한 노력이 필요하다.

이러한 맥락에서 의회 의사결정에 대한 시민참여와 접근성 향상을 위한 가장 중요한 개혁은 2012년에 도입된 시민발의 제도라고 할 수 있다. 5만 명 이상의 유권자 서명을 모으는 경우 시민들은 입법 의제설정 과정에서 직접 참여할 자격이 주어진다. 온건한 절차적 요건과 함께 핀란드 시민발의 제도는 온라인 서명 시스템을 도입했는데, 이는 이 참여 민주주의적 기제가 초기 단계에 적극적으로 활용되는 데 큰 촉매제 역할을 하였다. 2012년 3월부터 2015년 4월까지 두 의회 회기 동안 시민발의제는 다양한 정책 의제를 제기하고 의회 공간 안팎에서 정치적 토론을 확대하면서 그 제도적 '기능성 functionality'을 입증하였다(6장이 이 주제를 자세히 다룬다). 한편, 에두스꾼따는 의회 청원 제도를 별도로 두고 있지 않다. 대신, 북유럽 전통의 일부인 의회 옴부즈맨이 의회와 시민 사이에 간접적 연결고리를 제공한다. 시민과 의회 관계를 향상시키는 데 의회 청원 제도가 기여할 수 있는 잠재력은 핀란드에서 아직 실행되지 않고 있다.

포용적 대표와 지속가능 민주주의

　우리는 의회-시민 관계를 평가하는 9가지 실천적 기준들 가운데 마지막 세 가지, 곧 '시민교육과 아웃리치outreach 프로그램', '미래 포럼으로서의 의회' 그리고 의회 개혁의 '전략과 리더십'에 대해서도 검토하였다. 이 기준들은 사회적 소수자와 청소년 등의 참여를 확대하기 위한 의회 프로그램과 지속 가능한 민주주의를 위한 장기적 정책 프로그램을 살펴보는 데 도움을 준다. 핀란드는 2001년부터 주요 지방자치단체들이 운영하는 '어린이 의회 Lasten Parliamentti Children's Parliament'와 별도로 전국적 수준의 청소년 참여 프로그램으로 '청소년 의회'를 운영하고 있다. 종합학교 상급반(7~9학년) 학생들의 클럽 활동을 위한 지역사회 학교 네트워크에 기반해 199명의 청소년 의원들(15~16세)이 2년에 한 번씩 의회가 실제로 어떻게 운영되는지를 경험하기 위해 헬싱키 소재 에두스꾼따에서 회합을 갖는다. 에두스꾼따 의장이 직접 청소년의회의 본회의 세션을 주재하고 여기에 총리와 장관들이 참석해 청소년 의원들의 질의에 답변하는 모습은 매우 인상적이다. 프로그램의 주요 장면이 공영방송 채널을 통해 중계되기도 한다. 이는 핀란드 사회가 청소년들을 어떻게 대우하는가를 상징적으로 보여준다. 그러나 청소년 의원들이 평범한 어린이들과 청소년들 전반을 얼마나 잘 대표하고 있는가, 그리고 청소년 의회 프로그램이 의회의 업무에 어떤 영향력을 가지는가의 문제는 더 연구가 필요한 상태이다. 청소년 참가자들의 수를 고려해볼 때, 덴마크 의회의 '일일 정치인' 프로그램과 노르웨이 의회의 '미니의회' 프로그램은 정치적 문해력political literacy과 적극적 시민성을 함양하기 위해 더욱 폭넓은 규모의 청소년 교육을 제공하는 것으로 보인다. 아울러, 2014년에 실시된 의원들의 학교 방문 프로그램 외에 장애인, 이민자, 소수민족 또는 원거리 지역 주민 등 사회적 차별과 소외를 겪기 쉬운 구성원들의 참여를 확대하기 위한 의회 차원의 프로그램이나 활동은 확인되지 않는다. 오늘날 상이한 사회적 집단 간에 정치 참여의 불평등도 함께 증가하고 있음을 고려할 때 에두스꾼따는 주변화된 집단 구성원들에게 다가가기 위해 더 적극적 노력을 기울일 필요가 있다.

미래 정책 이슈들을 전문적으로 심의 · 준비할 목적으로 별도의 상임위원회를 설립 · 운영해왔다는 점에서 핀란드 의회는 세계 의회 기구들 중 진정한 개척자라 할 수 있다. 에두스꾼따의 미래위원회는 미래 관련 문제에 대한 혁신적 · 합의적 접근에 기초해 '비전을 제시하는' 역할을 수행해왔다. 또한, 위원회는 민주적 의사결정에 시민참여를 확대하기 위한 노력을 경주해왔다. 1993년 설립 이후 오래 위원회 비서로 활동해 온 빠울로 띠호넨Paulo Tiihonen 박사는 민주주의를 지속적인 돌봄과 가꿈을 요하는 '정원puutarha'에 비유한다. 그녀는 의회가 현대적 문제들을 다룸에 있어 '미래 세대의 권리'를 함께 고려해야 한다고 강조한다.[76] 그러나 미래위원회는 에두스꾼따의 위원회 서열상 지위가 낮은 편이고, 자원도 풍부하지 않은 상태이다. 또한, 중요한 공공정책 이슈를 다룸에 있어 과학기술 중심 또는 관리management적 시각에서 접근하고, 사회적 이해관계의 충돌이나 서로 다른 정치적 주장들의 경합을 도외시할 염려가 있는 것도 사실이다. 최근 핀란드의 사회보건 시스템에 대한 전면적 개혁 프로젝트SOTE-uudistus를 둘러싼 논쟁이나 논란을 빚었던 2013년 까따이넨Katainen 정부의 미래보고서 준비 과정 등은 미래 정책의 수립 과정에 내재되어 있는 이러한 위험성을 시사한다.[77]

민주주의 정책과 시민적 관점의 개혁 의제들

19세기 러시아 지배의 유산과 근대 초기 엘리트들의 헤겔주의적 세계관 등의 영향으로 오랫동안 '국가 중심 사회'[78]였던 핀란드는 대의 제도와 선출된 대표들의 결정권을 강조하는 강력한 대의 민주주의 전통을 발전시켰다. 에두스꾼따는 전통적 형태의 의회 역할에 강한 애착을 갖고 있다고 비판받기도 했다.[79] 현대 대의 민주주의가 직면한 공통의 도전에 대응해 핀란드는 최근 전면적 헌법개혁을 단행하였고, 이는 의회-행정부 관계는 물론 의회-시민 관계를 재구성하는 계기를 낳고 있다.[80] 또한, 신헌법은 기본적 인권 조항들을 대폭 강화하면서 "공공 당국은 개인들이 사회적 활동에 참여하고 관련된 사안의 결정에 영향을 미칠 기회를 증진해야 한다(Section 14)"고 규정하고 있다. 새로운 헌법적 틀 속에서 핀란드 정부는 민주주의, 평등한 참여, 그리고 시민교육의 증진을 위한 다양한 국가적 정책 프로그램들을 시행해왔다. 주요 프로그램들을 열거하자면 '시민참여 정책 프로그램Citizen Participation Policy Programme, 1998~2002, 2003~2007', '아동, 청소년 참여 프로그램Child and Youth Participation Programme, 2012~2015', '인권 정책 보고서Human Rights Policy Report, 2009'와 국가행동계획National Action Plan, 2012~2013, 2014~2015, 민주주의 정책 보고서-'열린, 평등한 참여Open and Equal Participation, 2014' 등이다.

2014년의 민주주의 정책 보고서는 투표율 하락과 정치적 불평등의 증가 등 중요한 민주적 도전들에 대응하기 위한 다양한 정책 개혁 방안들을 제안하였다. 보고서는 시민사회 단체들과의 폭넓은 정책 협의, 그리고 핀란드 정부가 운영하는 온라인 플랫폼(Otakantaa.fi)을 통한 공적 토론과 숙의적 시민 패널kansalaisraati, citizen panel 운영 등 참여적 정책 형성 프로세스를 통해 작성되었다. 시민 숙의와 온라인 정책 협의 과정을 통해 보고서는 핀란드 시민들이 자국의 민주주의를 어떻게 인식하고 있으며 어떤 개혁 과제를 요구하는지 파악하고자 하였다.

위 프로세스에 참여한 핀란드 시민들이 민주주의 강화를 위해 중요한 정책 과제로 거론한 내용을 살펴보면 다음과 같다. ① 투표율 하락을 방지하기 위한 개혁 조치 ② 시민들의 정치적 관심 증가를 위해 시민발의 제도를 강화하기 ③ 정부 책임성 강화를 위해 의회 역할 강화, 특히 의회의 논쟁 기능과 야당의 적극적 역할을 통해 역동적 토론 문화 활성화 ④ 의회의 개방성과 접근가능성 향상을 위한 개혁 조치들(입법 과정의 공개 범위 확대, 시민 패널의 도입, 로비스트와 의견서 제출자 명단 공개, 의회 문서를 쉬운 언어로 작성하기, 에두스꾼따 관련 정보의 공유 등)[81] ⑤ 최신 기술을 활용한 온라인 의사소통 확대(이용자 친화적 웹사이트 구축, 청(소)년 참여를 위한 소셜미디어 적극 활용 등) ⑥ 유권자와 정책 결정자 사이의 간극을 좁히기 위해 국민투표, 숙의 포럼, 시민발의 등 새로운 참여 기제의 적극 활용 등. 그 밖에도 EU 결정에 대한 무비판적 수용과 정치적 의사결정 과정에서 외부 컨설턴트에 대한 지나친 의존 등 개혁을 필요로 하는 다양한 의제들이 제시되었다.[82]

숙의적 시민 패널과 온라인 협의를 통해 나타난 결과는 핀란드 시민들이 에두스꾼따가 더 개방적이고 접근 가능한 기구가 될 것을 원하고 있으며, 정치적 의사결정 과정에서 새로운 참여 기제를 적극 활용하기를 희망하고 있음을 보여준다. 그러나 시민들이 높은 우선순위를 부여한 개혁의제들은 최종 민주주의 정책 보고서에서 더 광범위하게 규정된 정책 과제들 안으로 통합되었다. 이 과정에서 에두스꾼따의 입법 절차와 시스템, 그리고 문화를 변화시키기 위한 구체적 개혁 정책은 충분히 강조되지 않았다. 정부 보고서에 대한 의회의 심의 과정도 유사한 방식으로 진행되었다.[83]

나가며

현대사회의 구조적 변환과 민주적 의사결정 과정에 대한 시민참여의 확대 요구는 정치 제도와 기구들이 자신들의 절차를 개방하고 시민들과 더 적극적으로 소통·관여하도록 압력을 가중하고 있다. 현대 의회는 전통적 대의 민주주의와 새로운 형태의 참여·숙의적 민주주의를 결합하는 어려운 도전 과제에 직면해 있다. 이 책의 한 가지 주요 목표는 의회와 시민 사이의 다층적이고 역동적 관계를 분석하기 위한 포괄적 분석틀을 발전시킴으로써 학술적 연구에 기여하는 것이다. 투표율 저하, 정치 제도에 대한 신뢰 하락, 정당-유권자 연계 약화 등 현대 대의 민주주의가 당면한 도전들의 함의를 고찰하면서 우리는 현대 의회 기구들이 선거 사이의 시기 동안 시민 유권자들에게 어떻게 다가가기 위한 노력을 하고 있는지를 체계적으로 연구할 필요가 있음을 주장하였다.

의회-시민 관계에 관한 포괄적 분석틀을 수립한 뒤 이를 핀란드 의회에 대한 사례 연구에 적용한 결과 우리는 하나의 복합적mixed 그림을 만나게 된다. 최근 핀란드 의회는 의사당 건물의 재건축, 시민정보센터의 개설과 운영, 언론과의 유기적 협력, 본회의 절차의 TV 중계와 웹캐스팅, 위원회 심의 과정의 공개 확대 등 투명성과 접근가능성 향상을 위한 다양한 개혁 조치들을 취해왔다. 특히, 미래위원회는 일찍이 미래지향적 의회 심의를 위한 혁신적 모델을 제공해왔다. 위원회는 의회 의사결정 과정에 대한 시민참여를 확대하기 위하여 여러 노력을 기울이고 있다. 다만, 위원회는 서열이 낮고 제한된 자원에 의존하는 한계도 안고 있다.

이 연구가 가장 비판적으로 조명한 부분은 에두스꾼따 위원회 심의 과정의 폐쇄적 성격이다. 영국 웨스트민스터Westminster 의회 등 '논쟁하는 의회 debating parliaments'와 대척점에 있는 북유럽의 '일하는 의회working parliaments'는 본회의장에서의 화려한 논쟁보다 위원회 단계의 실용적 검토와 합의적 문제 해결을 중시하는 운영 규칙들을 발전시켜왔다. 에두스꾼따도 북유럽 의회의 일원으로서 의원들이 본회의 연설보다 위원회 법안 심사에 주력하는 입법 문화를 발전시켰다. 반면, 논쟁하는 의회에서는 본회의장에서 정부를 비판하는 야당의 역할이 강조되며, 갈등적 정치문화가 보편적이다.[84] '일하는 의회' 체제가 보여주듯이 위원회는 에두스꾼따의 척추에 해당한다고 말할 수 있다. 위원회 회의는 대개 비공개 상태로 개최되며, 이는 건설적 주장과 여야를 포함한 정당 간의 정치적 협력을 위한 중심 공간을 제공한다.[84]

우리는 비공개회의가 가지는 장점을 기본적으로 긍정한다. 비공개회의는 의회 정당 그룹들 간에, 그리고 의회와 행정부 사이에 정보의 비밀 교환을 가능하게 하며, 이는 결과적으로 충분한 정보에 기초한 숙고된 의사결정을 촉진할 수 있다.[86] 그럼에도 개방성openness(투명성)은 근대 민주주의의 핵심 원칙이라 할 수 있고, 일반 시민들과 사회적 취약 집단의 의회에 대한 접근이 제한되는 가운데 '유주얼 서스펙트usual suspects'와의 폐쇄적 협상에 의존하는 것은 장기적으로 의회 결정의 정당성 약화를 초래할 수 있다.[87] 그러므로 의회 위원회들은 더 다양한 범주의 사회적 행위자들을 포함해 시민들과의 관여를 증진하기 위해 입법 협의의 틀을 더욱 확대할 필요가 있다. 최소한 전문가 청문회 과정은 비공개를 요하는 특별한 사유가 없는 한 원칙적으로 대중에 공개할 필요가 있다. 다만, 최근 한 연구는 위원회 협의 과정의 개방성 확대가 청문회 등 참가자들의 사회적 다양성을 줄이는 역설적 효과를 낳을 수 있음을 시사했다.[88] 위원회 시스템의 개혁 과정에서 절차적 투명성과 대표의 다양성 사이에 딜레마적 긴장이 존재한다는 점을 인지하고, 실제 제도개혁 과정에서는 균형적이고 면밀한 검토가 필요해 보인다. 아울러, 시민들이 위원회에 법안 관련 의견이나 증거 자료를 제출할 수 있도록 온라인 협의나 E-의회와 같은 제도적 기제들이 설계될 수 있을 것이다(더 자세한 논의는 5장과 7장을 참조).

끝으로, 에두스꾼따 내부의 정치적 의지를 측정하는 것은 어려운 일이지만 핀란드의 의회 문화는 시민들의 영향력 증가를 위한 참여적 채널을 실행하는 데 그리 적극적이지 않아 보인다. 에두스꾼따는 시민들에게 다가가려는 노력보다는 정부 법안의 심사 등 행정부 감독에 역점을 두어왔으며, 전통적 양식의 대의 민주주의에 대한 강한 애착, 그리고 민주적 혁신을 향한 소극적 태도를 노정해왔다고 말할 수 있다.[89] 시민발의 제도는 동성결혼 합법화 발의안의 성공에서 보듯이 장기적으로 더욱 참여적 입법 문화를 불러올지 모른다. 위원회 심의 절차의 개방성을 일부 확장하면서 시민발의 제도는 정부나 기성 정당들이 제기하지 않으려 드는 정책 의제들을 공론화함으로써 공적 대화와 토론, 그리고 시민참여의 확대에 기여하였다. 그러나 아직 시민발의 제도의 효과에 대해 단정적 결론을 내리기에는 이른 면이 있다. 분명한 것은 더 열린, 포용적 의회-시민 관계를 발전시키기 위한 지속적 의회 개혁과 혁신 노력이 요청된다는 점이다.

4장 주석

1 M. Nalbantoglu, "Avioliittolain kannattajat huusivat 'Kiitos', vastustajat veisasivat 'Kun on turva Jumalassa'", Helsingin Sanomat, 28 November 2014.

2 IPU 2006, 2012.

3 Leston-Bandeira 2012b.

4 http://web.eduskunta.fi/Resource.phx/parliament/aboutparliament/presentation/parliamenthouse.htx. (검색일: 2014.2.28)

5 Tiimonen과의 인터뷰.

6 http://suomiareena.fi/info/tata-on-suomiareena 참조.

7 Könkkölä와의 인터뷰; Könkkölä & Saraste 1996.

8 http://rundvandring.riksdagen.se/en/, 2014.2.28. 검색.

9 IPU 2009.

10 https://www.eduskunta.fi/FI/tietoaeduskunnasta/kirjasto/aineistot/eduskunta/valtiopaivaasiakirjat-tietopaketti/Sivut/Valiokuntien-asiantuntijakuulemiset.aspx. (검색일: 2015.10.1)

11 Hansard Society 2011b: 29~30; Brundin 2005: 26; Korkeila와의 인터뷰.

12 http://index.okfn.org/place/finland/ 참조.

13 Granickas 2013.

14 http://www.helsinkikanava.fi/www/kanava/fi/videot/video?id=2887. (검색일: 2016.10.20)

15 Kiuru, Niikko, Rehula, Tiimonen, Toivola, Vahasalo와의 인터뷰.

16 에두스꾼따 홈페이지에서 자료 수집(http://web.eduskunta.fi/Resource.phx/eduskunta/organisaatio/kansanedustajat/blogit.htx, 검색일: 2014.9.14).

17 Arter 2011, 2012.

18 Tiimonen과의 인터뷰.

19 http://www.eduskunta.fi/thwfakta/hetekau/hex/hex3000.shtml. (검색일: 2014.9.18)

20 http://www.bbc.co.uk/democracylive/bbc_parliament/. (검색일: 2014.2.28)

21 http://www.c-span.org/about/. (검색일: 2015.1.12)

22 http://www.natv.go.kr/renew09/brd/info/history_vw.jsp. (검색일: 2014.11.19) 그러나 프로그램의 편성 기획과 내용, 그리고 시청자와의 소통 등에서 국회방송은 많은 한계를 갖고 있다.

23 Hansard Society 2011b: 21.

24 Hansard Society 2011b: 23~24.

25 Korkeila, Tiimonen과의 인터뷰.

26 Papaloi & Gouscos 2011.

27 Teixeira de Barros et al. 2016.

28 Leston-Bandeira & Bender 2013.

29 https://itunes.apple.com/gb/app/my-politics-uk/id349169443?mt=8. (검색일: 2014.8.28)

30 Aitamurto & Landemore 2015.

31 Aitamurto et al. 2014.

32 Seo & Raunio 2017.

33 Eduskunta [2000] 2012.

34 의회 절차에 관한 규정(§71)에 따르면, '의회 문서는 정보 네트워크에서 대중들이 이용할 수 있어야 한다.' 이 규정은 본회의 기록, 정부 법안 및 보고서와 의견서, 위원회 보고서와 의견서, 의원 법안, 대정부질문 및 의원 질의서 등에 적용된다. 하지만 위원회의 경우 해당 문서가 핀란드의 국제관계나 금융 시장에 중대한 해를 끼칠 수 있는 경우, 또는 상업적, 직업적 비밀 정보나 개인의 건강 또는 금융 정보를 포함한 경우에는 문서를 공개하지 않기로 결정할 수 있다(§43a).

35 공개 청문회와 회의는 의회 웹사이트를 통해 실시간으로 지켜볼 수 있고, 회의가 끝난 뒤에 다시 볼 수 있다. 그러나 그 경우에도 위원회 속기록은 제공되지 않는데, 이로 인해 시청자들이 참가자들의 주장과 위원회 토론 내용을 자세히 그리고 효과적으로 검토하는 데 어려움이 있다.

36 Perustuslaki, Constitution of Finland [1999] 2012.

37 Husa 2011: 75~78.

38 Smith 2009, 2013.

39 Beetham 2011; Papadopoulus 2012; Hendriks 2016.

40 Setälä et al. 2010.

41 Raisio 2010.

42 Setälä 2011; Raisio 2010.

43 T. Peltomäki, "HS-selvitys: Heitä eduskunta kuuntele", Helsingin Sanomat, 2013.4.28.

44 Holli & Saari 2009.

45 Halpin et al. 2012.

46 Hansard Society 2011b: 42; Norton 2012: 415.

47 https://petition.parliament.uk/. (검색일: 2016.4.14) 그러나 10만 명 넘는 서명을 모은 청원의 경우에도 영국 하원이 그 심의를 고려할 수 있다(공식 의무는 아님)고만 규정되어 있어 제도적 효과성에 의문이 제기된다.

48 Carman, 2006; Hough, 2012; Lindner & Riehm, 2011; Andeweg, 2012.

49 https://www.oikeusasiamies.fi/documents/20184/42383/2017-fi/07c82b12-87ac-4c57-971f-e073ff880d3c. (검색일: 2019.1.15)

50 Pekkanen과의 인터뷰; Christensen et al. 2015.

51 Ministry of Justice 2014: 38~42.

52 Pekkanen, Wilhelmsson과의 인터뷰.

53 Vahasalo와의 인터뷰.

54 Hansard Society 2011b: 63~65.

55 청소년 의회의 의석 배분도 일반 선거구의 크기에 비례해 할당된다.

56 Nuorten Parlamentti 2008: 2~6.

57 http://verkkolahetys.eduskunta.fi/webtv.case#c=2394863&v=39239550&p=0&l=fi &t=0. (검색일: 2014.9.9)

58 E. Pyykkönen, "Koululaisethiillostivatministereitä", Helsingin Sanomat, 2016년 3월 16 일. 청소년 의회 웹사이트도 함께 참조할 것(www.nuortenparlamentti.fi).

59 Eduskunta 2013.

60 Patrikios & Shepard, 2014.

61 Tiimonen과의 인터뷰.

62 Könkkölä, Lämö, Salin과의 인터뷰.

63 Hansard Society 2011b: 58~59.

64 Arter 2000.

65 Eduskunta 2012; Tiihonen 2011, 2014.

66 Aitamurto 2012.

67 Aitamurto & Landemore 2013: 4.

68 Tynkkynen, Tiihonen과의 인터뷰.

69 Groombridge 2006; Hansard Society 2011b: 45.

70 Hansard Society 2011b: 75.

71 IPU 2012; Norton [2005] 2013: 280~294.

72 Hansard Society 2011b: 77~78.

73 Mustajärvi 2011: 60.

74 Rehula, Määkipää, Laine와의 인터뷰; Pekonen 2011.

75 Arter 2012.

76 Tiihonen과의 인터뷰.

77 Raisio, Harri & Lundström, Niklas, "Vaikeat ongelmat ratkaistaan yhdessä kansalaisten kanssa", Helsingin Sanomat, 15 January 2013; K. Kartunen et al., "Oikeuskansleri: Hyvä hallinto ei toteutunut Himas-tutkimuksessa", Helsigin Sanomat 7 September 2013.

78 Husa 2011: 75.

79 예컨대 Arter 2012를 보라.

80 서현수 2018.

81 이 과제는 핀란드 정부의 온라인 플랫폼(Otakantaa.fi)에서 이루어진 시민 토론과 투 표에서 약 20%의 참가자 지지를 받아 최우선 개혁 과제로 선정되었다.

82 Peura-Kapanen et al. 2013.

83 Eduskunta 2014; PTK 26/2014 vp.

84 Arter 2016 : 214~215 ; Bergman & Strøm 2011.

85 Helander & Pekonen 2007 ; Pekonen 2011 ; Raunio & Wiberg, 2014.

86 Fasone & Lupo 2015.

87 Norton 1999 : 15.

88 Pedersen et al. 2015.

89 Arter 2012.

5.
핀란드 의회 위원회는 시민사회와 어떻게 소통하는가?
의회의 입법 협의 채널과 방법 분석

들어가며

입법 위원회는 현대 민주적 의회의 핵심 기구이자 절차로 기능한다. 강한 위원회 시스템은 정책 형성 과정에 영향력을 미칠 수 있는 효과적 의회를 위한 '충분하지는 않지만 꼭 필요한a necessary if not sufficient' 요건으로 간주된다.[1] 영국식 웨스트민스터 의회 시스템과 대조적으로 중부 유럽 대륙과 북유럽의 일하는 의회들은 본회의 연설과 논쟁보다 위원회에서 정부 법안을 심사하고 행정부를 감독하는 일에 더 우선순위를 부여한다.[2] 더욱이, 영국 의회도 1979년과 1998년의 의회 개혁을 통해 위원회의 역할을 강화하였고, 이와 유사하게 스코틀랜드 의회도 1999년 분리 이후 북유럽 의회들처럼 위원회 중심의 일하는 의회를 지향해왔다. 의회 위원회의 위상과 기능은 세계의 많은 의회에서 그 중요성이 더욱 커져 왔다고 할 수 있다.[3]

의회 위원회는 입법 과정에서 국가와 시민사회를 연결하는 중요한 제도적 채널을 제공한다. 입법안을 심사하면서 위원회는 외부의 정책 이해관계자들을 청문회에 초대해 증거를 수집하며, 이는 정당하고 효과적인 공공정책 결정을 위한 우선적 자원을 의회에 공급한다. 학자들은 입법 과정에서 의회 위원회의 역할과 이익단체 간의 전략적 상호작용에 대해 주목해왔다.[4] 또, 스코틀랜드 의회 위원회의 시민 관여 활동은 최근 의회와 시민사회 간 소통에 관한 학문적 관심 증가에 기여했다.[5] 그럼에도 의회 위원회들이 실제 현실에서 어떻게 활동하는지, 그리고 확립된 이익단체들 외에 일반 시민들과는 어떻게 의사소통하는지에 대해 아직 연구가 부족한 상황이다.[6]

핀란드 의회 에두스꾼따는 강한 위원회 시스템을 갖고 있다.[7] 위원회들은 특정 부처에 상응하는 고유한 정책 영역이 있으며, 헌법적 지위를 가지는 상임 기구로 운영된다. 위원회는 정부 법안과 의원발의안을 심사하고, 전문가 청문회를 개최하며, 이익단체들로부터 의견서를 제출받고, 상세한 토론과 검토 이후 보고서 또는 의견서를 채택한다. 이 과정에서 의원들과 의회 정당 그룹들PPGs 간의 협상이 벌어진다. 정부 법안은 위원회 업무에서 높은 우선순위를 부여받지만, 의원발의는 전체 의원의 다수(100명 이상)가 지지하지 않는 한 대개 위원회에서 심의되지 않고 보류된다. "정부 법안이 가장 우선 다루어지고, 그다음에 나머지 것들이 처리됩니다"라고 사회보건위원장 유하 레훌라Juha Rehula 의원은 말했다. 나아가, 2012년 3월 1일부터 위원회는 유권자 5만 명 이상의 서명을 받아 의회에 제출된 시민발의 안에 대한 심사를 진행하고 있다. 헌법개혁 등의 과정에서 권한이 한층 강화된 에두스꾼따 위원회들은 법안에 대해 빈번한 수정을 가하며, 합의 지향적이고 실용적 접근을 취한다.[8] 앞서 서술한 것처럼 핀란드에서 위원회 절차는 통상 공중에 개방되지 않는다. 비공개 상태에서 조성되는 정책 결정자들 사이의 신뢰 기반과 자유로운 비밀 협상이 갖는 장점에도 불구하고 에두스꾼따는 위원회 심의의 투명성 제약에 대하여 종종 비판을 받고 있다.[9] 공개 청문회 및 공개 위원회 회의가 늘면서 위원회 투명성은 점진적으로 개선돼왔지만, 시민발의 도입 후까지의 변화를 고려해도 공개회의와 청문회는 여전히 매우 적은 수에 머물러 있다. 또한, 의회 위원회 단계에서 입법적 시민 관여legislative civic engagement 활동이 어떤 범위와 수준에서 이루어지는지 자세히 연구할 필요가 있다.[10]

경험적 분석을 위해 우리는 2장에서 '위원회 협의 지표committee consultation index'를 도입하였다. 이 지표는 세 수준의 위원회 관여 활동으로 구성된다. ① '전문가 협의'는 외부 이해관계자 집단들과 소통하기 위한 표준적 의회 메커니즘을 가리킨다. ② '공동 협의'는 일반 시민들이 법안에 의견을 제시하거나 증거 자료를 제출하는 등 위원회 심의 과정에 관여하는 것을 허용하는 협력 메커니즘이다. ③ '아웃리치 프로그램과 현장 방문 조사'는 입법 협의 과정에서 평범한 시민들과 사회적 취약 계층의 목소리를 듣기 위해 더 적극적으로 다가가려는 의회의 노력들을 포괄한다. 각각의 차원은 의회 위원회가 행하는 시민 관여 활동의 방법과 수준을 측정하기 위한 세부 경험적 지표들로 구성된다(2장과 표 2.3 참조).

이 장에서 우리는 위 지표를 적용해 입법 과정에서 핀란드 의회가 어떻게 시민사회와 소통하는지를 분석·평가한다. 구체적 연구 질문은 다음과 같다.

• 에두스꾼따 위원회들은 입법 의제설정, 정부 법안의 심사, 전문가 청문회 개최, 법안의 수정, 본회의에 보고서나 의견서 제출 등 다층적 입법 심의 과정에서 실제로 어떻게 일하는가?

• 어떤 방법과 채널을 통해 위원회들이 시민사회 행위자들(조직화된 시민과 개별적 시민 모두를 포함)과 상호작용하는가?

• 위원회 절차가 얼마나 개방적인가 혹은 폐쇄적인가, 그리고 위원회 협의 활동이 규모의 측면에서 얼마나 넓거나 좁은가?

• 위원회 심의 과정에서 정당 정치와 합의 지향 위원회 문화 사이에 어떤 정치적 다이내믹이 관찰되는가?

• 위원회 투명성의 수준이 의회 위원회들의 입법 역량에 어떻게 영향을 미치는가? 폭넓은, 참여적 위원회 협의 활동들이 어떤 효과를 나타내는가?

이 질문들에 답하기 위해 우선, 에두스꾼따 위원회 관련 사례 연구를 실시하였다. 우리는 2013년 알코올법 정부개정안HE 70/2013 vp에 대한 의회 사회보건위원회Sosiaali-ja terveysvaliokunta의 심사 과정을 살펴봄으로써 전형적인 입법 위원회가 논쟁적 사회정책 의제를 다루는 과정에서 시민사회와 어떻게 소통하는지 검토하였다. 둘째, 우리는 단일 사례 연구의 잠재적 한계를 보완하기 위해 에두스꾼따 위원회 협의 활동 전반에 관한 시계열적·비교적 통계 데이터를 분석하였다. 통계는 1998년부터 2014년까지의 기간 동안 에두스꾼따의 16개 상임위원회 활동에 관한 데이터를 포함한다. 셋째, 우리는 '위원회 협의 지표'의 틀에 따라 에두스꾼따 위원회들의 공동 협의와 아웃리치 활동을 함께 조사하였다. 분석 결과를 토대로 우리는 핀란드 의회 위원회의 입법 협의가 주로 표준적(전문가) 협의의 범주 내에서 이루어지고 있음을 밝히고, 그 장단점과 함께 향후 필요한 개선 방안에 관해 논의할 것이다. 핀란드는 다른 북유럽 국가들처럼 결사체 중심의 합의적 민주주의의 특징을 공유하고 있고, 특히 조직화된 시민사회 단체와 전문가 중심의 정책 협의 체계가 잘 발달해 있다. 그러나 다른 한편, 시민 개개인이나 넓은 의미의 공중은 의회 심의 과정에 접근할 기회가 대체로 제한돼 있으며, 이는 핀란드 의회 위원회의 미래 역할과 활동 방식에 관한 중요한 도전을 제기한다.

연구 방법과 데이터

앞서 말한 대로 에두스꾼따 사회보건위원회의 2013년 알코올법Alkoholilaki, The Alcohol Act 정부개정안 심사 과정에 대한 사례 연구를 제시한다. 사회보건위원회는 에두스꾼따 위원회의 서열에서 상대적으로 높은 지위를 차지하는 전형적인 입법위원회이다.[11] 위원회는 사회보장과 건강 돌봄, 사회보험 및 연금 제도 등 광범위한 사회정책을 다루며 핀란드 복지국가에 관한 핵심 입법을 책임지는 주요 의회 위원회라 할 수 있다.[12] 사례 연구에서 우리는 사회보건위원회와 함께 관련 위원회인 헌법위원회와 교육문화위원회에 대한 분석을 병행함으로써 의회 입법 심의 과정에 대한 총체적 그림을 제시하고자 한다. 분석은 세 위원회 사이에 나타나는 서로 다른 특징들을 비교한다. 그런데 왜 하필이면 알코올 정책일까, 의문을 품는 독자들도 있을 것 같다. 핀란드 유학 과정에서 발견한 것이지만 음주 문제는 근대 북유럽 복지국가의 출현 이래 늘 중요하고 논쟁적인 사회정책 의제였다. 19세기 말부터 20세기 초반까지 강력하게 전개된 금주운동raitiusliike, temperance movement과 금주법 Kieltolaki, Prohibition Act, 1919~1932 시대로부터 제한된 주류 소비가 가능했던 국가 독점 시스템ALKO을 거쳐 EU 공동 정책의 틀 속에서 점진적인 자유화 추세에 이르기까지 주요 정치 · 사회적 변화들이 알코올 정책과 입법에 반영되어 있다. 알코올음료의 광고 규제를 강화하기 위한 2013년 정부 법안도 광범위한 사회적 토론을 불러왔다.

법안에 대한 의회 심의 과정과 위원회 입법 협의 활동을 분석하기 위해 다양한 종류의 입법 문서를 수집하였다. ① 정부 법안과 관련 정책 문서들 ② 의원들의 발언 속기록을 포함한 본회의 의사록, 위원회 보고서와 의견서들, 이익단체와 전문가들이 제출한 의견서 등. 나아가, 책임위원회인 사회보건위원회 위원장을 비롯한 의원 2명, 위원회 비서 3명, 이해관계자 단체 대표 6명 등 11명과 반半구조화된 형태의 심층 인터뷰를 하였다. 인터뷰 분석은 에두스꾼따 위원회의 실제 활동 방식과 입법 심의 과정을 둘러싼 정치적 다이내믹을 심층적 수준에서 드러내는 데 기여했다.

그럼에도 단일 사례 연구는 연구 결과를 일반화하고 충분히 의미 있는 함의를 도출하는 데 한계를 지닐 수 있다. 이러한 우려를 해소하기 위해 우리는 핀란드 의회 전체 위원회의 입법 협의 활동에 관한 통계 데이터 분석을 하였다. 2015년도에 핀란드 의회 도서관은 1998~2014년 동안 위원회 협의에 응한 전체 전문가 목록을 엑셀 파일로 정리하여 공개하였고,[13] 이 방대한 분량의 일차 자료에 대한 분석과 검토를 바탕으로 우리는 일련의 시계열적·비교적 통계 데이터를 생산하였다. 분석 결과는 에두스꾼따 위원회의 전문가 협의 활동의 규모가 어떠한지, 누가 청문회 등 위원회 절차에 자주 초대되는지, 그리고 위원회별로 어떤 차이가 나타나는지 등을 효과적으로 보여준다. 이와 함께 우리는 '위원회 협의 지표'의 다른 지표들, 곧 공동 협의co-consultations와 아웃리치outreach 활동에 관한 지표들도 함께 분석할 것이다.

다음 절에서 우리는 우선 독자들의 이해를 돕기 위해 핀란드의 알코올 정책과 법률에 관한 맥락적 설명을 제시한다. 그다음 절은 2013년의 알코올법 정부개정안이 의회에서 어떻게 심의되었는지, 세 위원회의 입법 절차를 따라가며 개괄적으로 살펴본다. 이를 기반으로 우리는 위원회와 시민사회 간의 입법적 의사소통의 범위와 질에 대한 체계적 분석과 평가를 제출한다. 의회 문서 및 인터뷰 기록의 분석과 별도로, 위원회의 전체 입법 협의 활동에 관한 시계열적·비교적 통계 데이터가 제시된다. 또한, 우리는 핀란드 의회 위원회들이 표준적 협의 채널을 넘어 공중과 소통하고 사회적 약자들에게 다가가기 위해 어떤 노력을 벌이는지 조사한다. 마지막으로, 연구 결과를 요약하면서 이 연구가 변화하는 의회-시민 관계의 분석에 어떤 함의를 주는지 논의한다.

핀란드의 알코올 정책과 법률

스웨덴과 노르웨이에서처럼 알코올 정책은 급속한 산업화가 일어난 19세기 이래 핀란드에서도 줄곧 중요한 공적 이슈로 작용했다. 금주 운동은 노동 계급의 각성과 규율을 장려하였다. 초기 국가 엘리트들이 노동계급 가족들의 복지를 보호할 필요를 받아들이면서 시작된 금주운동은 이내 노동운동 및 초기 여성운동을 아우르는 대중적 캠페인으로 발전하였다. 금주 운동은 핀란드 전역에서 거대한 집합적 열정을 동원하는 데 성공했고, 시민사회 네트워크와 정당 조직들에 깊이 뿌리내린 결과 그 영향력이 1980년대까지 지속될 정도였다. 금주 운동의 성공은 금주법Kieltolaki의 제정으로 이어졌다. 1907년 근대적 의회로 새로 설립된 에두스꾼따가 제정한 금주법은 핀란드의 독립이 이루어진 뒤 1919년부터 실제 적용되었다. 그러나 밀주 등의 성행으로 인해 법의 실효성이 없어지자 1931년 핀란드 역사상 첫 국민투표를 거쳐 폐지되었다.[14] 금주법이 폐지된 뒤 핀란드 정부는 알코올에 대한 국가 독점 시스템Alko을 도입했다. 알코Alko는 술의 생산, 판매, 수입과 수출, 그리고 심지어 알콜 음료를 판매할 수 있는 식당 면허에 이르기까지 알코올 산업 전반을 엄격히 규제하였다. 상당한 자율성을 부여받은 알코는 알코올 정책의 수립과 실행에 있어 중요한 행위자로 기능하였다. 1968년의 알코올 정책의 일부 자유화 조치에도 불구하고 알코의 엄격한 독점 시스템은 핀란드가 두 번째 국민투표를 통해 유럽연합EU에 가입한 1994년까지 지속되었다.[15]

EU 가입 이후 핀란드는 EU 공동 시장 정책의 틀에 국내 정책과 입법을 적응시켜야 했고, 이는 핀란드 알코올 정책의 근본적인 변화를 초래하였다. 1994년 알코올법은 알코의 핵심 기능들을 분리하고, 알코올 판매와 광고에 관한 규제를 자유화함과 아울러 알코올 세제를 개편함으로써 포괄적 국가 독점 시스템을 상당한 정도로 규제 완화하였다. 자유화 방향의 개혁은 이후에도 계속됐다.[16] 핀란드는 EU 규제 때문에 2004년부터 여행자 수입 제한 규정을 폐지하였고, 이는 에스토니아로부터 여행자들의 알코올 수입이 급격히 증가되는 결과로 이어졌다. 여행자들의 알코올 수입은 2005년에 절정에 이르렀다. '유럽화의 효과'는 국가적 알코올 정책과 세법에 중요한 영향을 미쳤다.[17] 비록 핀란드의 전체 알코올 소비량은 다른 유럽 국가들과 비교할 때 중간 수준에 머무르고 있지만, 지난 50년간 꾸준히 증가하는 경향을 보여주고 있다. 북유럽 국가들 중 핀란드는 덴마크와 더불어 가장 많은 알코올을 마시는 것으로 나타난다. 결과적으로 알코올 관련 손상이 지난 20년간 빠르게 증가하였다.[18]

새로운 도전에 대응하기 위해 핀란드 정부는 최근 더욱 엄격한 알코올 정책을 재도입하기 위해 노력해왔다. TV와 라디오 광고의 규제가 다시 강화됐고, 알코올세(관세)가 증가됐다. 이에 더해 핀란드는 알코올 세제의 개혁, 어린이와 청소년 보호를 위한 알콜 광고의 규제, (알코올 문제에 대한) 조기 개입 조치의 개선, 그리고 알코올법에 대한 전면 개혁 등 정부 조치를 포함하는 국가 알코올 프로그램National Alcohol Programme, 2012~2015를 도입하였다.[19] 2013년 12월에는 알코올 광고의 규제를 다시 강화하는 내용의 알코올법 정부개정안HE 70/2013 vp이 의회에서 승인됐다. 그러나 알코올법에 대한 전면 개혁은 2014년 6월 갑작스러운 총리 사임과 내각 변경으로 인해 2015년 4월의 총선 이후 다음 정부의 과제로 넘겨졌다.[20]

2013년 알코올법 정부개정안(HE 70/ 2013 vp)에 대한 의회 심의

법안 작성을 위한 정부 단계의 협의 과정

순한 알코올음료의 이미지 광고에 대한 규제 필요성을 검토하라는 의회의 촉구를 받고 핀란드 정부 사회보건부는 2009년 9월 실무 그룹working group을 설립하였다. 2010년 실무 그룹의 백서를 출판한 뒤 사회보건부는 행정기관, 알코올 산업 및 광고 분야 이익단체, 그리고 아동 보호 및 건강 영역의 시민 단체들로부터 의견서를 받았다. 정부는 2011년 1월 TV와 라디오 광고 시간을 7시부터 23시까지 규제하는 내용을 포함한 법안의 초안을 준비하였다. 그러나 이 초안은 연정에 참여한 정당들 간의 강한 이견 때문에 의회 임기가 끝나는 2011년 봄까지 에두스꾼따에 제출되지 못하였다. 2012년 봄 사회보건부는 새로운 정부개정안을 작성하였다. 이 안에 대한 의견 수렴 과정에서 사회보건부는 다양한 이해관계자 단체로부터 총 40개의 의견서를 접수하였다. 3개 부처, 3개 행정기관, 1개 지방자치단체, 핀란드 아동 옴부즈맨 등 8개 공공기관, 알코올 산업, 광고 및 미디어 회사와 협회 등 산업과 기업 분야의 19개 단체, 교육, 건강 및 복지, 아동과 청소년 보호, 스포츠 단체 등 10개의 비영리 단체들, 그리고 2개의 중앙 연구기관과 1개의 정당(기독민주당 Christian Democrats) 등. 이들이 제출한 의견서는 두 개의 상반된 관점으로 명확히 나뉘었다. 행정당국, 건강과 아동 단체들, 그리고 일반 스포츠 단체들은 정부개정안을 지지한 반면, 음주산업 협회들, 미디어와 광고회사 및 관련 협회들, 그리고 프로스포츠를 운영하는 핀란드 아이스하키연맹은 알코올 광고에 대한 엄격한 규제에 반대하였다.[21]

정책 협의 절차를 거친 뒤 법안은 타협적 내용의 안으로 다시 작성되었다.

새로운 법안은 ① 알코올음료에 대한 TV와 라디오 광고 금지 시간을 7~21시에서 7~22시까지로 1시간 연장하고 ② 버스정류장, 대중교통 영역, 도심의 대형 옥외 비디오 광고 등 공공장소에서의 알코올 광고를 금지하며(공공 행사나 스포츠 경기는 제외) ③ 복권, 경품, 게임 또는 소셜미디어 등을 통해 소비자가 생산, 공유한 콘텐츠 기반 광고를 금지하는 내용을 담았다. 순한 알코올음료에 대한 이미지 광고는 금지되지 않았다.[22] 이 법안은 2013년 6월 6일 의회에 제출됐다. 에두스꾼따는 정부개정안을 비슷한 내용의 두 의원발의안LA 10/2012 vp; LA 90/2012 vp과 통합해 절차를 진행하였다.[23] 법안들은 알코올법 제33조를 변경해 알코올 광고를 규제하는 것에 관한 것이었다.

법안(HE 70/2013 vp)에 대한 의회 심의 과정

표 5.1은 위 법안에 대한 의회 심의 과정을 보여준다. 정부안이 의회에 도착한 뒤 에두스꾼따는 2013년 6월 11일과 12일에 걸쳐 본회의장에서 예비토론lähetekeskustelu을 진행하였다. 사회보건부 장관이 법안을 발제하였고, 이틀 동안 16명의 의원들이 토론을 벌였다(3명의 의원은 2회 발언). 그중 9명은 연정에 속한 여당 출신이었고(국민연합당 4명, 사민당 5명), 6명은 야당 출신이었다(중앙당 3명, 핀란드인당 3명).[24] 예비토론은 네 개의 큰 원내 정당들을 가로지르는 주요 균열을 드러내었다. 정책 위치는 여당들과 야당들 사이에서 확연히 달랐다. 그러나 여당들 내부에서도 국민연합당과 사민당 사이에 상당한 간극이 나타났다. 토론이 끝난 뒤 법안은 사회보건위원회로 할당되었고, 위원회는 법안을 심의해 보고서를 제출할 책임을 안게 되었다. 동시에 교육문화위원회와 헌법위원회는 법안에 대한 의견서를 채택해 사회보건위원회에 제출할 것이 요청되었다.

법안의 도착 이후 사회보건위원회는 비공개회의실에서 세 차례의 전문가 청문회를 개최하였다. 총 13명의 전문가들이 법안에 대한 의견을 발표하도록 초대되었다. 위원회는 또 청문회에 참석하지 않은 이해관계자 집단이나 개별 학자들로부터 8개의 추가 의견서를 수령하였다.[25] 헌법위원회의 의견서가 2013년 11월 29일 도착한 뒤, 사회보건위원회는 전문가 협의 절차를 마감하고 준비토론을 진행하였다(2013년 12월 3일). 이틀 뒤 마지막 위원회 회의가 소집됐다. 법안에 대한 상세토론을 진행한 뒤 위원회는 만장일치로 결론을 내리지 못하고 표결로 최종결정을 내렸다. 다수 의견에 바탕을 둔 위원회 보고서가 작성됐고, 야당 의원들의 반대의견vastalause이 첨부되었다.[26]

표 5.1 알코올법 정부개정안(HE 70/2013 vp)에 대한 의회 심의 과정

법안의 개시 단계		
법안의 개시	2013.6.6	사회보건부, 의회에 법안 제출
예비토론	2013.6.11~12	사회보건부 장관의 법안 발제; 의원 16명의 토론: 여당 9명(국민연합당 4명, 사민당 5명); 야당 6명(중앙당 3명, 핀란드인당 3명)
위원회 단계의 입법 심의		
사회보건위원회(StV)	2013.6.12	법안의 도착 공지
	2013.10.15	교육문화위원회 의견서 도착
	2013.11.6	전문가 청문회 계획 승인
	2013.11.13	전문가 청문회 (1): 공공 분야 전문가 3명
	2013.11.20	전문가 청문회 (2): 사적 분야 및 비영리 시민사회단체 7명
	2013.11.27	전문가 청문회 (3): 연구기관 및 학술 전문가 3명
	2013.11.29	헌법위원회 의견서 도착
	2013.12.3	전문가 청문회 종료; 준비토론
	2013.12.5	위원회 보고서(StVM 29/2013 vp) 초안에 관한 상세검토: 반대 의견서(vastalause) 첨부
헌법위원회(PeV)	2013.6.19	법안의 도착 공지; 전문가 청문회 계획 승인
	2013.9.27	전문가 청문회 (1): 부처 공무원 1명, 법학 교수 2명
	2013.10.2	전문가 청문회 (2): 옥외광고 협회 대표 2명
	2013.11.26	전문가 청문회 종료; 준비 토론
	2013.11.28	종합토론 및 위원회 의견서(PeVL 40/2013 vp) 초안에 대한 상세검토

(사회보건위원회 2013.11.13~12.5 및 헌법위원회 2013.9.27~10.2 구간: 서면 의견서 수령)

	2013.6.14	법안의 도착 공지	
교육문화위원회(SiV)	2013.6.19	비공식 토론	
	2013.9.6	전문가 청문회 (1): 두 개 정부부처 공무원 3명	서면 의견서 수령
	2013.9.13	전문가 청문회 (2): 교육, 건강 및 복지, 아동보호 영역의 전문가 4명	
	2013.9.20	전문가 청문회 (3): 스포츠 단체 전문가 4명	
	2013.9.25	전문가 청문회 (4): 알코올음료협회 및 중독예방협회 대표 2명	
	2013.10.4	전문가 청문회 종료; 준비 토론	
	2013.10.11	종합토론 및 위원회 의견서(SiVL 15/2013 vp) 준비를 위한 상세토론	
본회의 최종 의사결정 단계			
의제설정	2013.12.5	사회보건위원회 보고서(StVM 29/2013 vp)	
1회독	2013.12.10	위원회 보고서에 기반한 법안 종합토론(의원 10명의 토론)	
	2013.12.11	보고서에 대한 투표: 찬성 99, 반대 70, 기권2, 불참 28	
2회독	2013.12.16	보고서에 대한 토론(6명 의원 토론)	
		최종결정: 사회보건위원회 보고서가 제안한 형태로 정부개정안의 승인, 두 개의 통합된 의원발의안 기각	

다른 두 위원회의 절차도 비슷하게 진행됐다. 교육문화위원회는 전문가 위원회를 네 차례(2013년 9월 6 · 13 · 20 · 25일) 개최했고, 헌법위원회는 두 차례(2013년 9월 13일과 10월 2일) 개최하였다. 이에 더해 교육문화위원회는 10개의 추가 서면 의견서를 수령했고, 헌법위원회는 법률 전문가 1인으로부터 추가로 의견서를 수령했다. 청문회 이후 두 위원회는 의견서에 관한 만장일치의 합의에 도달하였다. 이 의견서들은 위원회 보고서 준비 과정에서 고려하도록 사회보건위원회에 송부되었다.[27]

교육문화위원회 의견서SiVL 15/2013 vp는 법안이 올바른 방향을 취하고 있다는 점을 인정하면서도 알코올 소비, 특히 청소년들의 알코올 소비를 줄이기 위해 보다 전일적이고 엄격한 접근을 요구하였다. 위원회는 TV와 라이오에서 알코올 광고 시간제한을 23시까지 확대하고, 청소년들에게 매우 영향력이 큰 알코올음료의 이미지 광고를 금지하는 것을 고려하도록 사회보건위원회에 권고하였다. 헌법위원회의 의견서PeVL 40/2013 vp는 법안에서 알코올 광고를 규제하는 조항들이 헌법(Section 12)이 보장하는 표현의 자유를 침해하는지 여부를 검토했다. 위원회는 법안이 전반적으로 헌법에 부합한다고 인정했지만, 동시에 아동, 청소년들이 자신의 의지와 상관없이 광고에 노출되는 공공 행사나 스포츠 게임을 예외로 인정하는 것에 대해 의문을 제기하였다. 나아가, 위원회는 소비자들이 생산하거나 공유한 콘텐츠를 활용한 공고를 금지하는 조항에 대해 우려를 표하였다. 관련 규칙이 명확히 정의되지 않아 메시지를 주고받을 권리와 같은 근본적 표현의 자유를 제한할 수 있다고 본 것이다.

사회보건위원회 보고서StVM 29/2013 vp는 2013년 12월 5일 제출됐다. 다수 위원들은 정부개정안을 지지하였다. 그러나 TV와 라디오 광고 금지 시간의 확대에 관한 교육문화위원회의 의견서와 아동, 청소년들이 노출되는 공공장소의 예외적 성격에 관한 헌법위원회 의견서도 역시 중요했다. 사회보건위원회 보고서에 서명한 의원들은 이미지 광고 금지 문제를 비롯한 이슈들이 알코올법 전면 개혁안을 심사할 다음 의회 입법 절차 속에서 다시 다루어져야 한다고 말했다. 보고서는 또 헌법위원회가 제안한 대로, 소비자가 만들거나 공유한 콘텐츠 기반 광고를 규제하는 조항들을 명확한 내용으로 고치도록 권고하였다.

반대 의견을 제출한 의원들은 알코올음료에 관한 이미지 또는 라이프스타일 광고가 금지되어야 하며, 오직 사진, 가격, 상점 접근성, 재료와 같은 상품의 기본 정보들을 담은 광고만 허용돼야 한다고 주장하였다. 이들은 TV와 라디오 광고 제한 시간을 7~23시로 강화해야 한다고 주장하였다. 나아가 이들은 공공장소에서 알코올 광고를 전면 규제할 것을 요구하면서 공공행사나 스포츠 게임에서 옥외광고를 허용한 법안을 비판하였다. 보건사회위원회 위원장을 비롯해 중앙당과 핀란드인당 등 6명의 야당 의원들이 반대 의견서에 서명하였다.

에두스꾼따는 2013년 12월 10일 법안의 1회독 절차를 진행하였다. 먼저 사민당 소속으로 사회보건위원회 부위원장인 안넬리 낄유넨Anneli Kiljunen의원이 위원회 보고서를 발제하였다. 그녀는 알코올 입법의 전면 개혁이 준비되는 과정에서 보다 일관되고 효과적인 정책 조치들이 취해져야 할 것이라고 강조하였다. 이에 중앙당 소속으로 사회보건위원장인 유하 레홀라Juha Rehula 의원이 반대 의견을 발표하였다. 알코올 광고에 대한 더 엄격한 규제를 옹호하면서 그는 본회의의 1회독 절차를 위한 기초로서 반대 의견서가 채택돼야 한다고 요구하였다.[28] 종합토론yleinenkeskustelu은 본회의장에서의 첫 예비토론과 비슷하게 진행되었다. 총 10명의 의원들이 발언에 나섰다. 여당 측에서 6명(국민연합당 1명, 사민당 4명, 스웨덴인민당 1명)이 발언한 반면, 야당은 4명(중앙당 2명, 핀란드인당 2명)이 발언했다. 여권, 특히 사민당 의원들은 비록 자신들도 사회정책과 건강정책의 관점에서 법안에 만족스럽지 않으며 아동, 청소년 보호를 위한 더 강한 규제를 선호하지만 정부개정안은 사회적 이해관계와 관점의 충돌을 고려한 하나의 불가피한 타협이라고 강조하였다. 야권 의원들, 특히 중앙당 의원들은 알코올 주조 연맹Panimoliitto를 제외한 거의 모든 시민사회 단체 대표들과 전문가들이 반대했음에도 불구하고 정부 법안과 위원회 보고서가 흐릿한 내용의 해결책을 제시했다며 강하게 비판하였다.[29]

다음 날 에두스꾼따는 1회독 절차를 속개하였다(2013년 12월 11일). 에두스꾼따는 위원회 보고서와 반대 의견서 중 어떤 제안에 기초해 향후 본회의 절차가 진행될 것인지를 결정하였다. 투표 결과 위원회 보고서가 채택되었다(찬성 99, 반대 70, 기권 2, 불출석 28). 몇몇 예외를 제외하고 거의 모든 찬성표는 여당들로부터 나왔고, 모든 반대표는 야당 의원들이 던졌다. 그렇게 에두스꾼따는 위원회 보고서가 제안한 대로 정부개정안을 승인하고 두 의원발의안을 기각하였다.[30]

닷새 뒤 법안에 대한 2회독 절차가 진행되었다(2013년 12월 16일). 여권 정당 소속 의원 6명(국민연합당 3명, 사민당 3명)과 야당 의원 3명(중앙당 1명, 핀란드인당 1명 등)이 본회의장에서 연설했다. 토론은 비슷한 패턴으로 진행되었다. 연정 참여 정당 소속 의원들은 법안을 옹호했고, 야당 의원들은 법안의 비일관성과 한계를 비판하였다. 그러나 치열한 토론은 일어나지 않았는데, 아마도 이미 정부 법안이 통과될 것으로 널리 인식된 탓일 것이다. 토론이 끝나자 의장은 에두스꾼따가 정부 법안을 승인했다고 선포하였다. 그렇게 2회독 절차가 끝났다. 법안에 대한 전체 의회 심의 절차가 종료된 것이다.[31] 그 뒤 에두스꾼따는 법안에 대한 최종결정을 담은 문서를 정부에 송부하였다.[32] 새 알코올법은 2014년 2월 28일 확정된 뒤 2015년 1월 1일부터 효력을 발휘하기 시작하였다.

입법 협의의 표준적 채널로서 전문가 청문회

전문가 청문회의 기본 기능

위에서 살펴본 대로 핀란드에서 의회 위원회와 시민사회 간의 표준적 소통 채널은 전문가 청문회로 선택된 이해관계자 집단의 대표들이 참석해 법안에 대해 의견을 발표한다. 위원회가 법안을 심의할 때 보통 최소 한 번 이상의 전문가 청문회가 실시된다. 우리 사례의 경우 사회보건위원회는 세 차례의 청문회를 열었고, 교육문화위원회는 네 차례, 헌법위원회는 두 차례 청문회를 열었다. 전문가 청문회는 세 가지 주요 기능을 가지는데 ① 위원들에게 법안 관련 이슈들에 대한 정보를 제공하고 ② 입법자들에게 다양한 사회적 영역과 집단들이 해당 이슈를 바라보는 다양한 관점을 제공하며 ③ 의원들이 전체 사안을 평가하고 결정할 수 있도록 돕는 수단을 제공한다.

> 부분적으로는 법에 친숙해지는 데 관한 것입니다. 그게 어떤 종류의 법이든
> 우리는 여기, 저기에서 다양한 관점들을 접하게 되지요. 물론, 영향을 미칩
> 니다. 그래서 우리(의원들)는 청문회를 근거로 해서 (법안에) 변화를 가합니
> 다. (…) 같은 청문회에서도 완전히 대립하는 관점을 가진 사람들이 있을 수
> 있고, 그 때 우리 역할의 일부는 무엇이 중요한 문제인지를 판단하는 것입니
> 다.[33]

에두스꾼따 위원회는 어떤 기준과 절차를 통해 청문회에 초대할 전문가를
선택하는가? 대개 경험이 풍부한 위원회 비서들이 초대할 전문가 목록을 작
성하고 위원회 회의에서 승인을 받는다. 인터뷰 당시 의회 사회보건위원장
이었던 레홀라Rehula 의원에 따르면, "이 또한 전문적 기술에 관한 것이어서
위원회 비서가 여기서 큰 역할을 한다." 개별 의원들도 어떤 사람의 의견을
듣고 싶은지 특정 전문가를 제안할 수 있으며, 위원회는 대부분 의원의 제안
을 함께 승인한다. "그게 반드시 무조건적인 의무는 아니지만 위원회는 누
구 의견을 들을 것인지 결정하고, 제안들은 보통 받아들여진다"라고 라이네
Laine(교육문화위원회 부비서)는 말했다. 위원장은 위원회 심의를 위한 일정을
수립하고 전문가 초대의 원칙을 제시함으로써 결정적 역할을 수행한다. 마
끼빠Mäkipää(사회보건위원회 비서)는 위원회가 실제로 어떻게 전문가 청문회를
준비하는지 다음과 같이 묘사한다.

> (…) (법안이) 도착하면 비서들의 공식 임무는 위원회에서 이 문제를 어떻게
> 다룰 것인지 준비하고 계획하는 것입니다. (…) 심의 절차는 공무원들이 주
> 도하는 방식으로 진행되기 시작하지요. 물론 의원들은 항상 누구 의견을 들

을 것인지 목록을 더하거나 자신만의 제안을 할 수 있습니다. 일반적으로 의원들의 제안은 거부되지 않습니다. 반대로 의원들이 제안하는 경우 함께 승인됩니다. (…) 물론 우리는 매우 경험많은 비서들입니다. 나 자신도 비서 업무를 거의 15년 동안 수행해왔고, 나의 부비서는 12년 동안 그 직위를 유지하고 있습니다. 우리는 위원회가 무엇을 원하는지 아주 잘 예측할 수 있어요. 하지만 계획하는 일은, 그래요, 공무원들의 손에서 상당 부분 이루어집니다. 물론, 다른 한편, (그것은) 위원장과 긴밀히 협의하는 가운데 이루어지지요.

의회 위원회 주관 전문가 협의의 범위

에두스꾼따 위원회가 주관하는 전문가 협의의 범위는 얼마나 좁은가 혹은 넓은가? 위원회 청문회 당 참가 전문가의 수는 이슈의 성격에 따라 다양한 것으로 보인다. 많은 경우 1~3명의 전문가로도 충분할 수 있지만, 어떤 경우에는 10명 혹은 20명 이상이 초대된다.

얼마나 많은 전문가 청문회가 필요한지, 한번으로 충분한지가 특히 고려됩니다. 많은 경우, 한 번이면 거의 충분합니다. (…) 그리고는, 다른 청문회의 경우 동시에 여섯, 일곱, 여덟 개 조직들이 있을 수도 있어요. 하지만 우리가 들어야 할 (전문가의) 목록을 준비할 때는 대개 더 많은 청문회가 필요하다는 것을 발견하지요.[34]

일부 극단적인 경우에는 심지어 70명 또는 100명의 사람들이 초대될 수 있다. "예를 들어, 현재 진행 중인 의료 보장 시스템의 개혁SOTE-uudistus의 경우 우리는 총 10회의 청문회를 개최했고, 50~55명의 다른 전문가의 관점을 들었다"고 레훌라Rehula는 말하였다.[35]

우리의 사례에서 사회보건위원회는 13명의 전문가들을 초청하였다. 교육문화위원회는 12명, 헌법위원회는 5명을 자신들의 청문회에 초대하였다. 이에 더해 사회보건위원회는 8개의 추가 서면 의견서를, 교육문화위원회는 10개, 헌법위원회는 1개의 의견서를 추가로 제출받았다. 이 수는 알코올 법안 HE 70/ 2013 vp을 심의할 때 사회보건위원회와 교육문화위원회가 더 폭넓은 전문가 협의를 진행했음을 시사한다. 알코올 정책은 핀란드에서 민감한 이슈이고 알코올 광고 규제를 강화하는 문제도 매우 논쟁적인 사안이었다. 위원회들은 그래서 분야와 집단을 가로질러 많은 이해관계자들의 의견을 수렴할 필요가 있었다. 헌법위원회는 법안의 헌법적 이슈에 관해 '정치적' 평가가 아닌 '법적' 평가에 초점을 둔다. 따라서 전문가 협의도 보통 전형적인 입법위원회들보다 그 범위가 좁은 편이다.

어떻게 입법 위원회들이 행하는 전문가 협의의 전반적 범위를 확인할 수 있을까? 홀리와 사리의[36] 연구가 한 가지 유용한 데이터를 제공한다. 성별 gender에 따른 묘사적 대표성descriptive representation에 주목하면서 이들은 에두스꾼따 위원회의 전문가 협의 과정의 특징을 연구하였다. 이에 따르면, 2005년에 핀란드 의회 위원회들은 위원회 보고서와 의견서를 생산하기 위한 600건의 의회 활동을 위해 4,630명의 전문가들을 초청하였다.[37] 각 안건별로 평균 7.6명의 사람들이 구두 또는 서면으로 자신들의 의견을 진술하도록 초대되었다. 그 수가 가장 낮은 편에 속하는 위원회들은 외무위원회(5.0명), 환경위원회(5.5명), 헌법위원회(5.8명), 경제위원회(6.5명), 대위원회(7.3명), 행정위원회(7.6명)이며, 이들은 안건당 평균 7.7명 이하의 전문가를 초대했다. 평균 7.7명에서 10명 사이의 전문가를 초대한 중간 수준의 위원회는 4개였는데, 교통통신위원회(7.9명), 사회보건위원회(7.9명), 국방위원회(8.1명), 법률위원회(8.9명) 등이었다. 전문가 협의 수준이 가장 높은 위원회들은 4개로 농업산림위원회(10.8명), 고용평등위원회(12.5명), 미래위원회(13.0명), 교육문화위

원회(13.6명)이며, 이들은 안건 당 평균 10명 이상의 전문가를 초대한 것으로 조사되었다.[38]

아래에서 우리는 핀란드 의회의 전문가 협의에 관한 더 최근 자료를 제시한다. 표 5.2는 2013년 에두스꾼따 위원회들이 실시한 전문가 협의의 폭과 범위를 묘사한다. 이 해에 에두스꾼따 의회들은 총 5,774회의 입법 협의(4,425회의 구두 진술과 1,349회의 서면 의견서 접수)를 실시했고, 총 605건의 입법 문서(253개의 위원회 보고서와 352개의 의견서)를 생산하였다. 입법 문서 당 평균 9.5회의 전문가 협의가 실시돼 앞선 연구 결과보다 더 증가한 수치를 나타냈다. 입법 협의의 평균 수치는 외무위원회, 행정위원회, 국방위원회, 경제위원회 등에서 상당히 증가한 반면, 대위원회, 미래위원회, 고용평등위원회에서는 감소하였다. 사회보건위원회와 헌법위원회의 경우 그 수가 안정되게 유지된 반면, 교육문화위원회에서는 그 수가 감소했으나 여전히 높은 수준을 유지하였다.

표 5.2 핀란드 의회 위원회의 전문가 협의 횟수(2013)

위원회	위원회가 출판한 입법 문서의 수			청문회 참석 전문가 수	추가로 제출된 서면 의견서의 수	입법 문서당 입법 협의의 수
	보고서 (mietinnöt)	의견서 (lausunnot)	합계 (보고서+의견서)			
대위원회	1	1	2	4	1	2.5 (5/2)
헌법위원회	7	43	50	226	65	5.8 (291/50)
외무위원회	8	9	17	176	16	11.3 (192/17)
재무위원회	35	8	43	293	70	8.4 (363/43)
감사위원회	10	8	18	113	57	9.4 (170/18)
행정위원회	26	30	56	509	305	14.5 (814/56)
법률위원회	18	27	45	305	66	8.2 (371/45)
교통통신위원회	19	31	50	294	123	8.3 (417/50)
농업산림위원회	22	37	59	471	163	10.7 (634/59)

국방위원회	2	12	14	126	13	9.9 (139/14)
교육문화위원회	16	25	41	374	135	12.4 (509/41)
사회보건위원회	30	23	53	349	67	7.8 (416/53)
경제위원회	38	44	82	636	162	9.7 (798/82)
미래위원회	0	4	4	34	2	9.0 (36/4)
고용평등위원회	11	17	28	251	48	10.7 (299/28)
환경위원회	10	33	43	264	56	7.4 (320/43)
합계	253	352	605	4425	1349	9.5 (5774/605)

누가 위원회에 증거 자료를 제출하는가?

실제로 누가 의회 위원회에 구두 또는 문서 형태로 증거를 제출하도록 초
대되는가, 그리고 그들은 어떤 사회적 영역과 집단을 대표하는가? 우리 연
구의 사례에서 사회보건위원회는 13명의 전문가를 초대하였다. 이 중 3명은
정부 부처와 행정기관의 공무원이었고, 4명은 알코올 산업, 미디어와 광고
산업의 협회들처럼 기업과 산업 영역을 대표하는 이들이었다. 또, 3명은 건
강, 교육, 스포츠 영역의 NGO를 대표하는 사람들이었고, 나머지 3명은 대
학이나 연구기관의 전문가들이었다. 교육문화위원회는 12명의 전문가를 초
대하였다. 이 중 3명이 공무원이었고, 1명은 알코올 산업 연맹의 대표자였다.
8명은 교육, 아동, 건강과 복지 분야의 시민단체 대표들이었고, 그중 3명은
스포츠 단체 대표였다. 헌법위원회는 5명의 전문가를 초대했다. 그중 1명은
정부부처 공무원이었고, 2명은 법학 교수, 2명은 옥외광고 협회의 대표였다.

사회보건위원회의 비서는 위원회가 네 개의 주요 사회 영역과 집단의 대표
들을 불러 이들의 의견을 균형 있게 청취하기 위해 노력했다고 강조하였다.

첫째는 관계 공무원을 찾는 것으로 시작합니다. (법의) 실행과 감독에 관련

된 것이지요. (…) 그런 연후 우리는 법안과 특별히 관련성이 있는 기업과 산업의 대표들을 찾아봅니다. 이번 법안은 알코올 산업, 양조업에 관련되고, 상점 외부에 광고하는 소매상들도 관계됩니다. 또 광고 산업과 연관된 미디어에 관한 문제이기도 해요. 그렇죠, 틀림없이 광고 산업 현장에 영향을 줍니다. 광고 산업은 많은 사람을 고용하기 때문에 반드시 (법안 심의 과정에) 영향을 미쳐야 합니다. 규제가 시행되면 (그 분야의) 많은 직업에 영향을 미치지요. (…) 그리고는 우리의 평가에 중요한 한 분야가 더 있습니다. 건강 증진 분야에서 활동하는 조직들의 의견을 듣는 것이지요. (…) 알코올 문제는 항상 민감하므로 우리는 양측의 의견을 균형 있게 들어야 합니다. (…) 그다음에는 물론 이 사안에 관한 연구 분야의 의견도 빈번하게 고려됩니다. 예를 들어 우리는 널리 알려지고 탁월한 알코올 연구소들을 갖고 있습니다. 그리고 이 사안의 경우 광고 분야 연구자들도 의견을 들어야 해요. 광고의 효과가 무엇이고, 어떤 종류의 도구들이 광고에 쓰여서 인간의 마음에 영향을 미치는지 등에 대해서 말입니다. 하지만 아카데미 세계는 (…) 불행하게도 의회 단계의 심의 과정에는 작은 역할을 수행합니다. (…) 이들 분야가 있습니다: 공무원들, 산업 영역과 시민단체들, 그리고 학문 세계의 이해관계자들 말입니다.[39]

위원회는 또한 빈번하게 초대돼 의견을 진술하는 고유한 '유주얼 서스펙트usual suspects' 목록을 갖고 있는 것으로 보인다. 앞서 언급한 대로, 전국 일간지 *Helsingin Sanomat*의 특별 보고서는 1998년부터 2013년까지의 자료를 분석해 에두스꾼따의 전문가 청문회에서 기업과 산업 영역, 그리고 잘 확립된 이익단체들이 과잉 대표되어 왔음을 시사하였다.[40] 사회보건위원회의 경우 네오코포라티즘neo-corporatism에 입각한 확대된 형태의 삼자 협상 체계tripartite negotiation system가 관찰된다. 특히 위원회가 다루는 연금 등 사회보험 관련 이슈들에 대하여, 정부 측과 함께 고용주와 노동자 단체를 모두 포함한 중앙 노동시장 조직들이 위원회 입법 협의 과정에 핵심적 행위자로 활동해왔다.[41] 교육문화위원회의 경우, "일반적으로 우리는 정부 부처 그리고 중앙행정기관의 의견을 먼저 듣습니다. (…) 위원회는 교사노조와 국가교육위원회 National Board of Education와 같은 주요 의견서 제출자들을 가지고 있는데, 이들은 그 전문성에 기반해 전문가 청문회 과정에 항상 참여합니다."[42] 반면, 헌법위원회는 보통 법률 전문가를 초대한다. 알코올법안HE 70/2013 vp을 심의하면서 위원회는 2차 청문회를 위해 '핀란드 옥외광고 협회'로부터 2명의 전문가를 초대하기로 결정했지만, 이는 위원회 관행에 비추어 하나의 예외적 조치였다. 위원회 비서는 다음과 같이 말한다.

> 비서의 제안은 이들 이익단체 대표들을 포함하지 않았습니다. 비서의 의견,
> 적어도 내 의견은 법적 평가와 문제의 실체적 내용을 한데 섞으면 안 되기 때
> 문에 위원회가 실제로 이익단체들의 의견을 청취하면 안 된다는 것입니다.
> 이 경우, 비서의 발제는 이익단체에 대한 의견 청취를 포함하지 않았고, 내
> 기억이 정확하다면, 우선 우리는 법률 전문가들의 의견을 들었습니다. 그런
> 연후 어떤 의원이 위원회에 옥외 광고 대표들의 의견도 듣는 것이 좋지 않겠
> 냐고 질문을 제기했고, 이에 위원회가 문제의 배경 지식을 위해 한 번 더 청
> 문회를 개최하기로 결정한 것입니다. 하지만 이것은 매우 드문 사례입니다.[43]

종합적 통계 분석: 에두스꾼따 위원회와 협의한 전문가들 (1998~2014)

여기에서 우리는 1998년부터 2014년까지 에두스꾼따 위원회에 구두 또는 서면으로 증거를 제출한 전문가들의 전체 목록 자료에 관한 경험적 연구 분석을 추가로 제시한다. 표 5.3은 우선 2014년 위원회 협의에 응한 전문가들의 수와 이들의 분야별 대표성을 나타낸다.

표 5.3 에두스꾼따 위원회 협의에 참여한 증거 제출자들(2014)

위원회	공공영역 (%)	사적영역(%)	제3섹터(%)	학계 전문가 (%)	기타(%)	합계
대외위원회	54 (62.8)	0 (0)	20 (23.0)	11 (12.6)	2 (2.3)	87
헌법위원회	237 (45.8)	2 (0.4)	26 (5.0)	251 (48.5)	2 (0.4)	518
외무위원회	545 (94.0)	2 (0.3)	24 (4.1)	16 (2.8)	2 (0.3)	580
재무위원회	833 (60.0)	60 (4.3)	411 (29.6)	83 (6.0)	2 (0.1)	1,388
감사위원회	351 (80.0)	5 (1.1)	45 (10.3)	36 (8.2)	2 (0.4)	439
행정위원회	765 (76.1)	4 (0.3)	188 (18.7)	48 (4.8)	0 (0)	1,005
법률위원회	471 (65.3)	3 (0.4)	177 (24.5)	62 (8.6)	8 (1.1)	721
교통통신위원회	283 (65.5)	34 (7.8)	106 (24.5)	7 (1.6)	1 (0.2)	432
농업산림위원회	489 (53.6)	26 (2.8)	327 (35.8)	64 (7.0)	6 (0.7)	913
국방위원회	252 (94.0)	0 (0)	11 (4.1)	4 (1.5)	1 (0.3)	268
교육문화위원회	302 (37.6)	21 (2.6)	386 (48.1)	88 (11.0)	5 (0.6)	802
사회보건위원회	470 (54.7)	15 (1.7)	310 (36.0)	64 (7.4)	1 (0.1)	860
경제위원회	482 (51.6)	69 (7.4)	309 (33.0)	73 (7.8)	2 (0.2)	935
미래위원회	21 (63.6)	0 (0)	2 (6.1)	10 (30.3)	0 (0)	33
고용평등위원회	290 (49.7)	11 (1.9)	227 (38.9)	49 (8.4)	7 (1.2)	584
환경위원회	226 (48.6)	14 (3.0)	178 (38.3)	47 (10.1)	0 (0)	465
합계	6,071 (60.5)	266 (2.7)	2,747 (27.4)	913 (9.1)	41 (0.4)	10,030 (100%)

표 5.4 에두스꾼따 위원회 협의 과정에서 제3섹터의 대표성(2014)

위원회	기업·산업 분야 이익단체	노동조합	직업단체	사회·문화적 시민단체	제3섹터 합계
대위원회	5	5	1	8	20
헌법위원회	0	2	7	17	26
외무위원회	1	0	0	23	24
재무위원회	182	47	71	111	411
감사위원회	8	7	3	27	45
행정위원회	28	69	45	46	188
법률위원회	26	37	47	67	177
교통통신위원회	73	9	6	18	106
농업산림위원회	71	12	179	65	327
국방위원회	1	7	1	2	11
교육문화위원회	75	91	94	126	386
사회보건위원회	68	98	65	79	310
경제위원회	215	34	32	28	309
미래위원회	2	0	0	0	2
고용평등위원회	74	72	18	63	227
환경위원회	69	9	41	59	178
합계	898	499	610	739	2,747
	32.7%	18.7%	22.2%	26.9%	100%

자료에 따르면, 에두스꾼따 위원회들은 2014년 한 해 동안 전체적으로 10,030명의 전문가들을 초대하였다.[44] 6,071명(60.5%)이 공공기관 종사자이고, 266명(2.7%)이 사적 영역, 2,747명(27.4%)이 제3섹터를 대표하는 이들로 분류된다. 또, 913명(9.1%)은 연구기관이나 대학에 종사하는 전문가들이었고, 41명(0.4%)은 '기타'로 분류된다. 사실 개별 전문가나 조직이 대표하는 사회 영역이나 집단을 어떻게 분류할 것인가는 논쟁적인 문제이다. 핀란드에서 조정된 시장경제에 기반한 복지국가와 근대 시민사회의 발달 이래 공공 영역, 사적 영역, 제3섹터 사이, 나아가 그 하위 영역과 집단의 경계가 흐릿해졌다. 최근 신공공관리new public management 시스템과 더불어 진행된 공공 서비스의 사영화privatization도 영향을 미쳤다. 그 결과 현재 다양한 하이브리드 형태의 조직들이 나타났고, 이들 조직의 법적 형태와 실제 기능은 공공 영역, 사적 영역, 제3섹터의 전통적 틀과 모순되는 것처럼 보인다. 향후 이러한 변화를 반영하는 새로운 분석 기준을 발전시킬 학술적 필요가 제기된다.

자료의 분석 결과 공공 영역은 형식적(기본적) 국가 기능에 관여하는 4개 위원회(외무위원회, 국방위원회, 감사위원회, 행정위원회)에서 70% 이상 압도적으로 대표되고 있는 것으로 나타났다. 반면, 교육문화위원회에서는 37.6%로 가장 적게 대표되고 있다. 다른 10개 위원회에서는 40~70% 사이로 대표되고 있다. (사회문화위원회 54.7%, 헌법위원회 45.8%) 구체적으로, 부처 공무원들과 중앙 행정 기관들이 공공 분야 협의에서 압도적 다수(4,611회, 76.0%)를 차지한 반면, 지방자치단체와 지역 행정기구의 대표들은 643회(10.6%) 초대됐다.[45] 공공 분야 다음으로 제3섹터가 위원회 협의 과정에 두 번째로 많이 대표되는 집단이다.[46] 교육문화위원회는 제3섹터의 전문가들을 가장 빈번하게(48.1%) 초대했는데, 이 수치는 심지어 공공 분야의 비중보다 더 큰 것이다. 사회 정책 분야에 밀접히 관련된 위원회들은 상대적으로 제3섹터 대표들을 더 많이 초대하는 비율을 보여준다. 고용평등위원회 38.9%, 환경위원회 38.3%, 사회보건위원회 36.0%, 농업산림위원회 35.8% 등, 이른바 '학문 세계' 곧 연구 기관, 학계 전문가 그리고 고등교육기관은 913회(9.1%) 초대되었다. 반면, 헌법위원회는 학계 전문가들을 가장 빈번하게(48.5%) 초대하였다. 이들 대부분은 법학자들로 위원회의 독특한 특징을 드러낸다. 한편, 사적 분야(영리 기업)[47]는 전체적으로 가장 덜(2.7%) 대표되었다. 그러나 이들은 교통통신위원회(7.8%), 경제위원회(7.4%), 재무위원회(4.3%)에 상대적으로 더 빈번하게 초대됐다. 사적 분야 이해관계자의 낮은 출석률은 제3섹터에서 기업과 산업 분야 이익단체의 빈번한 참여율을 고려하면 상쇄되는 면이 있다. 마지막으로, 0.4%를 점유한 작은 그룹이 존재하는데 이들은 특정 그룹으로 분류하기 어렵다. 이들은 특정 단체나 협회 등 조직적 연계가 없이 목록에 등재된 경우이다.[48] 이 중 일부는 최근 시민발의안들이 의회에 제출돼 심의되는 과정에서 청문회에 초대된 경우로 '개인 시민'의 자격으로 분류돼 있다.[49] 그러나 비중이 너무 작아 별도 그룹으로 분류하지 않는다.

표 5.4는 전문가 협의 과정에서 제3섹터의 대표에 관한 더 상세한 자료를 제공한다. 일부 숫자의 차이에도 불구하고 주요 분석 결과는 선행 연구의 그것과 상당히 일관된 패턴을 보여준다.[50] 2014년에 제3섹터 대표들이 참여한 2,747건의 입법 협의 중 기업과 산업 단체는 898회(32.7%), 노동조합은 499회(18.7%) 대표된 반면, 농어업 종사자들의 이익단체나 연금생활자와 학생 조직과 같은 여타 직업 단체들은 610회(22.2%) 대표되었다.[51] 나아가, 건강과 복지, 아동과 청소년, 장애, 이민, 종교, 스포츠와 레저 단체들, 그리고 가치 추구형 비정부기구들을 비롯한 사회적·문화적 시민단체들은 739회(26.9%) 초대되었다. 예상된 것처럼 기업과 산업 분야 대표들은 경제위원회(219회, 69.6%)와 재무위원회(182회, 44.3%)에 더 자주 초대됐다. 노동조합은 교육문화위원회, 사회보건위원회, 행정위원회에서 기업 및 산업 분야 대표들보다 더 많이 대표되었다. 다른 직업 단체들은 농업산림위원회에서 높게 대표됐

다(179회, 54.7%). 사회적·문화적 시민단체들은 교육문화위원회에서 가장 잘 대표됐지만(126회, 32.6%), 동시에 재무위원회, 법률위원회, 환경위원회에도 빈번하게 초대되었다. 전체적 관점에서 연구결과를 살펴보면, 사회보건위원회는 중앙 이익단체들과 정부 기구 사이의 확장된 삼자 협상extensive tripartite negotiating 프로세스에 기반한, 핀란드의 네오코포라티즘neo-corporatism 적 공공정책 수립 체계에서 중심적 입법 기관의 역할을 수행하고 있음을 알 수 있다. 비슷한 특징을 보이는 교육문화위원회는 입법 협의 활동의 측면에서 볼 때 가장 시민사회 친화적인 위원회로 여겨진다.

지금부터 위의 분석에 수직적 차원을 더하고자 한다. 장기적인 지표를 찾기 위해 우리는 1998년부터 2014년까지 사회보건위원회와 교육문화위원회가 시행한 전문가 협의 관련 데이터를 분석하였다. 표 5.5는 그 결과를 나타낸다.

위 시기 동안 사회보건위원회는 9,315회의 구두 또는 문서 형태의 증언을 받아들였다. 전체적인 그림은 2014년의 그것과 매우 비슷한 모습으로 보인다. 공공 분야 전문가들은 4,884회(52.4%) 초대되었고, 제3섹터는 3,559회(38.2%), 학술 전문가들과 연구기관들은 631회(6.8%), 사적 영역은 214회(2.3%) 각각 대표됐다. 2014년에는 기업과 산업 단체들, 노동조합, 그리고 다른 직업 단체들이 위원회의 제3섹터 협의 과정에 균형적으로 대표됐다. 사회적·문화적 시민단체의 비중은 전체 기간보다 2014년에 더 높았다. 다른 한편, 교육문화위원회는 2014년과 비교할 때 흥미로운 그림을 제공한다. 1997년부터 2014년까지 위원회는 6,684명의 전문가들을 초대했다. 공공 분야 전문가들이 가장 자주(3,070회, 45.9%) 초대됐고, 제3섹터가 2,583회(38.6%)로 그 뒤를 따랐다. 이들 숫자와 비율은 사회 정책 분야의 다른 입법 위원회들의 평균치에 접근하는 것으로 2014년의 모습과는 다른 그림을 보여준다. 곧, 이는 교육문화위원회가 공공 분야보다는 시민사회 단체들을 향해 전문가 협의의 범위를 확대해왔음을 시사한다.

표 5.5 에두스꾼따 사회보건위원회와 교육문화위원회의 증거 제출거들(1998~2014)

증거 제출자	사회보건위원회			교육문화위원회		
	청문회 출석	서면 의견서 제출	합계 (%)	청문회 출석	서면 의견서 제출	합계 (%)
공공 영역	4,688	196	4,884 (52.4)	2,847	231	3,070 (45.9)
정부부처와 중앙 행정기관	3,662	132	3,795 (40.7)	1,909	69	1,978 (29.6)
지역 정부와 지역 행정기구	567	35	602 (6.5)	492	96	588 (8.8)
기타 공공 단체	458	29	487 (5.2)	446	66	512 (7.7)
사적 영역	195	19	214 (2.3)	147	21	168 (2.5)
제3섹터	3,118	441	3,559 (38.2)	2,136	447	2,583 (38.6)
기업/ 산업 분야 이익단체	820	117	937 (10.1)	419	105	524 (7.8)
노동조합	993	181	1,174 (12.6)	395	91	486 (7.2)
직업 단체	598	68	666 (7.1)	631	96	727 (10.9)
사회적, 문화적 시민단체	707	75	782 (8.4)	682	155	837 (12.5)
학계와 연구기관	588	43	631 (6.8)	657	137	794 (11.9)
연구기관	430	22	452 (4.9)	80	7	87 (1.3)
학술 전문가	144	18	162 (1.7)	351	81	432 (6.4)
기타	14	3	17 (0.2)	226	49	275 (4.1)
기타	26	1	27 (0.3)	55	6	61 (0.9)
합계	8,615	700	9,315 (100)	5,842	842	6,684 (100)

표 5.6은 1998년부터 2014년까지 사회보건위원회의 입법 협의 절차에 가장 많이 참여한 20개 조직을 보여준다. 예상대로 정부 부처들과 중앙행정기관들이 가장 수위를 기록했고 중앙 고용주 단체들EK, Suomen Yrittäjät과 전국 단위 노동조합연맹들SAK, STTK, Akava이 자주 초대된 것을 알 수 있다. 보건복지연구원THL, National Institute for Health and Welfare과 같은 국책 연구기관들의 영향력도 인상적이고, 핀란드 지방자치단체협회Suomen Kuntaliitto와 헬싱키 · 우시마 지역 의료원HUS, Hospital District of Helsinki and Uusimaa의 빈번한 증언은 지방자치단체와 지역 행정기관의 목소리가 자주 청취되고 있음을 보여준다. 장애, 아동과 청소년 등 사회적 소수자 그룹을 비롯한 광범위한 시민사회 단체들이 의회에 초대되고 있지만, 이들 중 개별 단체가 최다 출석 참가자 목록에 등재된 경우는 발견되지 않았다.

표 5.6 사회보건위원회 입법 협의 최대 참가자(1998~2014)

순위	조직	증거 제출 횟수	%
1	사회보건부(Ministry of Social Affairs and Health)	1,961	21
2	핀란드 사회보험청(Kela)	553	5.9
3	핀란드 지방자치단체협회(Suomen Kuntaliitto)	353	3.8
4	THL / STAKES(국가건강복지연구원)	286	3.1
5	EK(핀란드 산업연맹)	279	3
6	SAK(핀란드 일반노조 연맹)	254	2.7
7	재무부(Finance Ministry)	246	2.6
8	핀란드 경영자연맹(Suomen Yrittäjät)	202	2.2
9	STTK(핀란드 전문직 노조연맹)	195	2.1
10	Akava(핀란드 전문, 관리직 노조연맹)	178	1.9
11	핀란드 연금센터(The Finnish Centre for Pensions)	138	1.5

12	고용경제부/ 고용부(Ministry of Employment and Economy/ Ministry of Employment)	131	1,4
13	법무부(Ministry of Justice)	121	1,3
14	교육문화부/ 교육부(Ministry of Education and Culture / Ministry of Education)	85	0,9
15	국가복지건강감독청 Valvira	78	0,8
16	핀란드 의료협회(The Finnish Medical Association)	73	0,8
17	국가재무처(State Treasury)	69	0,7
18	내무부(Ministry of the Interior)	66	0,7
19	MTK(농업생산자·산림소유자 중앙 연맹)	62	0,7
20	HUS(헬싱키·우시마 지역 의료원)	53	0,6
상위 20개 합산	상위 20개 전체	5,383	57,8
총 합계		9,315	100

헌법위원회는 보통 법률 전문가들을 초대한다. 표 5.4가 보여주었듯이 제3섹터 단체들의 위원회 청문회 출석은 매우 드문 일이다. 이와 관련해 선행 연구들은 몇몇 법학자들이 헌법위원회 협의 과정을 지배한다는 사실을 발견하였다.[52] 필자가 검토한 2013년도 헌법위원회의 입법 협의에 관한 의회 문서들의 분석 결과도 같은 결론에 도달하였다. 세 명의 법률 전문가들이 같은 기간 위원회에 총 58회(구두 37회, 서면 21회) 증거 자료를 제출하였다. 이는 전체 외부 증거제출자들의 18.0%(58/232)에 해당하는 것이다. 2013년에 위원회가 작성한 총 50회의 입법 문서 건수(7개 보고서, 43개 의견서 작성) 중 위세 전문가 중 최소한 한 명이 참여한 경우는 전체 위원회 입법 문서 건수 중80.0%(40/50)를 차지하였고, 나아가 위원회 의견서[lausunnot] 작성 건수만 계산할 경우 그 수치는 88.4%(38/43)에 달하였다.

요컨대, 핀란드는 다른 북유럽 국가들과 마찬가지로 매우 높은 수준의 결사체 민주주의associational democracy를 유지하고 있으며, 이러한 특징이 의회 위원회의 입법협의 과정에도 고스란히 투영되고 있는 것으로 보인다. 위원회 협의 과정은 주로 공공기관(특히 정부 부처) 및 조직된 사회단체 및 전문가들과의 대화에 주로 의지하고 있으며, 개별 시민들은 영향을 거의 미치지 못하는 모습이다. 이는 예컨대 스코틀랜드 의회와 상당히 다른 모습이다. 스코틀랜드 의회에서는 위원회 협의에 제출된 증거의 18.1%가 개별 시민들의 것으로 조사되는 등 위원회 협의 과정에 평범한 시민들이 적극 참여하고 있는 것으로 보고된다.[53] 또 다른 연구도 영국, 네덜란드, 덴마크 의회 위원회들의 입법 협의 과정에 시민 개인들이 상당한 비중으로 참여하고 있음을 시사한다.[54]

전문가 청문회의 의사소통 방식과 질

이제 다시 우리의 사례 분석으로 돌아와 입법 심의 과정의 질적 특징과 위원회 내부의 정치적 다이내믹을 검토해보자. 첫째, 위원회 청문회가 실질적으로 운영되는 방식에 일부 한계가 관찰된다. 예를 들어, 알코올법 정부개정안에 대한 사회보건위원회의 2차 청문회에는 너무 많은 전문가들이 초대되었다. 시간과 장소의 제약으로 인해 전문가들은 시각자료 없이 짧게 구두 진술을 마쳐야 했다. 사회보건위원장은 필자와의 인터뷰에서 다음과 같이 말하였다. "(⋯) 5~10분간 구두로 (하는데), 우리의 바람은 서면 의견서는 얼마든지 길 수 있다는 겁니다. 하지만 어쩌다 이런 식의 일정표가 나오지요. 청문회 한 번 하는데 12명의 이름이 있고 위원회 회의 시간은 두 시간이고 (⋯)" 또한, 전문가들 사이의 상호토론은 허용되지 않았다. 오직 의원들만 질문하고 지목된 전문가가 대답하는 방식으로 논의가 이루어진 것이다. 일부 전문가들은 짧은 시간의 제약과 청문회의 형식적 진행으로 인해 토론 과정이 전반적으로 제약되면서 이 회의가 의원들의 이해를 심화시킬 수 있는 진정한 토론의 가능성을 제공하지 못하였다고 비판하였다.

솔직히 말해 제 생각에 위원회 청문회들은 그리 소통적이지 않았습니다. 곧, 모든 전문가가 각자 자기 관점을 발표했고, 그 뒤 위원회 구성원들(의원들)이 전문가에게 질문했지만 상호작용은 많지 않았어요. 이 청문회에서 위원장은 미리 전문가들이 다른 사람 발표에는 의견을 달지 말 것을 주문했습니다. 아마도 그는 참석자들 사이에 매우 다른 의견들이 있다는 것을 알고 있었고, 만약 우리가 청문회에서 서로 충돌하기 시작하면 청문회 행사가 길어질 것인데, 그렇다고 반드시 새로운 가치를 가져올 것은 아니라고 생각했기 때문일 겁니다(알토-마뚜리Aalto-Matturi).

아니요. 나는 청문회에 만족하지 않았습니다. 시간이 너무 짧아서 (토론을 위한) 충분한 시간이 없었습니다. (…) 내가 만약 위원회에 있다면 나는 한 번에 한 가지 특정한 의견을 듣겠어요. 다른 위원회들은 그렇게 운영하지요. 무슨 이유에선지 사회보건위원회는 항상 다양한 의견들을 동시에 듣기를 원합니다. (…) 아마도 나 자신이 의원으로서 거기에 있다면 나는 특정한 주장에 대해 더 깊이 파고들고 싶습니다. 거기 있는 모든 사람을 한 번에 섞지는 않을 겁니다(우싸Ussa).

한 전문가는 위원회 회의실의 공간 배치가 적극적인 토론을 촉진하는 데 적합하지 않았다고 지적하였다.

방이 배치된 방식을 보면 긴 탁자의 양쪽 옆으로 의원들이 앉아 있었습니다. 내 기억이 정확하다면, (교육문화)위원장이 탁자 머리에 앉았고요. 전문가들은 들어가 벽을 따라 앉았는데, 그래서 어떤 의원들은 전문가들에게 등을 돌리고 앉아 있었어요. (…) 그래요. 그들은 등을 돌리지 않으면 볼 수가 없었지요. 제 느낌에는 아주 이상한 자리 배치였습니다. 그럼에도 불구하고 우리들은 그들에게 이야기해야 했습니다. 그들 등 뒤에서 이야기했던 것이지요(말름베리Malmberg).

그녀는 또한 위원회 토론 분위기에 대해서도 비판적으로 회상했다. "나는 전체 청문회 과정에 대해 아주 유쾌하지 않은 기억을 갖고 있습니다. 어떤 의원들은 핀란드 아이스하키연맹의 입장에 대해 아주 거칠게 반응했습니다. (…) 이 이슈가 대체적으로 해결된 뒤에도 말이지요. 그들은 그 이슈 너머의 다른 문제들에 집중했고, 그런 연후에 의견을 내고 질문했습니다." "내 견해로는 그들은 핀란드 아이스하키연맹에 대해 공정하지 않았습니다(말름베리 Malmberg)."

위원회 회의실 내의 제한된 커뮤니케이션에 대한 이러한 경험은 일부 참석자들에게 위원회 협의의 실질적인 중요성과 효과에 대한 의문을 불러일으켰다. 참석자들은 위원회가 더 쌍방향적인 의사소통을 촉진하고 더 다양한 관점을 검토하기를 희망하였다.

아마도 우리는 실제로 더 쌍방향적인 의사소통을 할 수 있었을 겁니다. 우리 의견을 듣겠다고 요청했다면 우리도 무언가 더 개방적인 토론이 이루어지도록 할 수 있었을 거예요. 그렇지 않다면 결국 청문회가 무슨 의미가 있나요? 당연하게도, 회의에 참석하는 동안 어려운 질문이 물어지지 않을 때면 나는 왜 내 의견을 듣겠다고 초대했는지 늘 의아했습니다. 그러니까 이게 최소한 한 가지 개선할 지점일 겁니다. 상호작용을 늘리는 것 말입니다(무로넨 Muuronen).

표현의 자유를 규제하는 문제로 옮기는 단계에서 나는 우리가 소셜미디어에 대해 문외한이고, 우리의 의사결정자들이 이 문제에 대해 잘 알지 못하므로 더 많은 전문가들의 의견을 들어야 한다고 주장했습니다. 다양한 단체들과 함께 이 문제에 관해 협의하고, 실현가능성 여부를 떠나 그들의 견해를 고려해야 한다는 점이 더 강조되어야 합니다(우싸Ussa).

위원회 심의에 관한 정당정치의 영향

에두스꾼따 위원회는 비교적 관점에서 권한이 큰 편에 속하며, 최근 정부 활동을 감독하고 법안을 수정할 권한이 더욱 강화되었다. 그러나 우리의 사례 연구는 의회 정당 조직들PPGs과 여야 정당 간 경쟁이 핀란드 의회의 의사결정 과정에 더 큰 영향을 미친다는 사실을 보여주었다. 전문가 청문회 이후 위원회는 의회 정당 조직들의 대표자 모임을 통해 만장일치의 결정에 이르기 위하여 노력한다(소수 정당을 포함해 모든 원내 정당 그룹은 위원회 활동에 책임을 지는 대표를 한 명 두고 있다). 대표들은 비공식 모임을 갖고 필요한 경우 밤늦게까지 문제가 되는 법안의 쟁점들에 관해 협상을 벌인다. 특히, 정부 여당 그룹들은 법안이 의회 절차를 통과되도록 집중적 노력을 기울인다. 각 원내 정당 그룹별 비공개회의실 안에서의 대화와 토론 외에 여당 및 야당 그룹들은 따로 모임을 열어 전략을 계획하고, 방침을 정하며 보고서 초안 또는 반대 의견을 비밀리에 검토한다. 청문회에 참석하는 일부 전문가들은 위원회 절차에 대한 공동 대응 방안을 논의하기 위하여 이러한 정당 모임에 참석하기도 한다. 공식·비공식 협상이 끝난 뒤에도 만장일치 결론에 이르지 못하는 경우 위원회는 표결로 최종결정을 내린다. 이 경우 반대 의견들이 보고서에 첨부된다.[55]

특히, 우리의 사례에서는 본질적으로 중요한 결정이 연정에 참여한 정당

들 간의 '타협'에 의해 이루어졌고, 위원회 심의는 이를 변경할 수 없었던 것
으로 평가된다.

> (…) 관건은 정부 내 타협이었습니다. 정부 내에서는, 특히 국민연합당
> (NCP)은 실제로 해결된 것처럼 광고는 다음과 같아야 한다고 보았습니다.
> 곧, 옥외광고 금지, 소셜미디어 광고 금지, 그러나 이미지광고 또는 라이프
> 스타일 광고는 금지하지 않기. 정부 내 타협이 끝까지 지켜졌어요. (…) 사
> 실 위원회에서는 이미지 광고를 금지하는 것이 타당하다고 보았지만 에두스
> 꾼따는 정부개정안에 따라 결정을 내렸습니다. (…) 최소한 이 사안에서는
> 정부의 결정이 의회의 심의보다 훨씬 더 큰 영향을 끼쳤습니다(알토-마뚜리
> **Aalto-Matturi**).

입법부의 심의 결과에 대한 전문가들의 평가는 법안에 대한 정책적 위치
에 따라 다양하게 나타났다. 시장과 산업 분야의 이익단체들은 의회 결과뿐
아니라 정부개정안 자체에 매우 비판적이었다. 반면, 건강 · 복지 · 아동 분
야 시민사회단체들은 타협적인 결과에 완전히 만족하지는 않았지만 새로운
법률의 긍정적 요소들은 긍정하는 태도를 취하였다. 특히, 이들은 입법 과
정에서 자신의 조직이나 분야의 견해를 대표하는 활동의 중요성을 강조하
였다. "그런 의미에서 분명히 우리는 추구했던 목표를 성취하지 못했습니
다. 하지만 법률은 분명히 올바른 방향을 지향하고 있습니다. 핀란드 사회에
어떤 알코올 문제들이 있는지에 대해 관심이 모아지고 적절히 숙고된 것은
훌륭한 일입니다. (…) 토론을 일깨웠다는 점은 매우 긍정적입니다"라고 한
NGO 대표는 말했다.[56]

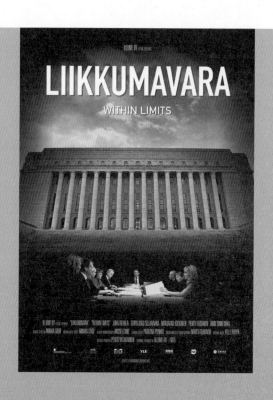

안니카 그로프Annika Grof 감독이 2008년 제작한 다큐멘터리 영화
'Liikkumavara(영어 제목은 Within Limits)'는 당시 건강센터와 주간돌봄
센터 이용료를 인상하려는 핀란드 정부 법안에 대한 의회 사회보건위원
회의 심의 과정을 다루었다. 영화는 비공개 위원회실, 의회정당그룹 회의
실, 개별 의원 사무실, 그리고 에두스꾼따의 복도, 카페, 본회의장 등에서
벌어지는 위원회 토의와 협상 과정을 보여준다. 다큐멘터리는 실제 핀란
드 의회 정치의 특징들을 자세히 묘사하며, 우리의 사례 연구와 같은 위
원회를 다루는 등 학술적 측면에서도 유용한 자료를 제공한다.

다큐멘터리를 통해 드러나는 주요 특징들을 정리해보면 다음과 같다.

① 논쟁적인 공공정책 이슈를 다루면서 노련한 위원회 위원장(Juha Rehula)은 법안 심의 마감시간을 유지하고, 청문회의 기본 틀을 정하며, 심지어 청문회장과 위원회 회의들에서 이슈가 토론되는 방식을 규제하는 등 중요한 역할을 수행하였다.

② 의원들은 청문회 토론을 자신들의 정책 방향에 유리하도록 이끌기 위해 청문회에 초대될 전문가를 선정하는 절차를 적극 활용하기 위해 노력하였다. 야당 의원들은 특히 정부개정안에 반대하는 전문가들을 최대한 많이 초대하기 위해 노력하였다. 반대로, 당시 연합정부의 정당 소속이던 위원장은 전문가 선정이 이슈에 대한 새로운 관점을 들을 가능성에 기초해 이루어져야 하고 참가자들은 이념적 논쟁이나 수사적 연설보다는 실천적 문제들에 집중해야 한다고 강조하였다.

③ 의원들과 정당 지도부들은 위원회 회의와 언론의 토론 프로그램 등을 위한 전략 논의를 위해 비공개 원내 정당 그룹 회의실에서 공식, 비공식 모임을 계속 개최하였다. 일부 이익단체 대표도 정당 회의에 참석해 청문회 대응 방안을 함께 토론하였다.

④ 여당과 야당 간의 협상이 난항을 겪으면서 양쪽 진영은 각각 비공개 공동 회의를 열고 개별 정당의 정책 입장을 조율해 하나의 공동 정책 노선을 마련하였다.

⑤ 여당 내부의 한 주요 정당이 반대의사를 표명해 여당과 야당들 사이의 타협은 최종 실패했다. 위원회는 표결로 입장을 정하였고, 야당 의원들은 '반대 의견'을 작성하였다. 본회의는 1회독에서 표결로 위원회 보고서를 채택하였고, 그 뒤 2회독에서 정부개정안을 승인하였다. 의원들은 대부분 정당 노선에 따라 투표하였다.

위원회 협의의 투명성

우리의 사례 연구는 에두스꾼따 위원회 협의 과정의 폐쇄적 성격을 확인시켜준다. 세 위원회가 주최한 아홉 번의 전문가 청문회 모두 비공개회의실에서 개최됐다. 청문회 일정과 초대된 전문가 명단 외에 위원회 회의실 안에서 벌어지는 구체적 논의 과정에 대한 정보는 시민들에게 공개되지 않는다. 위원회는 위원회 회의와 전문가 청문회에 관한 어떤 속기록도 제공하지 않으며, 이는 공개 청문회의 경우에도 마찬가지이다. 초대된 전문가들이나 다른 이해관계자들이 제출한 서면 의견서는 입법 절차가 끝난 뒤에 의회 도서관에서 개인적으로 요청하는 방식으로 공개되었다. 위원회 협의 과정의 폐쇄성은 종종 비판의 대상이 되었고, 그 결과 관련 절차가 점차 더 투명해지기 시작했다. 한 가지 괄목할 변화는 2015년 새로운 의회 임기를 기점으로 외부 행위자들이 제출한 서면 의견서가 에두스꾼따 웹사이트를 통해 곧바로 공개된다는 것이다.[57] 하지만 공개 청문회와 공개 위원회 회의는 에두스꾼따에서 여전히 예외적인 경우에 머물고 있다(4장을 참조). 새롭게 도입된 시민발의 제도는 공개 청문회 개최 건수를 늘림으로써 입법 심의 절차의 투명성 제고에 기여하였다. 그러나 그 효과는 아직 제한적인 수준이다. 시민발의 한 건을 심의하면서 첫 번째 청문회(통상 2시간 소요)만 공개하는 관행이 확립되었기 때문이다. 예를 들어, 에두스꾼따 법률위원회는 동성결혼 합법화를 요구하는 시민발의안을 심의하기 위해 11번의 청문회를 개최하였는데, 그중 공개 청문회는 시작 단계에서 한 번만 개최했을 뿐이다(더 자세한 분석은 6장을 보라). 또한, 필자는 사례 연구 과정에서 한 가지 흥미로운 발견을 하였는데, 이는 이익단체의 로비에 관한 것이다. 로비 활동가들에 대한 등록 시스템이 없는 가운데 일부 기업 및 산업 분야의 이익단체들이 연합 정부, 특히 보수 국민연합당NCP에 강력한 로비를 전개했다는 주장이 공개적으로 제기되었다.[58]

필자가 인터뷰한 많은 사람은 위원회 협의 과정, 최소한 전문가 청문회 절차를 개방할 필요성에 동의하였다. 그러나 동시에 의원들과 위원회 비서들을 포함한 몇몇 의회 구성원들은 위원회 투명성에 관한 우려와 회의를 표현하였다. "(…) 위원회 활동의 과도한 공개성은 최종결정 과정을 위원회로부터 앗아갈 겁니다(라이네Laine)." "만약 (…) 모든 청문회가 공개된다면 (…), 실제로는 의회 캐비닛 어딘가에서 매우 소수의 그룹에 의해 결정들이 내려질 겁니다(레홀라Rehula)."

이는 민주적 의회들이 의회 절차와 활동에서 더 많은 투명성과 접근가능성을 추구하는 과정에서 직면하게 되는 한 가지 딜레마를 보여준다. 이미 2장에서 검토한 것처럼, 페데르센 등은[59] 위원회 절차의 개방성과 위원회 협의 활동의 집중성concentration 사이에 상쇄trade-off 효과가 있음을 발견하였다. 빠소네와 루뽀[60]도 새로운 정보통신기술이 강제하는 위원회 투명성의 증가가 위원회 효과성을 약화시킬 가능성이 크다고 강조하였다. 이러한 점을 종합적으로 고려할 때, 입법 위원회들의 정책 역량을 침식하지 않으면서 위원회 공개 심의를 증진할 수 있는 균형적이고 효과적 방법을 강구할 필요가 있을 것이다.

열린 토론과 비공개 토론 모두를 위한 공간이 있어야 한다고 나는 생각합니다. (…) 내 생각에는 둘 다 필요해요. 특히, 이들 전문가 청문회는 공개되는 것이 나을 겁니다. 그러나 대신 나라면 의원들에게 비공개 토론을 할 수 있는 기회도 주겠습니다. 그 경우 아마도 (…) 의원들은 예컨대 그들이 누구를 만났는지 로비 일지를 써야겠지요. 이 목록은 또 공개가 돼서 의원들이 자신들의 일을 위해 누구의 조언을 추구했는지 시민들이 알 수 있어야 할 겁니다. 하지만 나는 비공개 토론을 위한 공간도 남겨둘 겁니다(알토-마뚜리Aalto-Matturi).

최근 에두스꾼따는 핀란드 독립 100주년을 기념해 의사당 건물들을 전체적으로 개보수하였는데, 한 가지 개선사항은 위원회 회의실에 온라인 중계방송이 가능한 기술적 시스템을 구비하도록 한 것이다. 이는 향후 위원회 심의 과정의 투명성을 높이는 데 기여할 것으로 기대되고 있다.[61]

공동 협의와 아웃리치 활동들

전문가 협의 외에 에두스꾼따 위원회 차원에서 수행되는 더 개방적이고 더 광범위한 규모의 시민 협의 기제나 활동을 찾아보기는 어렵다. 에두스꾼따는 온라인 또는 오프라인에서 개별 시민들이 위원회 조사가 이루어지고 있는 법안에 대해 의견을 표현하거나 증거 자료를 제출할 수 있는 공공 협의 public consultations 채널을 도입하지 않았다. 알코올 정책 그리고 공공장소와 사이버 공간에서 알코올 광고를 규제하기 위한 법안은 핀란드에서 매우 논쟁적인 이슈이고, 많은 젊은이가 온 · 오프라인의 공적 토론에 참여했다. 그러나 의회 위원회들은 이러한 논쟁을 입법 협의 과정에 통합하기 위한 시도(온라인 협의, 외부 회의, 현장 실태조사 등)를 하지 않았다. 예외적으로 핀란드 의회 미래위원회는 특정 주제에 관해 온라인 시민숙의 프로그램을 실행한 사례가 있다. 예컨대, 위원회는 2014년 4월 11일부터 5월 31일까지 '핀란드 복지 국가와 사회의 미래'라는 특정 주제에 대한 온라인 포럼을 열어 시민들의 의견과 아이디어를 수집하였다.[62] 그러나 이러한 실험적 사례는 에두스꾼따 위원회의 전체 입법 협의 활동에서 매우 예외적인 것으로 남아 있다. 미래위원회는 또한 2013년 상반기에 정부 부처인 환경부와 함께 비포장도로 관련 법률의 정부개정안 마련 과정에서 크라우드소싱 입법 프로젝트를 진행하였다. 이를 위한 온라인 플랫폼이 만들어졌고, 2013년 1월부터 6월까지 법률의 바람직한 개정을 위한 시민 아이디어 수집과 토론, 이에 대한 시민 투표 등이 이루어졌다. 그러나 이는 의회 단계의 입법 협의 과정이 아니라 정부의 법안 작성 과정에서 진행된 실험이었고, 그도 담당 장관과 녹색당의 내각 사퇴로 인해 뚜렷한 입법 성과 없이 종료된 한계를 안고 있다(이에 대해서는 4장에서 자세히 논의하였다).

에두스꾼따 의사당 바깥에서 이루어지는 위원회 회의나 현안에 관한 실태 파악을 위한 외부 방문 활동 등을 조사한 결과 아주 소수의 사례만이 확인된다. 예컨대, 사회보건위원회는 핀란드의 다양한 지역들로 출장을 가 그 지역 주민들을 만나고 주민 대표들과 함께 사회보건 시스템 개혁SOTE-uudistus과 같은 현안 이슈들을 토론하기 위한 여름 여행 프로그램을 운영해왔다. 그러나 이는 여름휴가 기간 매년 한 차례 이루어지는 프로그램으로 회의는 비공식적이고, 위원회 소속 의원들의 절반만 참여하는 제한적 성격을 갖고 있다.[63] 국내와 해외를 포함해 의회 위원회가 실시한 외부 회의나 현지 방문 프로그램은 2014년 한 해 동안 총 22회의 사례가 확인된다.[64] 이는 같은 해 기간 개최된 총 위원회 회의 숫자가 1,336회에 이르는 것에 비추어 볼 때 매우 작은 비중(1.65%)만을 차지한다(보통 외부 회의와 현장 방문 프로그램이 함께 실시된다). 대부분의 위원회는 외부 회의나 출장을 2014년에 한 번씩 실시했는데, 세 위원회는 이를 두 차례 실시하였고, 재무위원회와 환경위원회는 세 차례 실시한 것으로 나타난다. 반면, 같은 해 헌법위원회는 외부 회의를 전혀 개최하지 않았다. 표 5.7은 2014년 에두스꾼따 위원회들이 실시한 외부 회의와 현장 방문 조사에 관한 정보를 요약해 보여준다(이 정보는 에두스꾼따 웹사이트에서 취합한 것이다).

표 5.7 2014년 에두스꾼따 위원회의 아웃리치(Outreach) 활동

위원회	연간 위원회 회의 개최 수	외부 회의 또는 현장 방문 횟수	목적지(국내 및 해외)
대위원회	61	1	모스코바
헌법위원회	108	0	
외무위원회	98	1	브라질
재무위원회	54	3	로바니에미(Rovaniemi), 바르카우스 (Varkaus), 캐나다
감사위원회	72	1	프랑스
행정위원회	102	1	오울루(Oulu)
법률위원회	85	1	중국
교통통신위원회	87	2	라플란드(Lappi), 꾸오삐오(Kuopio)
농업산림위원회	108	1	남서-핀란드(Varsinais-Suomi)
국방위원회	62	2	하멘린나(Hämeenlinna), 리히마끼 (Riihimäki), 꾸오삐오(Kuopio)
교육문화위원회	96	1	까우스띠스(Kaustis), 꼬꼴라(Kokkola)
사회보건위원회	83	1	땀뻬레(Tampere), 사스따말라(Sastamala)
경제위원회	117	2	뛰하요끼(Pyhäjoki), 꼬트까(Kotka)
미래위원회	39	1	뽀리(Pori)
고용평등위원회	79	1	까이누(Kainuu)
환경위원회	85	3	반따(Vantaa), 위바스뀔라(Jyväskylä), 얌사 (Jämsä), 남서-핀란드(Varsinais-Suomi)
합계	1,336	22 (1.65%)	

개인적 수준에서 의원들은 "우리는 요즘 엄청난 양의 피드백을 받습니다. 날마다 수십 명의 시민이 피드백을 보내는데, 나한테도 많이 옵니다(레훌라 Rehula)"라고 말한다. 이들은 또 이해관계자 집단들을 만나는데 적극적이며 의회 안팎에서 열리는 회의, 세미나, 콘퍼런스 등에서 그들의 대표를 자주 만난다.[65] 그러나 입법 과정에서 위원회와 시민들 간의 체계적인 공동 협의 co-consultation 기제는 아직 발견되지 않는다. 나아가, 위원회들이 사회적 취약 계층에게 다가가기 위한 별도의 아웃리치 프로그램들도 확인되지 않는다. 그런 측면에서 전문가 협의의 광범위함에도 불구하고 입법 과정에서 나타나는 에두스꾼따 위원회들의 시민 관여 방법과 규모는 대체로 제한적이며 폭이 좁다고 평가할 수밖에 없다.

앞서 위원회 협의 지표를 도입할 때 거론한 것처럼, 영국 의회와 스코틀랜드 의회는 의회 위원회들이 입법 과정에서 어떻게 시민들과 관여할 수 있는지에 대해 좋은 본보기를 제공한다. 스코틀랜드 의회는 위원회의 조사나 위원회 심의 중인 법안에 대해 일반 시민들이 이메일로 서면 증거를 제출하도록 허용한다(비디오 의견 진술도 환영한다). 의회 웹사이트에서는 시민들의 의견 제출을 요청하는 주제들의 목록이 발견된다. 개별 주제에 관한 웹페이지는 관련 입법 문서들과 함께 주요 쟁점을 요약해 설명하면서 증거 자료 제출을 위한 가이드를 제공한다. 제출된 증거 자료들은 일부 예외를 제외하고 모두 웹사이트에 공개된다. 2018년 2월 20일 검색한 결과 12개의 자료 제출 요청 주제들이 확인된다.[66] 나아가, 스코틀랜드 의회 위원회들은 자주 외부 회의를 개최하고 실태파악을 위한 방문 프로그램을 운영한다. 아터[67]에 따르면, 첫 의회 회기(1999~2003) 동안 약 50회의 위원회 회의가 수도인 에딘버러 바깥에서 개최됐고, 이는 의회가 '평범한 시민들의 견해를 더 쉽게 듣는' 기회를 제공하였다. 또, 스코틀랜드 의회 위원회들은 1999년부터 2007년 사이에 139회의 실태조사 방문을 실시했다. 실태조사 방문은 스코틀랜드 의회에 '시민 행위자들을 참여시키는 가장 일반적 방법'이 되었다.[68] 외부 회의와 실태조사 여행이 함께 결합될 수도 있다. 위원회들은 또 자신의 정책 영역에서 시민 관여를 증진하기 위해 독자적인 이니셔티브나 조사를 개시할 수 있다. 이러한 활동은 시민들에게 다가가려는 의회(위원회)의 의지를 드러내고, 위원회가 다양한 지역적 맥락에서 일어나는 실제 문제들을 연구, 조사하는 역량을 강화하는 데 기여한다.

영국 의회도 의회 웹사이트를 통해 일반 시민들이 서면 증거를 제출하도록 허용한다. 의회는 또 1998년부터 가정폭력에서부터 온라인 청원제도에 이르기까지 여러 건의 구체적인 공공 이슈들을 다루기 위한 온라인 포럼을 자주 실험해왔다. 개별 시민들과 의원들은 온라인 포럼에서 포스팅을 올리고 의견을 남기며 투표하는 등의 다양한 방법을 통해 쌍방향적으로 소통할 수 있었다.[69] 예를 들어, 영국 하원의 문화 · 미디어 · 스포츠 위원회는 2013년 10월 'BBC의 미래'에 관한 조사를 개시하였다. 위원회는 2014년 약 120개 단체와 개인들로부터 서면 자료를 제출받았고, 국내와 해외의 장소에서 다섯 차례의 실태조사 방문을 실시했다. 위원회는 또 'BBC에 대한 청년들의 의견을 듣기 위해' 학생들의 온라인 포럼The Student Room을 이용해 3주간의 온라인 협의를 진행하였다. "전체적으로 224명의 답변자가 500건이 넘는 의견을 포스팅했다. 선호를 묻는 한 조사에는 600개 이상의 투표가 던져졌다." 2015년 2월, 서면 제출 자료들과 온라인 협의 과정에서 취합된 핵심 발견들과 주요 의견 인용을 포함한 최종 보고서가 출판됐다.[70]

나가며

북유럽 국가들은 흔히 네오-코포라티즘적 공공정책 형성 시스템에 기반한 합의 민주주의의 예시로 거론된다. 정책적으로 특화되고 항구적인 임기를 가진 의회 위원회들은 입법부 단계의 정책 형성 과정에서 국가와 시민사회를 연결하는 핵심 제도적 채널로 기능한다. 오랫동안 북유럽 의회 위원회들은 입법 심사의 비공개를 원칙으로 해왔는데, 특히 핀란드 의회 위원회들은 매우 폐쇄적인 심의 절차를 유지해왔다. 비공개 심의가 반드시 나쁜 것은 아니다. 오히려 의원들과 의회정당그룹들 간의 상호 신뢰 및 실용적 접근에 기초한 비공개 협상은 위원회의 입법 효과성과 정책 영향력을 유지하는 데 잠재적 장점들을 가지고 있다. 모든 회의를 실시간으로 온·오프라인에서 공개할 경우 자칫 의원들이 공중과 카메라를 의식한 돌출적·포퓰리즘적 행태를 부추길 수 있다. 이 경우 위원회는 하나의 '극장theater'처럼 기능하며, 실질적 문제 해결 역량이나 합의 지향적 입법 문화가 위태로워지는 부작용이 나타날 가능성도 있다. 그럼에도 불구하고 의회 심의 과정의 폐쇄성은 입법자들과 초대된 외부 행위자들이 회의 과정에서 무엇을 토론하는지 공중이 들여다보고 이해할 기회를 제약한다. 후기 근대적 정보화 사회로의 급속한 전환과 새로운 정치적 커뮤니케이션 양식의 발달과 함께 의회 위원회 시스템의 폐쇄적 성격은 더욱 문제시될 전망이다. 민주적 거버넌스와 '정책 파트너로서의 시민'[71] 담론의 확산과 더불어 의회 절차를 개방하고 입법 협의 과정에 시민참여를 확대하라는 압력이 계속 증가하고 있기 때문이다.

이 문제를 검토하기 위해 이 장에서 우리는 핀란드 의회 사회보건위원회의 2013년 알코올 법안 심의에 관한 사례 연구를 하고, 나아가 1998~2014년 동안 전체 핀란드 의회 위원회가 실시한 전문가 협의 활동의 시계열적·비교적 통계 데이터에 대한 분석을 실행하였다. 우리의 연구 결과는 에두스꾼따의 입법적 시민 관여 활동에서 두드러지게 나타나는 일련의 특징들을 보여주었다. 첫째, 의회 위원회-시민사회 간 협의는 주로 표준적 협의의 범주 내에서 실행되고 있다. 사례 연구에서 보여주듯이 의회 위원회들은 법안을 심사할 때 통상 전문가 청문회를 개최하고 서면 의견서를 제출받는다. 공공기관의 대표들, 다양한 사회 분야와 이익집단의 대표들, 그리고 학계 전문가들이 위원회 청문회의 주요 참가자들이라 할 수 있다. 전문가 선택 과정에서 의원들은 종종 자신 또는 소속 정당의 정책 노선을 지지하는 전문가들을 더 많이 초대해 듣기를 원하지만, 경험이 풍부한 위원장과 비서들은 위원회 심의 과정을 능숙하게 조정한다. 전문가 협의의 전반적 범위는 상당히 넓은 것으로 보인다. 그러나 청문회에 초대된 전문가의 수는 위원회와 이슈에 따라 다양하게 나타난다. 우리의 사례 연구에서, 관련 위원회들은 알코올음료의 광고 규제를 강화하려는 정부개정안의 논쟁적 성격을 고려해 다양한 영역과 집단의 전문가들을 청문회에 초대하였다. 법안은 관련 산업 분야의 중요한 이익단체가 벌인 강력한 반대로 인해 매우 복잡하고 긴 법안 작성 과정을 거쳐 의회에 제출되었다. 전문가들의 의견은 기업과 산업 분야 이익단체들 그리고 사회정책 분야의 공공적 시민단체들 사이에서 명확하게 둘로 갈렸다. 이런 맥락에서 필자가 인터뷰한 의원들과 위원회 직원들은 다양한 사회 분야와 집단의 의견을 균형 있게 수렴하는 역할의 중요성을 강조하였다.

통계 데이터 분석은 핀란드 의회 위원회의 입법 협의와 관련하여 다음과 같은 주요 특징들을 드러낸다. ① 공공 분야가 위원회 협의 과정에서 압도적으로 많이 대표되며, 이는 국가의 공식적 기능과 관련된 위원회들에서 특히 그러하다. ② 사회정책 분야의 위원회들, 특히 교육문화위원회는 제3섹터 대표들을 다른 위원회보다 더 많이 초대하고 있다. ③ 개별 위원회마다 저마다의 '유주얼 서스펙트usual suspects', 곧 다른 집단보다 더 자주 위원회 협의에 초대되는 집단의 목록을 갖고 있는 것으로 보인다. 중앙 노동시장 조직들은 사회보건위원회에 빈번하게 초대된 반면 몇몇 법학 교수와 학자들이 헌법위원회의 협의 과정을 지배하고 있다. ④ 청문회 내에서의 의사소통은 제한된 시간 일정과 공간 부족, 그리고 더 중요하게는 위원회 내부의 전통적(형식주의적) 업무 방식으로 인해 그리 쌍방향적이지 못하다. 한편, 우리의 인터뷰가 드러내듯이, 의회 구성원들과 시민사회 대표들 간에는 중요한 관점 차이가 존재한다. 후자가 위원회 과정을 더 개방되고 의사소통적으로 만들 것을 요구한 반면, 전자는 다양한 이해관계자들의 주장을 불편부당하게 검토하고 빡빡한 시간 일정과 무거운 업무부담 속에서 결정을 내려야 하는 입법자들의 공식적 역할을 강조했다. 나아가, 우리의 사례 연구는 위원회 활동의 내적 다이내믹에 관한 한 가지 흥미로운 그림을 더한다. 각 위원회 내부 합의 문화의 차이와 더불어 연정 참여 정당들 사이의 '타협'과 여야 정당들 사이의 경쟁이 위원회 심의 과정의 실제적 '운신 공간liikkumavara, maneuvering room'을 제약하였다. 또, 연구 결과는 일부 이익단체가 강한 로비를 활용해 입법 과정에서 과잉 대표되고 있음을 시사하였다.

확립된 시민사회 단체와 엘리트 전문가들이 위원회 심의 과정에 정규적 형태로 관여하는 것이 허용되는 반면, 개별 시민들은 거의 참여하기 어려운 것으로 보인다. 우리의 사례 연구에서 해당 법안이 언론과 온라인 공간을 통해 광범위하게 논쟁되었지만 관련 위원회들은 공개 청문회나 다른 형태의 시민 협의 프로그램을 진행하지 않았다. 전반적으로 살펴보아도 핀란드에는 시민들과의 공동 협의를 위한 의회 메커니즘이 발견되지 않는다. 에두스꾼따 위원회들은 입법 협의 과정에 평범한 시민들이나 과소 대표되는 사회 집단을 포함하기 위한 제도적 채널(영국, 스코틀랜드, 칠레 의회와 같은 몇몇 입법부들에서 먼저 발달한 기제들)을 도입하지 않았다. 나아가, 에두스꾼따 위원회들의 아웃리치 활동이나 실태조사를 위한 방문 출장 프로그램 등은 주변적 수준에 머물러 있다. 이런 측면에서 미래위원회와 환경위원회가 다른 위원회보다 더 적극적인 것으로 보이지만 전반적으로 평범한 시민에게 다가가기 위한 위원회 활동은 핀란드 의회의 입법 활동에서 예외적 수준에 그치고 있다.

끝으로, 입법 과정의 에두스꾼따 위원회 협의는 다양한 사회 영역과 집단을 포괄하는 전문가 협의의 광범위함에도 불구하고 시민들과 소통하기 위한 총체적 방법과 범위를 기준으로 놓고 볼 때 여전히 제한된 것으로 보인다. 중간매개적인 시민사회 단체들과 그 대표들의 광범위한 입법 협의 참여는 틀림없이 인상적이고 긍정적인 것으로, 결사체 민주주의와 높은 수준의 사회적 신뢰를 특징으로 하는 북유럽 민주주의의 근원적 정치과정을 잘 보여준다. 인구 550만 명 규모의 핀란드 사회에서 한 해 평균 수천 회 이상의 의회-시민사회 간 입법 협의가 일어나고 있다는 점은 국회의 입법 심의 과정 자체가 부실한 한국 민주주의의 상황에 시사하는 바가 매우 크다. 그럼에도 표준적 입법 협의 기제에 대한 과도한 의존은 입법 심의 과정에 대한 더 개방적·포용적·직접적인 형태의 시민 접근성을 제약한다. 이는 오늘날 새로운 민주정치의 환경 속에서 의회 의사결정의 정당성에 대한 의문을 증가시킬 수 있다. 물론, 확립된 형태의 대의 민주주의와 새로운 형태의 시민참여 정치를 조화롭게 화해시키는 것은 결코 쉬운 과제가 아니다. 필요한 제도적 개혁을 디자인하고 실행하는 과정에서 위원회 투명성과 효과성 사이의 '상쇄 효과'를 극복하기 위해서는 혁신적이면서도 균형적(통합적)인 접근이 매우 중요하다. 그러나 이러한 논의가 더 접근가능하고 참여적인 위원회 문화를 만들어가는 데 있어 에두스꾼따 내부의 소극적 접근을 정당화하지는 않는다. 선거 투표율 저하 등 핀란드 민주주의가 당면한 최근 도전 과제들을 깊게 검토하면서 에두스꾼따 위원회는 시민들에게 다가가 이들을 입법 과정에 연결하려는 노력을 적극적으로 전개해야 한다. 이런 관점에서 2012년 도입된 시민발의 제도는 공개 청문회의 수를 늘리고 시민들이 자신들의 의제를 표출할 수 있도록 함으로써 위원회 과정을 더 투명하고 접근가능하게 하는 데 기여하고 있다. 나아가, 입법 과정의 시민참여를 위한 이 직접 민주주의 기제는 의회적 대표parliamentary representation에 관한 전통적 개념에 대해 도전적 질문을 제기한다. 다음 장에서 이 주제를 검토하기로 하자.

5장 주석

1 Martin 2014: 352; Strøm 1998: 47.

2 Norton 1998; Arter 2016.

3 Norton 1998, [2005] 2013; Arter 2002, 2004; Longley & Davidson 1998.

4 Martin 2014; Binderkrantz 2014; Norton 1999.

5 예컨대, Arter 2004; McLaverty & MacLeod 2012; Halpin et al. 2012.

6 의회 위원회와 시민사회 간의 관계에 대한 포괄적 문헌 검토는 2장을 참고하라.

7 Mattson & Strøm 1995; Mattila 2014.

8 Pekkonen, 2011; Laine와의 인터뷰.

9 Arter 2012; Pekkanen과의 인터뷰.

10 핀란드 의회의 위원회 시스템과 특징에 대해서는 3장을 살펴보라.

11 Holli 2014: 139. 위원회 서열에 대한 평가는 학자마다 다양하게 나타나지만, 사회보
   건위원회는 광범위한 사회 입법을 심의한다는 점에서 중요한 위원회로 간주된다. 사회
   입법과 관련 정책들은 대개 공공 재정 지출의 방향과 규모에 큰 영향을 미친다(Rehula
   와의 인터뷰).

12 Vainio 2007: 201~202. 최근 위원회는 핀란드의 전면적인 사회 및 의료 보장 시스템
   개혁을 위한 정부 법안을 심사하는 주 책임위원회로 기능하였다(SOTE-uudistus, HE
   324/ 2014 vp).

13 https://www.eduskunta.fi/FI/tietoaeduskunnasta/kirjasto/aineistot/eduskunta/
   valtiopaivaasiakirjat-tietopaketti/Sivut/Valiokuntien-asiantuntijakuulemiset.aspx. (검색일:
   2015.10.1)

14 Sulkunen 1990: 1~26; Karlsson & Österberg 2002: 143~144.

15 Koski 2012.

16 Karlsson & Österberg 2002: 146~148.

17 Karsson 2014: 45.

18 Ministry of Social Affairs and Health 2006: 7~8.

19 WHO 2013: 61.

20 S. Lampi, "Moni pettyi hallitukseen – Alkoholilain uudistus ei etene,"
   Suomenmaa(2015.2.7). 알코올법 전면개정은 2015년 4월 총선 이후 집권한 유하 시삘
   라 정부에서 재추진되어 2017년 12월 에두스꾼따의 승인을 받았다. 새 법률은 2018년 3
   월 1일부터 발표되었다. 새 알코올법은 알코올 섭취량의 감소 및 중독 예방과 알코올 산
   업적 측면의 고려 사이에서 균형을 추구하면서 복잡한 알코올 관련 법률 및 규제 체계
   를 단순화하였다(https://stm.fi/alkoholilain-kokonaisuudistus 참조. 검색일: 2019.2.9).

21 Ministry of Social Affairs and Health 2012.

22 HE 70/2013 vp : 18~19.

23 당초 알코올 광고 규제를 재강화하려는 의원발의안이 하나 더 있었고, 이 법안은 의원 다수(200명 중 106명)의 서명을 받아 2010년 의회에 제출됐다(LA 51/2010 vp). 다수 입법자들의 의지에도 불구하고 이 법안은 의회 절차를 통과하지 못했고, 2011년 의회 임기가 종료되면서 자동 만료됐다. 법안 실패의 이유는 정부 정당들의 의지 부족이었다. 특히, 알코올 산업 협회의 강한 로비에 영향을 받은 보수 국민연합당(NCP)의 반대가 심했다(Eduskunta 2011a, 2013b, 2013c ; Rehula, Virtanen과의 인터뷰). 2011년 선거 이후 알코올 정책의 개혁에 대한 요구가 까따이넨 정부의 프로그램에 반영됐다. 이에 따라 정부 법안이 2012년 내에 의회에 제출될 것이 기대됐으나 정부 부처의 법안 작성 과정의 문제로 인해 지연됐다. 이에 2012년 야당들은 연합 정부가 법안을 제 시간에 제출할 것을 촉구하는 내용의 두 의원발의안을 제기했다(Eduskunta 2013a ; Rehula, Virtanen과의 인터뷰).

24 Eduskunta 2013c, 2013d.

25 Eduskunta 2013b.

26 SvVM 29/2013 vp.

27 PeVL 40/2013 vp ; SiVL 15/2013 vp.

28 Eduskunta 2013d.

29 Eduskunta 2013e.

30 Eduskunta 2013f.

31 Eduskunta 2013g.

32 Eduskunta 2013h.

33 Rehula와의 인터뷰.

34 Mäkipää와의 인터뷰.

35 이 SOTE-개혁 이슈와 관련하여 위원회는 2011~2015 회기 동안 공개 청문회를 포함해 실제로 총 20회의 청문회를 개최했다. 전체적으로 115명의 전문가들이 참가했고, 16개의 별도 서면 의견서들이 에두스꾼따에 제출됐다(Eduskunta 2014, Valiokuntakäsittely asiakirja HE 324/2014 vp).

36 Holly & Saari 2009.

37 위 저자들의 연구는 초대된 전문가들의 성별 문제에 집중했기 때문에 단체명으로 제출된 서면 의견서를 통계에서 배제하였다.

38 Holli & Saari 2009 : 58~60, 강조는 필자의 것임.

39 Mäkipää와의 인터뷰.

40 T. Peltomäki, "HS-selvitys : Heitä eduskunta kuuntelee", Helsingin Sanomat (2013.4.28).

41 Mäkipää와의 인터뷰.

42 Laine와의 인터뷰.

43 Helander(헌법위원회 비서)와의 인터뷰.

44 대체로 의회 선거 직전 해(2006 · 2010 · 2014)에 정부 법안의 수가 그 이전 3년 동
  안의 의회 임기보다 더 많으며, 이는 전문가 협의의 횟수를 증가시키는 원인이 된
  다. 특히, 에두스꾼따는 2014년에 예외적으로 더 많은 수의 법안을 다루어야 했는데,
  이는 2011 · 2012 · 2013년에 제출된 정부 법안의 수가 적었기 때문이다(Eduskunta
  vuosikertomus, 2014, 2: https://www.eduskunta.fi/FI/tietoaeduskunnasta/julkaisut/
  Documents/Eduskunta_vuosikertomus_2014_FI_netti.pdf).

45 핀란드 지방자치단체협회(Suomen Kuntaliitto ry)는 제3섹터의 직업조직으로 분류됐
  는데, 그 이유는 단체 스스로 지방자치단체와 지역 당국들의 중앙 이익단체로 규정하고
  있기 때문이다. 그러나 이 단체는 공공정책에 큰 영향력을 가진 공공 기구와 같은 기능
  을 수행하고 있는 것으로 보인다. 2014년도에 협회는 에두스꾼따 위원회들에 의해 187
  회 초대됐다. 이 수를 함께 계산하면 지방자치단체와 지역 행정기구들의 협의 횟수는
  830건에 달하며, 이는 전체 공공 영역의 13.7%에 해당한다.

46 여기서 '제3섹터'란 다양한 형태와 채널의 집합적 행동을 통해 자신들의 이해관계, 가
  치, 또는 정체성을 실현하기 위해 자유로이 결사를 이룬, 다양한 시민단체들과 개인들
  로 구성된 사회적 영역 또는 수평적 네트워크로 정의된다. 여기에는 ① 기업/산업 분야
  조직들과 노동조합 같은 노동시장의 조직들 ② 고용주와 피고용인 단체에 속하지 않는
  여타의 직업 조직들 ③ 광범위한 형태의 사회적, 문화적 시민단체들이 포함된다. 다만,
  연구기관과 고등교육기관들은 별도의 집단으로 분류된다. 의회 위원회 협의 과정에 참
  여하는 이해관계자 집단을 분류하는 방식에 관해서는 홀리와 사리(Holli & Saari 2009),
  할핀과 맥레오드(Halpin & MacLeod 2012), 페데르센 등(Pedersen et al. 2015)을 참고
  하라.

47 지방자치단체들이 설립한 영리적인 건강 및 복지 센터들과 사립학교들은 그 실제적
  기능 면에서 최소한 부분적으로 공적 임무를 수행할 수 있지만, 사적 분야의 범주로 분
  류됐다.

48 우리의 분석에서 학계 전문가는 별도 그룹으로 분류되므로 여기에서 제외된다.

49 예를 들어, 법률위원회는 2014년 10월 16일 공개 청문회를 개최해 음주운전 처벌 강화
  를 위한 시민발의안을 제출한 세 명의 개인 시민을 불러 의견을 들었다. 하지만 시민발
  의자들도 종종 자신의 조직 대표들로 등재돼 있다.

50 Holli & Saari 2009.

51 구성원들의 직업적 이익 증진을 목표로 하지만 노동시장 조직들(고용주 단체와 피고
  용인 단체를 포함)에 합류하지 않은 많은 직업 전문적 협회들이 이 범주로 분류됐다.

52 예컨대, Keinänen & Wiberg 2012를 보라.

53 Halpin et al. 2012: 6.

54 Pedersen et al. 2015: 419, 422.

55 Rehula와의 인터뷰.

56 Muuronen과의 인터뷰.

57 https://www.eduskunta.fi/FI/lakiensaataminen/valiokunnat/Sivut/default.aspx. (검색
  일: 2015.9.10)

58 Rehula, Virtanen과의 인터뷰; Eduskunta 2013e.

59 Pedersen et al. 2015.

60 Fasone & Lupo 2015.

61 Rehula, Mäkipää와의 인터뷰.

62 https://www.eduskunta.fi/FI/tiedotteet/Sivut/Osallistu%20tulevaisuusvaliokunnan%20
    Suureen%20kansalaiskeskusteluun%20verkossa.aspx. (검색일: 2015.9.14)

63 Mäkipää와의 인터뷰.

64 약 83,000유로의 예산을 부여받아 각 상임위원회는 의회 임기 4년 동안 두 차례(한 번
    은 유럽 국가들로 다른 한 번은 더 원거리 지역으로) 해외출장을 다녀올 수 있다. 대위
    원회, 재무위원회, 외무위원회에는 더 많은 예산이 주어진다(O. Pohjanpalo, "Päättäjien
    kaipuu kaukomaille", *Helsingin Sanomat*, 2016.4.17).

65 Mäkipää와의 인터뷰.

66 https://www.parliament.scot/getting-involved.aspx. (검색일: 2018.2.20)

67 Arter 2004: 23~24.

68 McLaverty & MacLeod 2012: 461.

69 Hansard Society 2011.

70 House of Commons, 2015: 9~10, 134. http://www.publications.parliament.uk/pa/
    cm201415/cmselect/cmcumeds/315/315.pdf. (검색일: 2015.9.12)

71 Gramberger 2001.

6.
의회와 직접 민주주의적 입법 실험:
핀란드 시민발의 제도의 정치적 효과

들어가며

이제 우리는 경험적 연구의 초점을 옮겨 입법 과정에 대한 직접적 형태의 시민참여 제도 도입을 계기로 발생하는 의회-시민 관계의 변화를 검토한다. 앞서 2장에서 살펴본 대로 국민투표와 시민발의와 같은 직접 민주주의 기제들은 대안적 민주주의 모델을 모색하는 정책 결정자와 시민, 그리고 학자들의 관심을 지속적으로 끌어왔다. 복잡하고 규모가 큰 근대 사회에서 직접 민주주의를 실행하기 어려운 조건들, 그리고 인민의 변덕스러운 성향과 까다로운 공공정책 이슈들에 관해 숙고된 결정을 내릴 만한 능력의 결여 등에 관한 전통적 우려와 논쟁이 계속되어 왔다. 참여 민주주의의 옹호자들은 과학기술의 급속한 발전으로 인해 정기적 선거를 넘어 정치적 의사결정 과정의 직접적·질적 시민참여가 가능하다고 주장해왔다. 이들은 또 오늘날 시민들은 더 잘 교육받고, 더 많은 정보를 습득하고 있으며, 나아가 참여의 경험 자체가 사적 개인들을 공동체의 업무에 적극 관여하는 공적 시민들로 변환시키는 데 기여한다고 주장한다. 이에 더해 일부 학자들은 '매개된' 형태의 직접 민주주의를 포퓰리즘의 유혹에 취약한 '비매개적unmediated' 형태와 구별하면서 직접 민주주의와 대의 민주주의가 반드시 양립 불가능하지 않다는 점을 지적한다.[1]

국민투표와 더불어 시민발의(또는 국민발안) 제도는 대표적인 직접 민주주의의 제도적 메커니즘이다. 선거가 대표representatives를 선출해 일정 기간 정치적 의사결정 권한을 부여하는 민주적 정당성 기제이지만, 위의 직접 민주주의 기제들은 선거 사이between elections의 시기에 이루어지는 구체적인 정책 결정 과정에 시민들이 직접 영향을 끼치는 것을 목표로 한다. 시민발의는 일정 기간 특정 수 이상의 시민 서명이 있는 경우 그 법안이나 정책 제안을 의회 등 대의 기구에 제출, 심의받을 수 있게 허용하는 제도로서 일부 국가에서는 국민투표와 연계되어 실행되기도 한다. 시민발의가 도입되는 과정의 각국이 처했던 역사적-정치적 맥락의 차이들은 개별 제도의 디자인과 실제 실행 과정, 그리고 정치적 효과 등에 투영돼 나타나며, 이로 인해 유럽 국가들의 시민발의 제도에는 매우 큰 다양성이 관찰된다. 우선, 기본적 제도의 유형을 비교해보면, 스위스 · 리히텐슈타인 · 라트비아는 국민투표와 연계되어 운영되는 완전형 시민발의full-scale initiatives 제도를 채택하고 있다. 반면, 오스트리아 · 폴란드 · 스페인 그리고 EU와 핀란드는 국민투표와 연계되지 않는 의제형 시민발의agenda initiatives를 운영한다. 이탈리아 · 헝가리 · 리투아니아 · 슬로바키아 그리고 독일의 일부 주들의 경우에는 앞의 두 유형을 모두 사용하는 혼합형 시민발의mixed-form initiatives 제도로 분류된다.[2]

직접 민주주의의 적합성과 바람직함에 관한 지속적 논쟁, 그리고 각국의 시민발의 제도들이 보여주는 상당한 편차들을 고려할 때 개별 시민발의 기제의 디자인과 정치적 역할에 관해 체계적, 비교적 연구 분석이 필요하다. 선행 문헌의 검토를 통해 우리는 2장에서 직접 민주주의 기제들의 디자인과 실행에 관한 세 수준(투입input · 과정throughput · 출력output)의 정당성 질문들을 구별한 바 있다. 세딸라와 쉴러[3]의 기본적 분석틀을 따르면서 우리는 시민발의 제도의 체계적 경험 연구를 위하여 포괄적인 평가 지표를 수립하였다. 경험적 지표들은 다섯 가지 영역으로 구분된다. ① 정치적 맥락과 입법 의도 ② 제도적 특징 ③ 시민사회로부터의 투입 ④ 입법 과정의 의회–시민 간 상호작용 ⑤ 정책 성과와 정치적 영향(2장과 표 2.4를 보라).

이 틀을 적용하여 우리는 지금부터 2012년 도입된 핀란드 시민발의 제도를 심층 분석한다. 핀란드 헌법은 국민투표를 통해 시민들이 헌법적, 법률적 정책 이슈들에 관해 국가적 의사결정 과정에 직접 참여할 수 있는 권리를 부여하고 있다. 헌법의 섹션 53Section 53에 따르면, "협의적 국민투표consultative referendum를 시행하기 위한 결정은 법률로써 이루어지며, 이 법은 국민투표의 시기와 유권자들에게 제시되는 선택지에 관한 조항들을 포함해야 한다." 그러나 앞의 장들에서 지적한 것처럼 핀란드의 국민투표는 단지 자문적 advisory 역할에 머무른다. 나아가, 핀란드 역사에서 국민투표는 1931년 금주법의 폐지에 관해, 그리고 1994년 핀란드의 EU 가입 여부에 관해 단 두 번만 시행되었다. 이는 그동안 총 21회의 국민투표를 실시해온 덴마크와 상반된다. 또, 노르웨이 6회, 아이슬란드 4회, 스웨덴 6회 등 다른 북유럽 국가들의 경우와 비교해도 핀란드가 가장 작은 수를 기록하고 있다.[4] 또한, 핀란드에서는 입법적 의사결정 과정에 연계된 숙의 민주주의적 실험들을 찾아보기 어려운데, 이 역시 덴마크 시민과학회의 사례 등 숙의 민주주의적 실험을 적극적으로 실행해온 덴마크와 대조적이다. 나아가, 에두스꾼따는 입법 청원 제도를 운영하지 않고 있으며, 의회 위원회와 시민사회 간의 소통은 주로 입법 과정의 전문가 협의와 같은 공식적 협의 메커니즘을 통해 일어난다(4장과 5장 참조). 그러므로 선거 투표와 정당 채널을 넘어 핀란드 시민들이 의회 의사결정 과정에 직접적 혹은 질적 형태의 민주적 채널을 통해 참여할 가능성은 상당히 낮은 편이다.

이러한 맥락에서 2012년 헌법개정과 연계해 시민발의법kansalaisaloitelaki이 의회에서 제정되고, 제도 시행에 들어간 일은 최근 핀란드 민주주의 발전 과정에서 상당히 중요한 제도개혁이라 할 수 있다. 시민발의법은 투표권을 가진 핀란드 시민들에게 6개월 이내에 5만 명 이상의 서명을 모으는 경우 의회인 에두스꾼따에 자신들의 정책 의제를 제기할 수 있는 권리를 부여하였다. 2012년 3월 1일 법이 발표된 이후 2018년 12월 31일까지 약 6년 10개월 동안 총 880여 건의 시민발의가 제기되었고, 그중 25건이 5만 명 이상 서명 요건을 충족하였으며, 그중 동성결혼 합법화안과 모성보호법 개정안이 의회 절차를 통과해 최종 입법되었다(www.kansalaisaloite.fi). 2015년 4월 총선 이후 실시된 설문조사FNES2015에 따르면 핀란드 유권자의 약 3분의 1 정도(35.0%)가 하나 이상의 시민발의에 서명한 경험이 있으며, 압도적 다수인 약 79%가 시민발의 제도가 핀란드 민주주의 향상에 기여하였다고 답할 만큼 핀란드의 시민발의 제도는 대안적 입법 의제설정 채널로서 빠르게 자리 잡으면서 새로운 민주적 다이내믹을 창출하고 있는 것으로 평가된다.[5]

• 왜 핀란드 정부와 의회는 입법 의제설정 권력을 시민들과 공유하는 시민발의 제도를 입법화하였는가?

• 핀란드의 시민발의 제도는 어떤 구별되는 특징을 가지고 있는가?

• 누가 어떤 의제를 위해 시민발의 제도를 활용했으며, 에두스꾼따는 이에 대해 어떻게 반응했는가?

• 시민발의는 의회의 의사결정 시스템과 문화에 어떤 영향을 미쳤는가?

이 장에서 우리는 위와 같은 연구 질문에 답하면서 핀란드 시민발의 제도의 특징과 운용 경험, 그리고 실제적 효과에 대한 체계적 분석과 평가를 제출한다. 경험적 연구를 위해 다양한 자료와 데이터가 수집·분석된다. ① 법률과 의회 절차에 관한 규정들, 정부 발의안과 관련 백서, 그리고 본회의 회의록과 속기록, 위원회 보고서와 의견서, 시민발의자들이 제출한 문서 등 다양한 의회 문서들이 검토된다. ② 해당 시기 동안 발의되고 또 의회에 제출된 시민발의의 수를 나타내는 통계 정보와 의회 심의 과정 및 최종 결과를 자세히 보여주는 문서들을 분석한다. ③ 5명의 시민발의자, 4명의 의원, 그리고 3명의 의회 직원 등 관련 행위자들과의 반#구조화된 심층 인터뷰 기록들을 검토한다. 인터뷰 분석은 의회 구성원들과 시민발의자들 사이의 상이한 관점 차이를 드러내고, 시민발의의 실제적 운용 경험에 대한 깊은 이해를 제공하며, 의회 의사결정 시스템에 새로운 참여 정치 기제를 접목하는 과정에서 나타나는 새로운 정치적 다이내믹을 조명하게 해줄 것이다.

아래에서 우선 핀란드에서 시민발의가 법제화되는 정치적 맥락과 그 과정의 주요 쟁점을 살펴본다. 둘째, 제도적 유형, 절차적 요건, 의회 절차에 관한 규정 등 핀란드 시민발의 시스템의 제도적 특징을 분석한다. 셋째, 제도 도입 후 첫 의회 회기 동안(2012.3~2015.4) 의회에 제출된 여섯 건의 시민발의 안들을 중점 분석한다. 안건의 의제, 발의자, 캠페인 방법, 그리고 의회 심의 과정의 특징을 자세히 분석한다. 아울러, 2015년 4월 총선 이후 2018년 12월 31일 현재까지 의회에 제출된 19건의 시민발의안에 대해서도 추가적 분석을 시도한다. 넷째, 시민발의의 정치적 효과에 관해 토론하고, 핀란드 시민발의 시스템의 남은 한계와 도전들에 대해 검토한다. 결론은 분석 결과를 요약하고 그 함의를 논의한다. 핀란드 시민발의 제도는 정부가 주도한 '위로부터의 혁신'을 통해 도입된 '의제형 발의'라는 한계를 지니고 있음에도 불구하고 입법적 의제설정을 위한 대안적 채널로서 빠르게 그 '기능성 functionality'을 입증하였다. 고유한 대중적 요소들에 의해 추동되면서 시민발의 제도는 공적 토론을 확대하고 의회 절차의 투명성을 제고하는 데 기여하면서 의회 의사결정 과정에 새로운 역동성을 창출하였다. 그러나 위원회 심의 과정의 공개성은 여전히 제한돼 있으며, 시민발의 제도가 핀란드 민주주의와 시민권 상태에 미치는 장기적 효과는 더 면밀한 관찰이 필요하다.

핀란드의 시민발의 제도: 기본적 분석

시민발의법의 제정 과정: 역사적, 정치적 맥락

2011년 12월 7일 에두스꾼따는 정부의 시민발의 법안HE 46/2011 vp에 관한 2회독 절차를 진행하고 이를 승인하였다. 법안은 2013년 1월 13일 확정되었고, 2012년 3월 1일부터 새로운 법률이 효력을 발휘하기 시작하였다.[6] 법의 주요 목적은 시민발의를 조직하기 위한 기본적 절차 요건들을 규정하는 것이다. 왜 그리고 어떤 과정을 거쳐 에두스꾼따는 시민발의법을 제정하게 되었는가? 그 해답은 무엇보다 1980년대 말부터 2012년까지 지속적으로 이루어져 온 핀란드 헌법개혁의 맥락에서 찾을 수 있다. 2008년 핀란드 정부는 1999~2000년의 전면적 헌법개혁의 효과를 모니터하고 새로운 도전 과제들을 검토하기 위한 '헌법 검토 프로젝트Perustuslain tarkistamishanke'를 개시했다. 이 프로젝트를 위해 핀란드 법무부 산하에 '헌법 2008Constitution 2008'이라는 이름의 실무그룹working group이 구성되었다.[7] 이 그룹은 보고서를 통해 헌법의 추가적 개정의 필요성과 아울러 새로운 입법 의제로서 시민발의 도입 등 직접 민주주의를 통해 대의 민주주의를 보완하자는 주장을 제기하였다. 이들은 유럽연합EU이 2012년부터 시행하기로 한 유럽시민발의 ECI: European Citizens' Initiative 제도에 주목하고 핀란드도 국가적 수준에서 이 기제를 도입할 것인지 검토하기 시작했다. 그 뒤 구성된 '헌법검토위원회 Perustuslaintarkistamiskomitea'는 5만 명 이상의 유권자들에게 법률안 제출권을 부여하는 구체적 계획을 제안하였다. 위원회는 국가적 수준의 시민 참정권이 의제형 발의 제도를 통해 확대될 필요가 있다고 주장하였다. 2010년 4월, 핀란드 정부는 에두스꾼따에 시민발의 제도의 도입에 관한 규정을 함께 포함한 헌법개정안HE 60/2010 vp을 제출하였다. 에두스꾼따는 2011년 2월 이 개정안을 승인한 뒤 2011년 4월 새로운 의회 선거 직후에 이를 재차 승인함으로써 헌법개정이 이루어졌다.[8]

개정된 헌법은 2012년 3월 1일부터 발효될 예정이었다. 따라서 시민발의 제도의 실행을 위한 새로운 법률이 위 날짜 이전에 제정되어야 했다. 2011년 10월, 정부는 관련 법안HE 46/2011 vp을 성안해 의회에 제출했다. 법안의 성안을 위해 8개 의회 정당 그룹들PPGs과 에두스꾼따 사무처, 법무부, 인구등록사무소의 대표들, 그리고 두 명의 개별 전문가(헌법 전문가 1인과 정치학자 1인)로 구성된 실무그룹이 법무부 산하에 꾸려졌다. 실무 그룹은 다양한 시민사회단체의 의견을 수렴하기 위해 공개 청문회를 열었다. 나아가, 공중의 토론을 위해 핀란드 법무부가 운영하는 공식적인 온라인 플랫폼(www.otakantaa.fi)를 통해 온라인 포럼을 조직했다. 이에 더해, 실무그룹은 2011년 4월 보고서를 발간해 24개 시민사회 협회들로부터 서면 의견서를 수렴했다. 보고서와 시민사회 의견서들에 기반해 핀란드 정부는 최종 법안을 작성한 뒤 이를 에두스꾼따에 제출하였다.[9]

에두스꾼따는 법안을 헌법위원회에 할당해 본회의 토론을 위한 보고서를 제출하도록 하였다. 헌법위원회는 보고서를 통해 에두스꾼따가 이 법안을 승인할 것을 권고하였다. "법안는 대의 민주주의를 강화하는데 관한 것으로 유권자들이 정치적 의사결정 과정의 의제에 직접 영향을 미치고 자신들의 발의안이 의회에서 심의될 수 있도록 할 가능성을 제공한다."[10] 보고서는 또 "에두스꾼따의 입법 활동은 지속적으로 정부 법안과 의원발의안에 기초해 이루어질 것이다. 그러나 시민발의는 적극적 시민사회가 에두스꾼따에 입법 의제를 제기할 수 있는 새로운 가능성을 불러올 것이다. 시민발의는 또한 공적 토론을 확대하고 정치적 토의의 대상으로 새로운 이슈들을 가져오는 채널로 작동할 것이다"라고 기술하였다.[11] 그러나 보고서는 "새로운 제도로서 시민발의는 또한 의회 심의 과정에서 긍정적으로 접근되어야 한다. 다른 한편, 시민발의에 대한 검토가 결코 무비판적이지도 않을 것이다. 예컨대, 근본적 인권과 명백히 모순되는 발의안은 비록 의회에 공식 제출될 수는 있더라도 위원회의 판단에 따라 위원회 심의 없이 남겨질 것이다"라고 서술했다.[12] 위원회 절차 이후 진행된 두 차례의 본회의 독회 과정에서 법안에 대한 특별한 반대는 제기되지 않았다. 모든 원내 정당 그룹들이 이미 정부 법안 작성 과정에 참여했고 이들로부터 특별한 반대가 없었기 때문에 법안은 의장의 제안에 따라 만장일치로 통과되었다.[13]

요컨대, 핀란드의 시민발의법 제정은 지속적 헌법개혁의 연장선에서, 그리고 유사 제도를 도입한 유럽연합으로부터 영향을 받아 이루어진 것으로 핀란드 정부가 주도한 '위로부터의top-down' 민주적 혁신 프로젝트였다고 볼 수 있다. 정부가 법안을 작성하기 전까지는 핀란드 민주주의 시스템에 시민발의 제도를 도입하자는 요구가 시민사회로부터 강하게 제기되지 않았다. 에두스꾼따 내부에서도 심각한 토론이 진행되지도 않았다. 비록 시민발의의 중요성과 시민발의에 대한 향후 의회의 대응 방식에 관하여 일부 의원들이 의문을 제기했지만, "모든 정당들이 이 문제를 좋은 일로 여겼습니다. 시민 참여와 시민사회의 역동성을 증진하기를 원했지요. (…) 시민발의가 에두스꾼따에서 어떻게 처리돼야 하는지도 고안돼야 했어요, 물론. 하지만 전반적으로 그것은 좋은 일이고 시민 영향력의 기회를 증가시킬 것이라 여겨졌습니다. (…) 모든 정당들이 이를 지지했습니다(바하살로Vahasalo, 의회 교육문화위원장)." 8개 원내 정당 그룹들과 의회 사무처 등이 주요 이해관계자로 참여한 정부 법안 작성 과정은 북유럽 민주주의의 합의적 정책 결정 시스템의 전형적 성격을 보여주었다. 시민사회 단체들과 폭넓은 협의가 진행되었고, 특히, 법무부가 운영하는 e-민주주의 플랫폼(www.otakantaa.fi)을 통해 온라인 포럼도 실행되었다. 이 과정에서 주요 입법 목적이 직접 민주주의 기제를 통해 대의 민주주의를 '대체'하는 것이 아니라 '보완'하고 '강화'하는 것이라는 점이 계속 강조됐다. 이는 왜 핀란드가 국민투표의 연계 없이 진행되는 의제형 시민발의 시스템을 채택하였는지를 설명해준다. 다른 한편, 핀란드 시민발의는 온건한 서명 수집 요건을 채택하였다. 특히, 법률을 통해 온라인 서명수집e-collection 시스템을 통해 서명을 모을 수 있도록 허용하고, 정부에 시민발의를 위한 효과적 온라인 플랫폼을 제공할 임무를 부여하였다. 이는 핀란드 시민발의 제도의 독특한 특징 중 하나가 되었다.

제도적 디자인과 핵심 특징들

국민투표 연계 없는 의제형 시민발의

핀란드 시민발의 제도의 주요 성격은 그것이 '의제형 발의agenda initiative'라는 점이다. 국민투표와 결합된 '완전형 발의full-scale initiative'와 달리 의제형 발의는 시민들이 입법 의제를 의회에 제출하도록 허용하지만 최종결정 권한은 의회의 손에 맡겨진다.[14] 의제형 시민발의도 직접 민주주의 제도로 여겨지지만 시민참여는 입법 의제설정legislative agenda-setting 단계로 한정된다. 이 때문에 일부 학자들은 의제형 시민발의 제도를 빼고 국민투표와 완전형 시민발의제만 직접 입법direct legislation 기제로 간주하기도 한다.[15] 그러나 이러한 한계에도 불구하고, 의제형 시민발의는 의회의 심사숙고와 최종결정권에 의지한다는 점에서 다수의 독재 또는 소수자 인권 침해로 연결될 수 있는 국민투표 민주주의의 취약점에 대한 '안전밸브safety valve' 기능을 수행하며 정치 시스템의 안정성에 기여할 수 있다. 이러한 타협적 특징 때문에 의제형 시민발의는 표준적 형태의 대의 민주주의와 직접 민주주의 사이의 '타협'으로 여겨지며, 이는 개별 의회들의 제도 도입 유인을 높이는 요소이다.[16] 정부 보고서와 의회 문서들에서 관찰되듯이, 실제로 핀란드 정부와 의회 의원들은 법안 마련과 의회 토론 과정에서 시민발의의 목적이 온건한 형태의 직접 민주주의적 참여를 통해 기존의 대의 민주주의를 '대체'하는 것이 아니라 '보완', '강화'하는 것임을 줄곧 강조하였다.

온건한 수준의 절차적 요건들: 온라인 서명 시스템 도입

제도 이용의 진입 장벽thresholds 또는 절차적 요건들은 제도의 정당성과 실효성에 큰 영향을 미치는 요소이다. 예컨대, 너무 낮은 문턱과 쉬운 요건들은 시민들의 제도 이용을 증진하지만 의회 심의 과정에서 시민발의의 위상과 우선순위를 감소시킬 수 있다. 거꾸로 시민발의의 절차적 요건들이 너무 엄격한 경우 이를 충족하기 어려워 제도의 실효성에 의문이 제기될 수 있다.[17] 통상 완전형 시민발의나 헌법개정을 요구하는 발의의 경우에는 더 엄격한 절차적 요건들이 부가돼왔다.[18]

절차적 요건과 관련하여 핀란드 시민발의 제도의 특징 몇 가지를 구별할 수 있다. 첫째, 핀란드 헌법(Section 53)은 "최소 5만 명 이상의 핀란드 유권자 시민들은 국회에 입법 의제를 제출할 권리를 가진다"라고 규정하고 있다. 인구 5만 명 이상의 시민 서명을 6개월 이내에 받도록 한 핀란드 시민발의의 절차적 요건은 대체로 온건한 수준인 것으로 평가된다. 이는 핀란드 의회 의원과 사무처 직원, 그리고 시민발의 대표들에 대한 필자의 인터뷰에서도 공통적으로 확인된다. 5만 명이라는 숫자는 핀란드 유권자의 1.2%(전체 인구의 0.9%)에 해당하는 것으로 너무 높지도 낮지도 않으며, 적절히 도전적인 것으로 평가된다. 실제로 첫 의회 회기(2012.3~2015.4) 동안 발의된 370여 건의 시민발의 중 11건이 5만 명 이상의 서명을 받았다. 시민발의자들은 5만 명이라는 숫자가 '결코 낮지 않다(뻬까넨Pekkanen)'거나 '온건하다(뿔리Pulli)', '달성하기가 결코 쉽지 않다(모이라이넨Moilainen)', 또는 '상당히 현실적'이고 '많은 일을 요구한다(사보라이넨Savolainen)'라고 말했다. 의회 의원 끼우루Kiuru 역시 5만이라는 수는 "아마도 별로 중요하게 여겨지지 않는 발의안들을 지우기에 충분히 많은 것 같습니다. 하지만 지난 의회 회기 동안 에두스꾼따에 제출된 시민발의 건수가 치솟았고, 이는 (5만 명의 서명을) 모으는 것이 가능하다는 것을 보여줍니다. 그러나 만약 수십 건의 발의가 있게 된다면 그러면 이는 다른 의회 활동을 잠식할 겁니다. (현재) 숫자는 매우 좋은 것 같습니다"라고 말했다. 그러나 많은 의원들은 의원들이 선거에서 획득하고 대표하는 투표의 숫자를 고려할 때 "5만은 상당히 낮다"고 생각하였다(바하살로Vahasalo, 괄호 안의 내용은 필자가 추가한 것임). 일부 의회 직원들에게 "5만은 이제 그렇게 중요한 수치로 여겨지지 않아서 아마도 일정하게 증가할지도 모른다(에크루스Ekroos, 환경위원회 비서)." 예컨대, 미래 어느 시점에서는 10만 명으로 상향 조정될 수 있다는 것이다.[19]

둘째, 시민발의법(Section 5, Moment 2)은 지지 서명의 모집이 발의안을 개시한 날로부터 6개월 이내에 이루어져야 한다고 규정하고 있다. 그러나 서명 모집기간의 적절성에 관한 절대적 평가기준은 없는 상태이다. 유럽 다른 나라들의 사례를 살펴보면 2~3개월부터 9, 12, 18개월 혹은 무제한 등으로 절대적 기준이 없는 상태이며,[20] 효과는 긍정적일 수도, 부정적일 수도 있다. 핀란드 정부 법안은 6개월이면 필요한 수의 서명을 모으는데 충분할 것으로 판단하였다. 또, 지나치게 기간이 길어지면 발의안의 내용을 변경할 필요가 생길 수 있고 상황 변화에 따라 주제의 시의성이 감소될 수 있다고 보았다.[21]

셋째, 핀란드의 시민발의는 구체적인 입법안(신규 제정 및 기존 법률의 개폐를 포함)이거나 입법적 조치를 요구하는 일반적 제안의 형태를 취할 수도 있다. 전자의 경우 법률의 구체적 조항 및 근거를 포함한 입법 조문을 포함해야 하는 반면, 후자는 정부 또는 의회가 입법 조치를 취할 필요성에 관한 근거와 의견만을 표현해도 된다. 그러나 둘 다 법률의 제·개정에 관한 것이어야 한다.[22] 입법 의제 외에 의회의 고유한 임무에 관한 사항들은 시민발의 대상에서 제외된다. 그 중요한 예로는 국제조약의 비준·동의 및 폐기, 국가 예산에 관한 사항 등 헌법적 조항에 의해 규제되는 의회 결정들이다. 그러나 발의된 입법 의제가 정부 예산에 연관된 것일 수는 있다.[23]

넷째, 핀란드 시민발의 모델의 괄목할 특징 중 하나는 온라인 서명 수집을 허용하였다는 것이다. 시민발의 과정에서 온라인 서명 시스템을 허용하는 경우가 아직 드물기 때문이다(EU, 핀란드, 라트비아 등). 시민발의법 Kansalaisaloitelaki 제8조는 법무부가 시민들의 디지털 참여를 촉진하기 위한 온라인 네트워크 서비스를 제공해야 한다고 규정하고 있다. 동법 제7조는 온라인 서명을 위해 e-은행 코드와 휴대전화 인증 등을 통한 전자적 인증 절차를 규정한다. 정부 법안 성안과 의회 심의 과정에서 녹색당Green League과 급진 좌파동맹Left Alliances 의원들은 온라인 서명 요건이 너무 엄격하다고 비판했다. 그러나 다른 의원들은 엄격한 시스템을 통해 위조 서명의 배제를 보장할 수 있으며, 이는 시민발의 시스템의 원활한 작동에 필수적이라고 주장하였다.[24]

의회 심의 절차: 위원회 심의 후 보고서 채택 관행 확립

헌법과 새로 제정된 시민발의법은 발의안의 의회 심의 절차를 자세히 규정하고 있지 않고 있다. 대신 법률적 지위를 갖는 '의회 절차에 관한 규정 Parliamentary Rules of Procedures'이 의회에 제출된 시민발의들에 대한 의회 절차의 기본적 규정과 틀을 제공한다. 규정에 따르면, 5만 명 이상의 서명을 받은 시민발의는 인구등록사무소Väestörekisterikeskus, Office of Population Registration와 법무부의 검토가 끝난 날로부터 6개월 이내에 의회에 제출되어야 한다. 의회는 발의된 시민발의가 헌법과 시민발의법의 요건을 충족하는 경우 이를 심의할 책임을 가진다. 동시에, 의회는 발의안에 대한 승인, 기각 또는 변경 여부를 결정할 수 있다. 의회 심의 기간에는 제한이 없는데, 만약 의회 임기동안 심의되지 않는 경우 발의된 안건은 자동 만료되며, 다음 회기에 5만 명의 서명을 받아 다시 제출되어야 한다. 이 때문에 발의에 대한 적법성 검토가 끝나는 시점이 의회 회기 막바지이면 의회 제출 시점을 다음 회기초로 미루어 제출하고 있으며, 시민발의자들은 이 규정을 개선해야 한다고 주장한다.

시민발의는 의회 의장에게 직접 제출되며, 고지 절차를 거친 뒤 본회의장의 예비토론Jähetekeskustelu에서 처음 논의된다. 이후 발의안은 의회 내 심의에 책임을 지는 상임위원회로 배분된다. 예비토론에서는 시민발의 대표자가 본회의장에서 발언하는 것을 허용하지 않고 있다. 대신, 상임위원회가 시민발의 대표자를 불러 의견 진술하도록 할 수 있다.[25] 발의안이 도착하면 우선 위원회는 심의 절차를 진행할지 여부를 결정한다. 만약 위원회가 발의안을 검토하지 않거나 발의자를 청문회에 부르지 않는 경우에는 향후 어떤 조치가 취해질 것인지에 대해 6개월 이내에 발의자에게 통보해야 한다.[26] 공식적인 규정만 보았을 때 위원회가 독자적 판단으로 시민발의안을 다루지 않고 단지 위원회의 입장만 발의자에게 전달할 수 있는 것이다. 그러나 제도 시행 이후 첫 의회 회기 동안 의회 안팎의 논쟁을 거치면서, 위원회가 시민발의를 심의한 뒤 본회의에 보고서mietintö, Report를 제출하는 것이 사실상의 규범de facto norm으로 자리 잡았다.

'위원회 운영 지침 2015Valiokunnan opas 2015'는 시민발의가 정부 법안처럼 다루어질 수 있으며, 위원회는 공개 청문회를 포함해 사안을 조사하기 위한 청문회를 개최할 수 있다고 규정한다. 앞서 4장과 5장에서 분석한 것처럼, 원내 정당들과 의원들 간의 합의된 결정을 중시하는 핀란드 의회는 위원회 심의 과정을 통상 공개하지 않기 때문에 공개 청문회는 매우 드물게 실시된다. 이러한 맥락에서 공개 청문회 개최 확대는 의회-시민 관계의 측면에서 시민발의제 도입 이후 나타난 중요한 변화로 평가된다. 전문가 청문 절차를 마친 뒤 위원회는 보고서 작성을 위한 토론 절차(일반 토론과 세부 토론)를 진행하며, 만장일치 또는 표결을 통해 위원회의 공식 보고서를 채택한다. 소수 의견이 있는 경우에는 보고서에 별도의 의견서 형태로 첨부된다. 위원회의 검토 과정에서 법안에 관련된 다른 상임위원회들도 별도의 청문과 토론 절차를 거쳐 위원회의 의견서^{lausunto, Statement}를 채택한 뒤 이를 해당 책임 위원회에 송부한다. 위원회 보고서는 이를 종합적으로 검토해 작성된다. 의회는 본회의를 열어 위원회의 보고서에 근거하여 2회에 걸친 독회^{two readings}를 진행하며, 투표 또는 만장일치로 법안을 승인, 기각 또는 수정할 것인지에 대한 최종결정을 내린다.

표 6.1 핀란드 시민발의 시스템의 제도적 특징

구분		특징
주요 유형		국민투표 연계 없는 의제형 시민발의
진입장벽 또는 절차적 요건들	서명자 수	50,000명 이상
	서명 모집 기간	발의 개시일로부터 6개월
	적법 연령	만 18세 이상
	발의 형식	1. 법안 형태의 시민발의 2. 정부 또는 의회의 입법 조치를 요구하는 일반적 제안 형태의 시민발의
	서명 수집 방법	온라인과 오프라인 서명 모집 모두 허용 • 법무부가 시민발의 관련 공식 온라인 플랫폼(kansalaisaloite.fi) 설립, 운영 • 온라인 은행 코드 또는 휴대전화 인증을 통한 온라인 서명 가능 • 인증 및 보안 시스템 요건 등을 갖출 시 NGO 등 시민사회 단체의 온라인 플랫폼 운영 가능
의회 절차	시민발의의 제도적 위상과 의회 심의 우선순위	입법 의제설정의 제3의 채널; 우선순위에 관한 공식 조항은 없으나 정부 법안 및 의원 100명 이상이 서명한 의원 법안과 비슷하게 다루어짐.
	의회 심의 기간	소관 위원회는 시민발의 대표에게 6개월 이내에 자신의 입장을 통보해야 함
	위원회 심의	위원회가 시민발의를 심의할 공식 의무는 없으나 전문가 청문회 실시 후 보고서를 채택하는 관례 확립; 청문회에 시민발의 대표들이 초대되어 자신들의 의견을 발표할 수 있으며, 공개 청문회 개최 가능
	최종결정	의회는 본회의 토론과 표결(또는 만장일치)로 최종결정을 내림
	만료	의회 회기 내 결정이 이루어지지 않는 경우 자동 만료되며, 이 경우 다음 회기에 5만 명 서명을 받아 다시 제출해야 함

시민발의의 실제 활용과 의회 심의:
의회에 제출된 6건의 발의를 중심으로

첫 의회 회기의 전개 과정 개관: 2012.3~2015.4

이 절은 2012년 3월 1일 시민발의법이 공식 발효된 뒤 2015년 4월까지 첫 의회 임기 동안 시민발의 제도가 실제로 어떻게 활용되었고, 의회는 이에 어떻게 반응했는가를 분석한다. 공식 플랫폼인 'kansalaisaloite.fi'와 NGO 기반 플랫폼인 'Avoin Ministeriö(Open Ministry, www.avoinministeriö.fi)'의 데이터를 종합해보면, 동 기간에 370여 건의 의제들이 발의됐고, 이 중 11건이 5만 명 이상의 서명을 받는 데 성공하였다. 이 중 6건이 의회에 제출되어 심의를 받았고, 심의 결과 동성결혼 합법화를 요구하는 시민발의안이 의회 심의를 통과해 관련 법 개정이 이루어졌다. 의회에 제출되지 않은 시민발의안들은 2015~2019년 새로운 의회 회기에 제출되어 심의를 받았다.

2013년 3월 5일 진입 요건을 충족한 첫 시민발의가 의회에 제출됐다. 이 발의는 동물 복지와 권리 보호를 위해 핀란드의 모피산업을 금지할 것을 요구했다. 의회 의장이 직접 접수한 이 발의안은 의회에 제출된 최초의 시민발의라는 상징적 중요성과 주제의 논쟁적 성격으로 인해 언론과 미디어로부터 많은 주목을 받았다. 발의안이 제출되면서 의회가 시민발의를 통해 제출된 법률안에 대해 어떻게 심의해야 하는가를 둘러싸고 공적 논쟁이 벌어졌다. 논쟁 이후 핀란드 의회는 위원회가 시민발의를 다루는 경우 공개 청문회(1회)를 포함한 위원회 심의 과정을 거쳐 보고서를 작성해 의회에 보고하며, 본 회의는 발의안에 관해 토론과 표결을 거쳐 공식 결정을 내린다는 원칙을 일종의 합의된 규범으로 정립하였다. 첫 시민발의는 이러한 절차를 거쳐 2013년 6월 19일 기각되었다.

그 뒤 일시적인 휴지기를 거쳐 2013년 11월부터 2014년 6월 사이에 다섯 개의 시민발의안이 에두스꾼따에 제출됐다. 그중 에너지인증법 개혁을 요구한 네 번째 발의안과 저작권법 개선을 요구한 두 번째 발의안이 2014년 6월과 10월에 각각 기각됐다. 2014년 6월에 법률위원회도 동성결혼 합법화를 요구하는 세 번째 시민발의안을 기각하기로 결론을 내렸다. 시민발의안들이 잇달아 기각되자 시민발의 제도적 효과에 대한 공공의 회의가 확산되는 가운데 에두스꾼따와 의원들의 태도에 대한 비판이 제기되었다. 시민사회 활동가들은 시민발의에 대한 기각 결정이 의회에서 계속된다면 이는 시민들의 관심과 참여를 감소시킬 것이며, 초기 발전 단계에 있는 시민발의 제도를 기능 불능 상태로 만들고, 나아가 시민들이 의회 정치로부터 더욱 소외되는 결과를 낳을 것이라고 주장하였다.[27] 그러나 다른 이들은 시민발의가 의회의 역할을 대체할 수는 없다고 주장했다. 다수의 공중에 의해 제기된 의제라 해도 법률적 전문성을 결여한 법안이 의회에서 승인될 수는 없다는 것이다. 나아가, 에너지인증법을 개혁해달라는 시민발의안은 공식적으로는 부결되었으나 에두스꾼따가 정부에 해당 사안에 대한 조치를 권고하는 등 사실상의 승인으로 볼 수 있다는 주장도 제기되었다.[28]

동성결혼 합법화 요구안은 16만 명 이상의 서명을 모음으로써 가장 많은 수의 대중적 지지를 동원하였다. 발의안은 핀란드의 새로운 시민참여 기제의 미래 전망과 관련하여 결정적인 계기를 제공하였다. 이 의제를 발의한 대표자들과 그 지지자들은 온·오프라인에서 활발한 캠페인을 전개하였고, 미디어와 대중의 관심도 계속 커져갔다. 이 시기에 행해진 여론조사들은 이 사안에 대한 의원들 사이의 깊은 균열을 드러냈다. 2014년 11월 28일 에두스꾼따는 마침내 찬성 105, 반대 92, 기권 2의 표결 결과로써 이 법안을 승인하기로 했다. 이 시각 약 5천 명의 시민들이 발의안에 대한 지지 의사를 표현하기 위해 의사당 바깥에 모여 있었다. 그 뒤 발의안은 재검토를 위해 대위원회로 보내졌다가 2014년 12월 14일 다시 본회의로 돌아왔고, 101 대 90의 2차 투표(기권 2, 불참 7)를 통해 최종 승인됐다. 전국 단위 중앙 일간지인 *Helsingin Sanomat*는 "핀란드 의회가 금요일에 역사적 결정을 내렸다"고 보도했다.[29] 이로써 핀란드의 시민발의 제도는 초기 단계의 비판적 회의론을 뒤로하며 제도적 공고화의 첫 관문을 통과하였다.

교육문화위원회는 2014년 4월부터 6월 사이에 제출된 다른 두 개의 시민발의를 심의했다. 다섯 번째 발의안은 핀란드의 제2공용어인 스웨덴어에 관한 것으로 논쟁적인 주제였고, 이는 2015년 4월 총선을 앞두고 광범위한 공적 논쟁을 불러일으켰다. 발의안은 민족주의적 포퓰리스트 핀란드인당Finns Party과 여러 정당을 가로지르는 다양한 의원들로부터 지지를 받았다. 발의안은 2014년 3월 6일 본회의장에서 투표 결과 134대 48로 부결됐다. 음주운전 처벌 강화를 주장한 여섯 번째 발의안은 2015년 3월 10일 역시 기각됐다. 이로써 첫 의회 회기 동안 에두스꾼따에 제출된 6건의 시민발의안들에 대한 의회 심리 절차가 모두 끝났다.

시민발의의 실행 과정: 의제, 발의자, 캠페인 방법을 중심으로

이 절에서는 의회 첫 회기(2012.3~2015.4)에 제출되어 심의가 완료된 6건의 시민발의를 중심으로 발의 과정 및 의회 심의 과정에서 나타난 주요 특징들을 분석한다. 그러나 2012년 3월 1일 시민발의법이 공식 발효된 뒤 2018년 12월 31일까지 전체 시민발의 현황을 먼저 살펴보면 총 880여 건의 시민발의가 제기되어 그중 총 25건이 5만 명 이상 유권자의 서명을 받아 의회에 제출된 것으로 나타난다(www.kansalaisaloite.fi). 이 가운데 동성결혼 합법화 요구안과 모성보호법 개정안 두 건이 의회의 승인을 받아 법률화에 성공하였다. 25건 중 17건에 대한 의회 심의가 종료되었고, 나머지 7건에 대한 심의가 아직 진행 중이다. 표 6.2는 이들 시민발의 25건의 의제와 서명 수(온라인 플랫폼에서 수집된 서명 수 병기), 그리고 의회 심의 결과를 요약한 것이다.

표 6.2 의회 제출된 25건의 시민발의: 의제, 서명 수, 의회 심의 결과(2012.3.1~2018.12.31)

연도	의제	총 서명 수	온라인 플랫폼 기반 서명 수	의회 심의 결과
2013	핀란드 내 모피산업 금지	69,381	–	기각
	저작권법 개정	51,974	50,025	기각
	동성결혼 합법화	166,851	156,234	승인
2014	에너지인증법 개정	62,211	31,652	기각
	스웨덴어의 선택 과목화	62,158	31,552	기각
	음주운전 처벌 강화	62,835	61,930	기각
2015	시골 지역의 산부인과 병원 서비스 보장	66,797	23,128	기각
	의료노동자의 양심의 자유 보장 (생명 중단 수술 거부권)	67,547	30,519	기각
	아동 대상 성범죄 처벌 강화	58,013	57,539	심의 중
	범죄 연루 외국인의 추방	54,324	54,314	기각
	노동시장의 '0시간(zero–hour)' 계약 금지	62,516	24,851	기각
2016	핀란드의 유로존 탈퇴 여부에 관한 국민투표 요구	53,425	51,203	기각
	동성결혼 합법화 법률 취소	106,195	38,613	기각
	모성보호법(The Maternity Act) 개정	55,707	51,114	승인
	소득률 지표로서 소득연계 연금 지수의 복원	84,820	64,833	기각
2017	헬싱키–말미(Helsinki–Malmi) 공항의 보존	56,067	31,556	기각
	좋은 죽음을 위한 안락사 허용	63,078	62,795	기각
	바사(Vaasa) 지역 주민들을 위한 24시간 응급병원 서비스 보장	67,422	33,136	심의 중
	주간절약시간제(서머타임) 폐지	70,393	70,393	기각
2018	국회의원들의 적응 연금(adjustment pension) 폐지	70,005	70,005	심의 중
	장애인 권리 증진	72,059	48,567	심의 중
	정부의 '적극적 고용' 모델(activation model) 폐지	140,944	136,084	심의 중
	보편적 무상 중등교육 보장 (교재 구입비 등 폐지)	53,098	50,708	심의 중
	상속 증여세 폐지	57,489	56,649	심의 중
	사고보험법 개정(보험연금기관 의사가 가진 환자 주치의 진술의 번복 권한 폐지)	59,381	59,381	심의 중

출처: 시민발의 온라인 플랫폼(www.kansalaisaloite.fi)과
핀란드 의회 웹사이트(www.eduskunta.fi) 데이터를 종합해 필자가 작성.

핀란드 내 모피산업 금지 시민발의

이 발의안은 산업화된 모피동물 공장의 열악한 생활조건 속에서 고통받는 동물들의 권리와 복지를 보호하기 위해 핀란드 내 모피산업 금지를 요구하는 내용으로 특히 동물보호법 제22조의 개정을 목표로 하였다. 윤리적이면서 동시에 사회경제적 차원이 내포된 이 의제는 시민발의 이전부터 핀란드 사회에 동물권의 옹호와 고용 및 기업 이익의 보장 사이에서 충돌하는 가치들을 공론장으로 불러낸 논쟁적 이슈였다.[30] 발의안은 환경과 동물권 영역의 4개 시민사회 단체들이 제기하였다.[31·32] 새로운 참여적 메커니즘의 도입 사실을 인지한 뒤 이들 단체는 모피산업 금지에 관한 시민발의를 조직하기로 의견을 교환했다. 이들은 이 의제가 핀란드의 첫 시민발의로서 언론과 대중의 주목을 받을 드문 기회를 누릴 것이라 예상하였고, 이는 현실이 되었다. 전문적 방식으로 캠페인을 계획하고 조직하면서 이들은 69,381명의 유효 서명을 수집했다. 대표 발의자인 까띠 뿔리Kati Pulli는 다음과 같이 말한다.

> 우리는 이 사안에 관해 협력하는 네 단체로 구성되었습니다. (…) 그리고 캠페인을 지속하면서 우리는 거의 매주 공동으로 회의를 했고, 여기에서 상황을 업데이트하고 다음 단계를 결정했습니다. 그러면서 우리는 또한 일부 문제들에 관해 협력할 파트너들을 구했습니다. 예를 들어, 정당들의 청년 조직들과 또 다른 단체들이 참여해 우리를 위해 서명을 모으는 데 도움을 주었습니다. 그리고 또 예를 들어 수백 개의 기업이 동참해 지지 서명을 하고 성명을 발표해주었어요. 그들 중 가장 큰 회사가 'Body Shop'으로 서명 모집 기간의 절반 동안 전 매장에서 우리들이 서명을 모을 수 있도록 허락했습니다. 거기에서 많은 서명을 모았지요. (…) 그리고 우리는 여러 국회의원과 다양한 방식으로 협력했습니다.

온라인 서명 시스템이 아직 존재하지 않았기 때문에 서명은 주로 자원 활동가들이 수행한 면대면 캠페인을 통해 수집됐다. "(…) 거의 7만 명의 이름을 면대면 캠페인으로 모았는데, 아주 많은 수의 자원 활동가들이 노력해 주었습니다(뿔리Pulli)."

저작권법 개정을 위한 시민발의

이 발의안은 저작권 보호를 받는 음악이나 영화를 불법 다운로드받는 사람들에 대한 과도한 온라인 감시와 처벌을 줄이기 위해 저작권법을 개정할 것을 요구했다.[33] 이 주제는 2011년 한 10세 소녀가 대중음악 파일을 불법 다운로드받은 일로 벌금형을 선고받으면서 공공의 논쟁 사안이 되었다.[34] 한 가지 특기할 것은 이 발의안은 '오픈 미니스트리Avoin Ministeriö'의 온라인 플랫폼, '구글 독스Google Docs' 등 인터넷 협업 도구, 그리고 법률 전문가들의 자원 활동 등을 통한 '크라우스소싱crowdsourcing' 방식으로 작성됐다는 점이다. "우리는 열린 공동 문서작성 도구들을 이용했습니다. 우리는 최소한 구글 문서 도구Google Docs를 이용할 수 있었고, 이를 통해 사람들로부터 저작권법의 문제와 개선에 관한 많은 수의 제안들을 모았습니다"라고 요나스 뻬까넨Joonas Pekkanen(대표 발의자이자 '오픈 미니스트리' 대표)은 말했다. 이 발의안에는 13명의 발의자가 있었는데, '오픈 미니스트리'의 설립자가 직접 대표 발의자로 역할하였다. 그러나 그 배경에 재정적 자원과 직원들을 거느린 기성 조직은 없었다. 이들은 정보를 확산하기 위해 주로 인터넷과 페이스북, 트위터와 같은 소셜미디어 서비스에 의존했다. 이들은 거의 전적으로 온라인 서명 시스템을 통해 51,974명의 유효 서명을 모았다.

5만 명 이상의 전자 서명이 있었고, 내 기억에 종이로는 2천 명 이하의 서명을 모았습니다. 대부분 소셜미디어를 통해 접속한 온라인 캠페인이었습니다.

사람들은 자신의 페이스북 담벼락이나 트위터를 통해 캠페인 메시지를 공유

했어요. (…) 전통적인 미디어에서는 그리 가시적이지 않았습니다. 무엇보다

인터넷과 소셜미디어를 통해서였지요(뻬까넨Pekkanen).

표 6.3 의회 제출된 6건의 시민발의 안들의 특징 및 심의 결과

	이슈	발의자	캠페인 방법	서명	비고
1	핀란드 내 모피산업 금지	환경, 동물권 분야 4 단체	주로 면대면 캠페인	69,381	첫 시민발의, 공공 인식 향상을 위해 발의
2	저작권법 개정	개인 자원 활동가들	온라인 캠페인에 의존	51,974	크라우드소싱 방식으로 발의
3	동성결혼 합법화	개인 자원 활동가들이 설립한 임시 캠페인 단체	주로 온라인 서명 모집, 동시에 활발한 오프라인 캠페인 전개	166,851	최대 서명 숫자, 24시간 내 10만 명 서명 모집
4	에너지인증법 개정	주거 분야의 이익 단체	온·오프라인 절반씩 서명 모집, 260개 지부와 발간 잡지 활용	62,211	의회의 대정부 권고
5	스웨덴어 선택과목화	지방정치인이 설립한 캠페인 단체	온·오프라인 절반씩	62,158	우파 포퓰리즘 정당의 의제; 의회의 대정부 권고 (지역 단위의 부분적 실험)
6	음주운전 처벌 강화	개인(피해자 가족)	주로 SNS를 통한 소통	62,835	의회의 대정부 권고

동성 결혼 합법화를 위한 시민발의

이 발의안은 동성 결혼same-sex marriage을 허용하고 동성 부부의 아동 입양

과 같은 관련 이슈들을 해결하기 위해 관련 법률들을 개정하기 위해 제안되

었다. 핀란드는 2002년부터 동성 배우자들이 시민 파트너로 등록할 수 있도

록 허용하였다. 그러나 핀란드는 법률적 기초 위에서 동성결혼을 허용하지

않는 유일한 북유럽 국가로 남아 있었고, 시민발의자들은 성별 중립적gender-

neutral 결혼 법률을 요구했다.[35] 같은 입법 목적을 지닌 의원발의가 시민발의

이전에 제기된 일이 있으나 성공하지 못한 터였다. 또, 2013년 당시 정부 연

정에 참여한 기독민주당Christian Democrats의 반대로 정부 법안의 의회 제출은

기대하기 어려운 상황이었다.

이런 맥락에서 동성 결혼 합법화를 위한 시민발의를 제기하자는 아이디어가 당시 법학 대학 입학시험을 준비하던 한 여학생(이다 베리만Ida Bergman)으로부터 나왔다. 그녀는 자신의 아이디어를 주변의 가까운 소수 사람들과 공유하였다. 그중의 일원이던 센니 모이라이넨Senni Moilainen이 자원 활동의 경험과 기술을 갖고 있었기 때문에 발의안의 대표가 되었다. 이들은 12명의 자원 활동가로 구성된 임시 캠페인 조직 'Tahdon 2013('I will 2013'이라는 뜻)'을 설립했다. 이들은 헬싱키에서 음악 콘서트, 플래시몹 퍼포먼스 등 축제 형태의 행사들을 조직했다. 당시 총리 등 유명 정치인들과 100개가 넘는 기업 회사들이 공개적으로 발의안에 대한 지지를 선언했다.[36]

이들은 6개월 동안 총 166,851명의 지지 서명을 모았고, 이는 현재까지 핀란드에서 조직된 시민발의들 중 가장 큰 수로 기록되어 있다. 모이라이넨과의 인터뷰는 이들이 전개한 캠페인의 핵심적 특징을 보여준다.

페이스북이 우리에게는 가장 중요한 미디어 채널이었습니다. 우리는 트위터도 사용했고, 큰 역할을 했어요. 그러나 페이스북이 절대적으로 가장 중요합니다. 나아가, 우리는 또 웹사이트를 만들었어요. (…) 우리는 거리에서 서명을 모으기도 했습니다. (…) 내 기억으로는, 종이 서명으로 우리는 약 1만 명의 서명을 받았어요. (…) 그러나 가장 큰 부분은 'kansalaisaloite.fi(공식 온라인 플랫폼)'을 통해서 왔습니다. 플랫폼은 큰 역할을 했고 우리가 캠페인을 시작했던 날들에 중요했지요. 그리고 온라인 서비스가 잘 작동해 우리는 첫날 10만 명이 넘는 서명을 모았습니다.

그 단계에서 우리는 정당이나 국회의원들과 협력하지 않았습니다. 의원들 그리고 정당들과의 협력은 이 뒤의 단계에서 이루어졌지요. 하지만 이들은 (시민발의) 조직 단계에서는 연결되지 않았습니다. 그 단계에 사람들은 자기 친구들, 동료들, 지인들 혹은 학교 친구들을 모았습니다. (…) 우리는 10~12

명 정도로 일종의 핵심 그룹을 만들었고, 이들이 풀타임으로 캠페인 활동을 했습니다. (…) 모두 자발적 활동이었지요. 아무도 임금을 받지 않았습니다. (…) 또 아주 많은 (다른) 자원봉사자들도 있었습니다. 핵심 그룹이 모든 일을 조율했고, 나는 이 핵심 그룹을 조율했습니다.

에너지인증법 개정을 위한 시민발의

이 발의안의 목적은 에너지인증시스템을 개혁하는 것이었다. 환경친화적 주거를 위한 좋은 정책 의도에도 불구하고 위 시스템은 법의 불합리한 적용과 에너지 소비율의 복잡한 계산 방법으로 인해 너무 비싸고, 소규모 단독 주택 소유자들, 특히 주 에너지원으로 전기를 사용하는 사람들에게 불공정하다는 비판을 받았다.[37] 개정된 법률의 적용을 받는 이들이 제기하는 불만을 인지한 '핀란드 주택소유자연맹Suomen Omakotitaloliitto'가 발의하였다. 발의자들은 온라인과 서면 캠페인을 통해 절반씩 서명을 모아 총 62,211명의 지지를 받았다. 이들은 사안의 복잡한 성격을 고려해 개정 법률의 직접적 영향을 받는 이해관계자 집단을 목표로 한 면대면 캠페인을 전개하였다. 이들은 연맹 산하 260개 지부 조직을 활용하였고, 연맹 소유의 잡지《오마꼬띠 (Omakoti)》를 통해 몇 차례의 광고를 하였다.[38]

우리는 온라인 절반, 종이 절반으로 서명을 모았습니다. (…) 하지만 우리는 아주 많은 발품팔이를 했어요. (…) 우리 조직의 특권은 260개 지부 협회를 갖고 있다는 것이었죠. 사람들은 지역 행사에서 서명을 모아왔습니다. 그리고 우리 잡지 Omakoti입니다. (…) 우리 잡지가 나왔을 때 우리는 7만5천명의 회원 전부에게 돌렸습니다. 두 번 그렇게 했어요. 그리고 우편 비용을 우리가 대신 냈습니다. 꽤 효과가 좋았습니다. 하지만 정말 많은 발품팔이가 있었습니다. 우리는 행사들에 참석해 서명을 모았지요. (…) 미디어가 발의안을 많이 보도하기 시작하면서 큰 구원자가 됐습니다.

스웨덴어의 선택과목화를 위한 시민발의

민족적 정체성과 두 개 공용어(핀란드어와 스웨덴어)에 기반한 핀란드 언어
정책의 문제를 제기하는 이 발의안도 매우 논쟁적 이슈였다. 발의안은 특정
법률안의 형태가 아니라 정부가 종합학교peruskoulu(1~9학년)에서 스웨덴어
를 선택과목으로 변경하는 법안을 마련하도록 요구하는 내용의 일반적 제안
형태였다. 발의자는 2007년 설립된 '자유로운 언어선택 모임Vapaa kielivalinta ry'
의 대표로 시민발의의 활용에 관한 흥미로운 사례를 제공한다. 그는 땀뻬레
Tampere 대학교의 사회과학 분야 교수이면서, 의회에서 이 의제를 열성적으
로 지지한 우파 포퓰리즘 핀란드인당 소속의 시의회 의원으로 활동하였다.
발의안은 절반은 물리적으로, 절반은 사이버상에서 총 62,158명의 서명을
모았다. 약 30명의 활동가가 서명을 모으기 위해 노력하였다. 페이스북도 어
느 정도 캠페인에 기여했다. 발의자에 따르면, "미디어가 보도하지 않아 발
의안이 제기돼 서명 수집이 진행 중이라는 사실을 사람들은 몰랐기 때문에
인터넷으로 서명을 수집하기가 힘들었습니다. (…) 거의 절반은 거리 서명
모집에서 나왔고, 아마도 서른 명의 활동가들이 열심히 일했습니다." 캠페인
에는 핀란드인당, 그리고 부분적으로 보수 국민연합당NCP의 청년 조직들이
도움을 주었다.[39]

음주운전 처벌 강화 시민발의

이 발의는 피해자와 그 가족들이 겪어야 하는 손해와 고통을 감안해 무고
한 피해자들에게 해를 끼친 음주운전자들에 대한 처벌을 강화해달라고 요구
하였다.[40] 발의는 음주운전 사고로 11세 딸을 잃은 한 부모가 이 범죄에 대한
처벌이 상대적으로 관대하고 그마저도 항소심에서 더 경감되는 것을 발견한

뒤 제기하였다. 이들은 핀란드 중북부 작은 도시에 거주하는 평범한 사람들이었지만 딸의 비극적 사연으로 인해 62,835명의 유효 서명을 모았다. 이 가족은 처음 이웃 시민들로부터 주목을 받았고 그 뒤 미디어로부터 관심을 받았다. 블로그와 페이스북 같은 SNS 도구들이 정보를 전파하고 의견을 교환하는 데 큰 역할을 하였다.[41]

의회의 반응: 6건의 시민발의에 대한 의회 심의 과정과 결과

이 시기가 제도 실행의 가장 초기 단계였음을 감안할 때 의회가 어떻게 시민발의안들을 다룰 것인가에 관한 규칙과 관행을 확립하는 것은 본질적으로 중요한 과제였다. 시민발의법은 이 문제에 관해 자세한 조항들을 제시하지 않기 때문에 이는 의회가 모피산업 금지를 요구하는 첫 시민발의를 심의하기 이전에 '의회의 절차에 관한 규칙'[42]을 변경함으로써 해결해야 했다.

정부 법안HE 46/ 2011 vp은 이미 "의회 심의 과정을 위하여 시민발의는 최소 100명의 의원 서명을 받은 의원발의kansanedustajan lakialoite와 동등하게 취급될 수 있다"는 서술을 포함했다. '의회 절차에 관한 규칙'을 변경하기 위한 의회 의장단의 발의[43]도 이 점을 언급하였다. 그러나 이처럼 시민발의를 중요하게 고려하는 긍정적 해석은 의장과 2명의 부의장, 그리고 16명의 상임위원회 위원장들로 구성된 의장단 회의Puhemiesneuvosto의 토론에서 선명하게 천명되지 않았다. 일부는 위 진술에 동의했지만 다른 이들은 시민발의가 일반 의원 발의와 동등하게 처리돼야 한다고 주장했다. 이는 곧 시민발의가 위원회의 독자적 판단에 따라 어떠한 위원회 심의도 없이 기각될 수 있음을 뜻했다. 오랫동안 의회 사무총장으로 복무해온 세뽀 띠띠넨Seppo Tiitinen은 *Helsingin Sanomat*와의 인터뷰에서 시민발의를 높은 우선순위로 다루어야 할 의회의 책임을 기술한 정부 법안은 '무분별하게' 쓰인 것이라고 말했다. "핀란드 헌

법에는 그것이 무슨 문제이건 간에 의회가 이를 심의할 아무런 의무가 없습니다"라고 그는 반응하였다.[44]

그의 인터뷰는 공적 논쟁을 촉발하였다. 정치적 의사결정의 대의적 시스템 속에서 의회가 갖는 공식 권능을 강조하는 이들과 입법 과정에서 시민참여를 증진하기 위한 새로운 기제의 중요성을 옹호하는 이들 간 중요한 관점 차이와 갈등이 드러났다. 첫 시민발의 대표자인 뿔리Pulli는 "앞으로 제기될 시민발의의 의제에 관계없이 발의안들이 의회에서 사려깊은 처우를 받을 수 있다는 것은 시민 민주주의의 측면에서 특별히 중요하다"고 주장하였다.[45] *Helsingin Sanomat*는 몇몇 의원들의 반응을 함께 보도하였다. 미까엘 융게르Mikael Junger(사민당)는 핀란드의 민주적 혁신의 한 수단으로서 시민발의법의 주목적은 "의회에서 무엇이 토론될 것인가와 관련하여 공중에게 의사결정 과정에 대한 접근을 개방하는 것"이며, 따라서 "시민발의는 100명의 서명을 받은 의원발의와 동등하게 취급되어야 한다"고 주장하였다. 라쎄 만니스뙤Lasse Männistö(국민연합당)는 띠띠넨Tiitinen이 '틀렸으며' 절차를 결정하는 것은 '관료들이 아니라 정치인들의 임무'라고 말했다. 오라스 뛴뀌넨Oras Tynkkynen(녹색당)은 시민발의안들이 그 내용에 관계없이 입법자들에 의해 심의를 받을 자격이 있다고 말하며 "만약 시민 행동주의를 향한 태도가 이와 같다면 우리는 투표율 하락을 의아해할 필요가 없다"고 지적했다. 반면, 삐르꼬 루오호넨-레르너Pirkko Rouhonen-Lerner(핀란드인당)는 시민발의 인플레이션의 위험을 언급하며 신중한 검토를 촉구했다.[46] 라이야 바하살로Raija Vahasalo(국민연합당, 의회 교육문화위원장)와의 인터뷰는 의원들 사이의 회의적 분위기를 드러냈다.

물론, 의원발의를 제기하고 거기에 많은 서명이 있는 (…) 의원들 자신들은 아주 많은 표를 모읍니다. 만약 의원 100명 이상의 서명이 있다고 하면 그것은 시민발의와 비교해 얼마나 많은 (유권자들의) 표를 대표하는 걸까요?
(…) 의원발의가 거의 통과되지 않는 상태에서 왜 시민발의가 더 좋은 위치
에 있어야 합니까? 그런 토론들이 의사당에서 이루어졌습니다.

공공의 논쟁은 의회 위원회 차원에서 시민발의 안들에 대한 보고서mietintö
를 생산해야 하는가의 문제에 집중됐다. 모든 의회 정당 그룹들은 새로운 민
주적 혁신으로서 시민발의의 중요성을 강조했지만, 그들이 의장단 회의에
제출한 의견서는 사안에 대한 태도의 차이를 드러냈다. 좌파동맹과 핀란드
인당은 위원회들이 시민발의에 대한 보고서를 항상 제공해야 한다고 주장했
다. 국민연합당, 사민당, 그리고 중앙당은 위원회가 시민발의를 심의할 것인
지, 한다면 어떻게 심의할 것인지에 대해 위원회의 자율적 결정권을 유지하
는 방안을 선호했다.[47] 국민연합당은 '발의안들이 특히 내용면에서 다양하기
때문에 완전히 일반적인 지침'을 내리는 것에 반대하면서 위원회가 '심의의
어떤 단계에서든' 시민발의의 처리에 대한 결정을 내릴 수 있어야 한다고 주
장했다. 사민당은 '합당한 근거 위에서 명백히 불필요하지 않는 한' 시민발
의가 위원회에서 심의되어야 한다고 말하면서도 시민발의를 어떻게 다룰 것
인지에 관해서는 위원회가 '독립적으로' 결정해야 한다고 주장하였다. 중앙
당은 시민발의가 전문가 청문회 단계까지는 '대체로' 위원회에서 심의돼야
하지만 그다음의 후속 처리 과정에 대해서는 위원회가 '독립적으로' 결정할
수 있다고 서술했다. 녹색당의 입장은 약간 달랐는데, 이들은 100명의 서명
을 받은 의원발의와 동등하게 시민발의를 심의할 위원회의 책임을 강조하는
한편, 위원회들이 보고서를 '강제가 아니라' '실천적으로' 생산할 것을 요구
했다. 나아가, 스웨덴인민당은 근본적 인권을 침해하는 어떠한 발의안도 위
원회에서 심의되어서는 안 된다고 주장하였다. 기독민주당도 시민발의가 의
원발의안과 똑같이 처리되기를 원했다.[48] 논쟁이 끝난 뒤 이들은 하나의 타

협적 해법에 도달하였다. 곧, 시민발의를 심의할 의회의 책임을 직접적으로 기술하지 않는 대신, 위원회는 시민발의를 심의한 뒤 실질적으로 보고서를 제공할 것이 기대됐다.

의회 절차가 해결된 뒤 에두스꾼따는 본격적으로 첫 시민발의를 심리하기 시작했다. 2013년 4월 25일의 본회의 예비토론에서 책임 위원회인 농업산림위원회 위원장은 위원회가 발의안을 '객관적으로, 폭넓게, 빠르게, 그리고 철저하게' 검토할 것임을 약속하였다(PKT 45/2013 vp). 위원회는 전문가 청문회를 세 차례 열었다. 첫 청문회는 온라인과 오프라인 모두 공중에 개방되었고, 발의안의 대표자들이 다른 이해관계자 및 전문가들과 함께 초대되었다. 총 22명의 전문가들이 청문회에서 자신들의 의견을 진술하였고, 추가로 8건의 서면 의견서가 제출되었다. 그 뒤 위원회는 비공개 상태에서 '일반토론'과 '상세검토'를 위한 회의를 몇 차례 개최한 뒤 보고서를 발표하였다. 에두스꾼따는 위원회 보고서에 기반해 2회독 절차를 진행한 뒤 본회의 표결로 최종결정을 내렸다.[49]

첫 번째 시민발의에 대한 의회 심의는 다음 발의들에 대한 예시를 제공했고, 나머지 다섯 시민발의안들도 비슷한 방식으로 다루어졌다. 모든 책임 위원회들은 각 시민발의를 심의할 때 한 번씩 공개 청문회를 개최하였다. 공개 청문회는 대개 두 시간 동안 지속되고 의회 웹사이트를 통해 온라인으로 생중계된다. 농업산림위원회, 법률위원회, 교육문화위원회 등 세 위원회는 처음으로 공개 청문회를 개최하였다. 환경위원회는 이전에 네 차례의 공개 청문회와 한 차례의 공개 위원회 회의를 개최한 바 있다. 청문회에 초대된 전문가들의 수는 이슈와 위원회에 따라 다양했지만, 위원회 협의의 일반적 범위는 표 6.4에서 보듯이 일반 법안들의 경우에 비추어볼 때 상당히 넓었다.

첫 전문가 청문회 이후 이어지는 청문회들과 위원회 회의들은 다시 비공개 상태에서 진행되었다. 이러한 패턴은 6개 시민발의들에서 똑같이 나타났다.

이러한 비공개성은 시민발의자들과 일반 공중이 위원회 회의실에서 어떤 논의가 진행되고 있는지를 따라잡고 이해하는 데 어려움을 초래하였다. 회의들이 끝난 뒤 위원회는 심의 절차를 종료하고 만장일치 또는 표결로 위원회의 최종 입장을 결정하였다. 위원회는 보고서를 발간해 본회의에 제출했다. 위원회들이 사안에 대한 합의에 이르지 못하면 '반대 의견서'가 보고서에 첨부되었다. 동성결혼 합법화 시민발의에 대한 법률위원회 보고서에는 의원 8명의 반대 의견서가 수반됐다. 핀란드 내 모피산업 금지를 위한 시민발의에는 두 개의 반대 의견서가 첨부됐고, 스웨덴어의 선택과목화를 요구하는 시민발의에는 4개의 의견서가 첨부됐다. 다른 세 개의 시민발의에 관한 위원회 보고서는 단일한 의견으로 작성되었다.

위원회 단계의 입법 심의 전후로 에두스꾼따는 세 차례의 토론(예비토론과 2회독 절차)을 진행하는데 이는 시민발의에도 그대로 적용됐다. 특기할 것은 6개의 시민발의에 대한 본회의 토론은 공중의 관심 증가와 주제의 논쟁적 성격으로 인해 상당히 긴 시간 동안 이루어졌다는 점이다. 예컨대, 동성결혼 합법화 시민발의에 관한 예비토론은 3시간 59분간, 그리고 본회의 1회독 토론은 4시간 52분 동안 지속됐다. 일반적 법률안에서처럼 본회의의 모든 토론은 의원들의 발언 속기록 등 본회의 문서들을 포함해 온·오프라인으로 공개되었다.

표 6.3은 6개 시민발의에 대한 의회 심의 결과를 보여준다. 공식적 기준에서 보면 동성결혼 합법화를 요구한 1개 시민발의만 의회에서 통과되었고, 나머지 5개 발의는 모두 기각되었다. 그러나 그중 3개 발의(에너지인증법 개정, 스웨덴어 선택과목화, 음주운전 처벌 강화)의 경우, 에두스꾼따는 정부가 이들 시민발의가 촉구한 개혁의 필요성을 고려한 조치를 하도록 권고하였다.

표 6.4 6개 시민발의에 대한 의회 심의 과정과 결과

번호	이슈	의회 제출일 (법안 번호)	소관위원회	위원회 심의 과정			위원회 보고서 결론 (반대 의견서의 수)	의회 결정
				청문회 수 (공개 청문회)	청문회 참가자 수	추가 제출된 서면 의견서의 수		
1	핀란드 내 모피산업 금지	2013.3.5. (KAA 1/2013 vp)	농업산림 (Agriculture and Forestry)	3 (1)	22	8	기각 (2)	기각 (2013.6.26, EK 19/2013 vp)
2	저작권법 개정	2013.11.26, (KAA 2/2013 vp)	교육문화 (Education and Culture)	3 (1)	10	10	기각 (0)	기각 (2014.11.14, EK 33/2014 vp)
3	동성결혼 합법화	2013.12.13. (KAA 3/2013 vp)	법률 (Legal Affairs)	11 (1)	55	19	기각 (1)	승인 (2014.12.12, EK 41/2014 vp)
4	에너지 인증법 개정	2014.3.25. (KAA 1/2014 vp)	환경 (Environment)	1 (1)	9	1	기각 (0)	기각 (2014.6.17, EK 18/2014 vp)
5	스웨덴어 선택과목화	2014.4.24. (KAA 2/2014 vp)	교육문화 (Education and Culture)	4 (1)	18	13	기각 (4)	기각 (2015.3.6, EK 54/2014 vp)
6	음주운전 처벌 강화	2014.6.6. (KAA 3/2014 vp)	법률 (Legal Affairs)	3 (1)	20	1	기각 (0)	기각 (2015.3.10, EK 56/2014 vp)
합계				25 (6)	134	52		
평균				4.2 (1)	22.3	8.7		

토론: 시민발의, 새로운 민주주의의 다이내믹?

시민발의가 시행된 지 3년 동안 나타난 지표들, 예컨대, 제안된 모든 시민발의의 건수, 의회에 제출된 발의안의 심의 결과, 의회 심의 과정과 그 정치적 우선순위, 의제의 특징들과 다양성, 공공영역에서의 의사소통 증가 등을 종합적으로 고려해볼 때 핀란드 시민발의 시스템은 제도적으로 '공고화'된 것으로 보인다.[50] 비교적 짧은 시간에 시민발의는 정부 법안과 의원발의에 이어 입법적 의제설정을 위한 '제3의 채널'이라는 지위를 획득한 것이다.[51] 제도 시행 초기 에두스꾼따 안팎에서 전개된 논쟁들에도 불구하고 의회에 제출된 여섯 건의 시민발의에 대한 의회의 심의는 '포괄적'이었고(또이볼라 Toivola), 본회의뿐만 아니라 위원회 내에서도 '중요한 우선순위'를 누리며 '진지하게 다루어졌다(뚜오낄라Tuokila)'. 시민발의는 위원회에서 제대로 된 심의 절차 없이 방치되거나 자동 만료될 것으로 예상하지 않는다(끼우루Kiuru).

여섯 건의 발의안에 대한 의회 심의 결과는 시민사회로부터의 직접적 입력direct inputs을 활용해 제도개혁을 앞당기는 것이 가능함을 시사한다. 동성결혼 합법화를 요구한 발의는 시민발의 제도를 통해 사회적 소수자들의 인권 증진을 위한 구체적 법률 개정이 이루어진 성공적 사례를 제공하였다. 나머지 부결된 발의들 중 에너지인증법 개정을 요구한 시민발의는 의회가 법기술적 이유로 법안을 부결시키면서도 정부가 시스템을 개선하는 조치를 하도록 하는 구체적 권고를 내림으로써 사실상de facto 의회의 동의를 받은 것이라는 평가를 받았다. 스웨덴어를 선택과목으로 바꾸자는 발의안도 에두스꾼따가 정부에게 지역 단위의 실험을 시작할 것을 권고하는 등 실천적 해법을 모색함으로써 유사한 결과를 보여주었다. 시민발의는 시민들, 특히 현재 상태에 '만족하지 못하고' 기성 제도와 시스템이 풀 수 없었던 '이슈들을 의사결정 기구에 제기'하려는 시민들에게 그들의 '의지를 표출할 수 있는 유용한 도구'를 제공하였다(또이볼라Toivola).

　시민발의 제도는 부분적으로 의회 심의 절차의 공개성과 접근가능성을 증진하는 데 기여하였다. 첫 번째 시민발의에 대한 심의 이후 위원회가 일련의 전문가 청문회를 개최한 뒤 발의안을 심의하고 보고서를 발간하며, 청문회 중 1회는 공개 청문회로 한다는 원칙 혹은 실천적 규범이 확립되었다. 이러한 원칙은 의회에 제출된 여섯 건의 시민발의에 모두 적용되었다. 농업산림위원회, 법률위원회, 교육위원회 등 세 위원회의 경우 시민발의안의 심의를 계기로 공개 청문회를 처음으로 개최하였다. 또한, 최근 의회 의사당의 리노베이션 이후 개별 위원회 회의실마다 온라인 중계 시설이 설치됨으로써 향후 더 많은 공개 청문회가 개최될 것으로 기대되고 있다.[52] 한 위원회 비서는 시민발의가 위원회 심의의 '공개성을 늘리도록 하는 압력'을 배가시켰다고 진술했다. 정부 법안을 심의하는 것과는 달리 위원회들은 "(시민발의의) 심의에 관한 정보를 계속 제공하여 어떤 단계의 절차가 진행 중인지, 발의안에 대해 무엇이 이루어지고 있으며, 공개 청문회가 개최될 수 있는지 등 시민들이 더 잘 알 수 있도록 해야 한다. (…) 그게 가장 큰 사안이다(에크루스Ekroos)." 비록 위원회 투명성은 여전히 제한적이지만 핀란드 의회가 위원회 회의를 대부분 비공개 장소에서 진행하며 공개 청문회도 드문 일임을 고려할 때, 이 같은 변화는 괄목할 만한 것으로 평가된다(5장에서 우리는 에두스꾼따 위원회의 입법 협의 과정에 대한 포괄적 분석을 제출하였다).

　의회 심의의 공식 결과와는 별개로, 시민발의는 정부와 기성 정당들이 테이블에 올리지 않으려는 의제들을 제기하는 효과를 나타냈다. 의회에 제출된 여섯 건의 발의는 다양한 스펙트럼의 이슈들을 공공 영역의 중심으로 불러왔다. 발의안들은 환경과 동물권, 사회경제적 이해관계, 범죄와 안전(생명), 저작권과 정보사회, 성 평등과 같은 이슈들을 포괄하였다.[53] 동성결혼 합법화 문제는 시민발의 이전에 한 차례 법률위원회에서 기각된 바 있었고,

2013년 당시 연합정부는 이 의제를 정부 프로그램에 포함하지 않았다. 저작권법·개정을 위한 시민발의는 처음에 거리예술가들의 요구에서 비롯된 것으로 이후 '크라우드소싱' 민주주의 방식을 통해 입법 제안으로 발전하였다. 우파 포퓰리즘 핀란드인당이 강력히 지지한 스웨덴어 관련 시민발의는 핀란드 사회에서 매우 민감한 이슈를 공공 담론 속으로 가져오는 데 성공하였다. 이 발의안은 언어와 민족적 정체성에 관한 정치적 균열을 더욱 가시적으로 만들었다.

아울러, 시민발의를 계기로 제기된 이슈들에 대한 공적 논쟁과 토론이 언론과 인터넷 등 시민사회 공론영역들을 가로지르면서 활발하게 벌어졌다. 필자가 온라인으로 '시민발의kansalaisaloite'라는 검색어를 입력해본 결과, 시민발의 제도 시행 첫 3년 동안 공영방송인 YLE는 2,390건의 뉴스 기사나 방송물을 생산하였고, 중앙 일간지인 *Helsingin Sanomat*는 448건의 기사를 생산한 것으로 확인되었다. 이러한 수치들은 2012년 지방자치선거 관련 뉴스 생산 건수들보다도 많은 것이다(YLE 1,170건, HS 294건).[54] 공개성의 증가라는 간접적 효과는 또한 시민발의자들에게 자신들의 법안이 현실적으로 통과되기 어렵다는 것을 알 때조차도 발의안을 조직하게 만드는 전략적 유인을 제공하였다. "그런 관점에서 봤을 때 그것은 동물 복지에 관한 광범위한 토론을 일으키는 데 정말로 중요한 시간이었습니다. 그리고 그런 관점에서 보면 분명히 우리는 아주 크게 성공했어요"라고 첫 번째 시민발의인 모피산업 폐지안의 대표(까띠 뿔리Kati Pulli)는 필자와의 인터뷰에서 말했다. 실제로 이 사안의 경우 언론과 미디어의 집중적 관심을 받으며 대중적 공론화에 성공했고, 유사한 법안이 의회에 상정됐던 2011년의 전례와 비교할 때 약 2배 이상 많은 의원들(36명)이 찬성 표결함으로써 의회 내 여론에도 큰 진전을 이룬 것으로 평가된다.

나아가, 시민발의 제도의 심의 과정에서 에두스꾼따의 입법적 의사결정 과정에 새로운 정치적 다이내믹이 발달하고 있다. 시민발의는 여러 건의 민감한 이슈들을 제기했고, 이는 개별 의원들이 자신의 입장을 더 독립적으로 결정할 가능성 혹은 '의무'를 증가시켰다. "(…) 예를 들어, 성별 중립적 입법안의 경우, 내 생각에, 의원들은 자신의 의견을 말할 것인지 아니면 지지자들의 의견을 대변할 것인지에 대해 아마도 가장 많은 압력을 받았습니다. 그리고 그때 당시 모든 의원은 틀림없이 스스로 개인적 결정을 내렸어요"라고 끼우루Kiuru 의원은 말했다. 그에 따르면 스웨덴어 이슈도 비슷한 압력을 부과했고, "국민연합당NCP은 당론을 정하지 않고 개별 의원들이 자신의 고려에 따라 투표하도록 정했다." 그렇게 의원들은 공공의 압력 속에서 자신의 위치를 결정할 '자유로운 손'을 얻었던 것이다. 이에 더해, 정당들 간의 주요 정치적 균열선들이 이슈에 따라 다양하게 표출됐다. 심지어 한 정당 내부에서도 의원들 간에 중요한 분열이 일어나는 경우가 잦았다. 예를 들어, 핀란드 내 모피산업 금지안의 경우 사민당SDP 의원들 일부가 시민발의안을 지지했지만, 같은 당의 다수는 해당 산업의 고용 보호 등을 이유로 발의안에 반대했다. 또, 동성결혼 합법화 요구안의 경우 보수 국민연합당 내부에는 나이든 보수주의자들과 젊은 시장 자유주의자들 사이에 선명한 내적 균열이 발견됐다.

위원회 문화에서도 한 가지 변화가 관찰됐다. 의제들의 논쟁적 성격으로 인해 위원회들은 쉽게 합의된 결정에 이르지 못했고, 자주 반대 의견서들이 첨부된 보고서를 발간해야 했다. 나아가, 동성결혼 합법화 요구안의 경우 에두스꾼따는 책임위원회인 법률위원회의 반대 의견에도 불구하고 본회의 표결을 통해 법안을 승인하기로 했는데, 이 또한 드문 일이다. 후기 근대적 이슈들을 둘러싼 문화적 자유주의와 보수주의 간의 새로운 균열은 시민발의제의 도입을 계기로 더 강하게 표출된 것으로 보인다. 이는 2015년 4월의 의회 선거 결과에서도 확인된다. 유럽 여러 나라에서 공통적으로 관찰되는 것처럼 핀란드의 시민발의 제도가 향후 정치적 양극화와 포퓰리즘적 정당 동원의 기제로 작용할 것인지 그리고 그 정도가 어떠할지는 열린 질문으로 남아 있다.

한편, 시민발의의 실행과 제도적 효과에 관련하여 아직 해결되어야 할 문제들이 남아 있다. 첫 번째 문제는 의회 심의의 공개성, 특히 위원회 단계의 심의 절차와 과정의 개방성에 관한 것이다. 비록 위원회들이 시민발의를 다루는 과정에서 공개 청문회를 개최하고 있지만 이는 단지 발의안당 1회 2시간에 한해 이루어지고 있다. 그 뒤에 이어지는 청문회나 위원회 회의는 다시 비공개 환경 속에서 진행되며, 발언 속기록 없이 단지 의제, 참석자의 이름과 소속 정도만 포함한 짧은 회의록만 공개된다. 시민발의자들은 위원회에서 이루어지는 진행 상황을 따라갈 수 없었다고 불만을 토로하고 "전문가 청문회를 밀실에서 진행할 아무런 좋은 이유가 없다(뻬까넨Pekkanen)"고 주장했다. 이들은 "절차를 더 개방적으로 해 발의자들이 현재 무슨 일이 진행되고 있고 다음에는 무슨 일이 일어날지 알 수 있어야 한다. 또, 모든 문서들이 심의 기간 동안에 공개돼 시민들이 사안이 어떻게, 어떤 방식으로 결정되는지, 그리고 어떤 주장들이 행해졌는지를 인지함으로써 이에 반응할 수 있게 해야 한다(모이라이넨Moilainen)"고 주장하였다.

어떤 발의자들은 청문회를 위한 전문가 선정 과정이 공정하지 않다고 비판하였다. 이와 관련하여 의회 구성원들과 시민발의자들 사이의 관점 차이가 뚜렷하게 관찰된다. 의원들과 위원회 비서들은 다음과 같이 주장했다. "위원회는 공정하기 위해 그리고 항상 양쪽을 (균형적으로) 초대하려고 지극히 노력하였다(라이네Laine)." 왜냐하면 "상황이 아주 민감해서 모든 것이 불편부당하게 진행돼야 하기(바하살로Vahasalo)" 때문이다. 그러나 한 핀란드인당 소속 의원은 전문가 선정 과정의 정치적 다이내믹을 다음과 같이 묘사하였다. "스웨덴어를 필수과목에서 빼자는 안건처럼 만약 위원회 리더십이 여당 의원의 손에 있고, 여당 의원들과 정부의 정책 노선이 이미 결정된있는 경우에는 (…) 이들은 자신들의 입장을 옹호할 전문가들을 가능한 최대로 많이 초대합니다(니꼬Nikko)." 저작권 같은 일부 이슈에서는 위원회가 폭넓은 이해관계자 집단들로부터 전문적 관점을 수렴하기 위해 노력했으나 "발의자들을 제외한 아무도 법안을 지지하지 않는다"는 것을 확인했다고 교육문화위원회 비서(라이네Laine)는 회상하였다. 그러나 시민발의자들은 그것이 반드시 사실은 아니라고 주장하였다. 왜냐하면 아카데미 세계를 포함해 사회가 주류적 관점과 이익에 의해 지배되고 있기 때문이다. 이들은 위원회가 "늘상 듣는 (…) 똑같은 오래된 집단"을 초대하기보다 안건을 발의하고 지지한 시민들의 관점을 듣기 위해 더 큰 노력을 전개해야 한다고 요구하였다.[55]

일부 발의자들은 위원회 심의의 질quality에 대해서도 의문을 제기했다. 이들은 자신들이 위원회 보고서를 읽었을 때 이슈에 대한 철저한 이해가 부족하고 보고서가 해결돼야 할 구체적인 문제들에 대해 완전히 파악하지 못했음을 발견했다고 지적하였다.[56] 뻬까넨은 위원회와 의원들이 시민발의자들과 더 적극적으로 상호작용할 것을 주문했다. "위원회들은 동성결혼 합법화 시민발의안과 같은 방식으로 시민발의를 대할 필요가 있습니다. 'Tahdon 2013' 시민발의의 경우 이 발의를 지지한 의원들이 어떻게 더 나은 버전의 발의안을 구성할지 발의대표들과 함께 숙의했어요. (…) 위원회에서 필요한 조정들이 이루어졌고, 그 뒤 보고서로 통합되었습니다. (…) 보고서, 그리고 발의 대표들과 함께 수정되고 향상된 시민발의안이 본회의에 상정되어 표결에 이를 수 있었습니다(뻬까넨Pekkanen)."

또 다른 문제는 성공적인 시민발의를 위해 필요한 자원에 관한 것으로 정치적 불평등의 이슈를 건드린다. 앞선 장들에서 제시한 것처럼 현대 선진국들에서도 민주주의와 시민권citizenship 상황에 대한 전반적 우려가 커지고 있다. 전통적 민주주의 제도와 기구들로부터의 시민 소외와 무관심이 증가하고 있고, 소득과 교육 수준 등에 따른 사회집단 간 참여의 간극도 증가해왔다.[57] 핀란드의 시민발의 제도는 동성애자, 오래된 단독주택 소유자, 그리고 범죄 피해자와 가족 등 다양한 사회 영역과 계층의 사람들의 목소리가 제도적 공론영역에서 들리도록 하는 데 기여했다. 시민발의안들의 다수는 '가장 낮은 수준의 예산'으로 실행되었고, "그 배경에 부유한 조직들은 전혀 없었다(뻬까넨Pekkanen)." 동성결혼 합법화 시민발의는 "특정한 의지를 지닌 갑작스런 그룹의 사람들에 의해 주도되었고, 이들은 어떤 전위 조직이나 이익단체도 갖지 않았다. 그런데도 이들의 목소리 역시 들려질 수 있었고," 그것은 이내 '하나의 대중 운동'으로 발전하였던 것이다(또이볼라Toivola). 음주운전 처벌 강화 요구안은 적절한 의제와 적절한 지원이 있는 경우 평범한 개인들도 자신들의 일상생활에 직결된 이슈들을 시민발의를 통해 의회와 공공 영역에 가져올 수 있음을 보여주었다. 그러나 시민발의가 5만 명 이상의 서명을 받고 입법 절차를 통과해 법이 되려면 효과적인 캠페인과 로비를 전개하기 위해 필요한 기술과 재정적·인간적 자원들을 동원하는 것이 여전히 매우 중요해 보인다. 그러므로 시민발의법의 실행에도 불구하고 문화적 자본을 활용할 수 있는 이들과 그렇지 못한 이들 사이에 새로운 격차가 벌어질 수 있다. 향후 이 문제에 대한 면밀한 관찰과 실천적 해법이 모색될 필요가 있을 것이다.

나가며

현대의 민주적 의회들이 의회 활동과 업무에 대한 시민 관여를 확대하기 위해 추진해온 다양한 노력들에 불구하고 그러한 개혁 조치들은 전반적으로 일관되고 효과적인 방식으로 추진되지 못하는 경향이 있다. 많은 선진 민주주의 국가들에서 의회 기구들에 대한 정치적 불신과 소외가 꾸준히 증가하는 가운데, 새로운 정보통신기술과 다양한 형태의 시민참여 기제의 진전은 현대 의회들로 하여금 시민들과의 제도적 의사소통을 강화하고 민주적 혁신 기제를 입법 과정에 통합하도록 하는 압력으로 작용하고 있다.[58] 시민발의는 공중이 다양한 층위의 정치적 의사결정 과정에서 자신들의 의제를 제기하도록 허용하는 중요한 직접 민주주의 메커니즘이다. 19세기 후반 스위스에서 시작된 이 제도는 현재 많은 유럽 민주주의 국가들, 그리고 미국의 많은 연방 주들에서 시행되고 있으며, 유럽연합 시민발의European Citizens' Initiative를 통해 유럽 수준의 초국적 차원에서도 시행되고 있다. 시민발의의 제도적 유형은 완전형 시민발의에서부터 의제형과 혼합형 발의에 이르기까지 다양하다. 또한, 시민발의의 제도적 요건, 실천적 경험 그리고 정책적 · 정치적 효과도 다양하게 나타난다. 시민발의는 다양한 제도적 디자인을 취하고 있으며, 이는 개별 정체polity의 고유한 역사적 맥락과 긴밀하게 결부되어 나타난다.[59] 시민발의는 핀란드 민주주의에 새로운 혁신을 가져왔다. 이 장에서 우리는 첫 의회 회기(2012.3~2015.4) 동안 핀란드 의회가 시민발의에 어떻게 반응했는지를 중심으로 핀란드 시민발의의 제도적 특징과 정치적 효과에 관한 체계적 분석을 제공하였다.

핀란드의 시민발의 제도는 의회 의사결정 과정에 시민참여를 확대하면서 입법적 의제설정을 위한 대안적 채널로서 그 '기능성functionality'을 입증하였다. 입법 과정은 이번 개혁이 아래로부터의 시민사회 캠페인이 아니라 정부 주도의 '위로부터의' 민주적 혁신 프로젝트의 결과였음을 시사한다. 입법의 주요 목적은 핀란드의 대의 민주주의를 직접 민주주의로 '대체'하는 것이 아니라 '보완'하고 '강화'하는 것이었다. 핀란드 시민발의 제도의 한 가지 중요한 특징은 온건한 형태의 절차적 요건을 채택하였고, 특히 온라인 서명수집 시스템을 허용했다는 점이다.

먼저 NGO 기반의 온라인 플랫폼Open Ministry(www.avoinministerio.fi)이, 그 뒤 법무부가 운영하는 공식 웹사이트(kansalaisaloite.fi)가 시민사회 행위 자들이 발의를 개시하고 지지 서명을 모으는 데 매우 효율적인 도구를 제공 하였다. 초기 논쟁들과 고위 정치 엘리트 및 의원들 내부의 회의적 분위기 를 극복하면서 적절히 촉진적인 제도적 디자인, 시민사회 활동가들의 적극 적 대응, 그리고 참여 민주주의 기제의 도입 이래 창출되는 자기 강화적self-reinforcing 정치 다이내믹에 힘입어 핀란드 시민발의 제도는 신속한 제도적 공 고화에 성공한 것으로 평가된다. 동성결혼 합법화 요구안이 에두스꾼따에서 최종 승인된 이후 시민발의 제도의 효과성에 대한 공중의 믿음은 상당한 정 도로 증가되었다.

시민발의 시스템을 이용해 핀란드 시민들은 입법 의제설정의 전통적 채널 들을 넘어 자신들의 의제를 공공 영역의 한가운데로 가져왔다. 에두스꾼따 에 제출된 여섯 건의 시민발의 모두 '더 대중적인more popular' 정치 의제를 포 함하고 있었고(또이볼라Toivola), 이로 인해 미디어와 공중의 새로운 관심을 끌 었다. 시민발의자들은 전통적 이익단체부터, 가치 추구형 공익적 NGO들, 자발적 시민 활동가들과 이들이 설립한 '팝업' 스타일 단체들, 지역 (포퓰리 즘) 정당과 연계된 전문가, 그리고 특정 어젠다를 가진 일반 시민에 이르기 까지 다양하게 나타났다. 캠페인 방법 또한 이슈에 따라 다양하게 전개되었 다. 그러나 온라인 의사소통, 특히 페이스북 등 새로운 소셜미디어 플랫폼을 통한 소통이 대부분 사례에서 뚜렷하게 관찰되었다. 시민발의는 다양하고 매우 논쟁적인 사례들을 공중의 눈앞으로 불러왔고 더 많은 의회 (위원회의) 투명성과 입법 과정의 직접적 시민참여를 위한 공공 압력을 가중하였다. 이 들은 의회 의사결정 과정의 새로운 정치적 다이내믹을 창출했고, 이는 기존 정당 기반 합의 정치를 뛰어넘는 정치적 분화 또는 양극화의 증가 현상(특히 문화적 자유주의와 보주수의 사이에서 심화되는 정치적 균열)과 공명하였다.

그럼에도 핀란드 민주주의 시스템에서 시민발의의 역할은 여러모로 제한된 수준에 머물러 있다. 먼저, 정부 법안과 의원 입법 발의의 전체 숫자와 비교해볼 때 작은 수의 시민발의들만이 의회에 제출되었고, 2018년 말까지 단지 두 건의 시민발의만이 공식 입법 절차를 모두 통과하였다. 나아가, 현재 핀란드의 시민발의법은 발의안이 의회에서 부결되는 경우 어떤 별도의 법적 수단도 시민들에게 제공하지 않고 있다. 의회 심의를 거친 시민발의의 낮은 성공률은 제도의 효과성에 대한 공중의 인식에 부정적 영향을 끼칠 수 있으며, 나아가 의회 제도와 정치 시스템 전반에 대한 신뢰와 참여의 감소로 이어질 수 있다. 또한, 공식적인 의회 규정상으로는 시민발의가 적절한 위원회 심의 없이 만료될 가능성이 여전히 남아 있으며, 이번 의회 회기(2015~2019)에 실제로 그러한 사례가 나타날 것이 확실시되면서 시민사회의 반발을 사고 있다. 다른 한편, 시민발의가 의회의 절차, 특히 위원회 협의 절차를 개방하는 데 기여한 것은 분명해 보인다. 그러나 위원회 개방성의 정도는 여전히 제한적이다. 앞으로 이 참여적 기제가 힘 있는 정치세력(엘리트 정치인들과 정당들), 그리고 확립된 전통적 이익단체들에 의해 어떻게 활용될 것인가, 그리고 이러한 사태 발전이 정치적 시스템에 어떤 영향을 미칠 것인가는 더 관찰이 필요하다.

핀란드는 시민들은 대표를 뽑고 선출된 대표들(엘리트들)이 결정을 내린다는 신념에 기반한 강한 대의 민주주의 시스템을 운영해왔다. 한 위원회 비서는 그의 인터뷰를 다음과 같이 마감하였다. "우리의 의회가 결정을 하며, 시민발의는 어떤 사안을 에두스꾼따에 가져올 기회를 제공하지만 의사결정권은 거기(의회)에 보존되어 있습니다. 그것이 항상 유념해야할 포인트입니다. 곧, 우리는 대의 민주주의를 가지고 있다는 겁니다(라이네Laine)." 이처럼 전통적 개념의 의회적 대표성에 대한 강한 애착과 함께 북유럽형 합의 민주주의가 핀란드 정부와 의회의 정책 결정 과정 전반에 깊이 뿌리내려 있으며,

의회 위원회 단계의 입법 심의 과정에서도 관련된 이익단체와 전문가들과의 광범위한 정책 협의가 실행되고 있다. 문제는 이 과정이 대체로 비공개 상태에서 이루어지며, 이로 인해 관심 있는 개인이나 평범한 시민들의 경우에는 입법 심의 과정에 참여하는 것이 매우 어렵다는 점이다(4장과 5장을 보라). 물론 비밀 협상을 통해 촉진되는 상호 신뢰와 폭넓은 이해관계자 협의에 기반한 실용적 문제 해결은 북유럽의 '일하는 의회' 전통의 중요한 장점을 보존하고 있다. 그러나 시민들은 오늘날 이익협상과 전문가 협의라는 '기능적 대표functional representation' 채널을 뛰어넘어 민주적 의사결정 과정에 더 직접적이면서 질적인 참여를 기대한다. 핀란드 시민발의 제도의 실천적 경험과 정치적 효과에 대한 분석이 시사하는 것처럼, 인터넷과 소셜미디어 등 새로운 정보통신기술의 발달은 정치적 커뮤니케이션과 시민참여의 중심 패턴 및 성격을 근본적으로 변화시키고 있다. 참여 민주주의를 위한 하나의 제도적 수단으로서 시민발의가 핀란드 대의 민주주의의 정치적 풍경에 어떤 변화를 불러올 것인가? 그 대답은 아직 열린 상태로 남아 있다. 이어지는 의회 회기 동안의 민주주의 발전 상황을 계속 관찰·연구할 필요가 있다.

6장 주석

1 Budge 2006, 2013 ; Alman 2011 ; Hendriks 2010. 대의 민주주의와 직접 민주주의 간의 이론적 논쟁과 유럽 국가들에서 실행되고 있는 시민발의제의 비교 연구에 관한 심화된 문헌 검토는 2장을 살펴보라.

2 Schiller & Setälä 2012a, 2012b.

3 Setälä & Schiller 2012.

4 북유럽 국가들의 정부 웹사이트와 제네바 대학교의 '직접민주주의 연구기록센터 (Research and Documentation Centre on Direct Democracy, University of Geneva)'의 자료에 의한 것임 (http://www.c2d.ch/votes.php?table=votes). (검색일 : 2015.5.31)

5 Christensen et al. 2017 ; Seo & Raunio 2017.

6 Eduskunta Valtiopäiväasiat HE 46/2011 vp.

7 1980년대와 1990년대에 핀란드 민주주의는 대통령 직선제 도입, 대통령 임기 제한, '유럽인권협약'에 따른 헌법 기본권 장의 전면 개혁 등 지속적인 일련의 헌법개혁을 경험했다. 2000년에는 이를 집대성한 전면적 헌법개혁이 이루어졌다. 2000년 신헌법은 대통령과 의회의 권력구조를 다시 설정하면서 특히 정부 구성의 권한을 대통령으로부터 의회로 옮겼다(Husa 2011 ; Raunio 2011 ; 서현수 2018 등 참조). 2012년 헌법개정의 주목적은 대통령과 내각의 대외 정책에 관한 권한 배분을 더욱 명확하게 규정하는 것이었다. 개정 헌법은 EU 관련 내각의 정책적 주도권 및 대외적 대표성을 명확히 기술하는 한편, 의회의 EU 관련 심의 기능을 대폭 강화했다(Raunio 2012). 핀란드 헌법개혁 과정과 그 정치적 함의에 대한 더 자세한 설명은 3장을 참조하라.

8 HE 46/2011 vp : 4.

9 HE 46/2011 vp : 24 ; Ministry of Justice 2011 : 8.

10 1장에서 언급한 것처럼 의회 문서, 인터뷰 녹취록, 뉴스 기사 등을 비롯해 핀란드어 자료의 한글 번역은 모두 필자가 하였다.

11 PeVM 6/2011 vp : 2.

12 PeVM 6/2011 vp : 2~3.

13 PKT 81/2011 vp.

14 Shiller & Setälä 2012a : 1.

15 Smith 2009.

16 Setälä & Schiller 2012.

17 Kiuru, 국민연합당 의원 ; Pulli, 첫 시민발의 대표와의 인터뷰.

18 Setälä & Schiller 2012.

19 Tuokila(법률위원회 비서), Laine(교육문화위원회 부비서)와의 인터뷰.

20 Shiller & Setälä 2012b : 249.

21 HE 46/2011 vp : p. 29. 시민발의가 일단 발의되면 그 내용을 변경하는 것은 허용되지 않는다. 에두스꾼따에 제출된 여섯 번째 시민발의안의 발의자들은 중간에 그 내용을 변경하기를 희망했지만 허용되지 않았다. 에두스꾼따는 처음 제기된 시민발의안에 기초해 심의를 진행했다(LAVM 31/2014 vp : 2).

22 HE 46/2011 vp : p. 27.

23 HE 60/2010 vp : 40.

24 Ministry of Justice 2011 ; PTK 81/2011 vp.

25 Eduskunta, [2000] 2012.

26 Eduskunta 2015 : 111.

27 YLE, "All six citizen's initiatives have failed－activists accuse Parliament of intentionally slowing the process," 2014.10.13. http://yle.fi/uutiset/all_six_citizens_initiatives_have_failed__activists_accuse_parliament_of_intentionally_slowing_the_process/7525779. (검색일 : 2015.6.11).

28 YLE, "Heinäluoma : Kansalaisaloite energiatodistuksista hyväksytty "de facto," 2014.10.14. http://yle.fi/uutiset/heinaluoma_kansalaisaloite_energiatodistuksista_hyvaksytty_de_facto/7526647. (검색일 : 2015.6.11)

29 Nieminen, Martta. Mäkinen, Esa. Junkkari, Marko. Teittinen, Paavo. Pohjanpalo, Olli. "Eduskunta hyväksyi avioliittolain muutoksen－katso listasta, miten edustajat äänestivät," Helsingin Sanomat, 2014.11.28.

30 MnVM 6/2013 vp ; PTK 45/2013 vp ; PTK 70/2013 vp.

31 M1/2013 vp.

32 동물보호협회 아니말리아(Eläinsuojeluliitto Animalia), 핀란드 자연연맹(Luonto-Liitto), 동물권 정의(Oikeutta eläimille), 핀란드 동물보호협회연맹 SEY(Suomen Eläinsuojeluyhdistysten liitto).

33 M 9/2013 vp ; SiVM 9/2014 vp.

34 YLE, "Parliament likely to reject citizens' initiative on amending copyright laws," 2014.10.8. http://yle.fi/uutiset/parliament_likely_to_reject_citizens_initiative_on_amending_copyright_laws/7517746. (검색일 : 2015.6.9)

35 M 10/2013 vp.

36 Moilainen과의 인터뷰.

37 M 1/2014 vp ; YmVM 5/2014 vp.

38 Savolainen과의 인터뷰, 핀란드 주택소유자연맹 대표.

39 Rostila와의 인터뷰, '바빠 끼엘리발린따Vapaa kielivalinta' 대표.

40 M 5/2013 vp ; LaVM 31/2013 vp.

41 YLE, "Citizen's initiative on drunk driving to be heard in Parliament," 2014.5.2. http://yle.fi/uutiset/citizens_initiative_on_drunk_driving_to_be_heard_in_parliament/7065321. (검색일 : 2015.6.9)

42 Parliamentary Rules on Procedures, Eduskunta, [2000] 2012.

43 PNE 1/ 2011 vp.

44 M. Rantanen, "Eduskunnan pääsihteeri sättii kansalaisaloitetta – lain perusteet 'varomattomia,'" Helsingin Sanomat. 2013.3.12.

45 "Kansalaisjärjestöt: Eduskuntaryhmiltä julkinen kanta kansalaisaloitteesta," Helsingin Sanomat, 2012.3.12.

46 L. Halminen, "Tiitisen puheille kansalaisaloitteesta tyrmäys: 'Hän on väärässä,'" Helsingin Sanomat, 2013.3.12.

47 J. Salokorpi, "Kansalaisaloitteiden kohtelusta eduskunnassa kahdeksan mieltä," YLE, 2013.4.8.

48 8개 의회 정당 그룹들의 의견서는 위 뉴스기사가 게재된 핀란드 공영방송 YLE 웹사이트 페이지에서 확인할 수 있다. http://yle.fi/uutiset/kansalaisaloitteiden_kohtelusta_eduskunnassa_kahdeksan_mielta/6569644. (검색일: 2015.9.28)

49 M 1/2013 Valtiopäivaasiat & Asian valiokuntakäsittely.

50 "Kansalaisaloite vakiinnutti paikkansa," *Helsingin Sanomat*, (사설), 2015.3.2.

51 Vahasalo, Kiuru와의 인터뷰.

52 Tuokila와의 인터뷰.

53 2015년부터 새로 시작된 의회 회기 동안 에두스꾼따에 제출된 새로운 시민발의안들도 다양한 주제의 이슈들을 제기했다. 여기에는 시골 지역에 산부인과 병원 서비스의 유지, 아동 대상 성범죄 처벌 강화, 건강 돌봄 노동자의 양심적 거부권 인정(낙태 시술에 대한 거부), 범죄에 관여한 외국인의 강제추방, 노동시장에서 '0시간 계약(zero hour contract)'의 금지, 동성결혼 합법화 법률의 취소, 핀란드의 유로존(Eurozone) 탈퇴 여부에 관한 국민투표 실시 요구 등이 포함된다. https://www.kansalaisaloite.fi/fi/hae?searchView=pub&orderBy=createdOldest&show=sentToParliament&minSupportCount=50. (검색일: 2016.5.20)

54 www.hs.fi/haku/?haku=kansalaisaloite; haku.yle.fi/?8=kansalaisaloite. (검색일: 2015.5.27)

55 Pekkanen, Ristola와의 인터뷰.

56 Pekkanen, Pulli, Rostila와의 인터뷰.

57 Blais 2010; Coleman & Blumler 2009; Ministry of Justice 2014 등.

58 IPU 2012; Cain et al. 2008; Beetham 2011; Leston-Bandeira 2012 등.

59 Setälä & Schiller 2012.

7.

결론:

열린, 포용적 의회-시민 관계는 어떻게 가능한가?

"Reaching out to the People?"
핀란드의 의회, 시민, 민주주의

변화하는 의회-시민 관계를 연구하기

의회는 근대 대의 민주주의의 중심 제도이자 기구로서 다양한 역할을 수
행한다. 노턴[1]에 따르면, 의회의 다양한 기능들 가운데 '가장 중요한 차원'은
'시민들의 목소리가 들리도록 보장하는 것'이다. "유권자들의 관심과 우려가
표출되고 (잠재적으로) 해결될 수 있으며, 정부의 활동이 설명되고 심사될 수
있는 하나의 포럼을 제공함으로써 의회는 건강한 정치 시스템을 위해 필요
한 이익 접합interest articulation과 갈등 해결을 촉진한다.[2] 그러나 정부government
와 시민the governed을 연결하는 의회의 역할은 입법적 의사결정에 대한 직접
적 시민참여가 아니라 주로 '대의적' 메커니즘을 통해 실행되어왔다. 입법
연구자들 역시 의회의 공식 시스템이나 입법 조직 및 행위자들의 행태, 그
리고 입법부-행정부 관계를 연구하는 데 초점을 두어왔다. 의회-시민 관계

parliament-citizens relationship는 최근까지도 이 분야 학술 문헌들에서 충분히 연구되지 않았다. 몇몇 선구자격의 연구들에 이어 2012년 입법 연구 분야의 저명한 국제 학술지 *The Journal of Legislative Studies*의 특별호(편집: 레스톤-반데이라, 2012)가 이 주제를 전면적으로 다룸으로써 중요한 계기가 형성되었다. 특별호는 유럽과 다른 대륙들을 아우르며 의회-시민 관계에 대한 다양한 개별 국가들의 사례 연구와 더불어 의회의 뉴미디어 활용실태와 (온라인) 입법 청원제도의 효과에 관한 두 개의 주제별 연구를 제공하였다. 의회 정치에 대한 대중적 무관심이 증가하고 새로운 ICT 기술을 활용한 대안적 형태의 시민참여가 확산됨에 따라 학자들은 현대 의회와 시민들 사이에 관습적인 선거 참여를 넘어선 다층적이고 역동적인 상호작용을 연구하기 시작한 것이다.[3] 그러나 변화하는 의회-시민 관계를 더 잘 이해하기 위한 심화된 개념적 · 경험적 연구들에 대한 필요는 더욱 커지고 있다. 이는 의회적 대표parliamentary representation에 관한 표준적 설명을 넘어선 새로운 이론적 관점, 그리고 가치기반 입법 감사value-based legislative audits 방식의 연구를 위한 포괄적이고 견고한 분석틀 수립을 요청한다.

이 책은 우리에게 북유럽의 선진국 중 하나로 잘 알려진 핀란드 민주주의의 맥락에서 선거 사이의 시기 동안 길항하는 의회와 시민의 관계에 대한 체계적인 경험 연구를 제공하는 것을 목표로 하였다. 이를 위해 우리는 우선 민주적 의회의 핵심 규범적 원칙들과 의회 활동에 대한 시민 관여를 총체적으로 확인하고 평가할 수 있는 실천적 지표들과 연결함으로써 하나의 포괄적 분석 틀을 정립했다. 가시성(투명성), 접근가능성, 투과성 등 아터[4] 등이 제시한 3원칙에 더해 필자는 '포용적 대표와 지속가능 민주주의'의 원칙을 제시한 뒤, 이를 ① 공공장소로서의 의회 ② 정보 공유 ③ 의원-유권자 간 소통 ④ 미디어와 디지털 참여 ⑤ 입법 절차의 투명성 ⑥ 의회 의사결정에 대한 실제적 참여 ⑦ 시민교육과 아웃리치 프로그램 ⑧ 미래 포럼으로서의 의회 ⑨ 전략과 리더십 등 의회의 시민 관여 활동을 포괄하는 9개 영역의 실천적 지표들과 연결시켰다. 둘째, 입법 심의 과정에서 중심적 역할을 담당하는 위원회 차원의 시민적 관여 활동을 조사하기 위해 우리는 '위원회 협의 지표 committee consultation index'를 수립하였다. 의회 단계의 공공정책 형성 과정에서 국가와 시민사회를 연결하는 의회 위원회의 역할에 주목하면서 우리는 표준적(전문가) 협의, 일반 시민들과의 공동 협의co-consultation, 그리고 위원회의 아웃리치outreach 활동과 현장 실태조사 등의 지표를 통해 다양한 유형의 위원회-시민사회 간 입법 협의 활동을 식별하고자 하였다. 셋째, 직접적 입법 참여의 기제로서 시민발의 제도의 디자인적 특징과 정치적 영향을 평가하기 위해 또 하나의 세부 분석틀을 발전시켰다. 세딸라와 쉴러[5]의 기본적 틀을 따르면서 우리는 시민발의 제도의 체계적 분석, 평가를 위하여 다섯 가지 차원의 경험적 지표들을 발전시켰다. ① 정치적 맥락과 입법 목적 ② 제도적 디자인 ③ 시민사회로부터의 입력 ④ 입법 과정의 의회-시민 간 상호작용 ⑤ 정책적 효과와 시스템 수준의 정치적 영향.[6]

북유럽 민주주의의 현주소

우리는 앞의 장들에서 위의 분석틀과 지표들을 핀란드 사례 연구에 적용해 의회가 시민들과 어떻게 상호작용하는지를 다층적으로 검토하였다. 북유럽 국가들은 자주 건강하고 지속가능한 민주주의의 이상적 모델로 그려지곤 하지만 이들도 현재 진행 중인 사회구조의 변동과 다양한 정치적 도전들로부터 결코 예외가 아니다. 북유럽 지역 전반적으로 민주주의와 시민권 상태에 관한 점증하는 우려가 있어왔고, 이는 1970년대부터 스칸디나비아 지역의 의회들이 지속적으로 별도의 연구 위원회commissions을 구성해 '권력과 민주주의 연구Power and Democracy Studies' 프로젝트를 실시해온 배경이 되었다.[7] 하지만 북유럽 국가들의 민주주의와 시민권의 질 혹은 상태에 관한 총체적 그림을 제시하는 것은 단순한 과제가 아니다. 앞에서 언급했듯이 5개 북유럽 국가들 사이에는 기본적 공통점뿐만 아니라 많은 차이와 다양성이 존재하며, 이는 개별 북유럽 국가의 근대 민주주의 체제가 성립, 발전해온 역사적-제도적 맥락들이 대체로 비슷하면서도 세부적으로는 서로 상당히 달랐던 사정을 반영한다. 예컨대, 흥미롭게도 2000년대 들어 발표된 노르웨이(1998~2003)와 덴마크(1998~2003)의 '권력과 민주주의 연구' 보고서들은 자국의 민주주의 상황에 대해 상당히 대조적인 결론을 내리고 있다.

먼저, 노르웨이의 권력 연구는 자국의 민주주의가 쇠락하고 있다고 묘사한다. "대의 민주주의의 질이 침식되고 있고", "의회적 거버넌스의 연결고리가 약해지고 있으며", "정당들은 동원 역량을 잃고 있다." 연구에 따르면, 노르웨이 국가는 신자유주의적 프로그램과 시장 지향적 원칙들을 받아들였다. 복지권에 대한 제약들과 예산 통제 때문에 "지방정부는 자율성을 잃었다." 또한, '지역 민주주의의 탈정치화'가 이루어졌다. 그리고 전통적 방식의 코포라티즘이 축소되고 대중운동들이 약해졌지만, '여기-지금을 중시하는 조직들here-and-now organizations'이 증가했다. 정치의 사법화, 공공 이슈들에 대한 대중 매체의 영향력 증대, 유럽통합 등도 '인민의 동의에 의한 통치'를 약화하였다.[8]

반면, 덴마크의 최종 보고서는 "덴마크는 놀랍게도 잘해왔다. 덴마크인들은 여전히 민주적으로 적극적이며, 정치적 기구들은 민주적으로 강하다"고 결론 내렸다.[9] 보고서는 참여 민주주의가 '수동적인 관객 민주주의'로 전환되지 않았다고 서술한다. 비록 정당들은 약해졌지만 이들은 '하나의 새로운 균형점'에 도달했고, 정당 체계는 안정화되었다. 내각과 행정부를 통제할 새로운 수단들과 함께 덴마크 의회Folketing는 약화되기보다는 강화되었다. 지구화와 사회구조의 변화에도 불구하고 덴마크의 보편적 복지국가는 튼튼하게 머물러 있고, 경제적 불평등은 증가되지 않았으며, 시민과 엘리트 사이의 권력 차이는 좁혀져왔다는 것이다.[10]

노르웨이와 덴마크의 민주주의 상태에 대한 이처럼 상반된 평가가 비슷한 시기에 제출되면서 스칸디나비아의 사회민주주의 복지국가의 공통된 특징들을 고려할 때 두 연구의 결과를 어떻게 해석할 것인가에 대한 논쟁이 벌어졌다. 20세기 후반 이후 두 나라 민주주의가 진화해온 다른 방향, 그리고 양국의 정치 시스템에 발생한 변화의 '타이밍' 문제[11]를 고려하면서 학자들은 또한 두 연구가 취한 다른 접근법을 지적했다.[12] 특히, 노르웨이 프로젝트를 이끈 '의회적 거버넌스 체인parliamentary governance chain'이라는 규범적 분석틀이 한계를 가진다고 비판받았다. 이 틀이 현실에 실재하지 않는 정치 시스템에 관한 특정 이미지를 이상화하는 경향이 있다는 것이다. 나아가, 이 틀에서 시민들의 역할은 정치적 의사결정 과정에서 적극적이라기보다 소극적인 수준에 머무른다. 또한, 이 틀을 이용하여 국민국가를 넘어선 다층적 거버넌스와 새로운 양식의 시민참여 등 현재 진행 중인 민주정치의 전환기적 변화들을 적절히 측정하는 것에도 어려움이 따른다.[13] 덴마크 민주주의 연구 보고서의 저자들은 공공정책의 형성과 실행 과정에서 시민과 행정당국 사이의 관계에 '적극적 요소'를 추가함으로써 '의회적 거버넌스 체인' 모델을 보완하기 위해 노력하였다.[14] 그러나 여기에도 집합적 활동을 통해 전체 민주적 (숙의) 시스템을 본질적으로 구성하는 많은 행위자, 예컨대 정책 결정 과정에서 다양한 역할을 수행하는 이익단체, 미디어, 사법부, 초국가기구, 일반시민 등을 이상적(규범적)으로 설정된 핵심적 대의 민주주의 과정(곧, 의회적 거버넌스 체인)의 '외적' 변수들 혹은 '제약들'로 치부하는 한계가 존재한다. 이런 이유로 덴마크 프로젝트를 주도한 안데르센Andersen은 '핀란드의 권력과 사회Power and Society in Finland' 프로젝트 콘퍼런스에 초대돼 행한 연설에서 핀란드 동료들에게 연구의 중심틀로서 이를 채택하지 말 것을 권고하였다.[15]

한편, 스웨덴의 민주주의 위원회Democracy Commission, 1997~2000는 '숙의 민주주의 이론의 강화된 특징과 결합된 참여 민주주의'를 수용해 바람직한 민주주의의 미래를 전망하고자 하였다. 스웨덴 모델을 특징짓는 '강한 국가 모델의 사민주의적 거버넌스'가 쇠퇴하고 있음을 확인하면서 위원회는 시민참여를 증진하기 위한 정책 권고를 제출하였다.[16] 그러나 위원회가 권고한 민주주의 정책은 의회 안팎과 정당 간의 치열한 논쟁을 거친 뒤 2002년이 되어서야 당시 사민당 정부의 정책으로 받아들여졌다. 더욱이 민주주의 정책 프로그램에서 제안된 참여와 숙의 민주주의적 혁신들은 진지한 방식으로 실행되지 못하였고, 이는 '위로부터의top-down' 대의 민주주의 방식에 대한 스웨덴 정치 엘리트들의 강한 신념에 기인한 것이었다. 다수의 사민주의자들은 민주주의의 '입력' 측면보다는 '출력' 서비스에 초점을 두는 강한 국가 모델에 고착되어 있었다. 강한 지역 자치 전통도 정책 실행에 영향을 미쳤다.[17]

핀란드는 다른 북유럽 민주주의 국가들과 많은 공통점을 공유한다. 여기에는 강한 정당 기반 대의 민주주의 시스템, 위원회 중심의 일하는 의회 모델, 네오-코포라티즘neo-corporatism 양식의 공공정책 결정, 그리고 시민들의 높은 민주주의 만족도 및 민주적 기구들에 대한 신뢰 등이 속한다. 그러나 북유럽의 변방에 위치해 동쪽 러시아의 영향을 많이 받은 핀란드는 20세기 독립과 내전, 대소 전쟁, 냉전 질서의 제약 등 독특한 역사적, 정치적 발전 과정을 거쳐 오면서 다른 북유럽 국가들과 대비되는 정치 시스템상의 여러 고유한 특징들을 안고 있다. 예를 들어, 가장 파편화된 정당 시스템, 강한 선호형 비례대표 선거제도, 초다수 연정을 추구하는 합의 정치, 그리고 1990년대 이후 빠른 속도로 감소한 유권자 투표율 등이 그것이다. 핀란드는 1999~2000년 전면적인 헌법개혁을 단행해 대통령, 총리, 의회 간의 권력구조를 재조정하였다. 의회주의적 방향의 헌법개혁 이후 에두스꾼따는 더 많은 입법 권력을 소유해왔지만 유권자 투표 참여 감소와 다른 대의 기구들에 비해 상대적으로 낮은 시민의 신뢰 등이 보여주듯이 전통적 의회 정치 기제로부터 대중 소외가 심화돼왔으며, 이는 핀란드 의회 제도와 기구들의 미래 역할에 대한 중요한 도전으로 다가오고 있다. 이를 배경으로 엘리트 대의 기구들과 시민 사이의 관계와 상호작용을 향상하기 위해 지속적인 정책 프로그램과 이니셔티브들이 실행돼왔다. 특히, 2011년 북유럽 최초로 국가적 수준의 시민발의 제도가 도입된 뒤 새로운 민주적 다이내믹이 발전되고 있는 양상이다.[18]

경험적 연구 결과 요약: 의회가 시민들에게 다가가고 있는가?

이러한 맥락적 분석으로부터 출발하여 4장은 에두스꾼따의 시민 관여 활동에 대한 '입법 감사legislative audit' 방식의 포괄적 평가를 제출하였다. 민주적 의회들의 핵심적 규범 원칙을 길잡이로 삼아 우리의 연구는 에두스꾼따가 최근 실행한 다양한 개혁과 실천적 조치들을 조사하였다. 의회의 물리적 접근성 향상, 시민정보센터의 설립 운영, 미디어와 언론인들을 위한 자유로운 업무 환경 제공, 의회 웹사이트와 공영방송 TV 채널을 통한 본회의 세션 중계, 상임위원회의 공개회의와 청문회 확대 등 다양한 노력이 확인되었다. 특히, 미래위원회Committee for the Future는 장기적 관점, 과학적·실용적 접근, 그리고 의회적 합의parliamentary consensus를 통해 미래 관련 정부 정책을 심의함으로써 의회의 새로운 역할을 개척한 주목할 만한 혁신으로 인정된다. 4년마다 작성되는 정부의 미래정책보고서를 심사하기 위한 제도적 '미래 포럼'을 제공하면서 미래위원회는 참여와 숙의 민주주의를 증진하기 위한 노력을 함께 기울여왔다. 비록 위원회 서열이 낮고 제한된 자원을 갖고 있다는 한계가 있지만 미래위원회는 의회의 의사결정 과정에서 새로운 비전을 제시하고 정책적 숙의의 질 향상에 기여하는 일종의 '의제설정 위원회'로서 성공적으로

임무를 수행해온 것으로 평가된다.[19]

반면, 핀란드 의회 위원회의 입법 협의 절차가 보이는 폐쇄적 특징은 이 책의 연구 전반에서 비판의 초점이 되었다. 북유럽의 '일하는' 의회의 일원으로서 핀란드 의회는 비공개 위원회 중심의 입법 시스템과 문화를 유지해 왔다. 의원들과 의회 정당 그룹들은 회의실 문을 닫아걸고 들어가 실천적 자세로 협상을 벌임으로써 합의적 의사결정을 추구한다. 비밀이 보장되는 위원회 회의와 숙고된 검토의 기본적 장점에도 불구하고 외부에 폐쇄적인 위원회 절차는 시민들이 의회 활동의 핵심 절차에 관여하는 데 중요한 걸림돌로 작용한다. 새로 도입된 시민발의를 제외하면 평범한 일반 시민들이 의회의 의사결정 과정에 관여할 수 있는 채널은 거의 없는 상태이다. 이는 에두스꾼따와 그 구성원들(의원들과 의회 직원들)이 전통적 개념의 대의 민주주의에 강한 애착이 있음을 시사한다.

5장은 입법 과정에서 에두스꾼따 위원회들과 다양한 시민사회 행위자 간의 의사소통 방법과 양태를 조사하였다. 위원회 협의 지표를 신설, 적용하면서 우리는 사회보건위원회의 2013년 알코올법 정부개정안 심의 과정에 대한 하나의 사례 연구를 하였다. 단일 사례 연구의 잠재적 한계를 보완하기 위해 1998년부터 2014년까지 에두스꾼따 위원회들이 수행한 전체적 입법 협의 활동을 보여주는 시계열적·비교적 통계 데이터 분석을 함께 제출하였다. 위원회 협의 프로세스의 핵심 특징과 내적 다이내믹을 드러내면서 우리 연구는 핀란드 의회 위원회들과 시민사회 사이의 의사소통이 주로 전문가 협의라는 표준적 채널을 통해 실행되고 있음을 발견하였다. 그리고 전문가 협의의 범위는 우리의 개별 사례 분석에서나 위원회 협의 활동 전반에 대한 통계 데이터 분석에서나 모두 상당히 폭넓은 것으로 나타났다. 이는 다양한 사회적 부문과 영역이 수많은 단체와 협회들로 촘촘하게 조직화된 결사체 민주주의를 바탕으로 발전한 스칸디나비아 방식의 공공정책 형성 시스템—곧,

광범위한 민주적 코포라티즘democratic corporatism의 공통된 한 가지 특징으로 전문가 협의가 운영되고 있음을 보여준다.

그러나 위원회 청문회에 초대된 전문가들의 수는 위원회 및 이슈에 따라 다양하게 나타났다. 개별 위원회는 저마다 다른 그룹보다 더 특권적 의회 접근성을 누리는 이른바 '유주얼 서스펙트usual suspects'를 보유하고 있는 것으로 보인다. 또한, 인터뷰 분석은 위원회 청문회의 의사소통 방식이 특별히 상호작용적이지는 않음을 시사했다. 여기에서도 의회 위원회의 절차와 역할에 관해 의회 구성원들과 시민사회 전문가들 사이에 관점 차이가 발견된다. 매우 제한된 위원회 공개성, 서로 긴밀하게 연결된 (소수 집단의) 전문가들에 대한 의존, 그리고 입법 심의에 대한 형식주의적 접근은 의회 결정의 정당성에 대한 공중의 의구심을 불어올 수 있다. 에두스꾼따는 위원회 단계의 심의 과정에 있는 법안에 대해 일반 시민들이 의견을 제시하거나 자료를 제출할 수 있는 온라인 입법 협의e-consultations 메커니즘 같은 현대적 시민 관여 채널을 운영하지 않고 있다. 외부 회의나 다른 유형의 아웃리치 활동, 그리고 현장 방문 조사 등 더 적극적인 위원회 관여 프로그램은 주변적 수준에서 이루어지고 있다. 전반적으로, 확립된 조직과 전문가들을 넘어 평범한 일반 시민들이 의회의 입법 심의 과정에 영향을 미칠 수 있는 제도적 채널은 매우 부족한 것으로 평가된다.

이런 관점에서 주목할 만한 의회 개혁이 최근 발생했다. 에두스꾼따가 2011년 헌법개정의 연장선상에서 국가적 수준의 시민발의 제도를 입법한 것이다. 6장은 제도 실행 후 첫 의회 회기(2012.3~2015.4)를 중심으로 핀란드 시민발의 시스템의 제도적 특징과 실천적 효과를 체계적으로 분석하였다. 시민발의자, 의원, 의회 직원들에 대한 심층 인터뷰와 다양한 의회 문헌 분석에 기초해 우리는 시민들이 자신들의 의제를 에두스꾼따에 제안하도록 허용하는 이 새로운 참여 민주주의적 메커니즘이 입법 의제설정을 위한 제3의

제도적 채널로서 빠르게 공고화되었음을 밝혔다. 핀란드의 시민발의는 기존의 대의 민주주의를 보완하고 강화할 입법 목적을 가진 정부의 민주적 혁신 프로젝트에 의해 도입됐으며, 그 제도적 디자인 또한 온건한 수준의 직접 민주주의 기제로서 설계됐다. 핀란드의 발의 제도는 최종결정권은 의회에 맡겨진 '의제형 발의'이다. 6개월 이내 5만 명의 유권자 서명 모집이라는 진입 장벽, 곧 절차적 요건의 수준은 적절히 도전적인 것으로 간주된다.

서명은 또 온라인 서명모집 시스템e-collecting system을 이용해 모을 수 있다. 핀란드의 시민발의법은 시민들이 발의안을 제기하고 서명을 제공하거나 수집할 수 있는 효과적인 온라인 플랫폼 서비스를 제공하도록 정부에 의무를 부과하였다. NGO 기반의 온라인 플랫폼Open Ministry과 정부 운영의 공식 웹사이트(www.kansalaisaloite.fi)는 시민사회 행위자들이 새로운 민주적 메커니즘에 참여하기 위한 다양한 방법들을 촉진했다. 실제로 2012년 3월 1일부터 2018년 12월 31일까지 총 880여 건의 시민발의가 생성되었다. 그중 25건이 의회에 제출되었고, 2건의 시민발의가 최종 입법 과정을 통과하였다. 새로운 시민참여 기제를 활용해 시민들은 정치적 의제설정의 전통적 채널들을 넘어 여러 민감한 이슈들을 공론장의 한가운데로 가져왔다. 가장 성공적인 발의안인 동성결혼 합법화 요구안은 사회적 소수자들의 인권 증진에 관한 중요한 제도개혁이 시민사회의 직접적 입력, 그리고 의회와 (덜 확립된) 시민 그룹 간의 적극적 관여와 상호작용을 통해 진전될 수 있음을 보여주었다. 그보다 덜 성공적인 사례들도 해당 이슈들에 대한 공중의 관심과 이해를 증진하는 등 '간접적' 정책 효과를 창출하였다.

첫 의회 회기 동안 의회에 제출된 6건의 시민발의에 대한 의회의 심리 과정과 그 결과는 각 발의안이 내장한 '대중적 요소'에 기초해 의원들의 행태와 위원회 운영 양상, 그리고 정치적 동원 유형의 변화 등을 포함하는 새로운 정치적 다이내믹을 촉진하였다. 위원회들이 시민발의를 다룰 때 첫 청문회를 공개로 개최하는 것이 사실상의 규범이 됨으로써 의회 절차의 개방성도 일부 증가하였다. 그럼에도 시민발의 제도의 역할을 확정적으로 평가하기에는 아직 이르다. 에두스꾼따에 제출된 거의 모든 시민발의가 (적어도 공식적으로는) 기각되었으나 의제형 발의제도의 한계로 인해 시민들은 국민투표 등 다른 대안적 수단에 대한 권리를 갖고 있지 못하다. 위원회 심의절차의 폐쇄성이 진정으로 의미 있는 수준까지 향상되었다고 보기도 힘들다. 시민들은 최소한 위원회 청문회는 원칙적으로 모두 공개할 것을 요구하고 있으며, 의회 구성원들이 더 적극적이고 시민 친화적으로 시민발의안들을 다루어줄 것을 주문하고 있다. 한편, 제도 시행 이후 두 번째 의회 회기(2015~2019)를 지나면서 의회에 제출되는 시민발의의 수가 증가함에 따라 여러 가지 쟁점들이 본격적으로 제기되는 양상이다. 예컨대, 의원들 일부가 시민발의의 의회 제출 요건을 현 5만~10만 명으로 상향 조정할 필요성을 제기했으나 의회 논쟁을 거쳐 보류되었다. 또한, 의회 제출된 시민발의안의 만료 규정에 대한 개선 필요성이 시민사회로부터 강하게 제기되고 있다. 시민발의를 통해 제안되는 의제들의 민감성과 다양성이 커지면서 특히 정치의 포퓰리즘적 경향 및 양극화 강화 현상에 대한 우려가 나오는 가운데 기존의 확립된 정치, 사회 세력들이 시민참여 기제를 도구적으로 활용할 가능성도 경계된다. 핀란드의 민주주의와 시민참여에 관한 시민발의 제도의 장기적 영향은 앞으로 계속 면밀한 관찰과 연구가 필요한 주제이다.

에두스꾼따의 혁신 의제들: 열린, 포용적 의회를 향하여

오늘날 후기 근대적 민주주의 시대의 새로운 정치적 도전들에 대응하기 위해서는 더 개방적이고, 접근가능하며, 포용적인 의회-시민 관계 형성을 위한 지속적 개혁과 혁신이 필요하다. 국제적 비교 지표에서 두루 가장 뛰어난 성취를 보여온 북유럽 민주주의도 이로부터 완전히 예외일 수는 없다. 핀란드와 다른 북유럽 국가들에서 보이는 정치 엘리트들(정치인들과 정부 기구들)과 시민들 사이의 친밀하고 열린 관계와 대의 민주주의에 대한 높은 시민적 신뢰에도 불구하고, 우리의 연구는 현대의 민주적 의회에게 요구되는 규범적 원칙들과 다면적 의회 조직과 기구들의 실제 운영 방식 사이에 많은 간극이 존재함을 밝히고 있다.

비공개 위주의 의회 위원회 시스템 개혁

향후 심화된 개혁이 필요한 쟁점들 가운데 우리는 특히 핀란드 의회의 폐쇄적 위원회 심의 절차에 관해 주목하였다. 제한된 위원회 투명성은 북유럽의 '일하는' 의회 모델들의 공통적 특징 중 하나이다. 이는 공공정책 형성에 관한 실용적 접근을 촉진하고 이를 통해 건설적 입법 심의 문화를 확산하는 데 장점을 가진 것으로 인식된다. 동시에 이는 의회의 가시성visibility과 접근 가능성accessibility을 희생함으로써 작동한다. 제한된 수준의 위원회 공개성은 외부 행위자들이 핵심적인 입법 활동과 과정을 들여다보고 이에 관여하는 것을 어렵게 한다. 에두스꾼따는 최근 공개 청문회와 공개 위원회 회의 수를 늘려왔고, 특히 시민발의 제도의 실행 과정에서 위원회 투명성의 일부 향상이 이루어졌다. 또, 2015년 총선 이후 위원회가 심의 중인 법안에 대한 이해관계자들의 서면 의견서를 의회 웹사이트를 통해 실시간 공개하는 개혁이 이루어졌다. 분명히 이러한 변화들은 주목할 만한 개선 조치들이라 할 수 있다. 그러나 공개 청문회와 회의는 여전히 일반적이지 않으며, 위원회 토론의 속기록도 공표되지 않는다.

매우 개방적인 위원회 절차를 운영하는 웨스트민스터 스타일의 '논쟁하는'

의회debating parliaments와 미국 하원은 물론이고 다른 북유럽 의회 시스템들과 비교할 때에도, 핀란드 의회 위원회들이 가장 폐쇄적 스타일의 입법 심의를 유지하고 있다는 것은 분명한 것으로 보인다. 예컨대, 스웨덴 의회Riksdag는 1987년 도입한 뒤 공개 청문회를 '하나의 일상적 절차'로 운영하고 있다. 공개 청문회는 의회 활동의 공개성을 증진하면서 정부의 책임성을 제고하는 데 기여하고 있다. 아터Arter에 따르면, 스웨덴 의회 위원회들은 1988년과 2006년 사이에 507회의 공개 청문회를 개최했고, 연평균 공개 청문회의 수도 상당한 정도로 증가해왔다. 2010~2014년 의회 회기 동안 매년 약 40건의 공개 청문회가 개최되었다.[20] 참고로, 스웨덴 의회 위원회들은 세 가지 유형의 공개 청문회를 개최할 수 있다. ① 사전 입법과 입법 단계의 '법률 제정' 청문회 ② 조사와 정책 검토를 위한 '감독' 청문회 ③ 주제별 청문회와 공공 세미나 등 '자유재량' 청문회. 2002~2006년 의회 임기 동안 위원회들은 147회의 공개 청문회를 개최했는데, 이 중 34건(30.0%)이 입법 청문회였고, 60건(40.8%)은 감독 청문회, 그리고 48건(32.7%)은 자유 청문회였다.[21]

스웨덴의 실험을 모델로 삼아 노르웨이 의회Storting도 1995년부터 공개 청문회를 도입했다. 노르웨이 모델의 특징은 모든 위원회 청문회가 규정에서 정한 일부 사례를 제외하고 원칙적으로 공중에 공개된다는 것이다. 위원회는 한 의제에 대하여 여러 차례의 청문회를 개최하는데, 이로 인해 공개 청문회의 숫자가 상당히 증가했다. 공개 위원회 청문회는 이익단체들의 압력에 의해서만이 아니라 소수정부의 전략적 선택에 따라 실행되어온 측면이 있다.[22] 덴마크 의회Folketing 위원회들은 '열린 협의open consultations'를 자주 개최해왔는데, 여기에는 심의 중인 법안의 주무 부처 장관이 직접 출석해 의원들과 토론을 진행한다. 열린 협의는 3인 이상의 위원회 회원들이 요구할 때 개최되며 의회 웹사이트를 통해 중계된다. 공개 위원회 심의 과정을 공개하는 덴마크 의회 홈페이지를 필자가 분석한 결과, 2015년 26개 의회 위원회들이 총 203회의 열린 협의를 개최했다. 환경 식량 위원회Environment and Food Committee는 가장 많은 공개 청문회(25회)를 개최했고, 법률 위원회Legal Affairs Committee도 20회의 공개 청문회를 개최했다. 같은 해 전문가 협의를 위한 공개 청문회는 6회 개최되었다. 또한, 유럽위원회European Affairs Committee는 36회의 공개 위원회 회의를 개최했고, 대외정책위원회Foreign Affairs Committee는 5회의 공개회의를 개최했다.[23]

이상의 연구 결과와 비교 분석은 공적 가시성과 접근가능성이 에두스꾼따 위원회들의 절차와 문화에서 확대될 필요가 있다는 주장을 뒷받침한다. 최소한 에두스꾼따는 '의회 절차에 관한 규칙Parliamentary Rules of Procedures'을 변경해 노르웨이 의회의 경우처럼 위원회 청문회 절차가 정규적으로 공개 개최될 수 있도록 하는 방안을 고려해야 한다. 나아가, 잘 설계된 온라인 포럼들과 e-민주주의 플랫폼들을 활용한 훨씬 넓은 범위의 시민 협의 프로그램들이 위원회 단계의 입법 업무 속에서 실행될 필요가 있다. 영국과 스코틀랜드 의회, 그리고 칠레 상원과 브라질 의회 등 몇몇 의회들이 관련 사례를 제공한다. 물론 카메라 또는 공공의 청중들 앞에서 참가자들이 보이는 '인기영합적plebiscitory' 행태를 예방하기 위해서는 심의적 포럼 내부의 비밀성 유지의 불가피한 측면, 그리고 자유롭고 신뢰에 기반한 토론을 보장하기 위해 의회 위원회에서 비공개회의를 개최할 필요성도 인정된다.[24] 앞에서 살펴본 것처럼, 열린 절차와 참가자들의 다양성 사이 또는 위원회 투명성과 효과성 사이의 '상쇄trade-off' 현상도[25] 신중히 검토되어야 할 것이다.

그러나 의회 위원회 시스템을 개혁한 노르웨이 사례와 함께, 매우 개방적이고 접근 가능하며 참여적인 의회 절차와 문화를 발전시키면서도 스칸디나비아 스타일의 위원회 중심 입법부 시스템을 추구해온 스코틀랜드 의회 사례는 의회 개혁을 위한 대안적 경로가 가능함을 보여준다. 2017년 마무리된 의회 의사당의 리노베이션을 통해 위원회 회의실에 온라인 중계를 위한 기술 장비들을 설비함으로써 에두스꾼따 위원회들은 더 자주 공개 청문회와 위원회 회의를 개최할 것으로 기대되고 있다. 그러나 진정으로 의미 있는 수준과 방식으로 의회 절차를 개방하기 위해서는 단지 기술적 지원만이 아니라 의회 지도부와 다수 의원의 정치적 의지가 핵심적으로 중요할 것이다.

시민들을 의회 의사결정 과정에 연결하기

의회에 대한 시민 접근성을 확대하기 위해 현대 의회들이 취해온 많은 가시적 조치들에도 불구하고 의회를 방문하는 사람들의 다수는 입법 과정에 영향을 미칠 것을 의도하지 않는 관광객과 학생들이기 십상이다. 입법부는 통상 의회의 핵심 영역에 자신들의 의제를 드러내고자 하는 '의도적 공중들purposive public'을 환영하지 않는다.[26] 실질적인 의회 의사결정 과정에 어떻게 시민들을 연결할 것인가의 문제는 민주적 의회들에게 핵심적 도전 과제라 할 수 있다. 이런 견지에서 에두스꾼따는 공식적 입법 과정과 '짝지어진coupled' 다양한 형태와 방법의 시민참여를 적극 실험할 필요가 있다. 앞서 언급했듯이, 핀란드에서는 역사적으로 국민투표도 거의 이용되지 않았다. 비포장도로 교통법에 관한 정부 법안을 작성하는 과정에서 환경부와 협력해 '크라우드소싱' 프로젝트를 진행한 미래위원회의 사례[27]를 제외하면, 에두스꾼따는 의회 입법 절차와 밀접하게 연계된 숙의적 시민 포럼을 설립·운영한 사례가 아직 없다.

물론 책의 서두에서 언급했듯이, 민주정치에 대한 새로운 형태의 시민 관여를 디자인, 실행, 평가하는 것에 관한 다양한 논쟁적 이슈들이 존재한다. 예컨대, '미니퍼블릭mini-public' 유형의 숙의 포럼의 경우 어떻게 중재자와 전문가들의 역할을 시민 대표자들의 역할과 균형 있게 조화시키면서 선발된 시민 집단의 대표성과 포용성을 보장할 것인가, 그리고 이러한 민주적 실험의 결과를 어떻게 전체 정치적 시스템 속에서 확립할 것인가의 문제가 중요하게 제기된다.[28] 그럼에도 불구하고 다양하게 전개되는 민주적 실험들은 새로운 민주주의 양식에 대한 참신한 아이디어를 제공한다. 현대 민주주의를 혁신 또는 심화하는 데 이들 실험이 기여할 수 있는 잠재력은 아직 다 소진되지 않았다. '숙의적 엘리트주의deliberative elitism'을 극복하기 위해서 일부 학자들은 더 참여적 형태의 숙의 절차가 '공식 의사결정 과정과 긴밀하게 짝지어'져야 한다고 주장한다.[29]

예를 들어, 캐나다 브리티시컬럼비아와 온타리오의 시민의회Citizens' Assembly 실험은 숙의 민주주의적 혁신을 통하여 관습적 형태의 대의 민주주의를 보완하거나 개혁할 잠재력을 과시했다. 이 모델에서는 연령, 성별, 지역 등의 기준에 의거한 무작위 추출random sampling을 통해 일반적 인구를 대표하는 시민 대표 그룹을 선택한다. 시민 대표들은 의회나 확립된 정당 조직들이 스스로 합의적 해법에 도달할 수 없다고 여겨지는, 정치적으로 중요하면서도 논쟁적인 이슈들을 심의한다. 숙의 과정 이후 이들이 내린 권고안은 전체 유권자들의 구속력 있는 국민투표를 통해 표결된다.[30] 캐나다의 실험 이후 시민의회 모델은 2008년 금융위기 이후 대안적 헌법개혁을 추구해온 아이슬란드와 아일랜드에서 새로운 형태로 실행되었다. 특히, 2015년과 2018년 의회 산하에 수립한 시민의회의 활동 및 권고에 기반해 국민투표를 통해 동성결혼 합법화 및 낙태금지 규정 철폐 등 헌법개혁을 실현한 아일랜드의 사례가 최근 크게 주목을 끌고 있다.[31]

또 다른 사례는 덴마크 과학기술회의DBT: Danish Board of Technology로, 국민국가 의회의 공식 의사결정 절차와 밀접히 연계된 가장 효과적인 민주적 혁신의 도입으로 간주돼왔다. 합의회의consensus conferences와 시나리오 워크숍scenario workshop에 기반한 '미니퍼블릭'을 설립하면서 덴마크 과학기술회의는 의회 의사결정 과정에 제도적으로 연결된(임시적 기구가 아님) 공적 심의의 모델을 제공하였다. 이는 논쟁적 과학 기술 정책들에 관한 일반 시민들의 관점과 의견을 의회의 공식 의사결정자들에게 전달하는 데 기여했다.[32]

그동안 에두스꾼따는 이러한 민주적 실험들을 적극적으로 추구하지 않았다. 비록 미래위원회가 '미래 포럼으로서의 의회'라는 새로운 역할을 개척하며 '크라우드소싱 민주주의'의 구상을 적극 수용했지만 위원회는 제도적으로 통합된 숙의적 '미니퍼블릭'을 널리 운영하지는 않았다. 예를 들어, 위원회가 조직한 60인의 '현인 포럼Forum of the Experienced and Wise'은 전체 인구를 닮은 미니퍼블릭이라기보다 하나의 전문가 클럽처럼 보인다. 반면, 스코틀랜드 의회가 설립한 '스코틀랜드 미래 포럼Scotland's Future Forum'은 에두스꾼따 미래위원회와 유사한 기능을 수행하지만 더 폭넓은 범위의 시민 관여를 실천한다.[33]

오스트레일리아의 뉴사우스웨일즈 의회New South Wales Parliament는 의회 위원회 과정에 시민들을 연결한 또 다른 사례를 제공한다. 2011년 정부의 에너지 정책 이슈를 조사하면서 의회의 공공 회계 위원회Public Account Committee, PAC는 무작위 추출 방법으로 선발된 54인의 시민들로 이루어진 시민배심원citizen juries 형태의 미니퍼블릭을 설립했다. 시민패널들은 수개월 동안 정례적으로 모여 학습, 토론하고 전문가들의 설명에 귀를 기울이면서 법안을 심의했다. 시민들의 숙의 결과는 위원회에 시민패널 보고서와 권고의 형태로 제출됐다. PAC는 시민패널들의 견해와 권고를 심각하게 고려하면서 최종 보고서를 채택했다.[34] 영국 의회도 2018년 성인 대상의 사회적 돌봄을 위한 지속가능한 재정 방안을 모색하기 위해 50인으로 구성된 시민의회Citizens' Assembly on Social Care를 구성해 운영하였으며,[35] 최근에는 유럽연합과의 브렉시트 협상 결과에 대한 승인과 대안 마련 여부를 둘러싸고 보수당 내부와 의회 전체의 깊은 분열과 갈등을 겪고 있는 상황을 타개하는 방안으로 '브렉시트에 관한 시민의회' 구성이 제안되기도 하였다.[36] 캐나다, 영국, 호주, 아일랜드, 덴마크 등의 실험은 공적 심의가 이루어지는 다양한 장소와 기관들을 연결할 필요성, 특히 '미니퍼블릭들을 우리의 정치 시스템에서 엘리트적이고 권력이 부여된 장소와 짝짓기 위한 방법을 발견할' 필요를 보여주는 중요한 사례를 제공한다.[37] 의회 심의 과정과 연결된 질적인 시민참여qualitative civic participation를 촉진하는 적극적 형태의 시민 숙의 포럼들을 창출하는 일은 핀란드 에두스꾼따의 미래 의제로 남아 있다.

시민발의 제도의 역할 증진

공중의 접근이 어려운 입법 과정의 엘리트주의적 측면을 고려할 때 시민발의 제도는 최근 핀란드 민주주의 역사에서 일어난 중요한 변화 중 하나이다. 입법 의제설정에 시민참여를 확대하기 위한 이 직접 민주주의적 채널은 핀란드 정부의 위로부터의top-down 혁신 프로젝트에 의해 주도됐다. 핀란드 시민발의 제도의 빠른 공고화와 제도 실행 이후 창출된 새로운 정치적 다이내믹은 무난한 합의를 통해 제도 도입에 찬성했던 대다수 정치엘리트들의 일반적 예상을 뛰어넘는 것이었을지 모른다. 대의 민주주의의 전통적 개념과 정치적 결정을 숙의하는 에두스꾼따의 헌법적 권리에 대한 강한 신념이 핀란드의 정치적 기구들과 엘리트들을 오랫동안 지배해왔던 것을 감안할 때 시민발의 제도는 여러 측면에서 기존의 관습적 사고를 흔들고 있다.

우리의 연구는 이 새로운 제도의 정치적 효과에 대한 평가를 제출하면서 핀란드 민주주의와 시민발의의 미래 역할을 위해 제기되는 과제들을 함께 검토하였다. 예컨대, 시민발의 시스템의 절차적 요건 수준은 상대적으로 온건한 것으로 평가되지만 여전히 재검토될 여지를 남기고 있다. 발의에 필요한 서명 숫자와 서명 수집 기간 외에도 시민발의를 개시하거나 지지 서명을 할 수 있는 연령 제한 규정이 재고될 수 있을 것이다. 일부 시민 활동가들은 시민발의를 개시할 수 있는 연령 요건을 16세로 낮추어 청소년들이 더 일찍 민주주의 정치와 의사결정 과정을 경험하고 그에 참여할 수 있도록 해야 한다고 주장한다. 이러한 개혁 조치는 청소년들의 정치적 문해력political literacy 을 향상하면서 더 넓은 범위의 공동체 업무에 대한 능동적 참여를 장려할 수 있다는 것이다.[38]

핀란드 법무부가 운영하는 온라인 플랫폼(www.kansalaisloite.fi)은 시민들의 발의안을 개시하고, 지지 서명을 모으거나 제공하며, 실천적 정보를 공유하는 데 효율적 도구를 제공한다. 그러나 이 웹사이트는 시민들 간에 쌍방향적인 형태의 의사소통을 허용하지 않는다. 한 NGO 기반의 온라인 플랫폼 (www.avoinministrio.fi)은 이용자들의 의견 교환과 투표, 나아가 크라우드소싱 방식의 아이디어 발전을 촉진하는 더 의사소통적 포럼을 제공하였다. 그러나 이 서비스는 자원 부족과 정부 웹사이트와 중복된 기능으로 제도 시행 초기 이후에는 거의 이용되지 않고 있다. 다만, 그러한 시민사회로부터의 자발적 행동주의가 초기 단계의 제도 실행에 결정적으로 중요했으며, 나아가 향후 핀란드에서 참여 민주주의의 미래를 가늠할 본질적 요소라는 점은 기억할 필요가 있다. 가까운 미래에 개선해야 할 더 중요한 이슈는 시민발의가 에두스꾼따에서 다루어지는 동안 어떻게 의회 절차를 더 개방적이고, 숙의적이며 포용적인 것으로 만들 것인가이다. 예를 들어, 에두스꾼따 위원회들은 하나의 시민발의안을 심의하는 단계에서 단지 1회, 2시간의 공개 청문회를 개최해왔다. 그 뒤 위원회 심의는 다시 비공개회의실에서 이루어진다. 이는 시민발의자들과 '의도적 공중들'이 의미 있는 방식으로 입법 과정에 관여하려 할 때 전혀 충분하지 않다. 시민발의를 검토하는 위원회 청문회는 기본적으로 시민들에게 공개되어야 하며, 에두스꾼따는 시민들과 더 쌍방향적인 대화 채널들을 수립할 필요가 있다.

에두스꾼따 내부에 특별한 임무를 부여받은 새 위원회를 설립하는 방안도 충분히 고려할 만하다. 독일 의회나 스코틀랜드 의회, 그리고 가장 최근 영국 의회가 설치한 '공공 청원 위원회Public Petition Committee'가 좋은 참고 사례를 제공한다. 이러한 위원회는 의회가 시민들과 더 접근성 있고 포용적 관계를 증진하는 데 기여할 수 있다. 위원회의 임무에는 다음 사항들이 포함될 수 있다. ① 시민발의를 접수하고, 의회 심의 일정과 방법을 수립하며, 일관되고 시민친화적 태도로 시민발의자들과 소통하는 역할 ② 시민발의자들과 관련 법률 및 정책 영역을 책임지는 상임위원회 사이의 간극을 이어주는 역할 ③ 시민들이 제안한 전체 발의 목록과 내용을 분석하고, 의회나 정부 기구들이 해결해야 할 공공의 의제 또는 시민들의 불만을 파악·검토하며, 시민발의에 관한 법적 절차와 규칙을 재검토함으로써 시민발의의 제도적 기능을 정례적으로 평가하는 역할 등. 에두스꾼따 내부에 새로운 위원회를 설립하는 것이 너무 과도한 부담이 된다면, 그동안 민주정치에 대한 시민참여의 확대를 위해 노력해온 미래위원회에 위의 임무를 부여하는 방안도 가능할 것이다. 물론 충분한 인적·재정적 자원의 지원과 함께 말이다.

현재 국민국가 수준의 시민발의 제도를 운영하는 유일한 북유럽 국가로서 핀란드는 새로운 단계의 민주주의로 접어든 것처럼 보인다. 이 새로운 제도의 미래 역할은 (직간접적인) 정책 효과들과 그 제도적 기능에 대한 공중의 효능감efficacy에 달려 있을 것이다. 제도 실행 이후 첫 의회 회기 (2012.3~2015.4) 동안 관찰된 성공적 결과들이 두 번째, 세 번째 회기에도 지속, 심화될 필요가 있다. 이미 두 번째 회기 동안 다양하고 중요한 시민발의가 제출되어 의회에서 심의되었다. 예컨대, 핀란드의 유로존Eurozon 회원국 지위를 재고하기 위한 국민투표 요구안, 통과된 동성결혼 합법화 법률의 폐지를 요구하는 반counter시민발의, '0시간 근로계약zero-hour contract'의 금지 요구안, 정부의 '적극적 고용' 모델 폐지, 중등교육의 완전 무상교육 실시, 장애인 권리 증진 등이 그러하다. 정당과 엘리트 정치인 등의 정치세력과 잘 조직된 이익단체들의 적응력, 그리고 정치적 양극화의 경향과 함께, 더 참여적 입법 문화를 촉진하는 시민발의 제도의 잠재력 등이 계속해서 연구될 필요가 있다. 장기적 관점에서 볼 때 핀란드의 실험은 확립된 형태의 대의 민주주의와 새로운 형태의 포스트-대의 민주주의 사이의 역동적이며 양립 가능한 관계를 보여주는 하나의 중요한 사례를 제공할 수 있을 것으로 기대된다.

맺는 말

의회 개혁과 입법자들의 정치적 의지

노턴은 '의회 안의 개혁과 의회의 개혁 사이' 두 갈래 의회 개혁 방향을 구분한다.[39] 전자는 의회의 절차와 규칙 등을 바꾸기 위한 '내부적' 개혁을 의미하고, 후자는 헌법의 중요한 변화까지 포함될 수 있는 '외부적' 개혁을 가리킨다. 의회 개혁을 추진하는 다양한 이유들이 존재한다. 노턴이 주도한 '의회 강화 위원회'는 의회 개혁의 이유를 '효율성, 편리성, 외양 그리고 효과성'을 추구하는 네 가지 범주로 구분했다.[40] 노턴은 여기에 한 가지 차원을 덧붙이는데, 이는 '시민들의 목소리가 들리도록 하는 것'이다.[41] 내부적이든 외부적이든, 그리고 그 목적이 무엇이든 간에 의회 개혁의 성취는 결코 쉬운 과제가 아니다. 대개 의회는 오래되고 전통적인 기구들로 그 나라의 고유한 정치적 맥락 속에서 오랜 시간을 거쳐 발전된 고유한 활동 방식을 갖고 있기 때문이다. 켈조는[42] 특히 영국 민주주의의 맥락에서 '의회의 진화적 성격', 그리고 '민주적'이라기보다는 '대의적'인 의회 기원의 문제를 지적한다. 이는 왜 의회가 일반적으로 기존의 대의 기능을 강화하는 데 초점을 둔 장기간의 누적적 변화를 선호하는지, 그리고 왜 '더 급진적이고 참여적 기제들'을 채택하는 것을 꺼리는지를 설명해준다. 의회는 '하나의 전일적 기구로서의 정체성'을 결여하고 있기 쉬우며, 이는 시민들이 의회와 의미 있는 관계를 느끼기 어렵게 할 수 있다.[43]

여기에서 우리는 많은 나라에서 근대 의회가 '민주적 혁신'의 한 정점으로서 출현했다는 사실을 기억할 필요가 있다. 사회적 지위 또는 계급에 기반한 전통적 신분제 의회Diet of Estates로부터 보편 선거권과 지리적 선거구에 기반한 근대의 민주적 의회로의 전환을 통해 탄생한 의회들은 정치적 대표political representation에 관한 본질적 혁신이었다. 이러한 변환은 수 세기에 걸쳐 광범위한 규모로 이루어진 이론적·실천적 혁신을 모두 요구했다. 예를 들어, 정치적 행위주체로서 개인의 등장 및 시민(정치)사회를 수립하기 위한 개인들의 동의에 관한 개념들, 인민주권(공적 자율성)과 인권(사적 자율성) 그리고 입헌국가 및 법의 지배의 원리들, 자유·평등·연대의 새로운 가치들 등에 기반한 다양한 버전의 사회계약론들이 제출되었다. 실천적으로도 이는 언론과 결사의 자유에 기초한 시민사회의 출현(신문, 잡지, 직업조직들과 노동조합, 그리고 문예 및 학술 단체들 등), 대중운동과 연계된 대중 정당들의 조직화, 자유주의·공화주의·사회주의 등 경합하는 이데올로기들의 발전, 보편선거권과 급진적 사회개혁의 확대 등을 내포하는 총체적 변화 과정이었다.[44] 이러한 과정, 특히 근대 의회로의 전환은 역사발전의 자동적 과정이 아니라 위기를 무릅쓴 실험들과 집합적 정치 행위들의 우연적contingent 결과들로서 수많은 제도적·비제도적 변수들이 영향을 주고받은 결과이다.[45] 격랑치는 정치적·경제적·사회적 급변들, 혁명과 전쟁들, 그리고 다른 여러 형태의 위기와 역동적 사태 전개 과정에서 새로운 정치적 정당성의 자원들을 의회의 제도적 기능 속으로 통합함으로써 근대의 민주적 의회들이 (재)탄생되었다. 그 결과 근대 민주주의의 세 가지 핵심적 요소-'대표representation', '참여participation', '숙의deliberation'의 요소가 현대 의회들의 다중적 기능들 속으로 통합된 것이다. 이런 맥락에서 오늘날 의회들은 주기적 선거의 대중 참여를 통해 구성된 인민의 (대표적) 결사체들로 작동하면서 국가적 수준의 토의 정치를 위한 중심 공공포럼을 제공하고 있다.

근대 민주주의로의 역사적 전환 과정에 대한 성찰은 우리를 현대적 형태의 대의 민주주의와 의회 제도가 당면한 최근 도전들의 성격에 대해 더 깊이 사유하도록 이끈다. 가장 첨예한 도전들 중 하나는 유권자들과 의회 기구들 사이의 연계가 약화되고 있는 것으로 많은 선진 민주주의 국가들에서 정당-선거-의회의 연결고리에 중요한 '결함democratic deficits'을 야기하고 있다. 이는 근대 사회의 정치적 정당성의 근본적 기초로 여겨지는 선거적 대표의 형식주의적 개념에 집착하는 '교과서적 대표성 개념'에 중대한 한계가 있음을 드러낸다.[46] 확립된 이익단체와 전문가들과의 표준적 양식의 협의를 통해 실현되는 '기능적 대표functional representation' 체계도 현대 민주주의 정치의 급변하는 환경 속에서는 공공정책 결정자들을 위한 충분한 정당성 자원을 제공하지 못한다. 바로 여기가 우리가 현대적 형태의 대의 민주주의와 성숙한 민주국가 의회들의 미래 역할에 대한 한 가지 핵심적 도전을 맞닥뜨리는 장소이다. 어떻게 현대 의회를 21세기 민주정치의 조건에 걸맞게 진정으로 열린, 접근가능한, 참여적(포용적) 기구로 개혁, 나아가 재창조할 것인가?

이 질문은 의회 개혁을 위한 세 차원의 중심 과제들과 맞물린다. ① '선거 사이between elections' 동안 의회가 유권자들과 다양한 차원에서 더 적극적으로 소통하고 관여할 것을 요구하는 시민들의 목소리에 적극적으로 반응하기. 의회의 물리적 공간을 공중에 적극 개방하고, 정보를 공유하고 미디어 및 디지털 관여를 활성화하며, 의원들과 유권자 간의 온·오프라인 소통을 강화하고, 본회의와 위원회 등 주요 의정 활동의 절차와 장소를 더욱 투명하게 운영함으로써 의회가 정치를 독점한 특권적 엘리트 기구가 아니라 명실상부한 시민 대표 기구people's representative assembly로 거듭나는 방안을 적극 마련해야 한다. ② 다양한 형태의 시민참여 채널을 통해 실질적 입법 결정 과정에 공중을 연결하기. 예컨대, 시민사회 행위자들과 확대된 형태의 위원회 입법 협의 활동의 제도화, 국민발안 또는 시민발의를 통한 직접 입법의 활성화, 미니퍼블릭 유형의 시민 포럼들을 통한 의회 차원의 숙의적 관여의 증진, 그리고 온라인 청원 도입과 청원위원회 설치 등 의회 청원 시스템의 혁신 등이 적극적으로 추진될 필요가 있다. ③ 전환기적 사회변동과 증가하는 정치적 불평등이 일으키는 새로운 민주적 도전들을 효과적으로 해결하기 위한 장기적 관점의 정책 프로그램을 실행하기. 의회는 여성, 아동과 청(소)년, 장애인, 노인, 난민과 이주민, 원주민 등 사회적 소외 집단의 존재와 목소리를 정치적으로 포용하기 위해 끊임없이 노력하면서 의회 차원의 시민교육과 참여 프로그램을 적극적으로 운영할 필요가 있다. 여기에는 미래와 자연 등 근대 산업 민주주의가 배제해온 타자들의 대표representing the future or nature를 통한 지속가능 민주주의 실현의 과제도 포함된다.

오늘날 많은 국가의 의회들이 공중과 (재)관여하고 중심적 대의 기구로서 시민 신뢰를 회복하기 위한 다양한 개혁 조치들을 실행해왔다.[47] 그러나 실제로 그러한 개혁이나 혁신이 시민과 의회 관계를 실질적으로 변화시키고 있는가는 또 다른 차원의 문제로 정밀한 검토가 요구된다. 공공의 신뢰를 다시 회복하기 위한 현대 의회들의 '끝없는 추구'에도 불구하고, 많은 나라에서 의회와 시민 관계를 향상하는 부분에 어려운 도전들이 존재한다. 의회 제도의 역사적 · 문화적 맥락, 새로운 혁신 조치의 제도적 디자인, 입법 활동의 정책 효과와 주요 정치 행위자들의 갈등 해결 역량, 그리고 '상징적 대표symbolic representation'와 입법자-유권자 사이의 쌍방향적 '연결' 등은 의회-시민 관계의 재정립에 큰 영향을 미치는 요소들이다.[48] 노턴은 현대 민주주의에서 의회의 역할을 온전히 이해하기 위해서는 의회-행정부 관계와 의회-시민 관계를 모두 포괄하는 '전일적 접근holistic approach'이 필요하다고 주장한다.[49] 또한, 그는 괄목할 수준의 의회 개혁을 성취하기 위해서는 입법자들의 '정치적 의지'가 중요하다고 강조한다. 성공적인 의회 개혁을 위해서는 선명한 개혁 의제와 의회 내 강력한 리더십이 존재해야 한다. 궁극적으로 의원들이 "행정부의 주저함이나 적대적 자세에 직면했을 때에도 기꺼이 그것(의회 개혁)을 위해 투표하려 해야 한다. (⋯) 그것(정치적 의지)이 존재하지 않을 수도 있을 것이다. 핵심은 그것이 없이 중요한 개혁은 달성되지 않을 것이라는 점이다.[50] 그러한 정치적 의지와 일관되고 효과적인 개혁을 끌고 갈 역량은 현대 민주주의 정치와 의회-시민 관계의 변화하는 성격에 대한 새로운 이론적 관점들을 요청한다.

이론적 함의와 의회-시민 관계의 미래 전망

이 책은 현대 민주주의에서 변화하는 의회-시민 관계에 대해 정밀한 경험적 분석 연구를 제공함으로써 학문적으로 기여하는 것을 목표로 하였다. 의회-시민 관계라는 주제는 그동안 '입법 연구에서 가장 적게 연구된 주제 중 하나'[51]로 머물렀다. 이러한 문제를 해소하기 위해 우리는 우선 규범적 원칙과 실천적 지표들을 결합해 포괄적 분석틀을 수립한 뒤, 이를 핀란드 의회의 사례 연구에 적용해 의회가 행하는 다층적 차원의 제도적 시민 관여 활동들을 분석하였다. 연구 결과 열린, 포용적 의회-시민 관계 정립을 위한 지속적인 의회 개혁과 혁신이 필요하다는 점이 확인되었고, 나아가 향후 이 주제에 대한 이론적 · 경험적 심화 연구들이 계속 필요하다는 점도 분명해졌다.

연구 결과는 우선 우리가 기존의 정치적 · 의회적 대표 개념을 재검토하도록 이끈다. 책의 앞머리에서 살펴보았듯이, 한나 피트킨[52]과 제인 맨스브리지[53]는 이미 선거를 통한 권력 위임과 책임성 확보 기제에 의존하는 '형식주의적formalistic' 개념을 넘어 다원적인 차원의 정치적 대표 개념을 이론화함으로써 우리의 이해를 넓히는 데 크게 기여하였다. 그러나 이들에게서도 정치적 대표 개념은 여전히 '선택과 책임성'이라는 선거적 틀 내에서 주로 다루어졌다. 현대 민주주의 이론가들은 선거적 연결 없이 혹은 그 너머에 존재하는 다양한 형태의 대표 개념을 탐색함으로써 정치적 대표 개념의 혁신 또는 재구성을 시도해왔다. 예컨대, 무작위 추출random sampling 방법을 통해 선발된 시민 대표들citizen representatives, '대표성 주장 만들기representational claim-making'을 통해 유권자를 구성하는 상호적이고 심지어 '창조적'인 대표 행위와 과정, 미래, 자연, 지구를 대표하기 등 다양하고 새로운 개념화 작업이 이루어져왔다.[54] 이들은 정치적 대표 행위의 본질적 성격, 그리고 전환기적인 현대 민주정치의 특질을 파악하는 데 있어 표준적 설명이나 형식주의적 접근의 한계를 비판하였다. 물론, '주인-행위자 관계principal-agent relationship'나 '의회적 거버넌스 체인delegation chain of parliamentary governance'로 표현되는 선거적 대표 개념은 여전히 헌법과 선거제도 등에 의거해 의회 정부의 제도적 특징을 분석하는 데 유용한 모델을 제공한다.[55] 그러나 이들 개념은 현대 민주주의에서 시민과 대표 사이의 역동적이고 복잡한 관계에 대한 단순화된 이해를 조장하는 경향이 있다. 실제로 의회 연구자들은 주로 '선택과 책임성'을 둘러싼 공식적 대표의 메커니즘 또는 입법부-행정부 관계에 집중해왔다. 근대 민주주의의 한 본질적 차원, 곧 의회(입법 기구들과 개별 입법자를 모두 포함)가 선거 사이의 시기에 공식, 비공식 관여 채널과 방법을 통해 유권자 시민들과 맺는 다면적이고 역동적인 관계는 제대로 연구되지 못하였고, 최근 학자들의 관심 증가에도 불구하고 더 많은 연구가 필요한 상태이다.

한편, 참여 민주주의와 숙의 민주주의적 이론에 기반한 민주적 혁신 담론이 엘리트주의적 대의 민주주의 모델에 도전해왔다. 참여 및 숙의 민주주의 이론은 세대를 거치며 진화하였고, 다양한 실천적 실험들이 전 세계적 지평에서 광범위하게 전개돼왔다. 참여예산제 등 열린 민회popular assemblies 실험, 공론조사와 시민의회 등 무작위 추첨을 통해 구성되는 다양한 형태의 숙의적 미니퍼블릭, 국민투표와 시민발의 등을 통한 직접 입법, 그리고 수많은 형태의 온라인 민주주의 포럼과 기제들이 대표적이다.[56] 그러나 이들 민주적 실험의 한 가지 중요한 한계는 미니퍼블릭 스타일의 미시적 시민 포럼에 주목하면서 현대 대의 민주주의에서 여전히 중심적 역할을 수행하는 의회 기구를 소홀히 여기거나 우회하는 경향이다. 특히, 민주주의의 참여적 전환에도 불구하고 현대 사회 전반의 정치·경제적 불평등은 빠르게, 그리고 지속적으로 증가해오고 있으며, 현대 민주주의가 당면한 핵심 도전과 과제에 대하여 개별 민주적 혁신들이 체계적 수준에서 어떤 효과를 발휘하고 있는지는 여전히 모호한 상태에 머물러있다. 또한, 정부들은 민주적 혁신 실험을 정책 결정의 '탈정치화'를 위한 또 하나의 도구로 활용하는 경향이 있다.[57]

이로 인해 선거적 정당성과 엘리트 기구들의 공식 의사결정 역할에 고착된 대의 민주주의의 표준적 모델과, 일상적 민주주의 과정에서 직접적이며 질적인 시민참여의 중요성을 강조하는 새로운 시민 정치의 대안적 흐름들 사이의 이론적 간극이 벌어져왔다. 최근 숙의 민주주의의 '체계적 전환systemic turn',[58] 그리고 의회-시민 관계에 대한 학문적 관심 증가[59]는 이러한 간극 혹은 결함을 개선하려는 정치학 내 새로운 변화를 시사한다. 새로운 학술적 흐름과 방향을 같이 하면서 우리는 변화하는 의회-시민 관계를 중심으로 확립된 대의 민주주의 시스템과 참여, 숙의적 시민정치의 새로운 요구들 사이의 긴장을 탐색하고, 나아가 양자를 화해시킬 수 있는 대안적 방안을 모색하기 위해 노력하였다.

어떻게 그리고 어느 정도로 의회가 물리적 공간 및 업무 시스템과 절차를 시민들에게 개방해야 하는가? 시민사회와 소통하는 과정에서 의회 위원회의 투명성과 효과성 사이의 바람직한 균형은 어떻게 찾을 수 있는가? 의회 기구들(본회의, 위원회, 의회 정당 조직, 개별 의원 등)은 어떻게 시민들이 발의한 입법안을 다루어야 하며, 공중이 입법 의제설정에 직접 참여하는 것이 어떤 정치적 효과를 불러오는가? 이것이 변화하는 의회-시민 관계의 복합적 성격을 연구하면서 우리가 제기하고자 했던 주요 질문들이며, 이 책은 특히 핀란드 민주주의의 맥락에서 현대 의회 정치와 시민참여에 관한 새로운 사례 연구를 제공하였다. 지금까지의 논의에 기반하여 우리는 변화하는 의회-시민 관계의 미래 전망을 둘러싼 세 가지 시나리오를 그려볼 수 있다.

① 권위적 의회-시민 관계: 의회적 대표성과 관련해, "시민들은 대표를 뽑고, 대표는 결정을 내린다"는 표준적 개념이 지배하는 모델이다. 입법자들은 의원-유권자 관계, 위원회 절차와 디지털 관여 등 전반에서 전통적인 의회 활동 시스템과 문화를 고수한다. 민주정치에서 시민의 역할은 수동적 상태에 머무르며, 주로 선거, 정당, 이익단체 등 전통적인 정치 참여 채널에 의존한다. 새로운 민주적 혁신 기제들은 도구적 수단으로 활용되거나 엄격한 절차적 요건 및 비우호적 입법 문화로 인해 주변적 역할만을 수행하기 쉽다.

② 포퓰리즘적 의회-시민 관계: 새로운 정보통신기술을 활용해 인민주권 원칙을 완전히 실현함으로써 고대 그리스 방식의 '회합 민주주의'를 재현하고자 하는 모델이다. 의회 등 대의 기구들과 시민사회의 매개 조직들을 '우회' 혹은 '대체'하는 직접적 형태의 시민참여가 널리 장려된다. 낮은 수준의 절차적 요건 덕분에 많은 수의 시민발의와 국민투표가 제안되고 실행되며, 그중 상당수는 정치적으로 큰 논란을 불러일으키는 것으로 종종 엘리트 정당이나 사회적 특수이익에 의해 추동되는 포퓰리즘적 요구들을 증폭시킨다. 의회 심의의 질 하락에 대한 우려, 그리고 정치적 양극화 심화에 대한 경고가 확산된다.

③ 열린, 포용적 의회-시민 관계: 표준적 대의 민주주의와 직접적 시민정

치의 양립 가능성을 보여주는 제3의 대안적 모델이다. 입법자들은 열린, 포용적 의회 시스템 구축을 위한 새로운 원칙들에 기반해 시민들과 공정하면서도 의미 있는 방식의 입법 관여에 적극 임한다. 새로운 형태의 시민참여와 민주적 혁신 기제들이 적절한 수준과 요건의 디자인과 함께 제도화된다. 이를 활용해 시민들은 그동안 들리지 않던 공중의 의제와 소리를 의회 공론장으로 가져오고, 다양한 신구 미디어 채널들을 통해 정치적 토론을 일깨운다. 정치적 양극화 경향과 다양한 시민 그룹 간의 새로운 간극이 관찰되지만, 정당과 언론 등 중간 매개 기구들과 시민사회 조직들이 제 역할을 한다. 효과적인 시민참여 채널과 더불어 역동적이면서도 균형적인 패턴의 의회–시민 간 의사소통이 발달한다.

세 시나리오 혹은 모델은 의회적 대표성parliamentary representation 개념에 대한 상이한 관점에 기반하며, 의원–유권자 관계, 의회의 개방성과 접근가능성 정도, 그리고 새로운 시민참여와 민주적 혁신 기제의 활용과 영향력 등에서 구별되는 특징을 보여준다. 물론 각각의 모델은 하나의 이념형적 가정으로 실제 현실에서는 서로 중첩되거나 경계가 모호한 영역들이 넓게 존재한다. 세 시나리오 가운데 가장 바람직한 것은 마지막 것으로, 현대 의회는 이 방향의 장기적 비전을 세워 적극적인 의회 개혁과 혁신에 임할 것이 요청된다. 이를 위해서는 앞서 강조한 대로 일관된 혁신 의지와 정치적 리더십, 충분한 자원의 할당이 필요하며, 전환기적 상황에 처해 있는 현대 민주주의의 성격에 대한 시민적, 대안적 관점의 연구 조사에 기초해 효과적 의회 개혁 및 민주적 혁신의 제도화에 나설 것이 요청된다.

최근 북유럽 민주주의 동향과 향후 연구 과제

끝으로, 이 연구는 북유럽과 핀란드 민주주의의 역동적이고 변화하는 성

격을 포착, 개념화하는 데 있어 새로운 관점의 비교 연구를 수행할 필요
가 있음을 보여준다. 기존 '의회적 거버넌스 체인' 개념에 기반한 형식주의
적 접근의 의회 연구 모델, 그리고 코포라티즘 형태의 복지 민주주의와 합
의적 의사결정 프로세스에 주로 초점을 맞추는 전형적 접근에서 벗어나 최
신 북유럽 연구의 지평을 탐구할 필요가 있다. 의회적 거버넌스 체인이란 선
택과 책임성의 정당성 기제가 유권자로부터 의회 의원들로, 의회로부터 내
각의 장관으로, 장관으로부터 다시 행정 공무원으로, 그리고 행정 공무원으
로부터 시민으로 순환하는 하나의 규범적 민주주의 모델을 상정하며, 하나
의 체인처럼 움직이는 권력의 순환을 매개하는 핵심 고리이자 주체로서 정
당의 역할을 상정한다.[60] 그러나 민주주의 현실 정치는 의회, 행정부, 시민사
회 간 더욱 복잡하고 다층적이며 쌍방향적 의사소통과 상호작용을 내포하
며, 의회-행정부, 행정부-시민사회, 그리고 의회-시민사회 간의 역동적 관
계 양상을 입체적으로 포착하는 개념이 필요하다. 민주적 코포라티즘과 국
민투표 등 직접 민주주의, 그리고 대외적 국제관계 등의 변수가 의회적 거버
넌스 체인의 '외부적' 변수 혹은 '제약' 요소로 간주되는 것도 한계적이라 할
수 있다. 또한, 합의 민주주의와 코포라티즘적 정책 결정 시스템에 초점을
두는 접근의 경우에는 20세기 후반 이후 사회구조의 변동과 정당체제의 변
화 등을 잘 설명하지 못하는 한계를 지닐 수 있다. 1973년 덴마크의 '지진 선
거' 이후 북유럽의 정당체제도 안정된 5당 체제로부터 이탈하여 다양한 변이
를 보여주고 있다. 특히 1932년부터 1976년까지 44년간 내리 집권한 스웨덴
사민당의 헤게모니적 지위가 흔들리고 우파 정당 연합과의 블록 정치 현상
이 강화되어왔다. 다른 한편, 1980년대 이래 북유럽 각국에서 녹색 정치 등
포스트모던적 정체성 정치identity politics가 활성화되고 최근에는 유럽 난민 위
기 등을 계기로 극우 포퓰리즘 정치세력이 정치적 영향력을 크게 확장하는
등의 변화도 감지된다. 곧, 1930년대 이후의 사회적 대타협과 보편적 복지국

가 건설을 위한 정치적 합의의 토대가 지속적으로 흔들려왔으며, 이 과정에서 북유럽 각국의 코포라티즘적 정책 결정 시스템도 크고 작은 변화를 겪어왔다는 점이 적극적으로 고려될 필요가 있다. 우리는 현대 북유럽 민주주의의 역동적 면모를 온전히 탐색하기 위해 최근 민주주의 이론과 의회 연구의 발전 양상을 검토한 뒤 그 핵심 통찰을 새로운 이론적 관점과 분석틀 속으로 통합하고자 하였다.

또한, 북유럽 국가 간의 공통점과 차이점을 균형 있게 고찰할 필요성을 우리는 강조하였다. 앞서 기술한 대로 북유럽 지역 전반에 걸쳐 많은 공통적 특징들이 발견되는 것은 사실이다. 예컨대, 북유럽 5개국은 모두 강한 정당 중심의 대의 민주주의 시스템(비례대표 선거제도와 결합된 다당제 정당체제), 높은 수준의 노동조합 조직률 및 시민사회단체 가입률과 결합된 민주적 코포라티즘의 전통과 합의적 정책 결정 시스템, 정부와 의회 등 정치적 대의 기구에 대한 높은 신뢰, 자국의 민주주의에 대한 높은 만족도 등의 기본 특징을 유지해왔다. 이에 기반해 북유럽은 19세기 후반부터 20세기 초반까지 근대 산업 자본주의적 질서의 발달 과정에서 겪은 극심한 사회갈등과 불평등, 그리고 대외적 국제관계의 위기를 효과적으로 극복하며 세계에서 가장 안정된 합의적 민주주의와 보편적 복지국가를 확립하였으며, 이는 유럽은 물론 세계 많은 국가의 정책 결정자들과 시민, 연구자들에게 중요한 영감을 제공해왔다. 그러나 최근 출판된 비교 연구 문헌들은 북유럽 국가들 사이의 매우 다양한 차이점들에 주목하고 있다. 3장에서 자세히 살펴본 것처럼, 특히 핀란드는 다섯 국가들 가운데서도 정치 제도와 운용의 측면에서 여러 독특한 특징을 갖고 있다. 핀란드는 1906년 유럽 최초로 보편적 참정권을 도입하였고, 독립(1917)과 내전(1918) 등 국민국가 형성 과정에서 진통을 겪은 뒤 1919년 헌법 제정을 통해 준대통령제를 채택하였다. 1954년부터는 강한 선호형 비례대표 선거제도를 운영해왔다. 비례대표 선거제도와 이념적 · 정치적 균열의 다변화로 인해 극단적으로 파편화된 정당체계를 유지해왔으나 20세기 후반 대립적 진영정치로부터 합의정치로 이행하면서 초다수적 연합정부supermajority-seeking coalition governments를 자주 구성하였다. 이례적으로 강했던 공산당의 영향력, 그리고 1990년대 이후 70% 이하까지 하락해온 총선 투표율 등도 핀란드가 북유럽 민주주의에서 보이는 예외적 현상이라 할 수 있다. 아울러, 핀란드는 1999~2000년 전면 헌법개혁을 단행해 표준적 의회주의에 가까운 방향으로 헌정질서를 전환하였고, 2012년부터는 북유럽 국가들 가운데 처음으로 국가적 수준의 시민발의 제도를 도입·실행하고 있다.

북유럽 국가들도 오늘날 전 지구적으로 정치·경제·사회 시스템에 발생하고 있는 구조적 변화로부터 결코 예외가 아니라는 것은 분명한 사실이다. 예컨대, 지구화의 영향과 유럽연합의 다층적 거버넌스, 국제적 경제, 재정위기의 영향, 지정학적 슈퍼파워로서 러시아의 귀환 등 국제관계와 지역적regional 수준의 새로운 긴장, 대규모 이민 물결과 최근 유럽의 난민 위기, 새로운 경제 현실과 사민주의 복지국가의 개혁 및 적응, 네오-코포라티즘에 기초한 집합적 이익 협상 체계의 쇠퇴 혹은 변동, 증가하는 사회적·경제적 불평등과 극우 포퓰리즘 정당들의 득세, 그리고 정치의 미디어화와 개인화 현상 등, 광범위한 내적·외적 도전들과 전환기적 변화들이 북유럽 국가들에서 관찰되고 또 토론돼왔다.[61] 이러한 전환기적 도전은 개별 북유럽 국가들의 의회와 시민 관계, 그리고 더 넓은 의미에서 이 지역의 민주주의와 시민권citizenship의 질에 큰 영향을 미치고 있다. 이에 대응하여 북유럽 국가들은 자국의 민주주의 상태를 체계적으로 연구·진단하고 국가 차원의 민주주의 정책 및 시민참여 프로그램을 실행하는 데 적극성을 보여왔다. 앞으로 북유럽 민주주의는 어떤 방향으로 진화해갈 것인가? 이 질문은 향후 더 깊은 연구가 필요한 하나의 중요한 주제를 암시한다. 핀란드의 의회제도 및 변화하는 의회-시민 관계에 관한 사례 연구를 수행하면서 이 책은 새로운 민주적 도전과 미래 전망에 관한 북유럽의 시각을 제시하기 위하여 노력하였다. 그러나 북유럽 민주주의의 진화하는 특징과 그 정치적 함의에 대한 전체적 규모의 비교 연구는 이 책의 범위를 넘어서며, 향후 필자의 연구 과제로 남을 것이다.

보론: 2019년 핀란드 총선 결과 분석

2000년대 이래 핀란드의 가장 치열한 선거와 높은 투표율

2019년 4월 14일, 핀란드 의회 선거가 치러졌다. 2015년 집권한 이래 4년간 우파 연합정부를 이끌던 중앙당Centre Party의 유하 시삘라Juha Sipilä 총리가 총선을 한 달 남짓 남겨놓은 시점에서 총리직을 사임하는 등 이번 선거는 한 편의 드라마처럼 여러 극적인 요소를 수반하며 뜨거운 관심을 불러모았다. 특히, 사민당SDP, 보수 국민연합당NCP, 극우 포퓰리즘 핀란드인당Finns Party, 중앙당, 녹색당Green League 등 주요 정당 간 경쟁이 격해지면서 2000년대 들어 가장 치열한 선거라는 평가를 받았다. 시민들의 높아진 정치적 관심을 반영해 실제 투표율도 72.0%로 지난 2015년보다 1.9% 상승하였으며, 이는 핀란드에서 1991년 총선 이래 가장 높은 투표율에 해당한다. 유럽을 비롯해 전 세계적으로 중도 좌·우파 중심의 기성 정당 체계가 크게 흔들리며 현대 대의 민주주의의 미래에 대한 위기감이 고조된 가운데 치러진 이번 핀란드 총선 결과는 2020년 이후 핀란드 정치와 민주주의의 진로를 전망하는데 중요한 지표들을 제공한다.

2019 총선의 핵심 특징: 정당별 결과 분석 및 평가

우선, 2015년 총선과 비교해 이번 2019년 핀란드 총선 결과 정당별 득표율과 의회 의석수를 정리하면 다음과 같다.

표 7.1 2019년 핀란드 총선 결과: 정당별 득표율 및 의회 의석수 변화

정당	득표율 (2015, %)	의회 의석 수. 2015	득표율(2019, %) (증감)	의회 의석 수. 2019 (증감)
사민당(SDP)	16.5	34	17.7(+1.2)	40(+6)
핀란드인당(Finns Party)	17.7	38	17.5(−0.2)	39(+1)
국민연합당(NCP)	20.4	37	17.0(−3.4)	38(+1)
중앙당(Centre Party)	21.1	49	13.8(−7.3)	31(−18)
녹색당(Green League)	8.5	15	11.5(+3.0)	20(+5)
좌파동맹(Left Alliance)	7.1	12	8.2(+1.1)	16(+4)
스웨덴 인민당(SPP)	4.9	9	4.5(−0.4)	9(0)
기독민주당(CD)	3.5	5	3.9(+0.4)	5(0)
기타	2.5	1	5.9(+2.4)	2(+1)
합계	100	200	100	200

출처: OSF 2015 ; YLE.

주요 정당별로 선거 결과를 분석, 평가하면 다음과 같은 몇 가지 특징을 도출할 수 있다.

① 1위 사민당의 '약한' 승리(17.7%, 40석): 2015년 총선에서 핀란드 사민당 역사상 최악의 성적표를 기록하며 지난 4년간 야당에 머무른 사민당은 지난 1년 간 정당 지지율 여론조사에서 줄곧 1위를 고수했다. 선거 캠페인 기간의 중반까지도 20% 이상의 득표율로 여유있는 1위가 예상됐으나 선거 일주일 전부터 2위 핀란드인당과 3위 국민연합당에 급속히 지지율을 잠식당하며 결국 17.7%로 아주 근소한 승리를 거두었다. 제1당이 20%를 넘기지 못한 것, 그리고 1위부터 3위까지의 정당이 1% 이내의 득표율 격차를 기

록한 것은 모두 핀란드 민주주의 역사상 처음 있는 일로 이번 총선의 역사적 성격을 보여준다.[62] 이처럼 박빙의 경쟁 속에서 사민당은 기대에 못 미치는 매우 '약한' 승리를 거둔 것으로 평가된다. 다만, 1999년 이후 사민당이 처음으로 1당을 차지했다는 점, 그리고 2003년 이후 처음으로 사민당 출신 총리가 배출될 것으로 예상된다는 점 등에서 그 의미는 작지 않다. 특히, 2003년부터 줄곧 중앙당과 국민연합당 등 우파 정당이 정부 구성 및 운영에서 주도권을 쥐며 신자유주의적 복지국가 개혁 정책을 펴왔다는 점을 고려할 때 향후 사민당 주도의 내각이 구성될 경우 어떤 수준의 정책 전환을 실현할 수 있을 것인지 주목된다. 사민당은 지난 정부들에서 추구된 시장주의적 복지 개혁 및 공공재정 삭감 정책의 기조를 혁신하겠다고 공약해왔다. 이번 선거 결과는 2020년대를 내다보는 시점에서 핀란드 사민당의 장기 내리막세를 끝내고 정부 정책의 노선 전환을 단행할 계기를 마련한 것으로 평가된다. 그러나 매우 근소한 승리를 거두는데 그침으로써 향후 정부 구성 및 국정의 주도적 운영에 어려움도 예상된다. 한편, 스웨덴에서도 2018년 9월 총선 이후 비록 높은 지지율은 아니나 사민당 주도의 소수정부가 출범한 상태이고, 2019년 6월 의회 선거가 예정된 덴마크에서도 현재 사민당이 여론조사 1위를 유지하고 있어 북유럽 국가 전반에서 다시금 사민당의 권력 복귀 흐름이 관찰되고 있다.

② 극우 포퓰리즘 핀란드인당Finns Party의 성공적 부활: 이번 핀란드 총선의 최대 이변 중 하나는 극우포퓰리즘 정당인 핀란드인당의 부활이라고 할 수 있다. 핀란드인당은 이미 2011년과 2015년 선거에서 20%에 가까운 득표율을 기록하며 역사적인 승리를 거두었고, 2015년 총선 이후에는 우파 연합정부(중앙당, 국민연합당, 핀란드인당)에 참여한 바 있다. 그러나 2015년 총선 이후 집권연합에 참여했다가 내부 분열을 겪으며 두 개 정당(핀란드인당, 푸른개혁당Blue Reforms)으로 분리되었고, 이후 지지율이 폭락하면서 10% 이하까

지 떨어졌으나 이번에 다시 부활한 것이다. 핀란드인당은 지난 연말 오울루 Oulu시의 난민 신청자에 의한 10대 소녀들 성추행 사건과 그를 둘러싼 정치적 논쟁의 여파로 총선을 앞두고 급격히 상승률을 끌어올렸다. 또한, 당 대표인 유씨 할라-아호Jussi Halla-Aho 유럽의회 의원MEP이 지지자들로부터 리더십을 인정받고, 이민 정책과 기후변화 정책 등에서 다른 정당들과 선명하게 구별되는 (극우적) 대안을 제시하면서 새로운 지지자들을 규합하는데 성공했다는 분석이다. 2019년 5월 예정된 유럽의회 선거에서 전반적으로 우파 포퓰리즘 정당들의 약진이 예상되는 가운데 핀란드에서는 어떤 결과가 나타날지 주목된다. 한편, 핀란드인당에서 분리된 푸른개혁당은 17명의 현역 의원을 보유하고서도 이번 총선에서 단지 1.0% 득표율에 그치며 의회 의석 하나도 얻지 못함으로써 소멸 위기에 처했다.

③ 보수 국민연합당NCP 지지자들의 막판 결집 및 선전: 지난 2015년 총선에서 3당을 차지하며 우파 연정에 참여한 국민연합당은 중앙당과 함께 신자유주의적 복지국가 개혁 정책을 밀어붙였고, 고용률 지표 개선 등 일부 성과에도 불구하고 광범위한 사회적 비판과 반발에 직면했다. 특히, 2019년 연초에 일부 민영화된 노인요양시설에서 노인 학대 및 부적절한 처우 문제가 감독기관의 감사결과 드러나면서 큰 사회적 공분을 불러왔고, 국민연합당의 일부 정치인들이 복지서비스의 민영화 과정에 부적절하게 개입한 정황이 드러나면서 여론의 궁지에 몰리기도 했다. 또한, 지난 정부들에서 야심차게 추진한 건강돌봄 및 사회보장 시스템 개혁SOTE-uudistus이 결국 좌초되면서 소비자의 서비스 선택권 보장을 명분으로 의료서비스 민영화를 강력하게 밀어붙인 국민연합당도 큰 비판을 받았다. 선거 캠페인 과정에서 국민연합당은 결국 더 이상의 복지서비스 민영화는 불필요할 것으로 본다는 입장을 밝힐 정도로 수세적 국면이 계속되었다. 그러나 선거 전 여론조사 결과와는 달리 국민연합당은 선거 캠페인 막판에 지지자들을 결집시키는 데 성공하며 상당

히 준수한 성적표를 받아들였고, 연정 참여 가능성이 높아졌을 뿐만 아니라 향후 사민당 주도의 연정 구성이 실패할 시 총리 배출 가능성도 약하게나마 존재하는 상황이다.

④ 중앙당 및 유하 시삘라 총리의 참패: 지난 총선에서 1당을 차지하며 총리를 배출했던 중앙당은 교육, 의료, 고용 정책 등에서 신자유주의적 긴축정책을 주도하며 광범위한 비판과 반발에 직면했다. 2018년 실업수당 지급과 적극적 구직활동을 연계한 '적극적 고용 모델Active Model for Employment'을 도입하면서 큰 반발을 겪은데 더해, 대규모의 의료 및 사회보장 시스템 개혁 SOTE-Reform을 무리하게 추진하면서 전통적으로 농촌 지역 중심의 지방자치와 풀뿌리 민주주의, 보편적 복지국가를 지지해온 중앙당의 핵심 지지층까지 이반하는 현상이 일어났다. 결국 총선을 한 달 앞둔 2019년 3월 SOTE 개혁의 실패가 명확해진 시점에 시삘라총리는 정부 사임을 대통령에게 요청했고, 그 뒤 핀란드에는 임시 관리내각caretaker cabinet만 남게 되었다. 총선이 한 달밖에 남지 않은 상황에서 발생한 일이라 현 총리와 장관들은 그대로 남았지만 정치적 결정을 내릴 수 없는 행정적 관리내각으로만 존재하고 있다. 이는 매우 예외적인 상황으로 관리내각의 성립은 1980년대 초반 이후 핀란드에서 없었던 일이다. 시삘라 총리는 정부가 추진한 대규모 개혁이 실패했기 때문에 시기를 불문하고 사임할 수밖에 없었다고 강변했지만 이는 선거를 앞두고 지지율이 추락하는 상황을 타개하기 위한 선거 캠페인 전략으로 광범위하게 비판받았다. 결국 중앙당은 이번 총선에서 13.8%의 득표율로 의회 31석 차지에 그침으로써 농민-중앙당 백년의 역사에서 최악의 성적을 기록했다. 선거가 끝나고 시삘라 총리는 당대표 조기 사퇴 의사를 밝힌 상태이며, 당내부 인사들은 성공한 벤처 기업가 출신인 시삘라 총리가 지나치게 우파 시장주의적 정책들을 추구했다는 비판을 공개적으로 제기하였다.

⑤ 녹색당Green League의 역사적 승리: 이번 선거 최대의 승자는 녹색당Green

League으로 평가된다. 핀란드 녹색당은 이번 총선에서 11.5%의 득표율로 지난 총선에 비해 3%의 지지율 상승을 이끌어냈고, 의석수도 15석에서 20석으로 다섯 석을 늘리는 데 성공했다. 이는 핀란드 녹색당의 30년 역사에서 최고의 성적이며, 10% 이하 득표율의 소수정당에서 10% 이상 득표율의 주요 정당으로 그 위상이 강화되고 있음을 시사한다. 선거 캠페인 초기까지 약 15% 가까운 득표율과 25~30석 규모의 의석수 확보가 예상되던 것에 비하면 다소 아쉬운 성적이지만, 그것이 녹색당의 역사적 승리 사실을 가릴 정도라고는 할 수 없다. 녹색당은 기후변화에 대응해 생태주의적 정책 전환을 가장 선명하게 제기하는 한편, 보편적 기본소득의 단계적 도입, 교육 투자 확대 등을 통한 빈곤 및 불평등 해결을 핵심 공약으로 내세우면서 지지기반을 넓혔다. 주로 헬싱키 등 수도권 지역의 여성 및 청년, 고학력 유권자들을 주요 지지기반으로 하는 녹색당은 이번 선거에서 보수 국민연합당을 제치고 헬싱키 선거구에서 23.5%의 득표율로 1당의 지위를 점했다.[63] 나아가, 전통적으로 중앙당의 강한 근거지인 라플란드 선거구에서 돌풍을 일으키는 등 전국정당으로 발돋움하고 있는 모양새이다. 또, 녹색당은 청소년들의 모의 투표 결과에서 1위를 기록하며 밝은 미래 전망을 예고하고 있다. 한편, 지난 총선에서 7.1%의 득표율을 기록했던 급진 좌파동맹Left Alliances은 8.2%의 득표율을 기록해 최근 선거들 가운데 가장 좋은 결과를 받아들었다. 젊은 여성 당대표인 리 안데르손Li Andersson, 31세은 이번 선거에서 24,404표를 획득하며 전국에서 두 번째, 여성으로서는 가장 많은 득표를 한 국회의원이 되었다. 그 밖에 소수정당인 스웨덴인민당Swedish People's Party과 기독민주당Christian Democrats은 각각 4.5%와 3.9%의 득표율을 기록했다.

전반적으로 집권 중앙당을 중심으로 여당에 속했던 정당들에서 34석의 의석이 줄고, 야권에 속했던 정당들은 대부분 의석수를 늘렸다는 점에서 다수 유권자들은 핀란드 정부의 정책 노선 전환을 요구한 것으로 받아들여지고 있다. 그러나 보수당의 선전과 극우 포퓰리즘 정당의 부활은 사민당의 약한 승리 및 녹색당의 약진, 그리고 좌파동맹의 선전 등과 서로 상반되는 요소들을 내포하고 있으며, 이번 선거에 임한 핀란드 유권자들의 복잡한 속내를 반영하는 것으로 보인다. 유럽 전역의 극우 포퓰리즘 득세 현상은 물론 우려스러운 일이지만 그러한 표면적 흐름의 이면에 사회경제적 불평등 해소 및 생태주의적 정책 강화를 내걸고 이루어낸 사민당의 권력 복귀나 녹색당의 약진 등이 갖는 정치적 함의를 균형있게 고려할 필요가 있어보인다.

향후 정부 구성 협상 전망과 가능한 시나리오들

위와 같은 선거 결과 분석에 기반해 향후 정부 구성 협상을 전망해보기로 하자. 우선 정부 구성의 절차적 프로세스를 살펴보면 다음과 같다.

우선, 1당을 차지한 사민당의 대표 안띠 린네^{Antti Rinne}가 정부 구성 협상의 주도자^{hallitustunnustelija}(통상 총리가 됨)가 되어 각 정당 대표들과 개별 협상을 진행하게 된다. 이 과정에서 정당별 핵심 이념적 가치와 주요 정책들을 중심으로 연정에 참여할 정당들을 정한 뒤 2019년부터 2023년까지 4년간 정부가 추진할 주요 정책 프로그램들을 합의해 수립하고, 의회 의석 점유율에 비례해 장관직을 분배하게 된다. 협상이 성공적으로 완료되면 의회에 이를 보고하고 본회의 투표를 통해 총리를 선출하며, 이후 대통령이 공식 임명하게 된다. 현재 사민당 안띠 린네는 4월 말부터 정당별 협상을 개시해 늦어도 6월 초에는 정부 구성을 완료할 계획이며, 내각의 경우 남녀 한 성별이 최소 40% 이상이 되도록 장관 임명을 할 계획임을 밝혔다.[64]

선거 전에 가장 유력했던 정부 구성의 시나리오는 '사민당+녹색당+좌파동맹+α(스웨덴인민당 등)'의 안이었다. 진보적 적록연합에 기반한 정부 구성으로 이념적 가치와 정책 지향이 뚜렷한 장점이 있으나 소수정당을 모두 포괄해도 과반에 못 미치는 선거 결과가 나타남에 따라 의회 다수의 승인을 얻지 못할 수 있다는 점에서 실현가능성이 낮게 점쳐지고 있다. 물론 소수정부minority government가 출범할 가능성도 배제할 수 없으나 소수정부 출현히 빈번한 덴마크와 달리 핀란드에서는 매우 드문 사례라 할 수 있다. 예컨대, 1976~1977년 이후 핀란드에서는 그동안 소수정부가 성립된 적이 없었다. 핀란드에서는 여-야 사이 보다는 주로 연합정부 내부에서 협치의 전통이 발달해왔고, 대신 '무지개 정부' 등의 형태로 연정을 광범위하게 구성하는 방식을 선호해왔다. 소수정부 성립 가능성이 낮다고 하면 1당인 사민당이 핀란드인당(2위), 국민연합당(3위), 중앙당(4위) 중 한 정당과 타협하는 상황을 배제할 수 없게 된다. 실제로 선거 직후 안띠 린네는 현실적으로 극우 포퓰리즘 핀란드인당과 한 정부 내에서 동거할 수 있다고 생각하기 어렵다고 밝히면서도 일단 모든 정당에게 기회가 열려 있다고 강조했다. 이러한 가정에 기반해 전국 정론지인 《헬싱긴 사노마트(Helsingin Sanomat)》는 선거 직후 다음과 같은 정부 구성 시나리오들을 제시하였다.

표 7.2 2019년 총선 이후 핀란드 정부 구성의 세 가지 시나리오

시나리오1	사민당 40	국민연합당 38	녹색당 20	스웨덴인민당 9	야당들 93	
시나리오2	사민당 40	중앙당 31	녹색당 20	좌파동맹 16	스웨덴인민당 9	야당들 84
시나리오3	국민연합당 38	핀란드인당 39	중앙당 31	스웨덴인민당 9	기독민주당 5	야당들 78

출처: Helsingin Sanomat.[65]

시나리오1. 사민당+국민연합당+녹색당+스웨덴인민당(적·청·록 연합):
안띠 린네 사민당 대표는 선거 캠페인 이전부터 가급적 보수 국민연합당과는 이념적 거리가 멀고 정책적 타협이 어려워 정부 구성을 함께 하지 않을 것임을 공언한 바 있다. 실제로 2011~2015년의 보수당 주도 연정에 사민당

이 2당으로 참여하면서 두 당은 재정정책 및 주요 사회정책 등을 두고 빈번하게 부딪친 일이 있다. 그러나 이번 총선에서 명확한 심판이 내려진 중앙당과의 연정이나 극우 포퓰리즘 정당인 핀란드인당과의 연정 선택이 쉽지 않다는 점을 고려할 때 보수 국민연합당의 일부 정책적 양보를 전제로 연정이 성립될 가능성이 상대적으로 더 높다는 분석이다. 그러나 국민연합당이 연정에 합류하는 경우 조세 정책 등에서 현격한 노선 차이를 보이는 급진 좌파동맹은 반대로 야당에 잔류할 가능성이 높아질 전망이다.

시나리오2. 사민당＋중앙당＋녹색당＋좌파동맹＋스웨덴인민당:

확대된 적록(Red＋Earth＋Green) 연합으로 이 경우 중앙당과 녹색당, 중앙당과 좌파동맹 등과 사이에 기후변화 대응 정책이나 복지국가 개혁 방안 등의 핵심 이슈에서 연정 참여 정당들 간의 정책 타협이 쉽지만은 않을 전망이다. 그러나 이미 중앙당 시뻴라 총리가 당대표 사임 계획을 천명하면서 중앙당의 경우 사회보장 시스템 개혁과 지속가능 발전 정책 등을 공동으로 추구할 수 있음을 밝힌 바 있으며, 린네 사민당 대표도 특정한 조건을 중앙당이 수용하는 경우에는 연정 참여가 가능할 수 있다고 밝히는 등 시나리오2의 가능성도 열려 있는 상태이다. 기실, 사민당과 중앙당은 20세기 내내 중도 좌우 간 합의 정치를 활성화하며 핀란드의 보편적 복지국가 건설 과정에 중심 역할을 수행했던 대표적 정당들이라는 점을 감안할 때 이번에도 어떤 정치적 타협의 기술을 발휘할지 귀추가 주목된다.

시나리오 3. 국민연합당＋핀란드인당＋중앙당＋스웨덴인민당＋기독민주당:

사민당 주도의 정부 구성이 여러 요인들로 인해 계속 실패하는 경우 정부 구성의 주도권이 다른 정당들로 넘어가게 될 수 있으며, 이 경우 지난 정부와 유사한 부르주아연합정부가 구성될 가능성이 희박하지만 존재한다. 그러나 유권자 다수가 현 정부의 정책 기조에 명확한 반대의사를 표명했다는 점에서 정부 정당성이 매우 취약해지게 되는 문제가 있으며, 이미 국민연합당과 중앙당, 그리고 핀란드인당 사이에도 화해하기 어려운 갈등 지점이 넓게 존재한다는 점에서 가능성은 상당히 낮다고 할 수 있다. 만약 이와 같은 정부 구성이 이루어진다면 다음 정부 기간 동안 신자유주의적 복지국가 개혁 및 민영화 정책 등이 더욱 심화될 전망이다.

한편, 연정 협상 자체가 표류하면서 2018년 9월 총선 이후 스웨덴의 경우처럼 정부 구성이 장기간 지체될 가능성이 있다. 이론적으로는 정부 구성이 반복적으로 실패하는 경우 의회를 다시 해산하고 조기 총선을 실시할 가능성도 존재한다. 그러나 20세기 후반 이래 합의 정치 시스템과 문화를 중시해 온 핀란드 민주주의의 특성을 감안할 때 어떤 형태로든 합의를 도출할 것으로 전망되고 있다. 다만, 어느 정당도 20% 이상의 득표율을 기록하지 못한 채 매우 파편화된 정당 체계의 특성이 강화된 이번 선거 결과는 핀란드의 근대 대의 민주주의 120년사에서 처음 발생한 사태임을 감안할 때 일반적 예상을 뛰어넘는 변화가 발생할 가능성도 배제할 수 없는 상황이며 지속적인 관찰을 요한다.

"여성과 청년의 압도적 승리"

끝으로 이번 핀란드 총선 결과와 관련하여 우리가 주목해야 할 특징으로 여성 의원 수가 대폭 증가한 것과 당선된 의원들의 평균 연령이 하락한 사실을 강조하고자 한다. 첫째, 이번 총선에서 당선된 여성 의원의 수는 93명으로 46.5%에 달하였다. 이는 핀란드 민주주의 역사상 가장 높은 수치로 기존 최고 기록은 2011년의 85명(43.5%)이었다. 앞서 기술한 것처럼 북유럽 민주주의 국가들은 일찍부터 보편적 참정권을 도입한 뒤 여성의 높은 정치참여와 성평등 수준을 공통되게 보여왔다. 현재 대부분의 북유럽 의회들은 약 40% 내외의 여성 의원 비율을 보이고 있으며, 이는 세계 최고 수준의 것이다. 이번 핀란드 의회 선거는 북유럽 의회의 수준에서도 최고 수준의 여성 의원 비율을 기록한 것으로 그 의의가 매우 크다. 특히, 이번에 역사적 승리를 거둔 녹색당의 경우는 무려 당선된 의원 20명 중 17명(85%)이 여성이었으며, 1당에 오른 사민당도 여성 당선자가 52%로 다수를 차지했다. '투표의 여왕 äänikuningatar'에 오른 좌파동맹의 대표 리 안데르손은 물론 사민당 부대표 산나 마린Sanna Marin, 33세과 녹색당 부대표 마리 오히살로Mari Ohisalo, 34세 등이 소속 선거구에서 높은 득표를 기록하며 대활약하였다(전국에서 가장 많은 득표를 기록한 10명 중 4명이 여성임).[66]

둘째, 2019년 총선에서 당선된 의원들의 평균 연령은 기존 47.3세에서 46세로 더 낮아졌다. 연령대별 의원 수를 살펴보면, 30세 이하 8명(4%), 30~44세 88명(44%), 45~64세 94명(47%), 65세 이상 10명(5%)로 나타난다. 곧, 45세 아래 연령의 의원들이 96명(48%)으로 나타나며, 20~35세 사이의 국회의원도 38명으로 19%에 달하였다. 선거가 끝난 뒤 핀란드 미디어들은 젊은 당선자들의 이력과 스토리를 상세히 전하고 있는데, 그중 가장 어린 24세의 리리스 수오멜라Liris Suomela의 이야기가 인상적이다. 그녀는 필자가 유학한 땀뻬레Tampere 대학교에 재학 중인 대학생으로 18세이던 2013년에 녹색당에 가입한 뒤 2017~2018년에 녹색당 청년조직 대표를 역임했다. 현재 땀뻬레 대학교 이사회 임원이자 땀뻬레시의회 부의장으로 활동하고 있다. 그녀는 기후변화와 불평등, 인종주의의 확산을 막고 다음 세대에 더 나은 미래를 물려주기 위해 정치를 시작했다고 밝히면서, 부엌이 따로 없는 작은 학생주택의 살림을 정리하고 헬싱키로 이사해야 할 것 같다며 대학도 당분간 휴학할 예정이라고 자신의 근황을 소개했다.[67] 청소년 시기에서부터 자연스럽게 선호하는 정당의 청년조직에 가입하고, 학생자치활동과 지역사회 참여 경험을 거쳐 중앙 정치 무대에 대표로 성장해가는 북유럽의 정치 문화를 잘 보여주는 사례라 할 수 있다.

　투표 결과가 발표된 당일 환호하는 당원들 앞에서 녹색당 대표 뻬까 하비스또Pekka Havisto는 녹색당의 당선 의원 85%가 여성임을 강조하면서 이번 선거는 "여성과 청년의 압도적 승리"였다고 선언해 큰 박수를 받았는데, 2019년 핀란드 총선의 한 가지 중요한 특징을 잘 드러내고 있다. 비교를 위해 살펴보자면, 대한민국 20대 국회의 경우 평균 연령이 55.5세로 오히려 높아졌으며, 45세 이하의 의원이 전체 의원들의 6.33%에 머물고 있는 상황으로 이는 국제의회연맹IPU의 조사대상국 150개국 중 143위에 해당하는 수준이다. 또한, 여성 의원의 비율은 역대 최고치를 갱신하며 상승 추세에 있지만 17%(51명)에 그치고 있다. 국제의회연맹에 따르면, 전 세계적으로 45세 이하의 의원은 28.1%에 달하고 있으며, 여성 의원의 비율은 전 세계적으로 2018년 기준 24.3%에 달한다(IPU 2017, 2018, 2019). 이러한 수치들을 감안할 때 현재 핀란드 민주주의에서 여성과 청년의 정치참여가 얼마나 활발한지, 거꾸로 대한민국에서는 여성 그리고 특히 청년들의 정치 참여가 얼마나 낮은 수준에 있는지를 짐작할 수 있다.

7장 주석

1 Norton, 2013 : 281.

2 Kelso, 2007 : 365.

3 Leston-Bandeira ed. 2012.

4 Arter 2012.

5 Setälä & Schiller 2012.

6 이상의 세 가지 분석틀 및 실천적 지표들에 관한 자세한 내용은 2장을 보라.

7 Arter 2006 : 154~176.

8 Østerud & Selle, 2006 ; NOU, 2003 : 19.

9 Togeby et al. 2003 : 50.

10 Togeby et al. 2003 : 15~55.

11 북유럽 민주주의의 '선두주자(front-runner)'인 덴마크는 1970년대에 정치적 소용돌이
    를 겪고 그 뒤 30년에 걸쳐 새로운 국내외 환경에 적응해왔다. 반면, 노르웨이에서는 정
    당 회원 수의 감소 등 유사한 변화가 1990년대에 발생했고, 이는 아마도 위기 감각을 더
    강화했을 것으로 보인다.

12 Christiansen & Togeby 2006 ; Arter 200.

13 Andersen 2007.

14 Christiansen & Togeby 2006.

15 Andersen 2007.

16 SOU 2000:1.

17 Montin 2007 ; Amnå 2006.

18 핀란드 의회 시스템의 정치적 맥락에 대한 자세한 분석은 3장을 보라.

19 Arter 2000 ; Groombridge 2006.

20 Arter 2008, 2016 : 238~239.

21 Arter 2008 : 131~135.

22 Arter 2016 : 239~240.

23 위 데이터는 덴마크 의회의 온라인 중계 웹사이트에서 수집한 것이다. http://www.
    ft.dk/webTV/Tidligere.aspx?selectedMeetingType=udvalg. (검색일 : 2016.6.14)

24 Chamber 2004.

25 Pedersen et al. 2015 ; Fasone & Lupo 2015.

26 Parkinson 2013.

27 Aitamurto & Landermore 2013.

28 Smith 2009 ; Parkinson 2003 ; Chambers 2012를 보라.

29 Papadopoulos 2012: 150.

30 Warren & Pearse 2008; Smith 2009.

31 Suteu 2015; Field 2018.

32 Einsiedel & Eastlick 2000; Hendriks 2016. 덴마크 과학위원회는 2012년 당시 중앙당-좌파 연합 정부가 위원회에 관한 의회 예산을 폐지하는 제안을 제출하면서 정치적 논쟁이 벌어진 뒤 의회로부터 공식적으로 분리되었고, 현재는 비영리 직능 재단으로 운영되고 있다. https://easst.net/easst-review/easst-review-volume-311-march-2012/a-pioneer-in-trouble-danish-board-of-technology-are-facing-problems. (검색일: 2016.6.14) 그러나 위원회는 여전히 다양하고 다층적(국제적 · 국가적 · 지역적) 수준의 시민 협의와 연구 프로젝트를 수행하며 적극적으로 활동하고 있다. 재정은 다양한 국내적, 국제적 자원들에 의지하고 있다(DBT 재단 웹사이트 www.tekno.dk/ydelser/?lang=en 참조). 국내외에서 탁월한 명성을 누렸던 덴마크 과학위원회조차 그 지위와 역할에 관한 정치적 분쟁에 직면해왔다는 사실은 (북유럽의 사민주의자들을 포함한) 정치 엘리트들과 대의 기구들이 정책 결정권의 공유를 목표로 하는 새로운 형태의 시민참여를 제도화하는 것을 꺼리고 있음을 보여준다.

33 Hansard Society 2011b.

34 Hendriks 2016.

35 https://www.parliament.uk/business/committees/committees-a-z/commons-select/housing-communities-and-local-government-committee/news/citizens-assembly-faq-17-19/. (검색일: 2019.1.22)

36 https://www.theguardian.com/commentisfree/2019/jan/20/citizens-assembly-brexit-article-50-britain. (검색일: 2019.1.22)

37 Hendriks 2016: 47.

38 Rämö, Pekkanen과의 인터뷰.

39 Norton 2013: 281, 강조는 원저자의 것임.

40 Commission to Strengthen Parliament 2000: 7; Norton 2013: 287에서 재인용.

41 Norton 2013: 287.

42 Kelso 2007.

43 Kelso 2007: 14.

44 예컨대, Habermas, 1989, 1996을 보라.

45 지구적 수준에서 전개된 민주주의의 역사에 관한 보다 최신 자료이자 전체적 규모의 묘사로는 킨(Keane 2009)의 책을 보라.

46 Urbinati & Warren 2008.

47 예컨대, IPU 2012, Hansard Society 2011b를 보라.

48 Leston-Bandeira 2012b.

49 Norton 2013: 280~298.

50 Norton 2013: 292~293.

51 Leston-Bandeira 2012a.

52 Hanna Pitkin 1972 [1967].

53 Jane Mansbridge 2003.

54 예컨대, Urbinati & Warren 2008 ; Saward 2006 ; Eckersley 2011을 보라.

55 예컨대, Bergman & Strøm 2011을 보라.

56 Smith 2009.

57 Beetham 2011 ; Parkinson 2012.

58 arkinson & Mansbridge 2012.

59 예컨대, The Journal of Legislative Studies 2012년 특별호.

60 Strøm 2000.

61 Bergman & Strøm 2011 ; Arter 2016 ; Persson & Wiberg 2011 ; Raunio 2011 ;
    Karvonen 2014 ; Knutsen 2017.

62 Nalbantoglu, Minna. "Näillä kuudella tavalla vaalitulos oli historiallinen." Helsingin
    Sanomat, 2019.4.15.

63 Malmberg, Lari. "HS-analyysi : Helsingin liberaali valta vahvistui, mutta Jussi Halla-
    ahon historiallinen äänivyöry on merkki kahtia halkeavasta kaupungista." Helsinging
    Sanomat, 2019.4.15.

64 Luukka, Teemu. "Antti Rinne : Tulevaan hallitukseen vähintään 40 prosenttia
    kumpaakin sukupuolta, hallituspuolueet tiedossa heti vapun jälkeen." Helsingin Sanomat,
    2019.4.18.

65 Luukka, Teemu. "HS-analyysi : Hallitusneuvottelujen kipupisteet ovat talous ja arvot –
    Näin neuvottelut etenevät." Helsingin Sanomat, 2019.4.16.

66 Frilander, Aino. Mahlamäki, Hanna. Mättänen, Juuso. "Vihreiden eduskuntaryhmään
    17 naista ja 3 miestä – Eduskuntaan nousi enemmän naisia kuin koskaan." Helsingin
    Sanomat, 2019.4.14.

67 Mansikka, Heri. "Tamperelainen Iiris Suomela, 24, on uuden eduskunnan kuopus –
    'Mtan pois keittiöttömästä yksiöstäni ja gradun tekeminen jää tauolle.'" YLE, 2019.4.15.
    https://yle.fi/uutiset/3-10739351. (검색일 : 2019.4.21.)

에필로그:
한국의 의회-시민 관계에 관한 성찰과 제언

1.

지금까지 우리는 핀란드 의회 에두스꾼따Eduskunta를 중심으로 후기 근대 민주주의로의 이행 과정에서 변화하는 의회-시민 관계의 특징과 함의를 고찰하였다. 그렇다면, 핀란드 사례에 비추어볼 때 한국의 의회-시민 관계는 어떤 상태에 있는가? 대한민국 국회는 국제의회연맹 보고서IPU 2006의 민주적 의회를 위한 가이드라인 등 국제적 기준들이 요청하는 대로 충분히 투명하고, 접근 가능하며, 대표적이고, 책임성 있으며, 효과적인가? 구체적으로, 국회는 물리적(공간적) 측면과 디지털 민주주의의 측면에서 일반 시민들에게 다가가기 위해 어떤 혁신 조치들을 취해왔고, 이는 어느 정도로 효과적인가? 국회의원들은 어떤 선거제도와 캠페인 방식을 통해 선출되며, 선거 사이의 시기에 유권자들과 어떻게 소통하는가? 국회 상임위원회 제도의 주요 특징은 무엇이고, 입법 과정에서 위원회와 시민사회 행위자들 간의 상호작용은 어떤 수준과 양상으로 나타나는가? 그동안 많은 비판을 받아온 국회 입법 청원제도의 문제점은 무엇이며, 바람직한 개혁 방안은 무엇인가? 국회는 최근 우리 사회에서도 민주적 정책 결정 과정의 대안적 방식으로 부상한 다양한 형태의 숙의적 '미니퍼블릭'을 입법 과정 속으로 통합, 연계하는 데 적극적인가? 현 정부에서 도입된 대통령 온라인 청원제도와 최근 자주 실험되기 시작한 공론화위원회(공론조사+시민의회) 모델의 장점과 한계는 무엇이며, 향후 한국 민주주의의 질적 성숙과 도약을 위한 민주적 혁신 실험의 바람직한 제도화 방안은 무엇인가? 국민발안(시민발의), 국민투표, 국민소환의 제도화 등 '촛불 이후' 시민사회를 중심으로 강하게 제기된 직접 민주주의 확대 요구에 정부와 국회는 어떻게 응답하고 있는가? 후기 근대로의 전환기적 조건에 처한 현대 민주주의가 요구하는 열린, 포용적 의회-시민 관계 형성을 위하여 우리는 어떻게 한국 의회의 시스템과 문화를 혁신해야 하는가?

주지하듯이, 대한민국 국회와 국회의원은 민주화 이후에도 극심한 수준의 사회적 불신과 비판의 대상이 되어왔다. 2018년 5월 28일 한국갤럽이 발표한 "2017 사회통합실태조사" 결과에 따르면 국회는 단 15%의 신뢰도를 기록해 가장 낮은 수치를 보였다. 2016년도에는 이보다 낮은 13%를 기록할 정도였다.[1] 또 다른 여론조사기관 리얼미터가 실시한 "2018 국가사회기관 신뢰도 조사" 결과(기관별 상대평가)에서 국회는 1.8%의 신뢰도를 기록해 신뢰도 최하위 기관의 오명을 썼다.[2] 물론 대한민국이 전반적인 저신뢰 사회에 머무르고 있으며, 국회와 국회의원의 역할에 대한 주류 언론과 미디어의 과도한 공격이나 기존의 포퓰리즘적 국회 개혁 주장이 가지는 한계를 함께 고려해야 한다. 그러나 그 경우에도 이토록 낮은 국회에 대한 공적 신뢰 수준은 한국 민주주의의 정당성 측면에서 매우 우려스러운 일이라 할 수 있다. 3장에서 살펴본 것처럼 핀란드를 비롯한 북유럽 의회들은 오늘날 의회와 대의 기구들에 대한 전반적 신뢰 약화 경향에도 불구하고 여전히 60~70% 이상의 높은 시민 신뢰도를 유지하는 상황이다.

2.

이 책에서 우리는 핀란드 의회가 시민사회와의 소통을 강화하고 입법 과정과 의회 활동 전반의 시민적 관여를 증진하기 위해 다양한 노력을 펼쳐오고 있지만 여전히 한계가 있고, 특히 핀란드 의회의 중추라 할 수 있는 위원회의 입법 심의 과정이 일반 시민들에게 투명하게 공개되지 않는 점을 비판적으로 조명하였다. 그럼에도 핀란드 사례를 한국의 의회와 의회-시민 관계의 현실과 대비해보면 매우 큰 간극이 존재하는 것을 부인할 수 없다. 예컨대, 핀란드 의회가 헬싱키 도심에 위치해 특별한 공간적 구분 없이 시민들과 일상적으로 교류·소통하는 반면 우리 국회의 경우 물리적(공간적) 접근성의 측면에서부터 매우 큰 제약이 존재한다. 최근 국회 정문 출입 검문절차 간소화와 인근 지하철 역사 개통 등 중요한 개선이 이루어지고 있지만, 여전히 국회는 일반 시민들의 일상 공간과 격절된 채 여의도 의사당의 울타리 안에 고립되어 존재하며, 시민들과의 심리적 거리도 크게 남아 있다. 국회 정문에서부터 의사당 본관이나 의원회관까지는 100미터 이상의 거리가 존재하며, 정문 바깥에서 행하는 1인 시위나 기자회견 형태 외에 국회의사당 경내에서의 집회나 시위 등 공적 형태의 집합적 의견 또는 의지 표출 행위는 허용되지 않는다.

이와 관련, 2018년 5월 31일 헌법재판소가 정부청사나 공관으로부터 100미터 이내의 집회와 시위를 금지한 〈집회 및 시위에 관한 법률〉 제11조에 대해 '헌법불합치' 판결을 내림에 따라 최근 국회 정문 앞에서 '사전신고'된 집회가 56년 만에 처음으로 개최되고, 국회는 관련 법률을 2019년 말까지 개정해야 하는 등 중요한 변화가 감지된다.[3] 그러나 여전히 국회 정문 안의 드넓은 경내에서는 이러한 공적 행위가 불가능하다. 국회는 또한 2016년 의원회관에 별도의 '민원상담실' 부스를 설치하였으나 국회에 대한 각종 민원을 상담·접수하는 단순 기능을 수행할 뿐, 의회 차원의 적극적인 시민 관여public engagement 프로그램을 주관하고 국회의 역사·구성·기구·운영 등에 관한 정보를 체계적이고 효과적으로 생산·배포·공유하는 전문 센터로 보기는 어렵다. 핀란드 의회는 2004년 시민들이 일상적으로 접근할 수 있는 의회 공간으로 '작은 의회Pikkuparlamentti'를 신축하고 여기에 시민정보센터Kansalaisinfo를 설치·운영하고 있다. 또, '작은 의회' 건물에는 의회 옴부즈맨 사무소가 함께 입주해 있으며, 국가기관의 위법 행위나 인권 침해 등에 관한 시민 진정을 접수하고 조사 및 구제하는 활동을 벌이고 있다(4장 참조).

의회 절차의 투명성과 관련하여 핀란드 의회가 본회의는 공개하되 상임위원회 활동은 대부분 비공개로 운영하는 데 비해, 대한민국 국회는 기본적으로 본회의와 상임위원회 활동을 공개하고 있다. 본회의와 상임위원회의 방청은 물론 국회 홈페이지의 인터넷 의사중계 시스템(http://assembly.webcast.go.kr)이나 국회방송(www.natv.go.kr) 중계를 통한 시청이 가능하며, 상임위원회 속기록도 홈페이지의 국회회의록 시스템(http://likms.assembly.go.kr/record)을 통해 검색·열람할 수 있다. 국회 홈페이지는 국회의 구성과 운영, 국회의원들의 인적 정보 및 의정 활동에 관한 정보, 회의 일정, 법률안, 회의록 등에 관한 정보를 충실하게 제공하고 있으며, 홈페이지의 의안정보시스템(http://likms.assembly.go.kr/bill)을 통해 의회에 발의된 법률안들의 내용과 심사 및 처리 현황, 관련 통계 등을 확인할 수 있다. 또, 국회사무처와 입법조사처, 예산정책처 등 국회 내 주요 행정 및 입법 지원 조직들은 정기적 회보와 잡지 등을 발간하여 정책 결정자와 관심 있는 시민에게 주요 입법 현안과 예결산을 둘러싼 쟁점과 동향, 그리고 국회 의장단, 상임위원회, 개별 의원들의 활동 상황을 알리고 있다.

이처럼 국회 운영에 관련된 정보를 널리 공유하고 다양한 형태의 정보통신기술을 활용하여 시민과의 접촉 지점을 넓히려는 시도는 긍정적이며, 비교적 관점에서도 높이 평가할 대목이 많다. 그러나 이러한 과정을 통해 생산된 정보와 프로그램들이 실제로 일반 시민들에게 얼마나 가 닿고 있으며, 시민 정치교육이나 공공토론 등에 실제로 얼마나 활용되고 있는가는 별도의 분석과 평가가 필요한 지점이다. 예컨대, 국회방송의 낮은 시청률과 프로그램 편성의 문제를 지적할 수 있다. 더욱 본질적인 쟁점은 형식적·절차적 투명성의 이면에 의회의 입법 과정에 대한 실제적 시민 접근성과 참여 가능성을 얼마나 제대로 보장하는가의 문제이다. 예컨대, 2016년 총선을 앞두고 테러방지법안 직권상정에 맞서 야당 의원들이 세계 최장 기록의 192시간 연속 필리버스터filibuster(무제한 토론)를 전개하면서 많은 시민이 국회 본회의 방청을 신청하는 진기한 풍경이 벌어졌다. 문제는 국회 본회의 방청을 하려면 반드시 사전에 방청권을 교부받아야 하는데, 이때 국회의원 또는 국회 소속기관 고위 공무원의 소개가 반드시 필요하다는 점이다. 또한, 방청 과정에서도 모자와 외투 착용 금지, 가방 소지 금지, 사진 촬영 금지, 독서와 신문 읽기 금지, 소리를 지르거나 박수 치는 행위 금지 등 매우 엄격한 통제 규정을 준수해야 한다. 실제로 2016년 필리버스터 당시 본회의장 방청석에서 발언 의원의 연설에 박수치다가 국회 경위들에게 강제로 쫓겨난 시민의 사례가 언론에 보도되기도 했다.[4] 이처럼 국회는 권위주의적 통제와 보안 논리에 기반한 '국회 방청 규칙(1995년 제정)'을 20여 년이 넘도록 개정하지 않고 있다. 실질적인 법안 심의 과정이 이루어지는 국회 상임위원회와 소위원회의 방청은 더욱 까다롭다. 국회는 상임위원회별로 별도의 홈페이지를 운영하고 있으며, 여기에서 방청 신청서 양식을 내려받아 작성한 뒤 위원회에 팩스로 송부하도록 하고 있다. 이때 신청인은 자신의 인적 사항과 '소속'과 '직위' 등을 기재해야 하며, 특정 의원실의 보증을 거쳐 위원장의 심사 및 허가를 받아야 한다. 소위원회는 대부분의 상임위원회가 방청을 불허하고 있는 실정이다.[5]

3.

핀란드 의회와 비교해 더욱 큰 결함이 나타나는 부분은 입법 과정에서 국회 위원회들이 시민사회와 소통하는 방법과 채널의 한계이다. 5장에서 살펴본 것처럼 핀란드 의회 상임위원회는 북유럽형 '일하는 의회working parliaments'의 중심 조직으로 의회 입법 활동의 중추적 역할을 담당한다. 위원회 절차는 대부분 비공개로 진행되므로 투명성 측면에서 낮은 평가를 받고 있지만, 구체적 법안 심의 과정을 들여다보면 다양한 정책 이해관계자 집단의 대표들 및 관련 전문가들과 광범위한 입법 협의를 하고 있음을 알 수 있다. 이에 비해 대한민국 국회의 경우 위원회 회의의 공개 원칙에 기반해 영상 기록 및 회의 속기록까지 홈페이지를 통해 공개하고 있지만, 법안 심의 과정에서 공청회 또는 청문회를 개최하는 경우는 매우 드문 것으로 확인된다. 예컨대, 2018년 9월 1일부터 12월 9일까지 100일간 개최된 정기국회의 활동 현황 통계자료를 살펴보면, 국회는 16회의 본회의를 개최해 총 1,392건의 법률안을 처리(가결 483건, 폐기 880건, 철회 29건)하였다. 이 과정에서 위원회 전체회의 218회, 소위원회 171회를 개최하여 약 400회에 가까운 위원회 회의를 개최하였다. 그러나 같은 시기 위원회들이 실시한 공청회와 청문회 숫자는 각각 19회와 17회로 합계 36회에 그쳐 매우 미미한 수준을 보인다. 대한민국 국회 위원회들의 전체적인 입법 협의 현황은 20대 국회 시기 전반의 정기국회 및 임시국회 통계 현황을 모두 합산해보아야 하겠지만 2018년 정기국회 현황만을 단면적으로 살펴보아도 전체 상황을 충분히 미루어 짐작할 수 있는 수준이라 할 것이다.

반면, 핀란드 의회 위원회의 경우 5장에서 살펴본 것처럼 2014년 한 해에만 10,030회의 입법 협의를 하였다. 위원회가 법안 보고서나 의견서 1건을 작성하는 과정에 평균 9.5회의 입법 협의를 하는 것에 비추어보면, 2014

년 1년 동안 16개 위원회들이 도합 1천 회 남짓한 수의 전문가 청문회expert hearings를 실시한 것으로 추정된다. 전문가 청문회가 위원회의 입법 심의 과정에 필수적 절차로 내장되어 있으며, 여기에 공공부문, 사적부문, 제3섹터 등 다양한 사회집단과 기구의 대표와 학계 전문가들이 상시적으로 의회 위원회에 참석해 관련 법안에 대한 자신들의 의견과 목소리를 내고 있다. 그리고 의회는 이를 최대한 균형 있게 수렴하고, 실용적 · 합의적 · 장기적 관점의 접근을 통해 최종 입법 결정에 이르고 있다. 나아가 정부 단계의 법안 마련 과정은 의회보다 더 광범위한 시민사회 협의 과정에 기반해 있음을 고려해볼 때 한국과 핀란드의 정책 및 입법 결정 시스템의 현격한 차이를 짐작할 수 있다. 후기 산업사회적 구조변동과 노동시장 협상 체계의 변환이 본격화된 1980년대 후반 이래 핀란드를 비롯한 북유럽 사회 전반에서 네오-코포라티즘에 기반한 이익협상 및 정책 결정 시스템이 약화되어온 것으로 보고되고 있지만,[6] 그 실상을 자세히 들여다보면 다양한 사회세력과 이해관계자 집단의 이익 및 관점을 균형적이고 포용적으로 대표하기 위한 정치 · 사회적 기제는 심층적 수준에서 유지, 발전해오고 있음을 알 수 있다. 그것이 북유럽의 민주주의와 보편적 복지국가가 신자유주의적 세계화와 사회적 양극화 심화의 거센 흐름 속에서도 국제적으로 가장 높은 수준의 안정성과 우수성을 나타내온 까닭이라 할 것이다.

일반적인 의회 위원회 수준의 입법 협의 채널과 범위의 한계 외에도 대한민국 국회는 입법 과정에 대한 직접적 또는 질적(숙의적) 형태의 시민참여를 결합하는 데 매우 소극적인 것으로 보인다. 그동안 사장되다시피 운영되어온 국회 청원제도가 대표적인 사례를 제공한다. 우선, 절차적 측면에서 국회 청원의 경우에도 반드시 국회의원의 소개를 얻어 국회사무처 민원지원센터에 직접 방문 또는 소개 의원실을 경유하여 제출하도록 하고 있어 개선이 요구된다. 국회는 회의 방청이나 청원 등의 절차에서 특정 의원실의 소개 또는 보증 등의 불필요한 형식적·관료주의적 요건들을 전반적으로 점검해 대폭 개선할 필요가 있으며, 독일·영국·호주·스코틀랜드 의회의 사례처럼 온라인 청원제도의 도입과 의회 내 공공청원위원회Public Petition Committee의 설치 등을 적극적으로 검토할 필요가 있다. 국회 청원제도의 구체적 운영 현황을 살펴보면, 20대 국회의 경우 2016년부터 2019년 2월 9일 현재까지 총 164건의 청원이 접수되었고 그중 4건이 채택되고 20건은 '본회의 불부의' 결정이 내려졌으며, 나머지 140건은 계류 중인 상태로 나타난다.[7] 채택률(2.43%)과 처리율(12.2%) 모두 매우 저조한 상태에 머물러 있다. 이는 국회 청원제도에 대한 공중의 효능감public efficacy 하락으로 이어질 수밖에 없다. 실제로 국회에 접수된 청원의 수는 13대 503건, 14대 534건, 15대 595건, 16대 765건으로 증가하다가 17대 432건, 18대 272건, 19대 227건으로 감소하는 등 국회 청원제도에 대한 이용률은 최근 회기를 거듭할수록 떨어지고 있는 것으로 나타난다.[8] 국민권익위원회(민원), 국가인권위원회(진정), 헌법재판소(헌법소원) 등 다양한 권리구제 기구와 절차들이 경합하는 가운데 문재인 정부에서 도입된 대통령 온라인 청원제도는 국회 청원제도의 실효성에 중대한 의문을 제기하고 있는 것이다. 그러나 현 대통령 청원제도 또한 신중한 제도 설계와 절차적 고려가 부족한 가운데 운영되면서 미디어에 회자되는 선정적 사안을 중심으로 대중의 즉각적 분노 표출의 장으로 기능하거나 포퓰리즘적 요구들이 의회, 정당, 사회단체, 전문가 그룹 등에 매개되지 않은 채 충분한 숙의 과정 없이 즉자적으로 최고 권력자에게 전달되는 측면이 강해 중대한 한계를 드러내고 있다. 또한, 대통령과 행정부가 반응할 수 없는 수준의 문제들에 대해서까지 과도한 요구들이 제기되는 경우가 잦다. 청원을 제기한 시민들 또한 20만 명의 서명 수 기준을 충족할 때에도 대통령과 정부의 (선의에 기초한) 공식 답변 외에 구속력 있는 정부 결정이나 입법적 변화를 요구할 수 없는 한계를 지니고 있다. 이러한 점을 종합적으로 고려할 때, 앞으로 국회 청원제도를 혁신적으로 개혁하는 한편 대통령 청원제도 등과 적절한 관계를 설정하는(절차적 요건의 구분과 적정한 역할 분담) 등의 제도적 혁신 작업이 요청된다.

　한편, 대한민국 국회는 숙의적 형태의 시민포럼을 입법 과정과 연계하여 실험하거나 제도화하는 데 소극적인 모습을 보이고 있다. 문재인 대통령의 취임 이후 중앙정부와 지방자치단체 차원에서 점차 빈번하게 실시되고 있는 공론화위원회 모델의 정책 결정 실험은 그 제도적 디자인과 운영 과정의 일부 한계들에도 불구하고 후기 근대적 민주주의로의 이행 과정에서 제기되는 대안적 의사결정 기제의 탐색과 관련하여 중요한 사례들을 제공하고 있다. 여기에서 깊은 숙고가 필요한 한 가지 본질적 쟁점은 숙의 민주주의적 시민 포럼을 통한 정책 결정 과정에서 반드시 정당과 의회의 역할을 배제해야 하는가이다. 초기적 단계의 '미니퍼블릭' 실험과 담론들의 한계를 반성하면서 최근 숙의민주주의의 '체계적 전환systemic turn of deliberative democracy'을 주도하는 이론가들은 아래로부터의 참여적 숙의 포럼과 엘리트 의사결정 기구를 적절한 수준과 형태로 '연결coupling'하는 것의 중요성을 강조하고 있다.[9] 실제로 최근 호주, 영국, 아일랜드 등을 중심으로 의회와 결합한 숙의적 시민 패널이나 시민의회citizens' assemblies 등 새로운 실험들이 전개되고 있다. 국회와 제 정당 그룹들은 정부가 에너지정책의 전환이나 대학입시정책의 개혁 방향 등 중요한 정책 현안에 대해 의회를 우회하거나 책임을 회피하기 위한 수단으로 숙의 민주주의 기제를 활용하고 있다고 비판만 할 것이 아니라 적극적으로 그러한 기제를 입법 심의 과정에 통합하는 실험에 나설 필요가 있다. 정당 간의 당파적 이해관계의 차이가 심각해 공공의 이익과 장기적 전망에 대한 합리적 판단에 기초해 합의적 의사결정에 도달하기 어려운 사안들, 대표적으로 헌법적 권력구조 개혁이나 선거제도의 개혁 등에 관해 의회의 주도로 시민의회의 설치·운영을 실험하고, 그 성과에 대한 평가를 기초로 의회 위원회 시스템 등과 연계하여 장기적 제도화 방안을 모색할 필요가 있다.

나아가, 핀란드 의회가 2012년에 도입한 시민발의 제도는 향후 한국의 의회-시민 관계의 발전 방향에 대한 매우 유의미한 참고 사례를 제공한다. 국민투표와 연계되지 않은 의제형 발의제도라는 한계에도 불구하고 핀란드 시민발의 제도 모델은 온건한 제도적 디자인과 효과적인 온라인 서명 시스템에 기반, 입법 의제설정 과정에 대한 직접적 시민참여를 허용함으로써 '숨은' 공적 의제들을 의회와 공론장의 중심으로 불러왔다. 또한, 의회 절차의 개방성을 증진하고 위원회 심의 과정에 새로운 다이내믹을 생성하면서 직간접적 정책 효과를 입증하였다. 회기를 거듭하면서 더 많은 수의 시민발의안들이 5만 명 이상의 서명을 모집해 의회에 전달되고 있으며, 이 새로운 직접적 시민참여 제도에 대한 시민들의 효능감도 높게 나타나고 있다.

한국은 2016~2017년의 대통령 탄핵과 촛불 운동 이후 직접 민주주의에 대한 대중적 관심과 요구가 매우 높아진 상태지만 위에서 언급한 대통령 온라인 청원제도나 무작위 선발에 기초한 공론화위원회 실험 외에 일반 시민들이 국가적 수준의 정치적 의사결정 과정에 직접 참여할 수 있는 제도화된 채널은 여전히 미미한 상황이다.

2018년 초에 문재인 대통령이 발의한 헌법개정안은 대의 민주주의를 보완하기 위해 국민발안, 국민투표 등 직접 민주주의를 강화해야 한다고 기본적 방향성을 천명하였으나 구체적 제도 설계를 위한 청사진을 포함하지는 못하였다. 그마저도 국회에서 대통령 헌법개정안에 대한 심의가 이루어지지 못한 채 유예되면서 향후 전망이 불투명하다. 헌법개혁 및 선거제도 개혁 등 정치 제도 전반의 개혁 과제를 강력하고 일관된 의지로 추진하는 동시에 촛불 이후의 한국 사회가 요구하는 열린, 포용적 의회-시민 관계 구축을 위한 적절한 디자인의 직접 민주주의 기제를 도입할 필요가 있다. 이때 헌법과 법률안에 대한 국민투표를 요구할 수 있는 스위스의 완전형 시민발의 제도와

국민투표 연계없이 다수 시민이 제기한 입법 발의안을 의회가 심의하도록
한 핀란드형 시민발의 제도 등에 대한 면밀한 검토가 필요할 것이다.

4.

한국 근대 의회 제도의 기원은 1919년 '3·1 혁명' 이후 수립된 대한민국
임시정부의 의정원議政院 구성으로부터 비롯되었다고 할 수 있다. 마침 2019
년은 3·1 독립선언과 대한민국 임시정부 수립 100주년이 되는 해이다. 당
시 임시정부는 임시헌법을 제정해 만 18세 이상 성인 남녀를 대상으로 한 보
편적 선거권 규정을 도입하고 입법부 역할을 담당하는 의정원의 구성 및 기
능에 관한 조항을 설치하였다. 그러나 영토주권을 상실한 가운데 대중적 의
회선거를 치를 수는 없었고 해외 각지에서 활동하는 독립운동가 대표들 간
의 선거를 통해 23명의 의원으로 구성된 초대 의정원을 구성하였다. 임시정
부 기간 수차례의 임시헌법 개정과 정부 형태의 변화에도 불구하고 임시정
부는 기본적으로 의원내각제 형태의 정부 형태를 선호하였고, 의정원 등 입
법부에 강력한 권한과 역할이 주어졌다. 일제로부터의 해방 이후 1948년 대
한민국 정부 수립을 위한 첫 선거가 치러진 뒤 구성된 제헌의회는 헌법 제정
및 정부 형태 설계 과정에서 임시정부 시기의 임시헌법(또는 임시헌장)과
의정원 운영의 경험을 참고하였으며, 일부 대통령제적 요소에도 불구하고
기본적으로 의회 중심적 헌정질서를 수립하였다.[10]
그러나 한국전쟁 발발 이후 단행된 발췌개헌(제1차 개헌, 1952년 7월 4일)과
사사오입개헌(제2차 개헌, 1954년 11월 29일) 등을 거쳐 이승만 대통령의 독재
체제가 구축되면서 초기 의회주의의 발전은 중대한 제약에 부딪혔다. 1960
년 4·19 혁명 이후 헌정 개혁을 통해 1년 남짓 온전한 의회 민주주의의 실
험이 진행되었으나 이듬해인 1961년의 5·16 군사 쿠데타와 그 뒤 26년간

이어진 권위주의적 독재체제하에서의 대통령제 운용 과정에서 의회와 정당 민주주의의 발전은 왜곡되고 지체될 수밖에 없었다. 한국전쟁 이후 심화된 남북 간 적대적 공존체제와 세계적 수준의 동서 냉전 체제는 한반도의 남과 북에 극단적 권위주의 정치 체제를 성립시켰다. 그러나 이 시기 한국의 민주주의는 야당과 재야 시민사회 중심의 저항적 활동으로 그 명맥을 유지하였고, 독재 정부하 관권 부정선거와 시민적·정치적 권리 등 기본적 자유의 극심한 억압에도 불구하고 주기적 선거 과정에서 그리고 야당의 원내 활동 등을 통해 의회 민주주의의 본질적 가치를 지키기 위한 노력이 계속되었다.

끈질긴 저항운동의 끝에 1987년의 6월 항쟁을 통해 한국은 기본적 민주화를 이룩하였다. 그러나 1987년의 민주화는 대통령 직선제 쟁취라는 목표를 중심으로 군부 엘리트와의 '타협에 의한 민주화'의 성격을 띠었고, 야권 지도자들의 분열과 시민사회의 무기력한 대응 속에 군사정부와의 연속성이 강한 노태우 정부의 수립으로 이어졌다. 특히, 1987년 헌법은 정부 형태로 대통령 5년 단임제를 채택하였고, 이는 다시 한 번 의회주의의 온전한 발달을 지연시킨 주된 요소로 작용하였다. 물론, 의회의 정상적 기능이 복원되면서 1988년의 5공 청문회로부터 2016년 박근혜 대통령에 대한 탄핵 의결에 이르기까지 국회는 민주적 정통성을 갖춘 유일한 입법기구로서 민의를 대변하고 정부를 감독·통제하는 데 중추적 역할을 수행해왔다. 그러나 민주화 이후 1988년 총선부터 국회는 단순다수제적 소선거구 선거제도를 통해 구성되었고, 이는 지역주의 정치구조의 강화와 맞물려 시민사회의 다양한 이익과 관점을 정치적으로 온전히 대표하는 데 중대한 한계를 드러냈다.

결선투표 없는 대통령 단임제와 소선거구 의회 선거제도의 결합은 오늘날 한국 사회가 당면한 승자독식winner-takes-all 민주주의와 사회정치적 양극화의 한 가지 주요 원인으로 지목되면서 최근 정치적 권력구조 변경을 위한 헌법 개혁과 비례대표 강화를 위한 선거제도 개혁 논의의 핵심 의제가 되고 있다.

현행 선거제도에 대한 헌법재판소의 헌법불합치 판결에 따라 국회는 2018년 말부터 정치개혁특별위원회를 구성해 선거법 개정 등 정치개혁 논의를 계속하고 있으며, 2020년 총선에 앞서 과연 득표율과 실제 의석수 사이의 불비례성이 매우 큰 현행 선거제도를 제 정당의 합의 속에 개혁할 수 있을지 귀추가 주목된다.

특히, 최근 여당인 더불어민주당과 정의당, 바른미래당, 민주평화당 등 야 3당은 소선거구제로 선출되는 지역구 의석과 비례대표 의석 절반을 연동형으로 실시하고, 나머지 비례대표 절반은 추가로 정당득표율에 따라 분배하며, 여기에 높은 지지율로 낙선한 지역구 후보를 구제하는 석패율제 등을 혼합한 절충형 연동형 비례대표 선거제도의 도입에 합의하였다. 제1야당인 자유한국당은 이에 반발하면서 아예 비례대표제를 없애고 전체 국회 의석수를 270석으로 줄이는 방안을 제시하는 등 국회 내 논쟁과 갈등이 계속되고 있다. 그러나 자유한국당의 안은 정당 득표율과 실제 의석수 간의 불비례성을 해소하고 사회구성의 다양성을 반영할 것을 요구하는 공공의 요구를 외면한 채 선진국들은 모두 소선거구제를 취하고 있다는 왜곡된 논거를 제시하는 등 보편적 설득력을 갖기는 어려워 보인다. 그러므로 정치적 갈등의 심화에도 불구하고 여당과 야3당의 합의 및 패스트트랙 법안 절차 등에 따라 선거제도 개혁이 실현될 가능성도 일정하게 존재하는 상황이다. 다만, 독일형 연동형 비례대표제보다 후퇴한 선거제도 개혁안이 제시되면서 매우 복잡한 의석 배분 방식이 도입되는 점 등은 한계로 지적되며, 향후 추가적인 제도개혁 요구를 낳게 될 전망이다. 이와 관련 선거 전 공약과 달리 현실적(정략적) 이유를 들어 개혁성이 후퇴한 방안을 제시한 집권여당의 민주적 혁신 의지 부족을 비판하지 않을 수 없다. 그럼에도 비례대표제를 강화하는 방향으로 선거제도 개혁의 첫걸음을 딛는다는 점에서는 의의가 있으며, 향후 차기 국회 등에서의 선거제도 개혁 논의 과정에서는 북유럽 국가들과 같이 권역별 전면 비례대표제를 실시하는 방안까지 적극 검토할 필요가 있다. 특히, 개방형 명부제 비례대표 선거제도를 실시하고 있는 핀란드 사례는 '정치의 개인화' 현상 등 일부 단점에도 불구하고 후보 선택에 직접 참여하기를 원하는 한국 유권자들의 정서와 요구 등을 감안할 때 하나의 유용한 참고 사례를 제공할 수 있을 것으로 생각된다.

아울러, 앞에서 비판적으로 조명한 것처럼 국회가 입법 및 주요 정치적 쟁점들과 관련하여 유권자 시민들의 집합적 의견 및 의지 형성을 위한 제도적 포럼으로서 이성적, 실용적, 합의적 접근에 기초한 토의(숙의) 정치를 실현하는 데 한계를 보여온 점, 입법 과정에서 다양한 시민사회 행위자들의 균등하면서 폭넓은 참여를 보장하는 포용적 협의 프로세스와 입법 문화를 발전시키지 못한 점도 진지한 숙고와 반성이 필요한 대목이다.

5.

돌아보면, 지난 100년간 일제강점기의 시련과 해방 이후 분단과 전쟁, 장기 군사독재 등을 거치면서도 의회주의와 평등주의(조소앙의 삼균주의 등)에 기초한 민주공화국 실현의 새로운 헌법적 이상에 대한 헌신은 끊어지지 않고 지속돼 한국 민주주의의 제도적 진전과 시민사회의 발전으로 이어져 왔다고 말할 수 있다. 비슷한 시기에 러시아제국의 지배에서 벗어나 독립(1917), 혁명과 내전(1918), 민주공화국 헌법 제정(1919), 연속적인 대소 전쟁(1939~1940, 1941~1944), 그리고 냉전 시기 핀란드-소련 간 '상호우호협력원조조약YYA-sopimus, 1948~1992'의 제약을 거치면서도 근대 의회주의와 평등한 민주주의의 발전을 이루어내고, 나아가 합의적 정책 결정 시스템에 기반한 보편적 복지국가 건설에 성공한 핀란드의 역사적·제도적 발전 경험은 촛불 이후 한국 민주주의와 동아시아 질서의 미래와 관련하여 새로운 100년을 설계해야 할 시점에 서 있는 우리에게도 중요한 영감을 선사한다. 특히, 핀란드가 20세기 후반 이래, 후기 근대적 사회구조 변동에 능동적으로 대응하며 단계적 · 지속적 헌법개혁을 실현한 점, 이 과정에서 의회주의를 강화하는 방향으로 의회-행정부 관계를 재구축하는 한편 온건한 시민발의 제도의 도입을 통해 의회-시민 관계의 재구성을 추구한 과정은 최근 한국의 헌법개혁과 민주적 혁신 논의에 중요한 시사점을 제공한다.[11]

결론적으로 현 단계 한국 민주주의는 그 어느 때보다 높은 정치적 비전과 의지에 기초한 제도적 정치개혁을 필요로 한다. 특히 극단적으로 낮은 수준에 머무는 의회의 공적 신뢰 수준을 높이기 위한 지속적 의회 개혁 노력이 요청된다. 일례로, 2018년 대한민국 국회는 핀란드 의회 미래위원회의 모델을 참고해 국회 산하 재단법인 형태로 미래연구원을 설립했으나 아직 그 활동의 구체적 성과를 논하기에는 이른 시점이다. 최근 국회가 점차 공간을 시민들에게 개방하고 디지털 관여를 확대하는 등 일부 긍정적 변화가 나타나고 있으나 전반적으로 볼 때 여전히 시민 친화적 '외양appearance'을 갖추는 수준에 머무는 것으로 판단된다. 투명하고 접근 가능한 의회 공간 · 문화 · 시스템을 만들고, 입법 과정에 광범위한 시민사회 협의 프로세스를 가동하는 한편, 온라인 청원 · 시민발의 · 숙의적 '미니퍼블릭' 등 혁신적 참여 기제를 적극 실험 · 제도화하며, 포용적 대표를 실현하고 지속가능한 정치공동체의 미래를 열어가는 명실상부한 시민적 대표 기구로 거듭나기 위한 입법자들(국회 기구와 국회의원들을 모두 포함)의 개혁 의지와 헌신이 절실히 요청된다.

부디 이 책이 한국 민주주의의 새로운 백년의 미래를 전망하면서 열린, 포용적 의회-시민 관계를 정립하는 데 하나의 유용한 디딤돌이 되기를 바란다. 앞으로 필자 역시 이 책에서 제시한 분석틀을 더욱 발전시키는 한편 한국의 의회-시민 관계에 대한 비교정치학적 관점의 심층 분석과 미래지향적 국회 혁신 방안을 내놓을 것을 독자들에게 약속하며 글을 맺는다.

에필로그 주석

1 https://news.sbs.co.kr/news/endPage.do?news_id=N1004689444. (검색일: 2019.1.25)
2 http://www.realmeter.net/%EA%B5%AD%EB%AF%BC%EC%9D%B4-%EA%B0%80%EC%9E%A5-%EB%AF%BF%EB%8A%94-%EA%B8%B0%EA%B4%80%EC%9D%801%EC%9C%84-%EB%8C%80%ED%86%B5%EB%A0%B9-21-3-%EC%B5%9C%ED%95%98%EC%9C%84-%EA%B5%AD%ED%9A%8C-1-8/?ckattempt=1. (검색일: 2019.1.25)
3 이유진·장예지 (2018.11.27), "국회 앞에서 56년 만에 첫 '사전 신고' 집회 열렸다."《한겨레신문》.
4 박수진 (2018.2.29) "박수치면 퇴장? 필리버스터 방청객 퇴장 논란".《한겨레신문》.
5 강윤아·이서영 (2018), "의회 공간에 대한 물리적 접근성 검토: 국회 참관 및 방청을 중심으로", 2018년 가을학기 서울대학교 〈의회정치연습〉 프로젝트 보고서. 필자가 진행한 수업에서 학생들은 20대 국회의 시민 관여 정책·제도·프로그램·활동 등에 관한 다양한 프로젝트 보고서를 제출하였다. 이 자료들은 필자가 이 책의 분석틀을 적용해 한국의 국회-시민 관계를 조명하는 데 유용한 정보와 자료를 제공했다. 수업에 참여한 학생들의 노력에 감사의 뜻을 전하며, 향후 이들 자료를 출발점으로 삼아 대한민국 국회의 시민 관여 활동에 관한 보다 체계적 분석을 진행할 계획임을 밝힌다.
6 Knutsen 2017.
7 http://likms.assembly.go.kr/bill/PetitionStat.do (검색일: 2019.2.9) 아울러, 남혜인·신화·이유진. 2018. "제20대 국회의 청원 제도 분석: 포용적 의회-시민관계를 위한 접근성과 투명성 증진의 필요성을 중심으로." 2018년 가을학기 서울대 〈의회정치연습〉 프로젝트 보고서 참조.
8 http://likms.assembly.go.kr/bill/PetitionStat.do. (검색일: 2019.2.9)
9 Mansbridge et al. 2012; Hendriks 2016 등.
10 '3·1운동 및 대한민국 임시정부 수립 100주년 기념사업추진위원회' 웹사이트 (https://www.together100.go.kr/lay2/S1T9C39/contents.do) 자료 등 참조. 대한민국 임시정부의 역사적 위상과 활동, 그 입헌적 체제의 특징, 그리고 그것이 1948년 정부 수립 이후 입헌주의 및 의회주의 발전의 기초를 형성한 측면 등에 대해서는 향후 보다 심층적인 연구가 필요하다.
11 서현수 2018a, 2018b.

참고문헌

인터뷰

Aalto-matturi, Sari. 물질 남용 예방 단체(EHYT ry) 대표. 2014.11.20.

Ekroos, Marja. 핀란드 의회 환경위원회 비서(Committee Secretary), 2015.6.3.

Helander, Petri. 핀란드 의회 헌법위원회 비서, 2014.11.17.

Karlsson, Thomas. 핀란드 보건복지연구원(THL, Health and Welfare Institute) 특별연구원. 2014.12.2.

Kiuru, Pauli. 핀란드 국회의원(국민연합당Kokoomus), 교육문화위원회 위원. 2015.5.19.

Könkkölä, Kalle. 장애인 이동권 단체(Kynnys ry) 헬싱키센터 대표, 전 녹색당의원. 2014.8.6.

Korkeila, Sirkka-Liisa. 핀란드 의회도서관 스페셜리스트, 2014.5.7.

Kuhanen, Klaus. 핀란드 옥외광고협회(Suomen Ulkomainosliitto), 사무총장. 2014.11.21.

Laine, Kaj. 핀란드 의회 교육문화위원회 부비서(Deputy-Secretary). 2014.11.26.(1차)/ 2015.6.5.(2차)

Mäkipää, Eila. 핀란드 의회 사회보건위원회 비서. 2014.11.18.(1차)/ 2015.6.3.(2차)

Malmberg, Henna. 핀란드 아이스하키연맹(Suomen Jääkiekkoliitto) 홍보책임자. 2014.11.26.

Moilainen, Senni. 동성결혼합법화 요구 시민발의 대표, 'Tahdon 2013' 대표. 2015.6.5.

Muuronen, Kaisu. 아동보호중앙연맹(Lastensuojelunkeskusliitto) 전문가. 2014.12.3.

Niikko, Mika. 핀란드 국회의원(핀란드인당Perussuomalaiset), 교육문화위원회 위원. 2015.5.19.

Pekkanen, Joonas. 오픈미니스트리(Avoin Ministeriö) 설립자/ 저작권법 개정 시민발의 대표. 2014.5.6(1차), 2015.5.21(2차)

Pulli, Kati. 핀란드 내 모피산업 금지 시민발의 대표, SEY 핀란드 동물보호단체(Suomen EläinSuojelu ry) 대표. 2015.5.6.

Rämö, Eero. 핀란드 청소년연맹 알리안씨(Finnish Youth Cooperation - Allianssi ry) 대표. 2014.6.12.

Rehula, Juha. 핀란드 국회의원(중앙당Keskusta), 사회보건위원장(2007~2015), 가족 및 가족서비스 담당 장관, 2015~2017). 2015.1.26.

Rostila, Ilmari. 스웨덴어 선택과목화 시민발의 대표, 자유로운 언어선택 모임(Vapaa kielivalinta ry) 대표. 2015.5.11.

Salin, Riitta. 다문화 단체 네트워크(MONIHELI) 대표. 2014.6.10.

Savolainen, Kaija. 에너지 인증 법 개정 시민발의 대표, 핀란드 단독주택연맹(Suomen omakotiliitto ry) 사무총장. 2015.5.13.

Tiihonen, Paula. 핀란드 의회 미래위원회 비서. 2014.4.22.

Tiimonen, Marjo. 핀란드 의회 시민정보센터(Citizens' Information Center and Communication Affairs) 대표. 2014.3.27.

Toivola, Jani. 핀란드 국회의원(녹색당Vihreät), 법률위원회 위원(2011~2015). 2015.9.2.

Tuokila, Marja. 핀란드 의회 법률위원회 비서. 2015.6.5.

Tynkkynen, Oras. 핀란드 국회의원(녹색당Vihreät), 미래위원회 부위원장. 2014.5.28.

Ussa, Elina. Panimoliitto(핀란드 알코올음료산업연맹) 대표. 2014.11.17.

Vahasalo, Raija. 핀란드 국회의원(보수당Kokoomus), 교육문화위원회 위원장 (2011~2015). 2015.5.21.

Virtanen, Erkki. 핀란드 국회의원(좌파동맹Vasemmistoliitto), 사회보건위원회 위원. 2014.11.21.

Wilhelmsson, Niklas. 핀란드 법무부 선임기획관. 2014.5.22.

법규 자료와 의회 문서들

Constitution of Finland. ([1999] 2012) (Perustuslaki, 731/1999; amendments up to 1112/2011)

Eduskunta. ([2000] 2012) The Parliamentary Rules of Procedures. (Eduskunnan Työjärjestys) (English translation can be found in the Parliament of Finland. 2013. The Constitution of Finland and Parliament's Rules of Procedure. Helsinki: Publication by the Parliamentary Office 3/2013)

Eduskunta. (2008) Valiokuntaopas (The Committee Guidance 2008).

Eduskunta. (2011) Täysistunnon pöytäkirja PTK 165/2010 vp. (Memorandum in the plenary: Question to the Minister for the regulation of imaginary alcohol advertising) 3.3.2011.

Eduskunta. (2012) The Committee for the Future's vision, strategy and operational plan for 2011–15. Helsinki: Eduskunta.

Eduskunta. (2013a) Täysistunnon pöytäkirja PTK 8/2013 vp.(Memorandum in the plenary: Preliminary discussion on the Members' Initiative of Alcohol Act, LA 90/2012) 14.2.2013.

Eduskunta. (2013b) Valtiopäiväasiat HE 70/2013 vp. (http://www.eduskunta.fi/valtiopaivaasiat/he+70/2013)

Eduskunta. (2013c) Täysistunnon pöytäkirja PTK 67/2013 vp. (Memorandum in the plenary: Preliminary discussion (1) on the Governmental Proposal of Alcohol Act, HE 70/2013 vp) 11.6.2013.

Eduskunta. (2013d) Täysistunnon pöytäkirja PTK 68/2013 vp. (Memorandum in the plenary: Preliminary discussion (2) on the Governmental Proposal of Alcohol Act, HE

70/2013 vp) 12.6.2013.

Eduskunta. (2013e) Täysistunnon pöytäkirja PTK 126/2013 vp. (Memorandum in the plenary: First reading (General discussion) on the Governmental Proposal of Alcohol Act, HE 70/2013 vp) 10.12.2013.

Eduskunta. (2013f) Täysistunnon pöytäkirja PTK 127/2013 vp. (Memorandum in the plenary: First reading (Voting) on the Governmental Proposal of Alcohol Act, HE 70/2013 vp) 11.12.2013.

Eduskunta. (2013g) Täysistunnon pöytäkirja PTK 132/2013 vp. (Memorandum in the plenary: Second reading on the Governmental Proposal of Alcohol Act, HE 70/2013 vp) 16.12.2013.

Eduskunta. (2013h) Eduskunnan vastaus 198/2013 vp. 18.12.2013

Eduskunta. (2014) Valiokuntakäsittely asiakirja HE 324/2014 vp.

Eduskunta. (2015) Valiokunnan Opas 2015. (The Committee Guidance 2015)

HE 60/2010 vp. Hallituksen esitys eduskunnalle laiksi Suomen perustuslain muuttamisesta. (Governmental Proposal to Parliament for amending the Constitution of Finland)

HE 46/2011 vp. Hallituksen esitys Eduskunnalle kansalaisaloitelaiksi ja laiksi viranomaisten toiminnan julkisuudesta annetun lain 24 §:n muuttamisesta. (Governmental Proposal on the Citizens' Initiative Act, etc.)

HE 70/2013 vp. Hallituksen esitys eduskunnalle laiksi alkoholilain 33 ja 40 §:n muuttamisesta. (Governmental Proposal of the Alcohol Act)

HE 324/2014 vp. Hallituksen esitys eduskunnalle laiksi sosiaali- ja terveydenhuollon järjestämisestä sekä eräiksi siihen liittyviksi laeiksi. (Governmental Proposal of Social and Health Care System Reform)

LA 10/2012 vp. Lakialoite: Laki alkoholilain 33 §:n muuttamisesta. (Members' Initiative of the Alcohol Act, Initiator: MP Pirkko Ruohonen-Lerner, the Finns Party, 32 signatures)

LA 51/2010 vp. Lakialoite: Laki alkoholilain 33 §:n muuttamisesta (Members' Initiative of the Alcohol Act, Inititator: MP Inkeri Kerola, Centre Party, 106 signatures)

LA 90/2012 vp. Lakialoite: Laki alkoholilain 33 §:n muuttamisesta. (Members' Initiative of the Alcohol Act, Initiator: MP Inkeri Kerola, Centre Party, 32 signatures)

LaVM 31/2014 vp. Lakivaliokunnan Mietintö. (Report of Legal Affairs Committee)

M 1/2013 vp. Kansalaisaloite: Laki eläinsuojelulain 22 §:n muuttamisesta (KAA 1/2013 vp). (Citizens' Initiative for prohibition of fur industry in Finland)

M 1/2014 vp. Kansalaisaloite: Energiatodistuslain muuttaminen (KAA 1/2014 vp). (Citizens' Initiative for changing the Energy Cetification Act)

M 10/2013 vp. Kansalaisaloite eduskunnalle avioliittolain, rekisteröidystä parisuhteesta annetun lain ja transseksuaalin sukupuolen vahvistamisesta annetun lain muuttamisesta (KAA 3/2013 vp). (Citizens' Initiative for legal allowance of same-sex marriage in Finland)

M 9/2013 vp. Kansalaisaloite: Järkeä tekijänoikeuslakiin (KAA 2/2013 vp). (Citizens' Initiative for changing the Copy Right Act)

MmVM 6/2013 vp. Maa- ja metsätalousvalkokunnan mietintö. (Report of the Agriculture and Forestry Committee)

PeVL 40/2013 vp. Perustuslakivaliokunnan lausunto (Statement of the Consitutional Committee). 28.11.2013.

PeVM 6/2011 vp. Perustuslakivaliokunnan mietintö. (Report of the Constitutional Law Committee)

PKT 45/2013 vp. Täysistunnon pöytäkirja. (Plenary memorandum)

PKT 81/2011 vp. Täysistunnon pöytäkirja. (Plenary memorandum)

PNE 1/2011 vp. Puhemiesneuvoston ehdotus eduskunnan päätökseksi eduskunnan työjärjestyksen muuttamisesta. (Council of Speaker's proposal for amending the Parliament's Rules of Procedure)

PTK 45/2013 vp. Täysistunnon pöytäkirja. (Plenary memorandum)

PTK70/2013 vp. Täysistunnon pöytäkirja. (Plenary memorandum)

SiVL 15/2013 vp. Sivistysvaliokunnan lausunto (Statement of the Education and Culture Committee). 11 October 2013.

SiVM 9/2014 vp. Sivistysvaliokunnan mietintö. (Report of Education and Culture Committee)

StVM 29/2013 vp. Sosiaali- ja terveysvaliokunnan mietintö (Report of the Social Affairs and Health Committee). 5 December 2013.

YmVM 5/ 2014 vp. Ympäristövaliokunnan mietintö. (Report of the Environment Committee). 6 June 2014.

학술문헌

서현수. (2018a) 「핀란드 헌법개혁 모델의 특징과 함의: 의회-행정부 관계와 의회-시민 관계의 재구성」. 『한국정치연구』 27(3), 175~205.

서현수. (2018b) 「핀란드 중립 평화 외교정책의 형성과 진화: 대외 환경과 정책 결정 시스템의 변화를 중심으로」. 『스칸디나비아연구』 22(2), 37~72.

Aitamurto, T. (2012) *Crowdsourcing for Democracy: A New Era in Policy-Making*. Parliament of Finland: Publication of the Committee for the Future 1/2012.

Aitamurto, T., & Landemore, H. (2013) Democratic participation and deliberation in crowdsourced legislative processes: the case of the law on off-road traffic in Finland. The 6th Conference on Communities and Technologies (C&T), Workshop: Large-Scale Idea Management and Deliberation Systems

Ajala, A. (2011) Tripartite political exchange and the Finnish social model. In Sorsa, V. P.

(ed.), Rethinking Social Risk in the Nordics, 147~168. WS Bookwell Oy.

Alonso, S, Keane, J. & Merkel, W. (ed.) (2011) *The Future of Representative Democracy*. Cambridge: University of Cambridge Press.

Altman, D. (2011) *Direct Democracy Worldwide*. New York: Cambridge University Press.

Amnå, E. (2006) Playing with fire? Swedish mobilization for participatory democracy. *Journal of European Public Policy*, 13(4), 587~606.

Andersen, J. G. (2007) Power and Democracy in the Nordic Countries. Keynote Speech at the Opening of the Project *Power and Society in Finland*. Helsinki. (8 March 2007)

Andeweg, R. B. (2012) A Least Likely Case: Parliament and Citizens in the Netherlands. *The Journal of Legislative Studies*, 18(3~4), 368~383.

Arter, D. (2000) The Model of Parliaments in the Future? The Case of the Finnish Committee for the Future. Politiikka, 42(3), 149~163.

Arter, D. (2002) On Assessing Strength and Weakness in Parliamentary Committee Systems: Some Preliminary Observations on the New Scottish Parliament. *The Journal of Legislative Studies*, 8(2), 93~117.

Arter, D. (2004) *The Scottish Parliament: A Scandinavian-Style Assembly?* London: Frank Cass.

Arter, D. (2006) *Democracy in Scandinavia: Consensual, majoritarian or mixed?* Manchester University Press.

Arter, D. (2011) The Michael Marsh Question: How do Finns do Constituency Service? *Parliamentary Affairs*, 64(1), 129~152.

Arter, D. (2012) The Finnish Eduskunta: Still the Nordic 'Vatican'? *The Journal of Legislative Studies* 18(3~4), 275~293.

Arter, D. (2016) *Scandinavian Politics Today*. Manchester: Manchester University Press.

Arter, D. (2008) From 'Parliament Control' to 'Accountable Government? The Role of Public Committee Hearings in the Swedish Riksdag. *Parliamentary Affairs*, 61 (1), 122~143.

Barber, B. (1984) *Strong Democracy: Participatory Politics for a New Age*. University of California Press.

Beetham, D. (2011) Do Parliament Have a Future? In: Alonso, S. & Keane, J. & Merkel, W. (eds.), *The Future of Representative Democracy*. Cambridge: Cambridge University Press.

Bergman, T., & Strøm, K. (eds.) (2011) *The Madisonian Turn: Political Parties and Parliamentary Democracy in Nordic Europe*. Ann Arbor: The University of Michigan Press.

Bergström, E. (2012) The Role of the Library of Parliament in providing access to knowledge. The 28th IFLA Pre Conference of Library and Research Services for Parliaments, Helsinki, 8~10 August 2012.

Biderkrantz, A. S. (2014) Legislatures, Lobbying, and Interest Groups. In Martin, S., Saalfeld, T. & Strøm, K. (eds.), *The Oxford Handbook of Legislative Studies*, 526~542.

Blais, A. (2010) Political Participation. In: LeDuc, L. & Niemi, R.G. & Norris, P. (eds.), *Comparing Democracies 3: Elections and Voting in the 21st Century*, 165~183.

Bohman, J. (1996) *Public Deliberation: Pluralism, Complexity and Democracy*. Cambridge: MIT Press.

Brundin, M. (2005) Democracy Building Activities in the Swedish Riksdag: the role of a parliamentary library. *IFLA Journal*, 31(19), 19~27.

Budge, I. (2006) Direct and Representative Democracy: Are They Necessarily Opposed? *Representation*, 42(1), 1~12.

Budge, I. (2013) Implementing popular preferences: is direct democracy the answer? In Geissel, B. & Newton, K. (ed.), *Evaluating Democratic Innovations: Curing the democratic malaise?* London: Routledge, 23~38.

Cain, B. E., Dalton, R. J. & Scarrow, S. E. (eds.) (2008) *Democracy Transformed? Expanding Political Opportunities in Advanced Industrial Democracies*. New York: Oxford University Press.

Carman, C. (2010) The process is the reality: Perceptions of procedural fairness and participatory democracy. *Political Studies* 58(4), 731~751.

Chamber, S. (2004) Behind Closed Doors: Publicity, Secrecy, and the Quality of Deliberation. *The Journal of Political Philosophy*, 12 (4), 389~410.

Chamber, S. (2012) Deliberation and mass democracy. In: Parkinson, J. & Mansbridge, J. (eds.), *Deliberative Systems: Deliberative Democracy at the Large Scale*. Cambridge University Press, 52~71.

Christensen, H.S., Karjalainen, M., & Nurminen, L. (2015) Does Crowdsourcing Legislation Increase Political Legitimacy? The Case of Avoin Ministeriö in Finland. *Policy & Internet*, 7(1), 25~45.

Christiansen, P. M. & Togeby, L. (2006) Power and Democracy in Denmark: Still a Viable Democracy. *Scandinavian Political Studies*, 29(1), 1~24.

Coleman, S. & Blumler, J. G. (2009) *The Internet and Democratic Citizenship: Theory, Practice and Policy*. Cambridge University Press.

Coleman, S. (2004) Connecting Parliament to the Public via the Internet: Two case studies of online consultations. Information, *Communication and Society* 7(1), 1~22.

Commission to Strengthen Parliament. (2000) *The Report of the Commission to Strengthen Parliament*.

Crick, B. (2000) *Essays on Citizenship*. Continuum.

Crick, B. (2002) *Democracy*: A Short Introduction. Oxford University Press.

Dahl, R. A. (2006) *On Democracy*. Yale University Press.

Dalton, R J., Scarrow, S. E. & Cain, B. E. (2008) New Forms of Democracy? Reform and Transformation of Democratic Institutions. In Cain, B. E., Dalton, R. J. & Scarrow, S. E. (eds.), *Democracy Transformed? Expanding Political Opportunities in Advanced Industrial Democracies*, 1~20.

Davidson, S. & Elstub, S. (2014) Deliberative and Participatory Democracy in the UK. *The British Journal of Politics and International Relations*, 16(3), 367~385.

Della Sala, V. (2002) Parliament and citizens in Italy: A distant relationship. In Norton, P., ed., *Parliament and Citizens in Western Europe*. London: Routledge, 66~88.

Disch, L. (2011) Toward a mobilization conception of democratic representation. *American Political Science Review*, 105(01), 100~114.

Donovan, T. & Bowler, S. (1999) Direct democracy and minority rights: an extension. *American Journal of Political Science*, 1020~1024.

Doughty, H. A. (2014) Rousseau and Representative Democracy Reconsidered: Rehabilitating the General Will. *The Public Sector Innovation Journal*, 19(1): Article 12.

Dovi, S. (2011) *Political Representation. The Stanford Encyclopedia of Philosophy* (Winter 2011 Edition) Edward N. Zalta (ed.) URL = ⟨http://plato.stanford.edu/archives/win2011/entries/political-representation/⟩.

Dryzek, J. S. & Tucker, A. (2008) Deliberative Innovation to Different Effect: Consensus Conferences in Denmark, France, and the United States. *Public Administration Review*, 68(5), 864~876.

Dryzek, J. S. (2000) *Deliberative Democracy and Beyond*. Oxford University Press.

Eckersley, R. (2011) Representing nature. In Alonso, S. & Keane, J. & Merkel, W. (eds.), *The Future of Representative Democracy*. Cambridge: Cambridge University Press. 236~257.

Eduskunnan esteettömyystyöryhmä. (2006) *Demokratia kaikille*. (http://web.eduskunta.fi/Resource.phx/eduskunta/tervetuloa/esteeton.htx?lng=fi)

Eduskunta. (2013) *Raportti Nuorten parlamentin toiminnasta 2011~2012*. Helsinki: Eduskunta.

Einhorn, E. S. & Logue, J. (2003) *Modern Welfare States: Scandinavian Politics and Policy in the Global Age*. Westport: Praeger Publishers.

Einsiedel, E. & Eastlick, D. (2000) Consensus Conference as Deliberative Democracy: A Communicative Perspective. *Science Communication*, 21(4), 323~343.

Elstub, S. (2010) The third generation of deliberative democracy. *Political studies review* 8(3), 291~307.

Esaiasson, P. & Heidar, K. (ed.) (2000) *Beyond Westminster and Congress: The Nordic Experience*. Ohio State University Press.

Fasone, C. & Lupo, N. (2015) Transparency vs. Informality in Legislative Committees: Comparing the US House of Representatives, the Italian Chamber of Deputies and the European Parliament. *The Journal of Legislative Studies*, 21(3), 342~359.

Fatke, M. (2015) Participation and Political Equality in Direct Democracy: Educative Effect or Social Bias. *Swiss Political Science Review* 21(1), 99~118.

Feld, L. & Kirchgässner, G. (2000) Direct democracy, political culture, and the outcome of economic policy: a report on the Swiss experience. *European Journal of Political Economy* 16(2), 287~306.

Forsten, T. (2005) Valiokuntapeli Eduskunnassa. Valiokuntajäsenyydet 1945~2002. Turku: Turun yliopiston julkaisuja. Sarja C, osa 223.

Gamble, B. S. (1997) Putting civil rights to a popular vote. *American Journal of Political Science*, 245~269.

Gramberger, M. (2001) *Citizens as partners: OECD handbook on information, consultation and public participation in policy making*. OECD.

Grant, J. (2013) Canada's Republican Invention? On the Political Theory and Practice of Citizens' Assemblies. *Political Studies*. 62(3), 539~555.

Grof, A. (2008) *Liikkumavara*. Ilume. (Documentary Film about the Social Affairs and Health Committee's legislative deliberation.)

Grönlund, K., Bächtiger, A. & Setälä, M. (ed.) (2014) Deliberative Mini-Publics: Involving Citizens in the Democratic Process. Colchester: ECPR Press.

Groombridge, B. (2006) Parliament and the Future: Learning from Finland. *The Political Quarterly*, 77(2), 273–280.

Gutmann, A. & Thompson, D. F. (1996) *Democracy and Disagreement*. London: Harvard University Press.

Gutmann, A. & Thompson, D. F. (2012) *The Spirit of Compromise: Why governing demands it and campaigning undermines it*. Princeton University Press.

Habermas, J. (1989) *The Structural Transformation of the Public Sphere*. Burger, T. & Lawrence, F. (Trans.). Cambridge: MIT Press

Habermas, J. (1996) *Between Facts and Norms: Contributions to a Discourse Theory on Law and Democracy*. Rehg, W. (Trans.) Polity Press. Cambridge.

Halpin, D., MacLeod, I. & McMaverty, P. (2012) Committee Hearings of the Scottish Parliament: Evidence Giving and Policy Learning. *The Journal of Legislative Studies*, 18(1), 1~20.

Hamilton, A., Madison, J. & Jay, J. (2015 [1787]). *The Federalist Papers*. Coventry House Publishing.

Hansard Society. (2010) *Parliament 2020: Visioning the Future Parliament*. Report on the UK Parliament Focus Group. London: Hansard Society.

Hansard Society. (2011a) *Connecting Citizens to Parliament: How Parliament can engage more effectively with hard to reach group*. London: Hansard Society.

Hansard Society. (2011b) *Parliaments and Public Engagement: Innovation and Good Practice from around the world*. London: Hansard Society.

Hansard Society. (2012) *What next for e-petitions?* London: Hansard Society.

Heidar, K. (ed.) (2004) *Nordic Politics: Comparative Perspectives*. Universitetsforlaget.

Helander, V. & Kyösti, P. (2007) *Eduskunnan vahvistuva valiokuntalaitos. Valiokunnat Lähikuvassa. Suomen Eduskunta 100 Vuotta*. Helsinki: Edista. 10~138.

Hendriks, C. M. (2016) Coupling citizens and elites in deliberative systems: The role of institutional design. *European Journal of Political Research*, 55 (1), 43~60.

Hendriks, Frank. (2010) *Vital Democracy: A Theory of Democracy in Action*. New York: Oxford University Press.

Holli, A. (2014) *Sukupuoli, valta ja työnjako valiokunnissa*. In Raunio, T. & Wiberg, M. (eds.), Eduskunta: kansanvaltaa puolueiden ja hallituksen ehdoilla, 132~149. Helsinki: Gaudeamus.

Holli, A., & Saari, M. (2009) *Sukupuoli eduskunnan asiantuntijakuulemisissa*. Helsinki: Tasa-arvoasiain neuvottelukunta, Sosiaali¬ja terveysministeriö, TANE¬julkaisuja 2009: 11.

Hough, R. (2012) Do Legislative Petition Systems Enhance the Relationship between Parliament and Citizen? *The Journal of Legislative Studies*, 18(3~4), 479~495.

House of Commons. (2015) *Future of the BBC. Fourth Report of Session 2014–15. Culture, Media and Sport Committee*. London: The Stationery Office Limited.

Husa, J. (2011) *The Constitution of Finland: A Contextual Analysis*. Hart Publishing.

Inter-Parliamentary Union (IPU). (2006) *Parliament and Democracy in the Twenty-First Century: A guide to good practice*. Geneva: IPU. (http://www.ipu.org/PDF/publications/democracy_en.pdf, accessed 22 January 2016)

Inter-Parliamentary Union (IPU). (2009) *The Guidelines for Parliamentary Website*. Geneva: IPU.

Inter-Parliamentary Union (IPU). (2012) *Global Parliamentary Report: The Changing Nature of Parliamentary Representation. Geneva: UNDP & IPU*. (http://www.ipu.org/pdf/publications/gpr2012-full-e.pdf, accessed 22 January 2016)

Inter-Parliamentary Union(IPU). (2017) Women in parliament in 2016: The year in review. Geneva:

Inter-Parliamentary Union(IPU). (2018) Youth Participation in National Parliaments: 2018. Geneva: IPU.

Inter-Parliamentary Union(IPU). (2019) Women in parliament in 2018: The year in review. Geneva: IPU.

Jordan, G. & Cairney, P. (2013) What is the 'dominant model' of British policymaking? Comparing majoritarian and policy community ideas. *British Politics*, 8(3), 233~259.

Joss, S. (1998) Danish consensus conferences as a model of participatory technology assessment: An impact study of consensus conferences on Danish Parliament and Danish public debate. *Science and Public Policy*, 25 (1), 2~22.

Jussila, O., Hentilä, S. & Jukka, N. (1999) *From Grand Duchy to a Modern State: A Political History of Finland since 1809*. (Trans. by Arter D. & Arter E.) C. Hurst & Co. Ltd.

Karlsson, T. & Östenberg, E. (2002) Finland. In: Österberg, E. & Karlsson, E. (eds.), *Alcohol Policies in EU Member States and Norway—A Collection of Country Reports*. Saarijärvi, 140~167.

Karlsson, T. (2014) *Nordic Alcohol Policy in Europe: The Adaptation of Finland's, Sweden's and*

Norway's Alcohol Policies to a New Policy Framework, 1994~2013. Academic Dissertation. Åbo Akademi University/ National Institute for Health and Welfare. (THL, Reserch 137/ 2014)

Karvonen, L. (2014) *Parties, Governments and Voters in Finland: Politics Under Fundamental Societal Transformation*. Colchester: ECPR Press.

Kaufmann, Bruno. (2012) Transnational 'Babystep': The European Citizens' Initiative. In Setälä, M. & Schiller, T. (eds.), *Citizens' Initiatives in Europe*, 228~242.

Keane, J. (2009) *The Life and Death of Democracy*. Sydney: Simon and Schuster.

Keane, J. (2011) Monitory Democracy? In Alonso, S., Keane, J. & Merkel, W. (eds.) *The Future of Representative Democracy*. University of Cambridge Press. Cambridge, 212~235.

Keinänen, A. & Wiberg, M. (2012) Perustuslakivaliokunta lausuntovalkokuntana ja asiantuntijoiden kuulijana. *Oikeus*, 41(1), 86~106.

Kelso, A. (2007) Parliament and Political Disengagement: Neither Waving nor Drowning. *The Political Quarterly*, 78(3), 364~373.

Kettunen, P. (2008) Strengthening Political Participation as a Policy Issue in Finland. *Politička misao*, XL V(2), 73~92.

Knutsen, O. (Ed.) (2017) *The Nordic Models in Political Science*. Oslo: Fagbokforlaget.

Kohi, A., Liuskari, M., Palo, H., Päivärinta, K. and Viherva, V. 2016. FORUM 1: Suomalainen yhteiskunta. Helsinki: Otava.

Könkkölä, K., & Saraste, H. (1996) *The World Became my Room*. Helsinki: WSOY.

Korkeila, S-L. (2012) Web Services for the Public offered by the Finnish Parliament and the Library of Parliament. The 28th IFLA Pre Conference of Library and Research Services for Parliaments, Helsinki, 8~10 August 2012.

Korvela, P. (2014) Kaksi vuotta suomalaista kansalaisaloitetta: aloiteinstituution merkityksestä, mahdollisuuksista ja haasteista. (http://www.politiikasta.fi/artikkeli/kaksi-vuotta-suomalaista-kansalaisaloitetta-aloiteinstituutionmerkityksest%C3%A4, accessed 11 June 2015)

Koski, H. (2012) Alkon rooli alkoholihistoriamme käännekohdissa. *Yhteiskuntapolitiikka-YP*, 77, 2012(1), 81~87.

Kriesi, H. (2013) Direct democracy: the Swiss experience. In: Geissel, B. & Newton, K. (eds.), *Evaluating Democratic Innovations: Curing the democratic malaise?* London: Routledge. 39~55.

Leston-Bandeira, C. & Thompson, L. (2015) Truly Engaging Citizens with the Parliamentary Process? An Evaluation of Public Reading Stage in the House of Commons. *Paper presented at the 12th Workshop of Parliamentary Scholars and Parliamentarians*, Wroxton College, 25~26 July 2015.

Leston-Bandeira, C. (2012a) Studying the Relationship between Parliament and Citizens. *The Journal of Legislative Studies*, 18(3~4), 265~274.

Leston-Bandeira, C. (2012b) Parliaments' Endless Pursuit of Trust: Re-focusing on Symbolic Representation. *The Journal of Legislative Studies*, 18(3~4), 514~526.

Leston-Bandeira, C. (2014) E-Parliament and ICT-Based Legislation: Concept, Experiences and Lessons. *The Journal of Legislative Studies*, 20(4): 613~614.

Leston-Bandeira, C. (ed.) (2012) Special Issue: Parliament and Citizens. *The Journal of Legislative Studies*, 18(3~4).

Lindh, M. & Miles, L. (2007) Becoming electronic parliamentarians? ICT usage in the Swedish Riksdag. *The Journal of Legislative Studies*, 13(3), 422~440.

Lindner, R. & Riehm, U. (2011) Broadening Participation Through E-Petitions? An Empirical Study of Petitions to the German Parliament. *Policy & Internet*, 3(1), 1~23.

Lindvall, J. & Rothstein, B. (2006) Sweden: the Fall of the Strong State. *Scandinavian Political Studies* 29(1), 47~63.

Longley, L. D. & Davidson, R. H. (1998) Parliamentary committees: Changing perspectives on changing institutions. *The Journal of Legislative Studies* (Special Issue: The New Roles of Parliamentary Committees), 4(1), 1~20.

Lupia, A. & Matsusaka, J. G. (2004) Direct democracy: new approaches to old questions. *Annual Review of Political Science*, 7, 463~482.

Luts, G. (2012) Switzerland: Citizens' Initiatives as a Measure to Control the Political Agenda." In Setälä, M. & Schiller, T., ed., *Citizens' Initiatives in Europe–Procedures and Consequences of Agenda-Setting by Citizens*, 17~36.

Manin, B. (1997). *The principles of representative government*. Cambridge University Press.

Mansbridge, J. (2003) Rethinking Representation. *American Political Science Review*. 97: 515~528.

Mansbridge, J., Bohman, J., Chambers, S., Christiano, T., Fung, A., Parkinson, J., Thompson, D. F. & Warren, M. E. (2012) A systemic approach to deliberative democracy." In Parkinson, J. & Mansbridge, J., (eds.), *Deliberative Systems: Deliberative Democracy at the Large Scale*, 1~26.

Martin, S. (2014) Committees. In: Martin, S., Saalfeld, T. & Strøm, K., (eds.), *The Oxford Handbook of Legislative Studies*. Oxford: Oxford University Press, 352~370.

Mattila, M. (2014) Valiokuntalaitos. In: Raunio, T. & Wiberg, M., (eds.), *Eduskunta: Kansanvaltaa puolueiden ja hallituksen ehdoilla*. Gaudeamus. 119~131.

Mattson, I. & Strøm, K. (1995) Parliamentary Committees. In: Döring, H., (ed.), *Parliaments and Majority Rule in Western Europe*. Frankfurt: Campus Verglag, 249~307.

McLaverty, P. & MacLeod, I. (2012) Civic participation in the Scottish Parliament committees. *International Journal of Public Administration*, 35(7), 458~470.

Mezey, M. L. (2011) Representation and Constituency Relations. *Comparative Assessment of Parliaments (CAP) Note*. Center for International Development. State University of New York. 1~31.

Mill, J. S. (2008 [1861]) *Considerations on Representative Government*. Serenity Publishers.

Ministry of Justice, Finland. (2011) *Kansalaisaloitemenettely: Kansalaisaloitetyöryhman mietintö*. (The Procedure of Citizens' Initiative: Report of working group for citizens' initiative). OM 13/41/2011.

Ministry of Justice, Finland. (2013) *Demokratianindikaattorit 2013*. (Edited by Sami Borg). OM 7/021/2011.

Ministry of Justice, Finland. (2014) *Avoin ja yhdenvertainen osallistuminen: Valtioneuvoston demokratiapoliittinen selonteko 2014*. (Open and Equal Participation: Democracy Report of the State Council). OM 7/021/2011.

Ministry of Social Affairs and Health, Finland. (2006) *Alcohol Issues in Finland after Accession to the EU-Consumption, Harm and Policy Framework 1990~2005*. Reports of the Ministry of Social Affairs and Health 2006:21.

Ministry of Social Affairs and Health, Finland. (2012) Lausuntoyhteenveto. Luonnos hallituksen esitykseksi laeiksi alkoholilain 33 §:n ja rikoslain 30 luvun 1 a §:n muuttamisesta. (25.4.2012)

Moeckli, S. (2007) Direct democracy and political participation from a cross-national perspective. In: Zittel, T. & Fuchs, D. (eds.), *Participatory Democracy and Political Participation: Can participatory engineering bring citizens back in?* Routeledge. 107~124.

Montin, S. (2007) Mobilizing for participatory democracy?: The case of democracy policy in Sweden. In: Zittel, T. & Fuchs, D. (eds.), *Participatory democracy and political participation: can participatory engineering bring citizens back in?* London: Routledge. 187~201.

Mustajärvi, O. (2011) *The ICT use of Finnish MPs—Now and in the future*. Helsinki: Eduskunnan kanslian julkaisu 1/2011.

Näsström, S. (2015) *Democratic Representation Beyond Election*. Constellations, 22(1), 1~12.

Norton, P. (1998) Nascent institutionalization: Committees in the British parliament. *The Journal of Legislative Studies*. (Special Issue: The New Roles of Parliamentary Committees), 4(1), 143~162.

Norton, P. (2002a) Introduction: Linking Parliaments and Citizens. *Parliament and Citizens in Western Europe*. 1~18.

Norton, P. (2002b) The United Kingdom: Building the Link between Constituent and MP. *Parliament and Citizens in Western Europe*, 19~42.

Norton, P. (2007) Four models of political representation: British MPs and the use of ICT. *The Journal of legislative studies*, 13(3), 354~369.

Norton, P. (2012) Parliament and Citizens in the United Kingdom. *The Journal of Legislative Studies*, 18(3~4), 403~418.

Norton, P. (2013) *Parliament in the British Politics*. Palgrave MacMillan.

Norton, P. (ed.) (1998) *Parliaments and Governments in Western Europe*. London: Routledge.

Norton, P. (ed.) (1999) *Parliaments and Pressure Groups in Western Europe*. London:

Routledge.

Norton, P. (ed.) (2002) *Parliament and Citizens in Western Europe*. London: Routledge.

NOU 2003:19. (2003) The Norwegian Study on Power and Democracy: English Summary. Trans. By Eckmann, C. B. (http://www.oecd.org/norway/33800474.pdf, accessed 22 January 2016)

Nousiainen, J. (2007) *Kolmenlaista parlamentarismia. Suomen Ja Kansanvallan Haasteet*. Suomen Eduskunta 100 Vuotta. Helsinki: Edita. 34~57.

Nuorten Parlamentti (Finnish Youth Parliament). (2008) *Nuorten Parliamentti: kymmennenvuotiasraportti 1998~2008*. (www.nuorteneduskunta.fi)

Nurmi, H & Nurmi, L. (2015) The Parliamentary election in Finland April 19, 2015. *Electoral Studies*, 40, 430~447.

Nussbaum, M. (2006) *Frontiers of Justice. Disability, Nationality, and Species Membership*. Harvard University Press.

Official Statistics of Finland (OSF). (2011) *Background analysis of candidates and elected MPs in the Parliamentary elections 2011*. Helsinki: Statistics Finland. (http://www.stat.fi/til/evaa/index_en.html, accessed 6 March 2015)

Official Statistics of Finland (OSF). (2015) *Background analysis of candidates and elected MPs in the Parliamentary elections 2015*. Helsinki: Statistics Finland. (http://www.stat.fi/til/evaa/index_en.html, accessed 6 March 2015)

Østerud, Ø. & Selle, P. (2006) Power and Democracy in Norway: The Transformation of Norwegian Politics. *Scandinavian Political Studies*, 29 (1), 25~46.

Ostrom, E. (2000) The future of democracy. *Scandinavian Political Studies*, 23(3), 281~283.

Papadopoulos, Y. (2012) On the embeddedness of deliberative systems: why elitist innovations matter more. In Parkinson, J. & Mansbridge, J. (eds.), *Deliberative Systems: Deliberative Democracy at the Large Scale*. Cambridge University Press. 125~150.

Papadopoulus, Y. (2013) *Democracy in Crisis? Politics, Governance and Policy*. Palgrave Macmillan.

Parkinson, J. & Mansbridge, J. (eds.) (2012) *Deliberative Systems: Deliberative Democracy at the Large Scale*. Cambridge University Press.

Parkinson, J. (2003) Legitimacy Problems in Deliberative Democracy. *Political Studies*, 51, 180~196.

Parkinson, J. (2012) Democratizing deliberative systems. In: Parkinson, J. & Mansbridge, J. (eds.), *Deliberative Systems: Deliberative Democracy at the Large Scale*. Cambridge University Press. 151~172.

Parkinson, J. (2013) How legislatures work – and should work – as public space. *Democratization*, 20 (3), 438~455.

Pateman, C. (1970) *Participation and democracy theory*. Cambridge University Press: Cambridge.

Pateman, C. (2012) Participatory Democracy Revisited. *Perspectives on Politics*, 10, 7~19.

Patrikios, S., & Shephard, M. (2014) Representative and Useful? An Empirical Assessment of the Representative Nature and Impact of the Scottish Youth Parliament. *The Journal of Legislative Studies*, 20(2), 236~254.

Paunio, R. (2009) The Ombudsman as Human Rights Defender. Speech at *IOI's Conference, 10 June 2009, Stockholm*.

Pedersen, H. H., Halpin, D. & Rasmussen, A. (2015) Who Gives Evidence to Parliamentary Committees? A Comparative Investigation of Parliamentary Committees and their Constituencies. *The Journal of Legislative Studies*, 21(3), 408~427.

Pekonen, K. (2011) *Puhe eduskunnassa*. Tampere: Vastapaino.

Pekonen, Kyösti. (2008) Two Versions of Representative Talk in Finnish Parliament. In: Soininen, S. & Turkka, T. (eds.), *The Parliamentary Style of Politics*. The Finnish Political Science Association. 208~227.

Persson, T. & Wiberg, M. (eds.) (2011) *Parliamentary Government in the Nordic Countries at a Crossroads: Coping with Challenges from Europeanisation and Presidentialisation*. Santerus Academic Press.

Peura-Kapanen, L., Rask, M., Saastamoinen, M., Tuorila, H. & Harju, A. (2013) *Kansalaisraati suomalaista demokratiaa kehittämässä*. Helsinki: Kuluttajatutkimuskeskus, työselosteita ja esitelmiä 147/2013.

Pitkin, H. F. (1972 [1967]). *The Concept of Representation*. University of California Press.

Raisio, H. (2010) The Public as Policy Expert: Deliberative Democracy in the Context of Finnish Health Care Reforms and Policies. *Journal of Public Deliberation*, 6(2), Article 6 (http://www.publicdeliberation.net/jpd/vol6/iss2/art6).

Ranio, T. (2012) Semi-presidentialism and European integration: lessons from Finland for constitutional design. *The Journal of European Public Policy*. 19(4), 567~584.

Raunio, T. (2011) Finland: Moving in the Opposite Direction. In: Bergman, T. & Strøm, K. (eds.), *The Madisonian Turn: Political Parties and Parliamentary Democracy in Nordic Europe*. The University of Michigan Press. 112~157.

Raunio, T., & Wiberg, M. (2008) The Eduskunta and the Parliamentarisation of Finnish Politics: Formally Stronger, Politically Still Weak? *West European Politics*, 31(3), 581~599.

Rawls, J. (1993) *Political Liberalism*. Columbia University Press.

Rehfeld, A. (2011) The concepts of representation. *American Political Science Review*, 105(03), 631~641.

Rommetvedt, H. (1998) Norwegian parliamentary committees: Performance, structural change and external relations. *The Journal of Legislative Studies*. Special Issue: The New Roles of Parliamentary Committees, 60~84.

Rosanvallon, P. (2010) *Democratic Legitimacy: Impartiality, Reflexivity, Proximity*. Prinston & Oxford: Prinston University Press.

Rousseau, J. J. (2015 [1762]). *The Social Contract and Discourses*. Ed. By Ernest Rhys. Create Space Independent Publishing Platform.

Rytel-Warzocha, A. (2012) Popular Initiatives in Poland: Citizens' Empowerment or Keeping Up Appearances? In Setälä, M. & Schiller, T. (eds.), *Citizens' Initiatives in Europe*, 212~227.

Saalfeld, T. (1999) Germany: Bundestag and Interest Groups in a 'Party Democracy.' In: Norton, P. (eds.), *Parliaments and Pressure Groups in Western Europe*. 43~66.

Saalfeld, T. (2002) Parliament and Citizens in Germany: Reconciling Conflicting Pressures. In: Norton, P. (ed.), *Parliament and Citizens in Western Europe*. 43~65.

Saward, M. (2006) The representative claim. *Contemporary political theory*, 5(3), 297~318.

Schiller, T. & Setälä, M. (2012a) Introduction. In Setälä, M. & Schiller, T. (eds.), *Citizens' Initiatives in Europe*, 1~14.

Schiller, T. & Setälä, M. (2012b) Comparative Findings. In Setälä, M. & Schiller, T. (eds.), *Citizens' Initiatives in Europe*, 243~259.

Seo, H. S. (2017) Reaching out to the people? Parliament and citizen participation in Finland. Doctoral Dissertation. Tampere University Press (http://urn.fi/URN:ISBN:978-952-03-0387-7).

Seo, H. S, & Raunio, T. (2017) Reaching out to the people? Assessing the relationship between parliament and citizens in Finland. The Journal of Legislative Studies, 23(4), 614~634.

Setälä, M. & Schiller, T. (eds.) (2012) *Citizens' Initiatives in Europe–Procedures and Consequences of Agenda-Setting by Citizens*. Basingstoke: Palgrave Macmillan.

Setälä, M. (2010) Demoracy and Democratization in Finland: Perspectives from Outside and Inside. *Taiwan Journal of Democracy*, 6(2), 57~73.

Setälä, M. (2011) The Role of Deliberative Mini-Publics in Democratic Systems: Lessons from the experience of referendums. *Representation*, 47(2), 201~213.

Setälä, M. (2013) Kansalaisaloitteen alkutaival Suomessa. (https://perustuslakiblogi.wordpress.com/2013/05/16/maija-setala-kansalaisaloitteen-alkutaival-suomessa/, accessed 10 June 2015)

Setälä, M., Grönlund, K., & Herne, K. (2010) Citizen Deliberation on Nuclear Power: A Comparison of Two Decision-Making Methods. Political Studies, 58(4), 688~714.

Smith, G. (2009) *Democratic Innovations: Designing Institutions for Citizen Participation*. Cambridge: Cambridge University Press.

Smith, G. (2013) Deliberative democracy and mini-publics. In: Geissel, B. & Newton, K. (eds.), *Evaluating Democratic Innovations: Curing the democratic malaise?* Routledge. 90~111.

Smith, G., Richards, R. C. & Gastil, J. (2015) The Potential of Participedia as a Crowdsourcing Tool for Comparative Analysis of Democratic Innovations. *Policy & Internet*, 7(2), 243~262.

SOU 2000:1. (2000) *Sustainable Democracy: Policy for Government by the People in the 2000s.* Report of the Government Commission on Swedish Democracy. Stockholm.

Strøm, K. (1998) Parliamentary Committees in European Democracies. *The Journal of Legislative Studies*, 4(1): 21~59.

Sulkunen, I. (1990) *History of the Finnish temperance movement: temperance as a civic religion.* Translated by Hall, M. Lewiston: E. Mellen Press.

Teigen, M. & Skjeie, H. (2017) Chapter 5. The Nordic Gender Equality Model. In: Knutsen, O. (Ed.) *The Nordic Models in Political Science.* Oslo: Fagbokforlaget, 125~147.

Tiihonen, P. (2011) *Revamping the work of the Committee for the Future.* Helsinki: Eduskunta.

Tiihonen, P. (2014) *Committee for the Future.* Helsinki: Eduskunta.

Tiitinen, S. (2007) Eduskuntatyön uudistaminen. *Suomen Ja Kansanvallan Haasteet.* Suomen Eduskunta 100 Vuotta. Helsinki: Edista. 58~81.

Togeby, L., Andersen, J. F., Christiansen, P. M., Jørgensen, T. B. & Vallgårda, S. (2003) *Power and Democracy in Denmark: Conclusions.* Magtudredningen.

Uleri, P. V. (2012) Institutions of Citizens' Political Participation in Italy: Crooked Forms, Hindered Institutionalization. In: Setälä, M. & Schiller, T. (eds.), *Citizens' Initiatives in Europe*, 71~88.

Urbinati, N. & Warren. M. E. (2008) The concept of representation in contemporary democratic theory. *Annual Review of Political Science*, 11, 387~412.

Vainio, J. 2007. Varsinainen työhän tehdään valiokunnissa. In: Helander, V., Pekonen, K., Vainio, J. & Kunttu, T. *Valiokunnat lähikuvassa.* Eduskunta: Suomi Eduskunta 100 Vuotta 7, 140~277.

Vieira, M. B. & Runciman, D. (2008) *Representation.* Polity

Wampler, B. (2004) Expanding Accountability Through Participatory Institutions: Mayors, Citizens, and Budgeting in Three Brazilian Municipalities. *Latin American Politics and Society*, 46(2), 73~99.

Warren, M. E. & Pearse, H. H. (eds.) (2008) Designing deliberative democracy: *The British Columbia citizens' assembly.* Cambridge: Cambridge University Press.

WHO. (2013) *Finland. Status Report on Alcohol and Health in 35 European Countries 2013.* World Health Organization Regional Office for Europe (Copenhagen). http://www.euro. who.int/en/publications/abstracts/status-report-on-alcohol-and-health-in-35-european-countries-2013(Accessed22February2015).

Wiberg, M. (2006). *Politiikka Suomessa.* Helsinki: WSOY.

Wolff, C. (2013) *Functional Representation and Democracy in the EU: The European Commission and Social NGOs.* ECPR Press.

Young, I. M. (1996) Communication and the Other: Beyond Deliberative Democracy. In: Benhabib, S., (eds.), *Democracy and Difference: Contesting the Boundaries of the Political.* Princeton NJ: Princeton University Press. 120~135.

핀란드의 의회, 시민, 민주주의
열린, 포용적 의회 − 시민 관계를 향하여

초판 1쇄 발행 2019년 5월 13일
초판 2쇄 발행 2020년 1월 10일

지은이 | 서현수
펴낸이 | 박유상
펴낸곳 | (주)빈빈책방

디자인 | 기민주

등 록 | 제470-251002017000115호
주 소 | 전라북도 남원시 주천면 고촌길 24
전 화 | 063-633-6941
팩 스 | 063-633-6942
이메일 | binbinbooks@daum.net

ISBN 979-11-90105-00-2

• 책값은 뒤표지에 있습니다. 잘못 만들어진 책은 구입하신 곳에서 교환해드립니다.